U0511169

聊城大学运河学研究院研究丛书

大运之旅：
运河学研究论集（初编）

胡克诚　编

中国社会科学出版社

图书在版编目（CIP）数据

大运之旅：运河学研究论集．初编／胡克诚编．—北京：中国社会科学
出版社，2022.3

（聊城大学运河学研究院研究丛书）

ISBN 978 – 7 – 5203 – 9529 – 8

Ⅰ.①大…　Ⅱ.①胡…　Ⅲ.①大运河—中国—文集　Ⅳ.①K928.42 – 53

中国版本图书馆 CIP 数据核字（2022）第 023344 号

出 版 人	赵剑英
责任编辑	安　芳
责任校对	张爱华
责任印制	李寡寡

出　　版	中国社会科学出版社
社　　址	北京鼓楼西大街甲 158 号
邮　　编	100720
网　　址	http://www.csspw.cn
发 行 部	010 – 84083685
门 市 部	010 – 84029450
经　　销	新华书店及其他书店

印　　刷	北京明恒达印务有限公司
装　　订	廊坊市广阳区广增装订厂
版　　次	2022 年 3 月第 1 版
印　　次	2022 年 3 月第 1 次印刷

开　　本	710 × 1000　1/16
印　　张	18.5
插　　页	2
字　　数	303 千字
定　　价	98.00 元

凡购买中国社会科学出版社图书，如有质量问题请与本社营销中心联系调换
电话：010 – 84083683
版权所有　侵权必究

序

聊城大学运河学研究院成立十周年之际，研究院同人编写了这本论文集以志纪念。

早在 20 世纪 90 年代末，聊城大学历史学系的几位老师就开始了中国运河的研究，陆续出版了关于运河的著作，发表了不少论文，申请到了国家及省级社科研究项目，并于 2008 年成立了运河文化研究中心。虽然当时的研究仅限于历史学的范域，但研究内容也涉及河道工程、区域经济发展和社会变迁等诸多方面，运河历史文献的整理研究也已初步展开。

2012 年 6 月，学校决定在运河文化研究中心的基础上，成立运河学研究院。表面看来这只是研究机构名称的改变，实际上在研究领域和研究方法上都发生了根本性变化。研究院除继承历史研究的传统外，还要尽力扩充研究领域，对运河作多角度、全方位的考察探究。研究运河的历史，同时关注运河的现状；研究中国的运河，同时研究世界运河；研究与运河相关的物质和文化现象，同时研究运河学的学科理论与方法。经过一年多的筹备，2013 年 8 月，学校调集历史学、地理学、文献学、人类学、民族学、美学等学科的研究人员十余人，正式成立了聊城大学运河学研究院。

研究院设定了三个研究方向。一是运河本体研究。中国大运河肇兴于春秋时期，此后不断开拓扩展，至隋唐时期形成了北起涿郡（今北京市），南经余杭（今浙江杭州）到浙东，西通关中，东抵齐鲁的运河水运网，明清时期大运河几经改造，河道走向更加顺直，航运能力大幅提升，古老的运河如今发挥着航运、引水、排涝等综合功能，具有其他自然河道无法替代的作用。在长达两千多年的历史进程中，运河河道经常改变，各类工程不断兴修，自然河道水系随之变化，同时，生态环境也在不断变化。我们研究运河河道变迁的史实，研究各个历史时期漕运、运河交通、客货运输及其对政治、经济的影响，更加关注运河对沿线河道水系、生态环境的影响。二是运河区域研究。我们一方面研究历史时期运河对沿线社会经济发展的促进作用：城市兴起，商业、手工业兴盛，区域流经交流发展，农业生产结构改变。同时关注运河区域社会结构的变化：社会组织、宗族家族、城市空间结构、人口结构、社会流动等；运河兴衰带来了什么样的变化，哪些方面留有运河的印记。三是运河文化研究。这里所说的文化是一个广义的概念，内容大体包括有三个方面。其一，运河本体文化及文化遗产，包括运河河道、水利工程、相关建筑（码头、桥梁、衙署、钞关、驿站、粮仓、会馆、寺庙）等物化的文化，运河工程及航运管理等制度文化，与运河有关的非物质文化遗产等。其二，运河区域社会文化，即与运河相关的民风民俗、节庆活动、民间信仰、民间文化等。其三，是运河文献，运河研究院成立伊始，便把运河历史文献的搜集整理作为研究工作的基础和起点，几年来做了大量工作，申报完成了国家社会科学基金项目"京杭运河文献整理与研究"，同时出版了《中国大运河历史文献集成》（80册），建立起"中国运河历史文献数据库"及"大运河文化数据平台"，相关研究成果也不断发布。

如果从运河文化研究中心成立的2008年算起，截至2021年，各位同人先后发表学术论文300余篇。我们选取其中比较有代表性的20篇，稍作修改，编为《论集（初编）》，按内容分为"理论与方法""漕运与交通""河工与河政""经济与社会""文化与文献""研究综述"几个板块。这些论文虽不能涵盖本院学术研究的所有领域，无法反映研究的全貌，但从中可以看出聊城大学运河学研究前进的足迹，是研究院发展的历史见证。

这本论集除展示我们的研究成果以方便大家阅读参考外，也想亮一下我们的家底，把它和《运河学研究》集刊、《中国大运河蓝皮书》放在一起，以求得学界同人和广大读者的批评与指导。将来我们会继续推出《二编》《三编》……在运河研究的旅途上不断进取，砥砺前行。

李泉　胡克诚
于聊城大学运河学研究院

目　　录

· 理论与方法 ·

运河学研究的理论、方法与知识体系 ………………………… 吴　欣（1）

· 漕运与交通 ·

明代的宫廷运输与运河交通 ………………………………… 李　泉（13）
明代漕运监兑官制初探 ……………………………………… 胡克诚（33）
清代漕粮入京监督机制
　　——以大通桥监督为对象的历史考察 ………………… 郑民德（53）

· 河工与河政 ·

国家运道与地方城镇
　　——明代泇河的开凿及其影响 ………………………… 李德楠（65）
环境史视野下清代河工用秸影响研究 ……………………… 高元杰（75）
运河水柜
　　——南四湖与北五湖的历史与变迁 ………… 陈诗越　吴金甲（100）

· 经济与社会 ·

明清山东运河区域社会变迁的历史趋势及特点 ………… 王　云（107）

明清聊城运河与文化族群兴衰
　　——以傅、杨两家族为个案 ……………………… 马亮宽（127）
晚清时期的衍圣公与微山湖地区的"湖团案" …………… 王玉朋（142）
从客居"王裔"到入籍"平民"
　　——德州苏禄东王后裔的祖先认同 …………… 郭福亮（158）
明清时期苏北地区水神信仰的历史考察
　　——以运河沿线区域为中心 ………………… 胡梦飞（169）
运河名城临清碧霞元君信仰考略 ……………………… 周　嘉（192）

· 文化与文献 ·

谢肇淛居官山东及其笔下的运河风情 ………………… 崔建利（204）
山东运河区域美食文化遗产资源的开发与利用
　　——以枣庄美食为例 ………………………… 刘玉梅（217）
许乃普、钱仪吉、许瀚等致杨以增函札辑释 ……… 周广骞　丁延峰（223）
安丘市出土清代《铭德记功碑》考释 ………………… 裴一璞（243）
元明《高唐州重修庙学记》碑文考略 ………………… 朱年志（250）
新见傅斯年《巴黎燉煌写本集读记》考述 …………… 吕德廷（263）

· 研究综述 ·

20 年来的运河学研究 ………………………………… 罗衍军（276）

聊城大学运河学研究院简介 ………………………………（289）

运河学研究的理论、方法与知识体系*

吴　欣**

运河贯穿南北，连接古今，以运河为载体或者伴生的运河文化是中国传统文化的重要组成部分和文化标签。作为一个复杂系统，运河连接与传承的不仅是地域意义上的南北、地理意义上的水系、经济意义上的市场、政治意义上的漕运军政、社会意义上的人群生活、文化意义上的艺术、风俗等内容，而且其自身就是中国社会发展的一种运行与表现方式，可以说一部运河史就是半部中华文明史。运河文化的物化特征、精神象征和存在方式的复杂结构及属性决定了运河研究需要跨学科的知识、整体的研究意识和学以致用的学术价值观。

回顾运河研究的学术史，近 30 年来，"随着学术价值观、研究方法及研究环境的改变，运河研究不但实现了从历史（地理）研究向其他学科的逐步扩大，而且研究深度和广度也发生了改变，包括史学界在内的学者重新审视以往从经济入手且带有强烈政治色彩的宏观社会形态解释模式，将研究带入新的多元视角与多学科的研究领域"①。2014 年 6 月中国大运河"申遗"成功和 2017 年以来的大运河文化带建设，意味着国势强盛、文化自信背景下传统文化价值的再挖掘、再提升。对研究者来说，这一契机也

　＊　本文原刊于《人文杂志》2019 年第 6 期。

　＊＊　吴欣（1972—　），女，山东德州人，历史学博士，烟台大学教授、聊城大学运河学研究院首席专家、硕士生导师，主要从事运河史、明清社会史、法律史研究。

　①　吴欣：《"大运河"研究的学术进程及问题意识（2014—2018）》，载李泉主编《运河学研究》第 2 辑，社会科学文献出版社 2019 年版，第 2 页。

促进了学界对运河历史功能和现实价值的再认识，将运河作为研究主体，纳入学术视野与学科建设，"运河学"应运而生。那么运河学的理论、方法和知识体系是怎样的？构建这一学科需要遵循怎样的规律和原则？

在回答这些问题之前，应首先解决两个关键性问题：一是运河区域是否可以被看作一个特定的区域；二是"运河学"是否可以被看作一个学科。如果不能解决这两个基本问题，运河学的概念难以解释清楚，因为某一学科的成立必然有其研究范畴，这一范畴涉及形而下的具体空间，也包括形而上的理念与范式。

一　大运河区域范围的界定

国家最新发布的《大运河文化保护传承利用规划纲要》中明确界定"大运河"由"京杭大运河、隋唐大运河、浙东运河现有和历史上最近使用的主河道构成。大运河文化带以大运河流经的北京、天津、河北、山东、河南、安徽、江苏、浙江等八省市为规划范围"①。这样的划分具有宏观和可操作的价值，但在学理上，运河流经区域甚至运河这一概念②本身，都需要放置在长时段和不同区域中被细致划分，也就是说，就运河而言，"过去的过去"与"现在的过去"存在着很大差异，"运河"是一个被不断建构的概念。由于运河流经范围广且不同历史时期变化较大，为了便于说明问题，本文仅以大运河为中心，讨论大运河区域范围的界定问题。

首先，大运河区域是否可以被看作一个特定的区域？之所以产生这样的疑问，是因为与一般区域相比较，大运河流经的地理与行政区域广泛，构成区域的基本条件并不明确。学界一般认为，区域概念源自地理学，应借鉴该学科关于区域的划分原则和标准，以之对区域进行严格界定，其核心是"明确的边界"。若从这个意义上来讨论，大运河区域并不是一个实在的区域。作为人工河，大运河在不同时期会由于开挖、改道、淤塞甚至

---

① 中共中央办公厅、国务院办公厅：《大运河文化保护传承利用规划纲要》2019 年 2 月 1 日。

② 关于运河概念及流经区域在不同历史时期的变化，笔者曾专文论述。参见吴欣《大运河文化的内涵与价值》，《光明日报》2018 年 2 月 5 日第 14 版。

断流而导致区域范围的变化。大运河从隋唐时期的"人"字形流向到元明清时期的"一"字形流向，明显改变了地缘社会的区域范围。仅就明清时期的京杭运河而言，一方面，河道改变导致运河流经区域发生变化，如明永乐九年（1411）运河畅通后，为避黄河之险，又于1528—1567年、1595—1605年间，自山东济宁南阳镇以南的南四湖东开河，使泗水运河改道为经夏镇、韩庄、台儿庄到邳县入黄河。对于运河"背徐、邳而向滕、峄"的影响，时人感叹道："漕之由黄也，自直河而上至夏镇，计三百六十余里，中经邳、徐、吕梁等处，舳舻衔尾，旅店连云，贸易商贾在闹市，不惟土著者获利无穷，即宦于其地者，用物弘而取精多，何需不便。今一旦漕由迦行，则背徐邳而向滕峄，向者日渐纷华，背者日渐寂寞，纷华者色喜，寂寞者心悲……"① 清代在运道基本定型的情况下，又于骆马湖以北至淮阴开中河、皂河，北接韩庄运河，致使运河流经的区域又发生改变。另一方面，运河流经的北方缺水区域，由泉水和其他支流供给水源；而在南方有些区域，多条自然河道与运河相连，形成水网，它们是否可以被看作运河区域？如若我们将其分为运河流经区域和辐射区域，那么二者的关系以及重要性问题如何解释？又或者说距离大运河的远近是否可以算作划分运河区域范围的标准？事实上，距离大运河的远近，也并不能表明其与运河关系的疏密，正如许倬云先生所言："地理空间（内），由交通路线构成多重网络，干线所经，易于联结网络的中心，分支道路所经，即离核心隔了一层的转接，遂与干道所经之处疏远。遗留在道路网络之外的空隙之地，则又疏远了一层。上述疏远的意义，不在空间距离的远近，而在资源与资讯的输送所至，决定其在网络上的位置。因此，网络上另有一种形式的边陲，离核心的空间距离不远，却因交通不便，信息不足，虽近在数十里之间，都视同荒蛮。"② 在大运河辐射的网络中，这种事实也存在。例如，在山东运河境内，距离运河仅20里的阳谷县城在崇祯年间"生齿贫悴，城中强半皆隐地，民之结茅聚庐而居者，仅东南角一隅耳。"③

① 黄克缵：《古今疏治黄河全书》卷3"酌议迦黄便宜疏"，载王云、李泉主编《中国大运河历史文献集成》第1册，国家图书馆出版社2014年版，第517页。
② 许倬云：《我者与他者》，台湾时报出版社2009年版，第26页。
③ 康熙《阳谷县志》卷7《艺文三》，《中国地方志集成·山东府县志辑》第93册，凤凰出版社2006年影印本，第140页上。

相反，距离大运河较远的济南泺口镇，因为大清河与之相连而贩运者不绝，尤其大量海盐从泺口通过大清河至运河贩运，使其深受大运河的影响，至清代，泺口镇已形成一座独立的城池。因此距离难以成为界定运河区域的标准，进一步讲，地理空间意义上运河区域难以有明确的标准。

在大运河文化带建设的背景之下，文化成为大运河研究的核心，就此而形成的文化界定论也十分流行。大运河连接京津、燕赵、齐鲁、中原、淮扬、吴越文化圈等，各种地域文化因人群流动而互相接触、融汇、整合，连成恢宏深厚的运河文化带。所以运河文化不仅仅是一种地域文化，更是作为一种大一统文化发展起来的。因此有学者认为："这条文化带反映着中华传统文化融汇的轨迹，从各个方面表现出由各个文化圈融合后的鲜明特色，凝集着中华文明的精髓。虽然运河文化具有地域的形态，但从整个运河流域及其辐射区域来考察，却几乎覆盖了中国的东半部并影响着中国西半部。"① 若从这个角度和范围来谈，那运河区域是一个开放的区域，而不是一个客观范畴，不存在相对清晰的边界，或者说这个边界与其说存在于各种从客位角度予以拟定的"标准"中，不如说存在于某种文化想象中，具有根据情景变动而不断变化的动态特质。

法国地理学家维达尔·布拉什（P. Vidalde la Bache）曾提出，城市创建了区域，城市的吸引力决定了区域的规模。② 明清时期，运河城市兴起，城市成为联结运河的线性共同体。学界在讨论"运河区域"时，也多集中于城市，如临清、济宁、淮安、通州、杭州、洛阳、宁波等城市及其辐射区域。但是从研究成果所反映的主旨来看，这些成果主要从区域与城市的关系入手，考察区域发展中城市群体的等级结构、空间形态和影响范围，最终寻求的是城市化的历史规律。因此，运河城市史的研究显然不能取代运河区域社会的整体。

大运河流经地区涵盖了多个独立的行政和经济区域。大运河区域既是一个区域，又是跨越多个区域的整体。在反思现代史学发展的基础上，又有学者提出区域的划分应强调人本主义，即打破现在约定俗成的时空界限，"在不同的历史过程中，由不同的人群因应不同的需要而产生的工具

---

① 张熙惟：《学思录》，山东大学出版社 2016 年版，第 113 页。
② ［法］安德烈·梅尼埃：《法国地理学思想史》，蔡宗夏译，商务印书馆 1999 年版，第 11 页。

与多层次的概念"①。这种从问题出发的区域划分，强调多元与互动的研究视角，并试图从百姓的日常活动中寻找空间观念和地域认同的研究模式。这种研究取向虽然很大程度上实现了从自然、行政、经济区域划分到人本区域研究的转向，但因为带有强烈的主观倾向，未摆脱意识形态对历史的先验性。

那么，在学术意义上，如何确定大运河的区域范围？我们认为，大运河之所以能够成为一个"区域"，符合两个原则：第一，它首先是一个以运河为联系纽带的整体，在长时段的历史进程中虽没有形成十分稳定的区域边界，却在一定的区域范围内提供了一个动态的历史视野。事实上，对于运河区域范围的界定，并不是为了确定各种地理格局的静态"统一性"，而是考察各种地理格局变动之下的社会变化。地理格局的变化，在一定程度上是指区域认定的多样性和不稳定性，是随着时间发展而起落不定的。第二，运河区域的存在是"历史发展的内在逻辑性和一致性的体现"②。与其他区域相比，运河区域存在着一个从漕运政治到民众生活的"运河机制"，正是这种机制将历史各要素关联起来。社会史研究过程中，法国年鉴学派以或然论的方法来考察环境与人的关系，并认为自然对于人类居住限定了条件并提供了可能，但是人对于这些给予条件的反应和调整依赖于他们传统的生活方式。"生活方式是决定一个特定人类群体在自然提供的各种可能性中进行选择的最根本的要素。"③ 人们在使用"运河区域"这个词汇时，恐怕在心目中已经赋予它比空间区域更为丰富的内涵，这就是由运河带来的发达的经济、优越的文化以及相对统一的民众心态。

所以，从学术研究的角度，运河区域是一个以运河为规定性建立起来的区域，该"区域"具有明显的"生态文化"特征，既涉及河工及其所关涉的自然地理（水系、山川、湖泊等），更有关人文生态。在自然与人本、生态与文化的融合之中，运河区域成为物理空间的地理区域、人文生态的

① 黄国信、温春来、吴滔：《历史人类学与近代区域社会史研究》，《近代史研究》2006 年第 5 期。

② 朱金瑞：《区域性历史研究中的几个理论问题》，《中州学刊》1995 年第 3 期。

③ ［美］杰弗里·马丁：《所有可能的世界：地理学思想史》（第四版），成一农等译，上海世纪出版集团 2008 年版，第 249 页。

文化区域和人本主体的生活区域三区合一的区域。同时，在具体的研究过程中，其又是学科互鉴的跨学科区域。比之其他区域，运河区域的这种特性正是其突出的价值所在。

二　运河学的知识体系

作为学术研究的"新学科"，最早提出"运河学"这一概念的是进行中国大运河申遗的专家学者。此概念的提出，旨在强调大运河作为文化遗产的特殊性："大运河是自然与人创作的杰作，有着丰富的政治、经济、军事、文化内涵，在中国社会的不同方面发挥着重要作用，建立运河学学科有利于整合各方面成果，形成对运河的系统研究。"① 事实上，"一种新概念的出现，既是人们对共同生活的外部环境变迁作出反应的记录，同时也反映了人们对此种变动努力进行的总体评估并逐渐形成重新控制的过程"②。所以，运河学概念的产生，从宏观来看，应该被看作 20 世纪 90 年代以来中国社会科学专业化前提下，学界解释、叙述与解决运河问题的思想重构，这种结合带有一定社会改造的目的。

那么"运河学"是否可以成为学科？所谓学科，有两层含义：一是指相对独立的知识体系；二是指高等学校本科教育专业设置。显然，运河学属于第一层含义，即与运河相关的人们的活动及其产生的经验，通过归纳、理解、抽象后形成的知识体系。在这个意义上，运河学是关于运河的专门学问。

从本质来看，运河学知识体系的概念和内涵相对明确。其概念即是围绕运河形成的一整套研究、保护、利用的理论与方法。知识系统主要指建立在史实基础之上的关于运河的各方面知识及其有机联系，具体包括三个层次的内容，一是作为遗产与通道的运河"本体"及与其相关联的自然地理的内容，主要是指物化层面的运河；二是作为制度与历史现象及文化符号的"运河"，包括运河的历史地位，运河的政治、经济、文化功能、社

---

① 　罗哲文：《运河申遗应建立运河学》，《中国文化遗产》2011 年第 1 期。

② 　［英］雷蒙德·威廉斯：《文化与社会》，吴松江等译，北京大学出版社 1991 年版，第 374 页。

会意义，运河与中国政治、经济格局变动的关系，运河的区域性差异与辐射意义，运河所反映出来的国家治理与发展的观念，运河引发或关联的政治、经济、文化、社会等内容；三是运河区域人群的生活方式、文化传承、社会心理等人文情态，即运河的主观性和活态化的内容。

运河学的知识体系内涵清晰，但内容丰富庞杂，其理论构建和方法运用具有极强的学科交叉性。目前，相关理论方法主要集中在历史学、地理学、文化遗产学等领域。历史学领域的制度史、经济史和社会史研究提炼了重要的有关运河特点、规律的内容。以漕粮、漕军、河工、河道等为对象的研究系统探讨了漕运、河道系统中不同组成部分的关系与结构。经济史研究以运河城镇发展、商人商帮和区域经济发展为主要内容，同时在财政史等宏观研究中也会涉及运河市场调控、交通运输等功能性价值分析。其中，江南区域经济史研究中对运河因素的分析最为细致、深刻，且在学界形成了广泛讨论，对解决中国历史发展和模式等问题都有创建性的意义。社会史、文化史学界，对运河流经区域，尤其是明清时期运河区域的研究相对细致，多以人口、宗族、社区、信仰为对象，讨论漕运政治下不同区域的社会发展脉络与结构性变化。这些成果的研究意识、领域、地域全部或者部分涉及运河之"本体、整体与地方"，研究内容互为借鉴，逐步深化，且每一类研究，都有意无意地对运河"空间坐标与历史标签"的身份进行了揭示，为运河学研究奠定了坚实基础。

地理学科对于运河河道开挖、变迁及其与自然水系的关系，历史时期运河区域的自然环境和人文环境，水资源保护，水利工程的环境影响评价，区域环境水利规划、水利经济等方面的研究，充分利用了环境水力学、环境水化学（水污染化学）、环境水生物学、环境水文学的理论基础。卫星遥感数据采集、湖泊水域采样分析等方法的运用，也在很大程度上丰富了运河学研究的科技内涵。

运河文化遗产学的研究在中国大运河申遗成功之后备受重视，形成了"发现并保存物质对象的真实性或真实状况"[①] 的基本研究范式，主要围绕

---

① ［西］萨尔瓦多·穆尼奥斯·比尼亚斯：《当代保护理论》，张鹏等译，同济大学出版社2012年版，第72页。

大运河物质形态本身讨论遗产的保护问题，在一定程度上，这种研究突出了大运河是国家文化符号的内容，但客观上忽略了人的主体性价值。在遗产思辨研究兴起的过程中，学界渐已形成从"以物为本"向"以人为本"的回归，即遗产不仅仅是物质遗存，更是与民众密切相关的文化实践。大运河文化遗产的评估体系在强调遗产历史、艺术、科学的基础上，也朝向注重文化遗产的文化价值以及不同社会群体与文化遗产关系的方向转化。事实上，运河文化的活化是物的活化，更是人的活化。另外，"廊道文化"理论，文化遗产分析中"文化线路"方法的运用也在运河旅游、规划等领域中成为常用的可资借鉴的理论与方法。

理论与方法的互鉴，必须以问题本身为依托，也就是说运河学研究理论和方法本身即是方法交叉、理论互鉴、问题拉动三个方面的融合。在可操作的层面或具体的研究中，以较大问题为中心和目标，以"问题拉动"不同学科本位意识之下的研究形成整体，将纯粹客观现象的解释、历史意义的解读、艺术价值的体现、客观规律的总结等内容进行多元综合，最终获得有关运河的整体性研究成果。当然，运河学的整体理论不是叙述和研究与运河相关的所有方面的历史和现实，不是把所有的事实和现象都一一研究清楚，而是要把人们的行为，以及影响人的行为，影响人的行为结果的所有要素都视为整体性联系的事实，从其整体性联系去把握与理解历史和现实，去认识运河之于中国、之于民众的价值意义及其过程、结果。最终，运河学理论所包括的研究范围、特点、规律，运河学在人类文化和学术史上的价值，运河学的现实意义，运河学发展史等都在运河学所整合的学术理论与方法指引下，实现一一呈现，并获得进一步深化。

首先，在一定程度上，运河学是否可以成为一个学科，还要看相关资料能否支撑这门学问。① 大运河基本文献内容极为丰富，可分为五类：一是专书。元代以来，流传至今的运河专书有一百余种，内容涉及治河治水理论、运河河道开挖挑浚、运河工程建设维护、漕运及其管理体制、黄河与运河关系、运河区域生态环境与社会状况等多个方面。这些著作部分已经整理出版收录于《中国大运河历史文献集成》，或部分收入《续修四库全书》《四库全书存目丛书》《中华山水志丛刊》中。还有很多重要典籍，

① 李泉等：《运河学笔谈》，《中国社会科学报》2016 年 6 月 8 日。

作为善本书藏于各大图书馆。二是政书类书。明清时期官修政书包含有多种运河方面的资料，如《明会典》《清会典》《大清会典则例》《大清会典事例》《续三通》《清三通》《古今图书集成》《清稗类钞》等，大都有河工水利、漕粮征运、钞关仓储等类目，集中保存了与运河有关的史料。三是史书方志。二十五史的《河渠志》《食货志》《地理志》，明清《实录》中散落着大量"治运"人物事迹及河政河务方面的材料。运河流经区域的省志、府志、州志、县志、镇志、乡土志、山水志、榷关志等，总量有数百种之多，内容涉及运河修治、河道变迁、漕粮征运、城市街区、商品交换、手工业门类、河务漕务管理、民风民俗等各个方面。四是文集笔记。明清时期的文人笔记常见的有五六百种之多，其中所记多与运河有关。明清小说有些以运河区域社会为背景，某些篇章直接描写运河沿线人物世事，可以为运河研究提供帮助。目前很多有价值的材料还没有进入研究领域。五是外国史料。元代以后，亚洲各国的使者商团、欧洲各国的传教士、商人、使臣经常沿大运河往返北京与沿海港口之间，留下了大量关于运河及运河区域社会的记述。

其次，大运河档案文献。中国大运河文献档案数量巨大，完整系统地反映大运河决策、建设、运营的过程。据初步调查统计，现存与大运河有关的档案资料共 1.5 万余件，还有一小部分散存于其他西方国家。目前所知，第一历史档案馆清代奏折档案已经数字化，影像资料存于"清代宫中档奏折及军机处档折全文影像资料库"。国家图书馆、中国人民大学图书馆、天津市档案馆、山东省档案馆、江苏省档案馆等也有收藏。另外，我国台湾地区"中央研究院"傅斯年图书馆"内阁大库档案影像资料库"中有若干件与运河相关的档案，还有几十种大运河明清舆图流失在欧美的博物馆和大学。

最后，运河区域民间文献。民间文献资料指契约、家谱、碑刻、科仪、日记、笔记、自传、年谱、课业文章、书函信札、生活杂记、商业文书、日用杂书、唱本剧本、法律文书、乡规乡约、善书、医书等，是大运河水利工程建设和区域社会发展的见证，也是区域民众生活基本状况基本呈现。由于过于零散并疏于保护，这类资料的收集整理具有抢救性质。

综上，可以说有关运河研究的文献极盛，形成了重要且丰富的文化遗产。纵观几十年的运河研究成果，对这些文献史料进行了相对充分的利用，但也存在一定研究的空白。因此，对丰厚学术研究进行回顾与总结，系统梳理各专业领域有关运河的理论及实证研究，是一项极富有价值的学术工作。在此基础之上，进一步讨论未来学术研究的方向也具有前瞻性的意义。

三　运河学研究的问题与路径

运河学研究涉及多个学科，但其并不是这些学科的简单相加，而是这些学科之中与运河相关的内容的复合体，它的任务是对人类认识及活动中与运河相关的成果进行理论上的整合，以达至对运河总体的认识。在已有的研究中，这种认识基本在以下几种理论框架中展开：

一是功能论。以历史与现实为研究时段的运河研究中，功能研究都是其重点，其中"运河利弊二元论"和"运河盛衰决定论"是两个重要的立论基础。前者认为运河或是促进了经济的发展、南北的融合，或是破坏了自然河道的东西流向和自然环境；后者强调运河区域社会的发展和运河畅通与衰败相始终。目前这两种研究框架在很大程度上依然决定着研究者的研究意识，指导着其研究思路。而事实上，在此基础之上，还应将更多的精力放在揭示运河与中国社会的互动的"机制"上面，解释运河存在所形成的社会内部的起承转合式的发展脉络。二是区域论。运河流经区域广阔、地域差异大，这在很大程度上造成运河研究的地域性特征明显。在可操作层面，注重差异、细化研究、类型化分析是最有效的研究方法，但同时更应该在比较视野下，探讨运河作为交通、市场、文化融合载体的整合意义，进行多角度的区域比较、探讨区域社会经济的变迁、地方文化所创造的"大历史"的轨迹。三是文化象征论。运河文化遗产的保护和利用，是国势强盛和文化自信的反映，运河作为中华文化的一部分具有很强的象征意义，支撑着国家认同。这种意识的强化突出了运河文化的意义维度，但文化遗产之于民众和地方的价值却被弱化了。

未来对于运河学、大运河文化带建设的研究需要更纵深和多元化的研究内容和强烈的问题意识，而实现这一研究目标应具有三种研究视域。一是向内的视角，把"运河放入中国"。重在探讨大运河与中国社会发展的关系，即运河的开挖、畅通与断流，如何影响甚至改变着中国社会的发展和走向。既讨论运河的"社会性"价值与意义，又探讨中国社会的"运河性"特点与历史进程。在宏观层面分析作为水利工程、政治策略、经济文化传播通道、市场构建主体的大运河，如何在中古及其以后的时间序列和区域、跨区域的空间里实现了功能的价值性延续，并就此形成了中国社会特殊的历史发展路径。

二是向外的视角，把"运河放入世界"。运河非中国独有，因此在很大程度上，运河学的研究可以形成世界范围内的"共鸣"。事实上，讨论中国运河的独特性，需要立足于世界范围来观察，强化与国外相关学科的密切联系。世界视角可以解决两个层面的问题，其一是在比较研究中，以运河作为对象，讨论中国社会及文化发展的路径。例如，彭慕兰在比较18世纪世界范围内几个大首都的发展模式时曾提出这样的疑问："为什么巴黎或伦敦的成长，引发那么多暴动，北京、德里的成长引发的暴动却少那么多？"他随之得出的结论是明清时期建造了巧妙而独特的运输系统（大运河），使首都得以利用远处过剩的稻米。① 其二是运河作为"一带一路"的连接点，具有重要的交通价值和国际战略地位，从国际视野出发，从社会发展、国家利益的角度讨论运河的价值，为提高中国的国际地位、构建未来的国际秩序提供历史和理论支持。

三是向前的视角，把"运河放入未来"。运河文化的延续性是民众智慧和文明不断聚集和层累的结果，作为"活的""在用"的文化遗产和文化本身，大运河并不是静态的文物，而是流动的文明史，是一种文化资源，并且这种资源一直在为人类服务。把运河放入未来很大程度上阐明了大运河研究的主旨，即大运河文化保护、利用与传承的关系中，最根本的问题在于传承。正如有学者所说，"申遗只是一种推动保护的方式，保护好大运河遗产、揭示和展示大运河遗产所蕴含的杰出的普遍价值以及深层次的中国文化特色并将之传承后代是这一运动的基本宗旨"②。面向未来的运河学研究，在日渐成熟的大数据方法搭建起的技术平台之上，研究者目

---

① ［美］彭慕兰、［美］史蒂文·皮托克：《贸易打造的世界》，黄中宪、吴莉苇译，上海人民出版社2018年版，第111—113页。

② 朱光亚：《大运河的文化积淀及其在新世纪的命运——大运河遗产保护规划和申遗工作的回顾与体会》，《东南文化》2012年第5期。

光所及与心力所至，既应实现对大经大脉的疏通，也需包含对社会群体的"同情理解"。可能用"博学于文，行己有耻"的方式反思自我的研究，才能在疏通知远中构建历史记忆，解释大运河在历史、当下乃至未来的作用。

明代的宫廷运输与运河交通[*]

李　泉^{**}

明朝迁都北京后，每年从江南地区运送各种物品供宫廷使用。运输方式主要是运河船运。运输船只有黄船、马船、风快船及各种贡船。这些船只常年航行在运河上，少时上千艘，多时三千余艘，"岁有常数，往返不绝"①。"往来如织"②的皇家船队常常"雍塞河道，阻塞运船"③；强行"封水"过闸，以致影响其他船只的正常航行；运载私货，索要夫役，沿途滋事，破坏航行秩序。明代运河长期畅通，但漕粮运输困难，商业运输能力有限，江北运河区域经济发展缓慢，与宫廷运输造成的航运秩序混乱有很大关系。

一　宫廷运输船只的种类

《明史》载："凡舟车之制，曰黄船，以供御用；曰遮洋船，以转漕于

---

　* 本文原刊于《故宫学刊》第六辑，紫禁城出版社 2010 年版，第 55—68 页。

　** 李泉（1949—　），男，山东嘉祥人，聊城大学运河学研究院教授，主要研究方向为中国古代史、运河史。

　① 李昭祥撰，王亮功点校：《龙江船厂志》卷 2《舟楫志》，江苏古籍出版社 1999 年标点本，第 43 页。

　② 沈德符：《万历野获编》卷 17《南京贡船》，中华书局 1959 年标点本，第 431 页。

　③ 《明武宗实录》卷 171，正德十四年二月乙丑朔，台北"中研院"历史语言研究所 1962 年校印本。

海；曰浅船，以转漕于河；曰马船，曰风快船，以供送官物；曰备倭船，曰战船，以御寇"①。当时全国船只约分七大类，其中黄船、马船、风快船三类用于宫廷运输。此外，还有未纳入"舟车之制"的各种贡船、龙衣船等，也常年从事宫廷运输。

黄船乃"御用之船"，因为"以石黄涂其外"，船体呈黄色，故名。《明会典》曰："国初造黄船，制有大小两种，皆为御用之物。"② 嘉靖二十年（1541）沈江村撰《南船纪》，分黄船为四种："预备大黄船"，乃皇帝所专乘，船大而精美，船上"有亭如殿"，亦称"水殿黄船"③；"大黄船"，尺寸较前者略小，设备相对简单，用以载运南方出产的精美器物；"小黄船"和"扁浅黄船"，负责运载江南时鲜肉蔬果品至京城。④ 其他文献中也记有各类黄船的用途，《龙江船厂志》曰："大黄船专充本部及内官御用各监器贡之用，与兵部快船相兼差拨，岁有常数，往返不绝。"⑤《弇山堂别集》载："大小黄船乃永乐以来供奉乘舆北驻及进贡方物而设。"定都北京后，"专运宗庙荐新及上供品物"⑥。由此可知，黄船有大小两种，共四种形制，除皇帝专用的预备大黄船外，其他几种黄船主要用来运输宫廷物资。黄船的管理权归南京兵部，故时常与兵部管理的快船统一调拨使用。

马船和风快船原来都是水军的预备船，后来统一归属南京兵部管理调度，且用来执行同样的任务，故亦合称作"马快船"，或有称其为"皇马快船"者。明朝初年"四川、云南市易马骡及蛮夷酋长贡马者，皆由大江以达京师，有司载送悉用民船。洪武十年，令武昌、岳州、荆州、归州各造马船五十只，每只定民夫三十人以备转送"⑦。战争结束后，运马之役取消，船归属于南京附近的江淮、济川二卫，以备水军征用。永乐帝迁都北

---

① 《明史》卷72《职官一》，中华书局1974年标点本，第1761页。

② 正德《明会典》卷160《工部十四·船只》，文渊阁四库全书本。

③ 李昭祥撰，王亮功点校：《龙江船厂志》卷8《文献志》，第260页。

④ 参见沈启《南船纪》卷1《黄船总数一》，《续修四库全书》史部 第878 册，上海古籍出版社1996年影印本，第64页。

⑤ 李昭祥撰，王亮功点校：《龙江船厂志》卷2《舟楫志》，第43页。按，龙江船厂设于南京城外的龙江关，属工部管理，故文中"本部"乃指工部。

⑥ 王世贞撰，魏连科点校：《弇山堂别集》卷99《中官考十》，中华书局1985年版，第1886—1887页。

⑦ 正德《明会典》卷160《工部十四·船只》。

京后，马船仍由二卫统辖，由南京兵部统一管理。正统六年（1441），将马船"以五十号为一班，轮赴北京听用，半年一替"①。马船分大小两种，大马船船体宽，吃水深，适于江中航行，运河往来比较困难。李东阳《马船诗》曰："南京马船大如屋，一舸能容三百斛。高帆得势疾若风，咫尺波涛万牛足。官家货少私货多，南来载瓠北载醝。凭官附势如火热，逻人津吏不敢诘。争狙斗捷转防欺，倏去忽来谁复知。乘时射利习成俗，背面却笑他人痴。"② 诗中描写的马船就是大马船。小马船窄浅快捷，适合在运河中行驶。万历年间曾削减大马船，增加小马船数额。

洪武年间设置锦衣卫，建造大量快船，以备军需，时称风快船。战争结束后，逐渐改作运送贡品之用，景泰元年（1450），由南京兵部统一管理。《钦定续文献通考》载："太宗迁都北平，其南京并各处进贡方物，尚未有皇马快船之差。至宣德、正统以后，或装载荐新品物及南京所造筛簸等项，用船数多。"③ 于是马快船成为南京通向北京的贡船。马快船运送哪些物资？史书中没有具体记载，只约略言之曰："乃以充进贡器物之用"④，"专以运送郊庙香币、上供品物、军需器仗及听候差遣"⑤。

贵族、高官执行特殊任务时，得受赐乘坐马快船。《明会典》列有政府规定乘坐马快船之"事例"："钦差内臣、公、侯、伯出外公干，如操江镇守之类应从水路者"，"每年钦差公、侯、伯、郎中等官赴各王府册封者"，"在京大臣以礼致仕、有旨驰驿还乡及丁忧病故者"，"袭封衍圣公、嗣教张真人朝觐回还"，"南京内外官进贡回还"，"安南、日本等国使臣朝贡回还"⑥。正德年间又重申此规定："马快船应付，惟进贡供应及钦差内臣、镇守武职、封王正副使、皇亲、公、侯、驸马、伯、南京各堂上官进表者给予，着为例。"⑦

贡船也是南京兵部管理的专门从事宫廷运输的船只。《龙江船厂志》

---

① 正德《明会典》卷 121《兵部十六·驿传三》。
② 李东阳：《怀麓堂集》卷 91《文续稿一》，文渊阁四库全书本。
③ 《钦定续文献通考》卷 29《土贡考》，文渊阁四库全书本。
④ 李昭祥撰，王亮功点校：《龙江船厂志》卷 2《舟楫志》，第 77 页。
⑤ 正德《明会典》卷 121《兵部十六·驿传三》。
⑥ 正德《明会典》卷 121《兵部十六·驿传三》。
⑦ 《明武宗实录》卷 77，正德六年秋七月己酉。

载嘉靖六年（1527）圣旨曰："访得南京进贡船只，起数甚多。"① 《万历野获编》载："南都入贡船，大抵俱归属龙江、广洋等卫水军撑驾。掌之者为车驾司副郎，专给关防行军，入贡抵潞河，则前运俱归，周而复始，每年必往还南北不绝，岁以为常。其贡名目不一，每纲必以宦官一人主之。"② 顾起元《客座赘语》载：嘉靖年间的进贡船只，共向京城运送七类贡品，"后加以龙衣、板方等项，而例外者亦多"③。《明会典》详载各种贡物数量及使用贡船的数量。④《万历野获编》"南京贡船"条所记贡品有"在司礼监则曰神帛笔料，守备府则曰橄榄茶橘等物，在司苑局则曰荸荠芋藕等物，在供用库则曰香稻苗姜等物，御用监则铜丝纸帐等物，御马监则惟（惟字据写本补）苜蓿一物，印绶监则诰敕轴，内官监则竹器，尚膳监则天鹅鹧鸪樱菜等物"⑤。可见贡船运送的主要是宫廷办公及日常生活用品。

　　龙衣船又称龙袍船，是专门运送南京等地制作的龙袍及宫廷衣饰的船只。明代南京、苏杭设专门制作宫廷服装衣饰的"织造局"，所制衣饰等除供应皇室外，亦常用来赏赐功臣、少数民族首领及前来朝贡的外国君主⑥，因而用量甚大。《天工开物》载："凡上供龙袍，我朝局在苏、杭。其花楼高一丈五尺，能手两人扳提花本，织来数寸即换龙形。各房斗合，不出一人之手。赭黄亦先染丝，工器原无殊异，但人工慎重与资本皆数十倍，以效忠敬之谊。"⑦《万历野获编》曰："按龙衣之进，止在南京，其后增入苏、杭，初犹以镇守中臣兼领，及世宗革镇守，始特设内臣管织造。至隆庆登极革回，止留南京旧设者。至三年复遣太监李佑，往莅其事，至六年二月再遣，以迄于今，遂成故事。"⑧《明史》记"织造"一职曰："提督太监，南京一员，苏州一员，杭州一员，掌织造御用龙衣。"⑨

①　李昭祥撰，王亮功点校：《龙江船厂志》卷1《训典志》，第3页。

②　沈德符：《万历野获编》卷17《南京贡船》，第431页。

③　顾起元撰，谭棣华、陈稼禾点校：《客座赘语》卷6《供用船只旧例》，中华书局1987年标点本，第184页。

④　正德《明会典》卷160《工部十四·船只》。

⑤　沈德符：《万历野获编》卷17《南京贡船》，第431页。

⑥　参见《明史》卷145《陈亨传附子陈懋传》；卷311《四川土司》；卷325《外国六》；卷326《外国七》等。

⑦　宋应星：《天工开物》，《乃服第二》，岳麓书社2002年标点本。

⑧　沈德符：《万历野获编》卷17《南京贡船》，第431页。

⑨　《明史》卷74《职官三》，第1822页。

龙衣船在运河中行驶十分困难，会通河浅窄，遇天旱乏水时，须封闭河道，积水较深，才能通过，足见其是一种宽大而吃水深的船只。明代龙衣船之形制史无记载，兹引清人记述以供参考。施闰章有《龙衣船》诗曰："连帆蔽日江水黑，鹢首龙文烂五色。举樯捩舵重如山，不遇大风行不得。曳舟官给夫有余，得钱纵脱重捉夫。裸体天寒被鞭挞，荒村夜索闻哀呼。猪鸡祭赛舟人乐，白夺樵薪不为虐。有时故遣触他船，反眼嗔人横搒缚。尊严只为载龙衣，箫鼓船头黄绣旗。高架一箱衣什袭，客货深藏无是非。巨舰年来频坐兵，沿途夫卒多吞声。船大行迟河欲冻，严秋督促伤人情。官差到处闻荼毒，怪此篙工作威福。造船苦耗水衡钱，取材伐尽江南木。侧闻圣主仁如天，再浣还衣天下传。筐箧置邮亦良速，何似重牵万斛船？"①

通过运河运送宫廷物资的船只还有板方船、黄鱼船②，专门进贡茶、鱼鲊③、燕窝④等南方特产的船只。正德以后，又有由宦官管理运载"皇店"⑤财物的船只。

二　宫廷运输船只的数量

明代从事宫廷运输的船只总量多时达三千多艘，少时也有上千艘。其中马船、风快船为最多；其次是各种贡船，黄船则较少。

明代黄船仅有数十艘。《明会典》：黄船"至洪熙元年三十七只，正统

①　施闰章：《学余堂诗集》卷17《七言古》，文渊阁四库全书本。
②　谈迁撰，罗仲辉、胡明校点校：《枣林杂俎》智集《逸典·南京贡船》，中华书局2006年标点本，第41页。
③　沈德符：《万历野获编》卷1《贡鲊贡茶》，第24—25页。
④　阮葵生：《茶余客话》（《传世藏书·子部·杂记二》）卷20 "燕窝"条：《闽小纪》云：燕窝有乌白红三种，红者难得，白者愈痰，红者治小儿痘疹。今白者价倍往岁，惟乌者多耳，红者从未一睹。近见闽、广贡船所载，大者长六寸，鲜白无纤翳。"
⑤　《明武宗实录》卷197，正德十六年三月癸丑："开皇店九门关外、张家湾、宣大等处，税商榷利，怨声载道。每岁额进八万，皆为已有。"又《明武宗实录》卷108，正德九年春正月乙丑：大臣提议取消皇店，因为"自京师以至张家湾、芦沟桥、临清，市集等处有巡逻，负贩小物无不索钱，官员行李亦开囊检视，莫敢谁何"。

十一年计二十五只，常以十只留京师河下听用"①。后来有所增加，"天顺六年二月丙寅朔，增造荐新黄船十二只，从南京守备太监怀忠等奏也"②。通州城北有停放黄船的船坞码头。清初谈迁撰《北游录》载："通州城北五里黄船埠，黄船千艘所泊也。"③《日下旧闻考》亦载："原通州城北五里有黄船埠，河水潆洄，官柳阴映，永乐中设黄船千艘，以其半轮往江浙织造，俗名黄船坞。"④ 黄船千艘之说未见明代文献记载，不知何所依据。以现有史料分析，明代黄船的实际数量不会达到千艘。当时宫廷用船种类甚多，名称容易混杂，清人未细加区分，遂将宫廷用其他船只计入黄船数内。上文说"以其半轮往江浙织造"，显然是将龙衣船当作黄船了。

明代马船、风快船和贡船数量甚多。大体说来，正德以前最多，嘉靖即位后大量削减，至万历年间又有增加，但总数仍较明前期少。最早记载马快船数量的资料是《东园文集》中所载郑纪天顺八年（1464）的奏疏："臣查得南京济川、江淮、骁骑等卫，马快船近二千只，终年差使，无时休息。"⑤ 这是明前期马快船数量的直接记载。《明会典》载："南京江淮卫大小马船四百零九只，济川卫大小马船四百零八只"，"南京锦衣等四十卫快船九百五十八只"⑥，《明会典》初修于弘治年间，正德初重校刊，此数字可确认为弘治至正德年间的马快船数。又《明实录·神宗万历实录》载："旧例，大马船二百九十余，小马船五百二十余。风快船九百五十余，分属各卫。"⑦ 大小马船810多只，风快船950多只，合计1700多只，此数字与《明会典》大体相合。所谓"旧例"，有可能是天顺至弘治时期的马快船数量。书成于嘉靖三十二年（1553）的李昭祥《龙江船厂志》载："快船原额九百九十八只，专以备进征也。都燕之后，乃以充进贡器物之用，于是南北往返，络绎不休……后经南京兵部奏减，止存七百八十三只。嘉靖二十一年，又奏减三十三只，今见额唯七百五十只而已。"⑧ 明代

① 正德《明会典》卷160《工部十四·船只》。
② 《明英宗实录》卷337，天顺六年二月丁巳。
③ 谈迁撰，任北平点校：《北游录》，中华书局1960年标点本，第44页。
④ 朱彝尊：《日下旧闻考》卷109《京畿·通州二》，文渊阁四库全书本。
⑤ 郑纪：《东园文集》卷2《奏议》，文渊阁四库全书本。
⑥ 正德《明会典》卷125《兵部二十·杂行》。
⑦ 《明神宗帝实录》卷409，万历三十三年五月甲戌。
⑧ 李昭祥撰，王亮功点校：《龙江船厂志》卷2《舟楫志》，第77页。

文献中对马船、风快船的称谓比较混乱，二者常统称为快船。上述引文中的"快船"，到底是哪一种船只？若以"原额九百九十八只"之数量而论，与《万历实录》中的旧例"风快船九百五十余"最为接近。但问题是，《万历实录》中又说过，明政府规定，属于江淮、济川二卫的马船"有损坏，官为修造"，而属于锦衣卫的"黄快平船"则不同，"各船皆行自修造"①。《龙江船厂志》中说"快船"由"兵部委官领赴造船厂兴工。各料之费，本部十居其七"②。既然这种快船由南京兵部派人赴船厂联系建造，且由工部出百分之七十的费用，显然是属于江淮、济川二卫的"有损坏官为修造"的马船，而不是南京锦衣卫的"黄平快船"。"黄快平船"之称仅见于此，既然说属于南京锦衣卫，则肯定就是"风快船"，因为南京锦衣卫属下再没有其他名称的船只。照此而论，起初马船之数量亦将近上千只，与风快船数量相差不多。这样，就与《东园文集》中所说二千余只十分吻合了。这段话中的"现额"，指嘉靖三十二年（1553）之数额，"原额"应该是指明前期的马船数量。

早在弘治、正德之际，针对马快船过多的问题，大臣们就曾上疏"议拟量减"③，"乞减马快等船"④，但未得到朝廷重视。嘉靖皇帝即位后，下旨令南京兵部"裁省诸司进贡快船"⑤。到嘉靖五年（1526），"南京江淮、济川二卫及锦衣卫见船不过九百余只"⑥，比天顺年间少了一半还多。后来，"南京守备太监赖义复以船不足奏请增加"⑦，而后又多次削减。⑧《龙江船厂志》说："近岁，大司马王公建议减省进贡快船，皇上慨然行之"⑨，看来嘉靖三十二年以前又曾削减过快船数额。《明史》载："（顾济

①　《明神宗实录》卷174，万历十四年五月乙未。

②　李昭祥撰，王亮功点校：《龙江船厂志》卷2《舟楫志》，第77页。按，龙江船厂建于南京的龙江关，隶属于工部，文中所说"本部"即指工部。

③　刘大夏：《题应诏陈言以厘弊政事》，载黄训编《名臣经济录》卷34，文渊阁四库全书本。

④　《明孝宗实录》卷164，弘治十三年七月癸丑。

⑤　《明世宗实录》卷117，嘉靖九年九月丁亥。

⑥　《明世宗实录》卷61，嘉靖五年二月甲寅。

⑦　《明世宗实录》卷117，嘉靖九年九月丁亥。

⑧　参见《明史》卷194《王廷相传》，第5155页。

⑨　李昭祥撰，王亮功点校：《龙江船厂志》卷2《舟楫志》，第77页。按：此书写成于嘉靖三十二年。

之子）章志，嘉靖三十二年进士。累官南京兵部侍郎。奏减进奉马快船额，南都人祀之。"① 是嘉靖三十二年（1553）以后又曾削减。钱谦益《初学集》载：管志道，"（隆庆）庚午兴于乡，明年中会试，除南京兵部职方司主事。裁风快船三百艘，摊江、济两卫，以苏贡艘之困，复裁马船余夫"②。可见隆庆年间也曾削减马快船数量。《客座赘语》载："快船之害各卫军，至万历初年极矣"，则万历初年快船数量又有增加，不然对卫军的危害不会达到极点。又载，万历十四年（1586）"驾部倪君博采公议，将快船改同马船事例，额减为五百只，官募江、济二卫人驾之"③。嘉靖后期，马船与风快船总量已减少至 600 只，以二者平均计，则各有船 300只。倪公建议将两种船各减少至 500 只，是两种船共减少至一千只，而减之前即万历初年，两船总数量则大大超过千只了。又据《明实录》记载："（万历十四年）其下江大马船减去二十四只，改作进京小马船数。原额，进京快平船五百只，于内减去二百九十只，止存二百一十只。"④ 如果《客座赘语》记载无误的话，那么，万历十四年，曾两度削减马快船的数量，而且削减的额度很大。但到了崇祯年间，马快船的数量依然不少，"进京马快船共八百六十四只"，其中马船 364 只，快平船（风快船）500 只。⑤进京马快船一般为马快船总量的三分之二，所以马快船总数在 1000—1200 只，较之嘉靖后期增加了不少。

　　关于明代一般贡船的数量，《明会典》载"南京各该衙门每年进贡等项物件共三千起，用船一百六十二只"⑥。谈迁《枣林杂俎》列有各类贡品装载船只数，并说这种贡船共有"百六十六只"⑦，所说与《明会典》大体相同。这是明前期贡船的数量。《客座赘语》记嘉靖年间南京提供贡品的部门、贡品名称等，说"夫物数以三十，而船以百艘，此固旧规也。

　　① 《明史》卷 208《顾济传》，第 5494 页。
　　② 钱谦益撰，钱曾笺注：《牧斋初学集》卷 49《湖广提刑按察司佥事晋阶朝列大夫管公行状》，上海古籍出版社 1985 年标点本，第 1253 页。
　　③ 顾起元：《客座赘语》卷 2《快船》，第 53 页。
　　④ 《明神宗实录》卷 174，万历十四年五月乙未。
　　⑤ 倪元璐：《倪文贞集》卷 13《先考中议大夫雨田府君行述》，文渊阁四库全书本。
　　⑥ 正德《明会典》卷 160《工部十四·船只》。
　　⑦ 谈迁撰，罗仲辉、胡明校点校：《枣林杂俎》智集《逸典·南京贡船》，第 41 页。

今则滥驾者不减千计矣"①。嘉靖皇帝曾下旨："查进贡起数，可省则省，可并则并。如起数系定额，难以省并，装运之时，照例着科道、兵部官监视。务要尽船装载，不许多拨、听其夹带私货、搭人索钱。"② 贡船是否减少及减少的数量，今已无从考知了。

表1　　　　　　　明代历朝马船、快船、贡船总数一览表　　　　　单位：只

时间	马快船		南京贡船	史料来源	备注
	马船	风快船			
天顺年间	近2000			郑纪《东园文集》卷2	
弘治年间	907	958	162	正德《明会典》卷125、卷160	
嘉靖以前（具体年代不详）	998			李昭祥《龙江船厂志》卷2	此为工部出资修造之船，当为马船
嘉靖五年	900			《明世宗实录》卷61，嘉靖五年二月甲寅	江淮、济川二卫掌马船，锦衣卫掌风快船
嘉靖二十一年	750			同上	
嘉靖三十九年	600			王世贞《弇州四部稿续稿》卷142	
嘉靖年间	783			李昭祥《龙江船厂志》卷2	此为"经南京后部奏减"后所存船只数。嘉靖初年曾大量削减快船数量
嘉靖年间			100	顾起元《客座赘语》卷6	
万历以前（具体年代不详）	810	950		《明神宗实录》卷409，万历三十三年五月甲戌	《实录》中指此数字为"旧例"

① 顾起元：《客座赘语》卷6《供用船只旧例》，第184页。
② 李昭祥撰，王亮功点校：《龙江船厂志》卷1《训典志》，第3页。

续表

时间	马快船		南京贡船	史料来源	备注
	马船	风快船			
万历年间			1000	顾起元《客座赘语》卷6	
万历十四年以前		500		《明神宗实录》卷174，万历十四年五月乙未	此为"进京快平船"（风快船）数。约为实有此种船只的2/3
万历十四年以后		210		《明神宗实录》卷174，万历十四年五月乙未	
崇祯年间	364	500		倪元璐《倪文贞集》卷13	此为进京马快船数，较实有船只数少。当时进京船只约为所有船只的2/3
时间不详	600		166	谈迁《枣林杂俎》	

三　宫廷运输的弊端及对运河交通的影响

　　明代通过运河的宫廷运输船只数量多，管理混乱，时常壅塞河道，影响航行。驾乘官员利用特权，私载客商，夹带私货，沿途骚扰，严重干扰了运河沿线的社会秩序和航运秩序。

　　明代的宫廷物资，从建筑材料、车马船只、军需器杖、竹木用品、日常器用，到衣饰服装、肉类菜蔬、时鲜水果、祭祀祖先神灵的香帛供品等等，全由南方沿运河北运。除常供之物外，各地特产均作为贡品北运京城。英宗正统元年（1436）三月，动用马快船百艘，"昼夜不休"[1]，运送胡椒苏木至三百万斤。[2] 成化年间，"钦取供用香料并木植等项用船动以百计"[3]。又，"楚中鱼鲊之贡，始自成化初年，盖镇守内臣私献耳。为数不

---

① 《明孝宗实录》卷164，弘治十三年七月癸丑。
② 参见《明英宗实录》卷15，正统元年三月丁卯；卷18，正统元年六月丙申。
③ 王恕：《王端毅奏议》卷6《复参赞机务》，文渊阁四库全书本。

过千斤，后渐增至数万，改属布政司，贡船至十二号"，宜兴县原来进贡茶百斤，渐增至五百斤，宣德年间增至 29 万斤。① 由南方运到北京的贡品，有些是南方特产，乃宫廷生活及宗庙祭祀必需之物，有些并非南方特产，或为不急之物，常年趋船运送，劳民伤财。明迁都北京后，宗庙祭祀器具、物品等一如南京旧制，每年从南京北运的鱼类果品络绎不绝，"金陵城外，旧设鲥鱼厂"，宦官又"于宝坻创为银鱼厂"。每年五月十五日将鲥鱼等进献孝陵，而后开船北运，六月末运抵北京，时值酷暑，不过一两日，鱼便腐臭。弘治皇帝欲革旧俗，但"中贵人进言，祖宗时荐为重，遂不得罢"②。结果用臭鱼祭祀祖先的做法延续了二百余年。有大臣上疏说，有些祭祀果品，北方所产比南方还好，没有必要从南方运来；许多粗重之物及北方可以制作之物，如"马槽筛簸""芦席柴板木"等，也没有必要从南方运输。③ 亦有大臣上奏请求暂缓运输笨重不急之物："南京守备、内外官员将年例该进鲜物，依期拨与快便船只装送。仍禁约夫甲人等，不许装载江米、板片、磁器等项重物在内，其余装运竹木、马槽等项物件者，暂候有水时月逐起发运。"④ 弘治年间，有奏疏曰：马快船本为备水战而设，"而今用以装载芦席柴板木，水夫被累，请行文禁约"⑤。正德年间，又有奏疏称马快船"近以接迎递运送为常，拨用不敷"，请求"非年进贡者具禁止"⑥。宦官为夹带货物，谋求私利，极力反对减少贡船数量，故终明之世，由南方运输粗重杂物至北京的弊端并未革除。

皇族、宦官、朝臣等奉皇帝之命出行，通常组成规模浩大的船队。弘治十四年（1501），御用监太监王瑞奉命送玄武神像去武当山，随行官兵工匠数十人，动用黄马快船 60 余艘。⑦ 后宦官等出使，动辄使用马快船只上百艘。⑧ 正德十三年（1518），大护国保安寺番僧觉义领占扎巴等奉命赴

① 沈德符：《万历野获编》卷 1《贡鲊贡茶》，第 24—25 页。
② 沈德符：《万历野获编》卷 17《南京贡船》，第 431 页。
③ 参见《钦定续文献通考》卷 29《土贡考》；《明孝宗实录》卷 147，弘治十二年二月辛卯。
④ 王恕：《王端毅奏议》卷 2《南京刑部》。
⑤ 《明孝宗实录》卷 147，弘治十二年二月丁卯。
⑥ 《明武宗实录》卷 76，正德六年六月己卯。
⑦ 《明孝宗实录》卷 177，弘治十四年闰七月丁丑。
⑧ 王世贞撰，魏连科点校：《弇山堂别集》卷 92《中官考三》载：宦官谭力朋进贡还，"有马快船百艘"。又《明史》卷 331 载，宦官出使，"动拨马船至百艘"。王恕《王端毅奏议》卷 5 也说"太监带百十号马快船只，装载私盐"。

西藏，也请求带马快船 30 艘，用以装载食盐谋利。① 皇子皇孙受封之国，使用马快船数更多，万历四十一年（1613），"马快船停泊通、湾，以待福王之国者三百二十有奇"②。

明代宫廷运输船最多时有 3000 艘之多，约为漕船数量的四分之一。但是漕船自有漕地方抵通州，一年往返一次，其中山东、河南等地船帮，行程较近；而宫廷运输船只，通常一年往返两次，有的往返多次，其中绝大多数在南京至北京间行驶，行程为江北运河整个河段。因此在运河上行驶的船只中，宫廷运船所占比例很高，对运河交通的影响也很大。早在英宗天顺年间，就有大臣上疏："南京马快船只装载官物，一船可载者，分作十船，却搭客商人等私货。俱要人夫拽送，动经二三百号，又阻滞粮船，深为不便。"③ 成化年间，又有人指出，自南京北上的马快船只"日逐相继"，一起三五十只，"船大载重"，"运粮等项船只，一见前来，举皆退避让路，动经数日不敢前进"④。正德皇帝准备乘船南巡，大臣们极力制止道：如果"多用黄船并马快船只，未免壅塞河路，阻塞运船，东南财赋必不能至"，行经运河的南方商船，更会"闻风畏阻，一切不来京城"⑤。此虽为假设之词，但足以反映宫廷船队对运河交通影响之大。大黄船、大马船、龙衣船都是形制较大的船只，它们行驶在水面狭窄、水量较小的运河河段时，更易造成交通壅塞。这时，宫廷运输船或要求优先通过，或实行垄断航路的极端办法，将河道封闭，不准其他船只通行，史书上称之为"封水"。归有光《震川别集》记载，他乘船过张秋（今阳谷县张秋镇）及戴家庙（今东平县戴庙乡）时，"有龙衣船封水，明日食时行。龙衣船岁于此过，阉挟南货，故船常滞浅。曾记一岁，适巡抚过界，水为封锢，东平张长史以金币贿阉买水。买水所未闻也"⑥。他们继续南行，泊船于济宁城南仲家浅，"漏下二十刻，闻闸下喧呼声，乃龙衣船至"⑦。三百里水程中两遇龙衣船，足见运河上龙衣船数量之多。

---

① 《明武宗实录》卷 164，正德十三年秋七月戊戌。
② 《明神宗实录》卷 512，万历四十一年九月丙辰。
③ 《明英宗实录》卷 347，天顺六年十二月辛酉。
④ 王恕：《王端毅奏议》卷 2《南京刑部》。
⑤ 《明武宗实录》卷 171，正德十四年二月乙丑。
⑥ 归有光：《震川别集》卷 6《壬戌纪行下》，文渊阁四库全书本。
⑦ 归有光：《震川别集》卷 6《壬戌纪行下》。

　　有关部门虽然对马快船乘坐人员作了明确规定，而且一般情况下都是皇帝下诏赐乘马快船，但是一般官员利用职权、贿赂驾乘人员，违例乘坐马快船的现象在所多有。正统初年，中央政府就曾发布公告，严令禁止私自乘坐马快船，有违犯者，乘坐官员及管船官吏均治罪。① 正德年间，再次就乘坐马快船人员事由作出规定，说明马快船搭载一般官员的现象较为严重。一般官员之所以冒犯禁令乘坐马快船，主要是因为马快船在水面狭窄、船闸林立、交通壅塞的运河上具有优先行驶权。运河的许多河段建有船闸，按时启闭，以节制水流，保持局部河水深度。其中会通河船闸最为密集，五百余里的河段上有闸六十七座，故人称其为闸漕、闸河。明代船闸管理方法是"启上闸，即闭下闸；启下闸，即闭上闸"②。为减少船闸启闭次数，避免河水过多流失，过闸船只，须集合结帮，依次通过，有的船闸集结三五十只，有的集结一二百只方能开闸。到了枯水季节，则不管船只集结多少，必须等到闸前河水达到一定深度方可开闸，否则便会造成大量船只搁浅。明人李流芳有诗曰："济河五十闸，闸水不濡轨。十里置一闸，蓄水如蓄髓。一闸走一日，守闸如守鬼。"③ 很能反映当时过闸的艰难。商船民船别无出路，只好按规定守候过闸，但拥有特权的宫廷运输船只则不甘受制于人，他们常胁迫闸官，违犯禁令，专门为其开闸过船。结果"强梁者即度，良善者候经旬日，甚至忿斗溺死者有之"④。宣德四年（1429），皇帝亲自颁布谕旨，规定开闸过船禁令："凡运粮及解送官物并官员军民商贾等船，到闸务积水至六七板方许开。若公差内外官员人等乘坐马快船或站船，如是急务，就于所在驿分给与马驴过去，并不许违例开闸。进贡紧要者不在此例。"⑤ 旨令严厉，但执行宽缓，高官权要及皇家船只违禁过闸仍司空见惯。成化年间，皇帝不得不再次下达禁令："凡闸，惟进鲜船只随到随开，其余务待积水。若豪强逼胁擅开，走泄水利，及开闸不依帮次争斗者，听闸官将应问之人拿送管闸并巡河官处究问。因而搁坏船只、损失进贡官物及漂流系官粮米并伤人者，各依律例从重治罪。"⑥

---

① 参见《明英宗实录》卷18，正统元年六月丙申。

② 傅泽洪：《行水金鉴》卷121，引《治水筌蹄》，文渊阁四库全书本。

③ 李流芳：《檀园集》卷1《闸河舟中戏效长庆体》，文渊阁四库全书本。

④ 傅泽洪：《行水金鉴》卷107《运河水》。

⑤ 正德《明会典》卷159《工部十三·事例》。

⑥ 正德《明会典》卷159《工部十三·事例》。

成化八年（1472），总理河道王恕上奏说："南京装运官物马快船只，日逐相继，而来每起或五七十只，或三四十只，且又船大载重，难为撑驾，其余运粮等项船只，一见前来，举皆退避让路，动经数日不敢前进。及到闸河，积水虽不满板，亦须通闸开放，闸内运船不无浅搁。"① 终明之世，马快船强行过闸，导致河水过量流失，使漕船及官民船只停泊、搁浅的问题始终没有得到解决。

驾驶马快船的内臣军夫等之所以不计成本，从南京向北京运送芦席木板等粗重之物，目的是借运货之机搭运私货，图谋私利。英宗以后，大臣揭露马快船搭载私货的奏疏连篇累牍，几乎每一代帝王都有禁令，但终无法制止。英宗正统四年（1439），便有大臣上奏："南京差拨马快船装运荐新果品及御用物，每船载官物甚少，而官旗私自附载客商货物殆十倍之，甚至妇女婴孩，污秽亵渎，殊无敬谨之意，乞行禁革。"英宗"从之"。②景泰年间，又有大臣上奏说："南京马快船有例禁约，不许附带私货及往来之人等。近年公差官员每私乘之，宜通行禁约，违者治罪，其掌船官吏妄自应付者，一体罪之。"景泰帝批准了这个提议，"出榜晓谕"③。英宗天顺年间内阁大臣上奏："南京马快船只装载官物，一船可载者分作十船，却搭客商人等私货。"④英宗再次下令予以禁止。成化皇帝一上台，就有大臣上奏说："马快船只，供应艰苦，所载官物，一箱一柜而已，辄用一船，夹带客商，装载私货。所至骚扰，法宜禁约"，成化帝"从其言"。⑤成化四年（1468），又一次下达旨令，"马快船不许附带私盐客货"⑥。嘉靖年间也有不少大臣上奏，说马快船"揽载客货，沿途搅扰"⑦，"管运内臣乃有假进贡以规利者，拨船之际虚张品物，务求多船以济己私"，别人无法"辨其轻重多寡，故不能尽发其欺隐而折其伪辞"⑧。隆庆年间，"南京礼

---

① 王恕：《王端毅奏议》卷2《南京刑部》。
② 《明英宗实录》卷60，正统四年冬十月丙子。
③ 《明英宗实录》卷237，景泰五年春正月癸丑。
④ 《明英宗实录》卷347，天顺六年十二月辛酉。
⑤ 余继登：《典故纪闻》卷14，中华书局1981年标点本，第253页。
⑥ 正德《明会典》卷160《工部十四·船只·各船禁例》。
⑦ 《明世宗实录》卷1，正德十六年四月二十二日"即位诏"。
⑧ 《明世宗实录》卷117，嘉靖九年九月丁亥。

部郎中李谅奏请禁马快船之附义私货、骚扰递者，兵部覆奏，从之"①。万历年间，大臣奏"南京、苏、杭进御袍物黄马快船多有私载，骚扰驿递，害民尤烈"②。天启年间，积弊已久，情况依然，"贡船人夫动增数倍，上供十无二三，夹带十尝六七"③。

马快船、贡船夹带的私货中，以宦官贩卖私盐为大宗，对运河区域社会及交通秩序的破坏最为严重。成化十四年（1478）十一月，"南京内官监覃力朋进贡还，有马快船百艘，多载私盐，役民夫牵挽，且遍索州县驿递，得银五百余两，钱帛称是。至甲马营巡检司，申报武城县，遣典史率人盘诘。力朋乃以其众拒，击典史，折其齿，射一人杀之，伤者甚众"④。宦官汪直告发覃力朋，并奉命前往南京逮捕之。汪与覃乃一路货色，"经过水陆，巡河御史、主事以下等官皆跪迎，稍不至，则见辱"⑤。后来覃力朋虽然受到处罚，但不到一年，便又回南京做了"内府写字"。皇帝家奴的身份，加上马快船固化的特权，使得乘坐马快船的宦官骄横暴虐、有恃无恐。成化十八年（1482）有太监"带百十号马快船只，装载私盐，前来江南收买玩好之物"⑥。有些宦官受皇帝宠信，权势煊赫，奏请皇帝批准，公开利用马快船装载盐茶牟利。正德十年（1515），正德皇帝派司礼监太监刘允出使乌斯藏迎僧徒来京，"允奏乞盐引至数万，动拨马船至百艘"⑦。正德帝"敕允往返以十年为期，得便宜行事。又所经路带盐、茶之利亦数万计。允未发，导行相续已至临清，运船为之阻"。朝廷官员上疏极力谏止："京储岁运与营建大木并在里河，议者犹恐不能疏通，若添此等盐船往来其间，挟势骚扰不止，地方受害而粮运、大木二事亦为阻滞。"⑧ 但正德皇帝根本听不进去，还是答应了刘允的要求。得到皇帝许可，宦官们更是狐假虎威，为所欲为。"此辈一得明旨，即于船首揭黄旗，书'钦赐皇

---

① 《明孝宗实录》卷8，成化二十三年十二月丙寅。

② 《明神宗实录》卷174，万历十四年四月乙丑。

③ 《明熹宗实录》卷7，天启元年秋七月庚子。

④ 王世贞撰，魏连科点校：《弇山堂别集》卷92《中官考三》，第1761页。

⑤ 尹直：《謇斋琐缀录》卷6，《丛书集成初编》，中华书局1991年影印本。

⑥ 王恕：《王端毅奏议》卷5《巡抚南直隶》。

⑦ 《明史》卷331《西域三》，第8574页。

⑧ 王世贞撰，魏连科点校：《弇山堂别集》卷96《中官考七》，第1831页。

盐'字样，势焰煊赫，州县驿递官酬应少误，即加笞辱。"①

明代宫廷运输船只搭载客货谋利何以成为无法治愈的痼疾？这是因为，在宫廷运输过程中，形成了一个由不同阶层构成的利益集团。马快船专门向宫廷运送贡物，使以皇帝为首的宫闱集团无须通过政府部门，便可获取各种各样的生活资料，满足他们奢靡的生活需求，同时可以运用赏赐的方法，笼络高官，羁縻外臣。掌管宫廷运输的宦官是这个利益集团的中坚，他们既可通过运输特殊物资讨好皇帝，又可私自搭载客货、沿途索取，获得经济利益，取悦运河上往来的官员，这是一举多得的事情。因而，他们极力维护马快船运输制度，一再要求增加马快船数量，力求获得最大利益。驾驶马快船的卫军船夫处在利益集团的最下层，他们隶属于卫所，政府定期下拨生活费用，乃其生活之主要来源。但是随着政治腐败和经济秩序紊乱，他们的生活日益艰难，稍有差池，便会倾家荡产，于是不得靠搭载客货谋求额外收入。其中有些人为逃避风险，选择了逃亡的道路。弘治年间，南京兵部左侍郎白昂向皇帝报告说："南京江淮、济川二卫马快船夫逃窜者众。"② 正德年间，又有大臣上疏说："南京快船夫甲，近因差遣频繁及奉差内使需索无厌，动辄破产。"③ 至万历年间，马快船军夫生活境遇差至极点，"快船之害各卫军，至万历初年极矣。修船则有赔敝之苦，编审则有需索之苦，出差在各干涉衙门则有使用之苦，中途则有领帮内官索打帮钱之苦，卒遇风水不测则有追赔罪罚之苦，役之轻重，总于卫官，则又有非时勒胁诛求之苦。以故卫人语及快船，无不疾首蹙额。盖有千金之家财，出一差而家徒四壁者矣"④。驾船卫军历尽辛苦，生活无保障，他们也企图通过私自搭载客货得到经济上的补偿。马快船少载贡物，大量夹带私货，搭载客商，大大增加了在运河上航行的宫廷船只的数量，不仅"阻滞粮船"⑤，更影响了商船民船的正常通行。

乘坐黄船、马快船的宦官、贵族、官员等，凭借自身的和宫廷船只固化的权力，所到之处，为所欲为，骚扰滋事，史书中此类记载比比皆是。

---

① 王世贞撰，魏连科点校：《弇山堂别集》卷94《中官考五》，第1791页。
② 《明孝宗实录》卷26，弘治二年五月戊午。
③ 《明武宗实录》卷76，正德六年六月己卯。
④ 顾起元：《客座赘语》卷2《快船》，第53页。
⑤ 《明英宗实录》第347卷，天顺六年十二月辛酉。

《明实录》记载：弘治十五年（1502），御用监太监金辅等"奉命送泾王（朱祐橒）之国"，金辅等根本不把泾王放在眼里，"取鱼不献，鼓吹先行"。泾王府长史等人沿途多所征索，驿官不胜榜笞，至有自溺而死者。行及天津，又削减黄船夫百人，责令纳钱，两名船夫杖死。又"群掠柴市居民货物"。金辅乘机集讯王府从人，捉拿行杖者，黄船耽搁六天方才前行。① 正德年间，巡按王崧奏称"进贡进鲜等项黄马快船管运官员，多勒人夫，吓取财物，绑缚官吏"，请求出榜禁止，经兵部题准："如有仍前违例索取财物及曲为奉承者，该巡抚、巡按等官指实参奏处治。"② 但这样的禁令不过是一纸空文。正德七年（1512），尚衣监太监乔忠自南京返回北京路过淮安。南京给事中刘绂赴京亦路过此地，其侄淮安知府刘祥派巡卒护送。巡卒是地头蛇，不肯给宦官船队让路，乔忠捉巡卒二人捆绑笞打。结果强悍的巡卒们蜂拥而上，攻击乔忠的黄船。刘绂大惊，但无法阻止。乔忠狼狈逃跑，至京城上奏皇帝，令锦衣卫将刘绂叔侄等人逮捕治罪。③ 正德十一年（1516），南京织造太监史宣乘船进京，沿途"酗酒作威，肆行凶恶，所过索要茶果分例，或逼取折干起关等钱，又有声言，钦赐黄棍专令打死官吏勿问，随路凌辱指挥、知县等官，人民逃窜，鸡犬惊散，风声气焰，有若雷霆，道路传闻，莫不震骇。计其所获，动盈千数，流贼之害，不惨于此"④。管闸主事王銮、沛县知县胡守约稍有怠慢，史宣便上奏皇帝，"俱下之诏狱"。宿迁主簿孙锦、秦州船户孙富被打死。⑤ 正德十三年（1518），"大护国保安寺番僧觉义领占扎巴等充正副使，率其徒二十七人入乌思藏国，封其酋为阐教王。……劄巴等在途科索亡厌，州县驿递，俱被凌轹。至吕梁，群殴管洪主事李瑜濒死，其纵恣如此"⑥。《涌幢小品》中记有嘉靖年间太监暴虐恣肆的事例："萧景腆，晋江人……以忧去，服除，补长洲。时织造太监张志聪，恣睢横索，长洲令郭波持法挫之，志聪忿甚，诬令挠御造龙衣，执而倒曳之车后。景腆闻，领所部弓兵夺追，直前，手批志聪，落其帽，市民从旁观者尽为景腆张气，梯屋飞瓦，群掷

　① 《明孝宗实录》卷190，弘治十五年八月庚子。
　② 孙懋：《劾太监史宣疏》，《御选明臣奏议》卷15，文渊阁四库全书本。
　③ 《明武宗实录》卷92，正德七年九月癸酉。
　④ 王恕：《王端毅奏议》卷5《巡抚南直隶》。
　⑤ 王世贞撰，魏连科点校：《弇山堂别集》卷96《中官考七》，第1833页。
　⑥ 《明武宗实录》卷164，正德十三年七月戊戌。又《明史》卷331所记与此略同。

志聪。志聪阻折去，竟夺令归。志聪还诉世庙，有旨，械下诏狱。"① 织造太监如此嚣张，负责龙衣运输的太监更是有恃无恐，《万历野获编》曰："近年龙袍船，尤为恣横，远出冰鲜之上，即凶恶如漕卒粮船，亦敛避不敢较。至仕绅乘传者，为其所凌，噤不敢出声，何况行旅？"龙衣船特权大，便于宦官们运载私货，所以"中贵以此差为登仙，其名下小阉，踞以为外府。春秋二运，往来如织矣"②。

明代宫廷运输船只沿运河征发夫役，逼索钱财，使运河沿线民众深受祸害。南京贡船多由江淮、济川等卫所军夫驾驶。军夫人数不够，政府规定，可以在运河沿线地方征发夫役，承担牵挽、车坝、过闸、过浅、起驳、货物搬运等劳役。为了获取额外收入，押送货物的官员及驾船军夫沿途大肆征发挽船夫役，索要钱物。宣德年间，德州民众无法忍受奴役，乃上疏皇帝道："本州路当冲要，每遇军物，官船经过，例给丁夫。而督运者多不守法，威逼有司，以一索十，以十索百，前者未行，后者踵至。本处丁夫不敷，有司无计，或执商贩行道贫人补足其数。督运者中路逼取其资，无资者至解其衣而纵者，有为所逼迫不胜而赴水死者。在船军士，本用操舟，乃得袖手而坐，所载私货多于官物，沿路发卖，率以为常。"据此，兵部作出规定，凡运物之马快船等，掌船者必须在木牌上写清本船军夫人数、姓名，须地方增加夫役者，逆水不超过七人，顺水则不给夫役。③宣德、正统之后，"用船数多，州县动拨夫千百名"，夫役难以征发，地方政府只好出钱雇觅，"一年之间，自仪真抵通州，所用银不下数十万，皆军民膏脂而不系赋税。"④ 成化年间，征发更多，"沿途贡船，丁夫不足，役及老稚"⑤。于是皇帝再次下令，装载贡品的马快船只，所经之地，"每船添上水二十名，下水五名，军卫三分，有司七分"⑥。每船征发夫役的数量较前大为增加。成化十六年（1480），"令马快船回还顺带官物者上水夫

---

① 朱国祯撰，缪宏点校：《涌幢小品》卷 11《批内官》，文化艺术出版社 1998 年标点本，第 249 页。
② 沈德符：《万历野获编》卷 17《南京贡船》，第 432 页。
③ 余继登：《典故纪闻》卷 9，第 164—165 页。
④ 《钦定续文献通考》卷 29《土贡考》。
⑤ 《明史》卷 161《夏寅传》，第 4391 页。
⑥ 余继登：《典故纪闻》卷 14，第 253 页。

八名，下水夫四名"①。马快船返回南京时也可以征发夫役了。运河沿线民众不堪夫役征发，纷纷逃离，以至于官船所过之地，无夫役可征发。严嵩《北上志》载，正德十一年（1516），他乘船到达邳城后，找不到挽船民夫，后来知州前来，"乃得数夫"②。正德十三年（1518），他作为册封宗藩的副使南下，船到天津，"索夫不得"。到了兴济县，干宁驿空无一人，"岸傍人云，驿官妻匿民舍中。坚壁不出，慰谕之，乃以空头印纸关文缒而下。久之，得夫甲，妻组系之，乃始得夫"③。运河沿线之空旷荒凉，运输秩序之混乱，由此可见一斑。嘉靖皇帝即位伊始，便下诏说："南京年例进解马快船只，旧例每起不过三只，正德九年以来违例拨给，比旧加多，揽载客货，沿途搅扰。本等廪给夫役之外，勒要银两数多，甚为民害。兵部出榜，通行禁约，今后进解船只务照旧例拨给，经过地方不许分外生事，勒要折干银两，违者巡按巡河等官指实参奏，不许故纵。"④ 嘉靖六年（1527）又下旨说："访得进贡船只，起数甚多。管运内官，廉靖守法者固有，贪刻害人者不无。沿途多索人夫，勒要折干银两，不遂所欲，动辄搜求，甚至殴打职官，绑缚夫役，里河一带俱被其害。"同时宣布了一系列禁令，规定每只贡船，向运河沿线地方索要的挽船夫役为"上水二十名，下水十名"，不得另外索取夫役、钱财。⑤ 万历年间，马快船、贡船等"索土宜、索常例、讲铺垫、讲耗增、攫金盗木"⑥，"沿途骚扰"⑦，"害民犹烈"⑧。蒋一葵《尧山堂外纪》曰："正德间阉寺当权，往来河下者无虚日，每到辄吹号，头齐丁夫，民不堪命。"⑨ 明人王磐散曲《朝天子·咏喇叭》道："喇叭锁哪，曲儿小，腔儿大。官船来往乱如麻，全仗

---

① 正德《明会典》卷 121《兵部十六·驿传·马快船事例》。

② 严嵩：《钤山堂集》卷 27《杂记·北上志》，《续修四库全书》第 1336 册 集部，第 231 页。

③ 严嵩：《钤山堂集》卷 27《杂记·西使志》，《续修四库全书》第 1336 册 集部，第 233 页。

④ 杨廷和：《嘉靖登极诏草》，载黄训编《名臣经济录》卷 14，文渊阁四库全书本。

⑤ 参见李昭祥撰，王亮功点校《龙江船厂志》卷 1《训典志》，第 3 页。

⑥ 徐必达：《请革解紬白粮积弊疏》，《御选明臣奏议》卷 34，文渊阁四库全书本。

⑦ 《明神宗实录》卷 173，万历十四年四月乙丑。

⑧ 《明神宗实录》卷 173，万历十四年四月乙丑。

⑨ 蒋一葵：《尧山堂外纪》卷 94，《中华野史·明朝卷》卷 2，泰山出版社 2000 年标点本，第 1325 页。

你抬声价。军听了军愁，民听了民怕，那里去辨甚么真共假？眼见的吹翻了这家，吹伤了那家，只吹的水尽鹅飞罢！"① 马快船与贡船扰乱运河沿线社会和航运秩序，已经到了十分严重的程度。弘治年间，经济素称繁华的临清、张秋等地，"盗贼纵横，杀人劫财者在在而是"②。正德年间，刘六、刘七起义转战于河北、山东一带，一度攻克运河沿线的许多城市。马快船只等宫廷运输对社会秩序的破坏，加剧了社会动荡和农民起义的发展蔓延。

总之，明代由南方北运京城的宫廷物资运输量大，专用船只多，运输效率低，造成了运河某些河段的交通壅塞，影响了漕粮运输，更影响了商船民船往来。督运宫廷物资的宦官军夫、乘坐宫廷船只的贵族官员等无视政府运河管理规定，肆意破坏航行秩序；沿途征发夫役，索要钱物，致使运河沿线不少地方居民逃亡，明代江北运河区域与江南运河区域经济发展的差距没有因为运河的畅通而缩小，与宫廷运输对江北运河区域社会秩序的扰乱破坏有很大关系。

---

① 转引自王燕编著《中国古代文学作品选读 2》，中国人民大学出版社 2003 年版，第326 页。

② 李东阳：《怀麓堂集》卷 96《通达下情题本》。

明代漕运监兑官制初探[*]

胡克诚^{**}

　　明代自永乐北迁，"军国之需皆仰给东南"，为保证每年四五百万石漕粮北运京师，明廷建立起由诸司衙门协同参与的庞大漕运体系。其中，督理漕运的官员主要有总督、把总、监兑、攒运、押运、理刑六种，而所谓"监兑官"则主要由户部司官外差。据万历《明会典》规定："监兑，户部主事五员。每岁于漕运议事毕，选差请敕，分诣山东、河南、南直隶、浙江、江西、湖广，督军民有司，依期交兑，催攒起程。南运督至仪真，与攒运官交接明白，即将各兑完起程并交接日期，报部查考。回日，仍将兑完日期具奏。"① "凡各处兑运粮，每岁本部（指南京户部）选差员外郎或主事，（南）直隶一员、浙江一员、湖广一员、江西一员，督同各司府州县掌印官，并分巡分守管粮官员，依限征兑。"② 当然，上述史料只描绘出了一个大概情况，事实上，明代户部通过外差监兑官参与漕运乃至直接行使对江南等地田赋解纳环节的监控之权，存在一个复杂的演变过程。

　　目前，学界对明代户部的研究主要集中在户部机构的总体性介绍、户部官吏的用人限制、户部尚书的任职情况、主要职掌及其职权评估等方面，但对其在具体财政管理环节中的实际运作方式和扮演的角色，特别是户部外差的研究则相对薄弱。③ 此外，学界对明代漕运体系的研究主要集

　　* 本文原刊于《古代文明》2016 年第 2 期。

　　** 胡克诚（1981— ），男，辽宁沈阳人，历史学博士，聊城大学运河学研究院副教授、硕士导师，主要研究方向为明清史、区域社会史。

　　① 申时行等修：万历《明会典》卷 27《户部十四·会计三·漕运》，中华书局 1989 年版，第 196 页。

　　② 申时行等修：万历《明会典》卷 42《户部·南京户部·粮储》，第 297 页。

　　③ 关于明代户部外差的研究成果主要有范传南、赵毅《明代管粮郎中建置沿革浅论》，《东岳论丛》2012 年第 1 期；王尊旺《明代九边管粮郎中述论》，《福建师范大学学报》2014 年第 2 期。

中于文武总漕等高层官员和漕军、水手、帮会等基层组织，而对包括监兑官在内的中层官制的研究相对薄弱。① 鉴于此，本文拟整理存世文献中明代漕运监兑官制的相关记载，爬梳其创设沿革、基本职能，并分析其屡遭裁撤的原因，以期促进明代财政史和制度史的研究进展。错漏之处，还请就正于方家。

一　明代监兑官的出现及废置沿革

"纳粮当差"是帝制时代社会成员对于朝廷（帝王）最为重要的义务②，也是国家财政收入的主要来源，而漕运制度则是历代王朝为保证居于核心地位的赋税收入——漕粮的有效征解，而制定并不断调整的一系列组织和管理办法。清修《明史》曾总结有明一代漕运法之三变，曰："初支运，次兑运、支运相参，至支运悉变为长运而制定。"③ 明人顾起元的解释则更为详细：

> 漕运旧例，军民各半，互相转运。民运淮安、徐州、临清、德州水次四仓交收，漕运官分派官军转运于通州、天津二仓，往返经年，多失农月。于是侍郎周忱议，将民运粮储俱于瓜洲、淮安，补给脚价，兑与运军，自是转运变为兑运。至成化七年，右副都御史滕昭议，罢瓜、淮兑运，令南京各卫官与直、浙等处官，径赴水次州县交兑，民加过江船费，视地远近有差，自是兑运又变为长运矣。④

① 关于中层漕运官制的研究成果主要有丁明范：《明代的巡漕御史》，《明史研究专刊》第14期，（宜兰）明史研究小组，2003年8月；李俊丽：《明清时期漕船的趱运》，《许昌学院学报》2012年第4期。另，漕运研究学术史参见高元杰《20世纪80年代以来的漕运史研究综述》，《中国社会经济史研究》2015年第1期。

② 王毓铨先生认为"纳粮也是当差"（《史学史研究》1989年第1期），而赵轶峰先生在肯定此说深刻揭示了帝制时代所有赋役都具有强制性的本质之外，更强调二者在实际生活中对于社会成员的意义有所不同。（《身份与权利：明代社会层级性结构探析》，《求是学刊》2014年第5期）

③ 《明史》卷79《食货三·漕运》，中华书局1974年标点本，第1915页。

④ 顾起元：《客座赘语》卷1《转运兑运长运》，中华书局1987年标点本，第2页。

虽然明清以来关于明代历次漕运法转变的时间、地域、首倡人及其具体内容解释的观点不一，学界对此也颇有争论①，但总体而言，其制度演变趋势当可概括为军、民之间在漕粮长途运输过程中责任配比的不断调整：由民运为主，向军民合作，到军运为主的过渡。换言之，即军运逐渐取代民运，兑运逐渐取代支运的过程。而"监兑官"的设置，当与"兑运法"的施行息息相关。

何谓"兑运"？明人何乔远曰："兑之为言易也，军与民交易也。"②军、民之间的漕粮交接过程，即民间支付运军一定钱粮（包括道里费和耗米，成化年间"改兑"后又添过江"脚米"），换取运军代为长途运输，也可视为一种交易。归有光还将兑运法施行后的军民交接过程解释为一种雇佣关系："民之所以得宴然于境内，而使军自至者，非能使役之也，实增加耗之米雇之也；军之所以不得不至者，实厚受其雇，而为之役也。"③

但是，在漕粮交兑的实际操作层面，军、民之间常常发生矛盾冲突，进而影响漕运进度或米色质量。而由于明代军、政分属不同系统，地方文官往往难以协调军民纠纷，甚至官、军之间也常有冲突，是故需要朝廷派设户部专员监督、协调军民兑运。如嘉靖初年曾监兑山东河南漕粮的户部主事高汝行所云：

> 国家定都幽燕，供亿惟漕粟是赖，岁运四百万石……皆陆输而舟运。陆输者，民也，而理之在守令；舟运者，军也，而统之在卫所，势相轧而心相违，于是纷争之患起矣。弘治初，廷议遣部使者监之，而争者始定，然而犹后期也。正德十三年，又赐之玺书，以重其权，而事易济矣。④

隆、万年间总理河道万恭亦云：

① ［日］清水泰次著、王崇武译：《明代之漕运》，载于宗先、王业键等编《中国经济发展史论文选集》，台北：联经出版事业公司 1980 年版，第 309—328 页；李天佑、嵩峰：《明代漕运的几个问题——〈明史·食货志·漕运篇〉札记》，《山东师大学报》1982 年第 1 期。

② 何乔远：《名山藏·漕运记》，《续修四库全书》史部 第 426 册，第 446 页。

③ 归有光：《震川先生集》卷 8《遗王都御史书》，上海古籍出版社 2007 年版，第 166 页。

④ 嘉靖《德州志》卷 2《公署·户部监兑分司·跋》，《天一阁藏明代地方志选刊续编》第 57 册，上海书店 1990 年影印本，第 372 页。

旧制，各省兑运，届期分差部臣监兑，盖以各总领运官多厚军而薄民，而各省有司官多厚民而薄军故。今部臣操兑运之权，制军民之便，法至善也。①

上述史料均揭示出明代户部监兑官之设的由来及其在兑运过程中的重要作用。

明代监兑官制的创设时间，如上文推断，当迟于"兑运法"出现的宣德中期。《明实录》《明会典》等官方文献中明确以户部司官监兑漕粮的记载，最早见于英宗正统十一年（1446）冬十月，时任漕运总兵官都督佥事武兴奏："各处军民兑粮之际，因官司不相统属，以致争竞者多。乞遣户部主事一员，提督各该军民官员公同交兑，庶免争竞。"从之。② 但此后直到正德七年（1512）之前，《明实录》中再无关于户部司官监兑漕粮的记录。③ 万历《明会典》则在正统十一年的最早记录后，于成化二十一年（1485）再次出现了"令每年户部差官一员于山东、河南，南京户部每年差官四员于浙江、江西、湖广、南直隶地方，督同各司府州县正官并管粮官征兑"的记载。而在上述两个时间点之间，尚有景泰五年（1454）"令河南、山东布、按二司官督理兑运"和天顺元年（1457）"令各处监兑民粮司府州官，每岁承委后，先行本部知会，径赴总督漕运官处比较"的两条记录。④ 以此推知，正统十一年后户部监兑官的派设并未形成定制，且曾于正统十一年至天顺元年间的某一时刻遭裁撤，监兑之权归并于地方司府州级"管粮官"，直至成化二十一年（1485）才又恢复。这轮监兑官制的调整，可能跟正统十四年（1449）爆发的"土木堡之变"有关。当时北京面临也先蒙古大军围困，临危受命的景泰君臣一方面积极组织北京保卫战；一方面征召包括漕军在内的地方军事力量赴京勤王，致使宣德以来逐渐稳定的漕运制度暂时恢复到民运状态。而随着北京保卫战的胜利和景泰帝皇位的稳固，明廷也开始重整漕运体系，包括文官总漕兼巡抚淮扬都

---

① 万恭：《酌议漕河合一事宜疏》，载陈子龙等辑《明经世文编》卷351，中华书局1962年影印本，第3777页。

② 《明英宗实录》卷164，正统十一年冬十月，台北"中研院"历史语言研究所1962年校印本。

③ 《明武宗实录》卷95，正德七年十二月辛亥。

④ 申时行等修：万历《明会典》卷27《户部十四·会计三·漕运》，第196页。

御史的创制①和地方司府州级管粮官参与漕粮征兑的创设②，到成化初年"改兑"的实行，以及漕、白二粮财政数额的确定等制度变迁，使明代漕运管理制度进入一个新的历史阶段，中央加强对漕粮解运管理的制度诉求也提上日程，此即户部监兑官复设并趋于稳定的重要背景。

在成化二十一年（1485）户部监兑官复设之后，弘治三年至六年（1490—1493）又出现过一次短暂停罢，并将监兑之权归并于地方司府州"管粮官"的记载："（弘治）三年，取回各处监兑主事等官，止令各该管粮官监兑。七年，令两京户部，仍差主事等官于湖广、江西、浙江、山东、河南及南直隶各府，催督监兑民粮。"③另据嘉靖《德州志》中的"户部监兑分司题名记"所载，德州户部监兑分司初设于"弘治初年"（恐系成化二十一年或弘治六年复设之误）。④而乾隆《德州志》中则进一步说明：

> 监兑分司署。按，此署有二，明初在北厂，正统间移城内，天顺间改管粮分司，今现在为督粮道署者，此其一；明弘治间复设监兑分司，建署于州治东，万历间复裁监兑分司，今现在为三官庙者，此又其一也。⑤

这里明确提出弘治初为"复设"，德州监兑分司创设于"明初"，至天顺年间始改为管粮分司。不过，乾隆《德州志》关于"监兑分司"的记载恐怕也是混淆了户部监督分司和监兑分司的差别，前者专管德州仓，设置时间当在明初永乐通漕前后，而后者则是管理漕粮征解过程中的军民交兑事宜，大概在正统至成弘间创设。嘉靖《德州志》中分别载有户部二分司的《题名碑记》，即是明证。

总体看来，成、弘以后的数十年间，每年选派两京户部主事（或员外

---

① 胡克诚：《明代漕抚创制事迹考略——以王竑为中心》，《聊城大学学报》2015 年第 3 期。
② 胡克诚：《明代江南治农官述论》，《古代文明》2012 年第 2 期；《明代苏松督粮道制考略》，载《明史研究·第 14 辑》，黄山书社 2014 年版，第 11—25 页。
③ 申时行等修：万历《明会典》卷 27《户部十四·会计三·漕运》，第 196 页。
④ 嘉靖《德州志》卷 2《公署·户部监兑分司题名记》，第 372 页。
⑤ 乾隆《德州志》卷 5《建置·衙署·废署》，《中国地方志集成·山东府县志辑 10》，凤凰出版社 2008 年影印本，第 108 页。

郎）四到五人，分往山东、河南、湖广、江西、浙江、南直隶等南北六大有漕省区监兑漕粮的制度日趋稳定。如撰于嘉靖初年的"德州监兑分司题名记"所载监兑山东河南漕粮户部主事的派设情况，从弘治六年至嘉靖七年（1493—1528）的35年间，共曾派设户部监兑主事34位①，几无间断。这当归因于成化"改兑"以后，漕运制度趋于稳定，故户部监兑官制也日益趋于常态。

随着监兑官在漕运过程中的作用日益明显，户部曾于嘉靖十九年（1540）提出，"监兑官，钱粮所系，职任最重，宜赐关防，以便行事"②。不过这一提案在当时未获批准，监兑官仍需每年领敕赴差。直到嘉靖四十四年（1565），明廷才正式批准铸给监兑官关防，这也是户部监兑官由临时性差派转变为法规定制的重要标志。③

嘉靖之前，户部每年派往南直隶的监兑官只有一人，至嘉靖四十五年（1566）十二月，总督仓场户部左侍郎刘体乾奏："监兑部臣宜重其事权，毋令阻挠。南直隶道里阔远，宜增一员以管苏、松、常、镇四府，一管上江、江北。"此议得户部支持。④ 隆庆元年（1567），铸给江南、江北二监兑主事关防。⑤ 至此，南直隶监兑一分为二。隆庆三年至五年（1569—1571）间，明廷又裁革各省区户部监兑官，并将浙江、南直隶二省区所在各府州漕粮监兑统属关系重新调整归并，分别由所在专职御史兼任：其中，江北庐州、凤阳、淮安、扬州四府及徐、和、滁三州粮务改由两淮巡盐御史兼管，上江所在的应天、太平、宁国、安庆、池州五府与广德州粮务改由南京巡屯御史兼管，而江南苏、松、常、镇、杭、嘉、湖七府漕务则统一归两浙巡盐御史兼管。至万历五年（1577），明廷又重新恢复了苏松常镇四府的户部监兑主事；九年（1581）恢复浙江监兑主事。⑥ 十一年（1583），户部以浙江漕粮，杭州数少，嘉、湖数多，奏将监兑主事衙门移驻湖州，以便督催。⑦ 十二年（1584），又令两浙巡盐御史仍带管江南七府

---

① 嘉靖《德州志》卷2，《公署·户部监兑分司》，第369—371页。
② 《明世宗实录》卷242，嘉靖十九年十月乙亥。
③ 申时行等修：万历《明会典》卷27《户部十四·会计三·漕运》，第196页。
④ 《明世宗实录》卷566，嘉靖四十五年十二月丙申。
⑤ 《明穆宗实录》卷2，隆庆元年正月戊辰。
⑥ 申时行等修：万历《明会典》卷27《户部十四·会计三·漕运》，第196页。
⑦ 《明神宗实录》卷136，万历十一年四月庚辰。

漕粮，止行文督催，免其押送镇江。① 三十七年（1609）以后，再次裁革浙江等五省户部监兑主事，归并粮储道。② 四十年（1612），苏松监兑主事再度遭到裁革。③

万历四十年之后至崇祯朝之前的十余年间，随着漕运各环节中的诸多弊病日益凸显，复设户部监兑官制的呼声再度响起。崇祯二年（1629），户部尚书毕自严覆奏称："自监兑裁后，有司不如期开征，船到尚且无米，不肖运官就中希图折干，粮道、粮厅漫不稽查，水次既已短少，抵仓岂能足数？"为缓解日益严重的财政危机，明廷再次调整了监兑官制：除复设苏松、浙江、江西、湖广四监兑主事，并仍责令南京巡屯御史和两淮巡盐御史分别领敕兼管南直隶上江、江北漕粮监兑旧例外，还有一条不同以往的制度调整，即将之前山东、河南二省共设一位监兑主事的传统（其中山东漕粮于德州兑运，河南漕粮于小滩兑运），改由德州、临清二仓原设户部管仓主事分别领敕兼任。④ 不过这次复设也仅仅持续了三年时间，自崇祯五年（1632）又裁革户部监兑官，各省漕粮监兑再次归地方粮道兼理，"此后监兑之事，即粮道之事，监兑之职掌，皆粮道之职掌"⑤。

二　户部监兑官的基本职能

明代漕运制度自兑运法出现，特别是成化改兑以后，整个税粮解纳环节大致归为两个阶段：第一阶段，由各省直司府州县管粮官督并粮里，将征解到的税粮运至临近水次仓，等待漕船抵达，加耗兑与运军。该阶段由各地抚按总体监督，司府州县各级管粮官具体负责，以额定税粮按时按量解运到仓支给运军为旨归。第二阶段，则是赴各地水次仓接运漕粮的运军驾船北运，终至京、通二仓。该阶段由文、武总漕负责，各督运官军实际押运。而户部监兑官则在期间扮演了监督、协调两阶段交接的桥梁纽带角

---

① 申时行等修：万历《明会典》卷27《户部十四·会计三·漕运》，第196页。
② 《明神宗实录》卷454，万历三十七年正月乙未。
③ 《明神宗实录》卷498，万历四十年八月庚午。
④ 毕自严：《度支奏议·云南司》卷1，《题覆仓院宋师襄议复监兑并应行事宜疏》，上海古籍出版社2007年影印本，第72—75页。
⑤ 毕自严：《度支奏议·云南司》卷12《题请申饬粮道料理漕兑疏》，第577页。

色。如嘉靖二十七年（1548），户部议上漕运新定事宜："凡违限有司、军卫官，俱听监兑主事于兑完之日会按臣弹奏，本部分例题覆。有司则属各按臣逮问，军卫则属督漕都御史发理刑主事治罪。"① 嘉靖四十一年（1562），户部奏请如御史颜鲸建议，令"各监兑主事与巡按御史严查有司过限无粮、大户私囤插和、军船过期不到、官旗故意刁难等弊，径自逮问，每年俱于四月内类奏"②。崇祯初年，毕自严曾总结监兑官职掌：

> 监兑一差，专为漕粮而设，初督州县开征，则宜修复水次仓厫，俾令米尽入仓，务以干圆洁净为主；次督旗甲开兑，则宜尽除纲私话会及勒耗折干等弊，务以两平交兑为主。兑完之后，俾令刻期开帮，尾押前进，直至瓜、仪，过淮而止。沿途查点漕艘，毋令换前落后，装载私货，延挨时月。若夫内供白粮，亦令紧接漕帮，络绎前进。把总运官，仍须分别殿最，揭报劝惩。则监兑之职业尽矣。③

由此可知，监兑官的主要职能，当是以水次仓为中心，监督军民交兑，并考评地方官和运军两方工作的完成情况，以保证漕粮及时足额解运。

首先，是监督考评司府州县掌印管粮官的完粮入仓情况。如正德五年（1510），时任总漕邵宝疏请"仍敕本部，每年例差监兑官员，务选精炼之人，令其亲诣各水次，从实查勘，除依限交兑外，若有迟误者，必根究所由，或在军，或在民，或在官吏，指实参奏，系军职行漕运衙门，系民职行各该巡按御史，提问如律，照例发落，不许视为泛常，苟且塞责"④。七年（1512），户部提出："各处兑运稽迟，请遣户部官四员，领敕监兑，申严期限，违者罪之。"⑤ 同年，户部会议巡抚官，详细规定了地方运粮到仓的期限，及监兑官的相应考察事宜："各处兑粮稽缓，宜令司府州县掌印管粮官十月内开仓征完，十二月内运送交兑。仍敕监兑官，于十一月内至

---

① 《明世宗实录》卷342，嘉靖二十七年十一月戊寅。
② 《明世宗实录》卷516，嘉靖四十一年十二月乙亥。
③ 毕自严：《度支奏议·云南司》卷1《题覆仓院宋师襄议复监兑并应行事宜疏》，第75页。
④ 清高宗敕修：《御选明臣奏议》卷13《举纠漕运官状（邵宝）》，《景印文渊阁四库全书》第445册，台湾商务印书馆1986年影印本，第207页。
⑤ 《明武宗实录》卷95，正德七年十二月辛亥。

水次，督并兑完，赴京复命。次年正月终未完者，监兑官劾治之。"① 此即明确了监兑官对司府州县掌印管粮官交兑漕粮情况的监督参劾权。嘉靖以降，随着漕粮部分折银逐渐成为惯例，漕运银的比例大增。为适应这一趋势，户部于嘉靖四十一年（1562）又出台了《改折粮银违限降黜例》："自今年始，各抚按及监兑主事严督各司府州县掌印管粮官，依限征完改折粮银，同本色解部。四月终折银不完者，同正月无粮例，府州县官各提问，住俸半年；五月终不完者，同二月例，各提问住俸一年；六月终不完者，同三月例，各提问降二级；七月终不完者，同四月例，不分多寡，并布政司掌印管粮官一体提问，各降二级，送部别用，俱监兑官同巡按御史查参。"② 万历中，户部又题准"各府州县掌印正官，查将本年份应征本折漕粮及轻赍等项银两，逐一先期催办，在十月以里，漕米起运，银两贮库，方许离任。若粮银不完，及虽完而米色粗恶者，各掌印官虽经离任，仍听监兑主事会同巡按御史指名题参，照例降罚"③。以上规定明确了户部监兑官与巡按御史有对地方司府州县掌印管粮官解纳钱粮情况的监督参罚权，而监兑官对府州县官任内税粮完解情况的考评参劾，则成为其升转降调的重要依据。

其次，是监督考核兑粮上船后漕运官军押运漕粮之情弊。如弘治十二年（1499），户部奏准，令监兑、攒运官，将各卫所掌印并运粮官贤否，递年开送漕运都御史、总兵官，三年汇送，以凭考察。④ 正德九年（1514），户部规定：漕运过程中，如因运官刁难，导致征收逾期，则罪在运官，监兑官有权开其揭帖，送户部及漕运衙门，年终会议，具奏罢黜。⑤ 正德十六年（1521），针对漕运过程中出现的运官科敛军士财物、侵盗官粮等犯罪行为，户部接受总漕陶琰等人的建议，申明惩罚措施，其具体监察弹劾，则交由各监兑、巡按官及京通二仓坐粮巡仓并蓟州管粮官，"将各该运官迁延违限，有司征收过期者，指实参奏提问，查照住俸降级事例，着实举行"⑥。到嘉靖七年（1528），户部与南京后军都督同知杨宏议

① 《明武宗实录》卷116，正德九年九月庚申。
② 《明世宗实录》卷507，嘉靖四十一年三月甲午。
③ 《明神宗实录》卷385，万历三十一年六月乙巳。
④ 申时行等修：万历《明会典》卷27《户部十四·会计三·漕运》，第196页。
⑤ 《明武宗实录》卷117，正德九年冬十月癸丑。
⑥ 《明世宗实录》卷9，正德十六年十二月庚辰。

定考选漕运把总新规，改一年一考为三年一考，具体办法是："令抚按官会同监兑官将运官贤否，每岁一报，积候三年，领运到京，该部照例考选，疏请去留。"同时再次强调，"运官有妨漕政，若运官坐奸赃者，听漕运衙门及巡按御史、监兑部臣指实参问"①。

除了监控地方有司和军卫按时按量解纳漕粮（漕限）外，监兑官还要对漕粮质量（米色）进行监测，保证入京漕粮"干圆洁净"。如嘉靖四十四年（1565），户部明确提出："水次米色，专责有司，严行监兑主事查验；临清米色，专责运官，严行通判、管粮郎中查验。各分等则，呈报总督及巡仓衙门，如有滥恶及插和等弊，参究罚治。"②万历七年（1579），户部更严格规定，不许有司另行差人解纳，必经监兑官检测样米后，再令运官带解，"以防官旗插和之奸"。其具体办法是由监兑官在每船"摘取样米二升，分别红白二色，印钤米袋"③，以备核查。当然，经监兑官检测过的漕米如再出现数量或质量问题，监兑官也要一体治罪。比如，万历七年，有仪真运粮指挥刘大材等盗卖漕粮，插和粗恶，事发被户部参奏。朝廷认为，"漕粮烂恶，罪不专在运官，还查原差监兑部官，从官参处"。于是，相关监兑主事陈宣遭到降一级处罚。④万历十九年（1591），以浙、直漕粮黑润数多，临仓挂欠又甚，苏松监兑杨应宿、浙江监兑黄璜，及苏松、浙江粮道俱各罚俸。⑤

值得注意的是，嘉靖以前，监兑官的本职工作为监督漕粮兑运，并无催督地方钱粮逋赋之权。但自嘉靖中叶"北虏南倭"同时侵扰，国家财政日益紧张，明廷被迫向江南等"财赋渊薮"开刀，严督逋赋，一方面于地方添设苏松督粮参政等司道级管粮专官⑥；另一方面则通过颁给原属漕运系统常设机构之一的户部监兑主事等部院外差官新的敕书，授予其兼催地方钱粮逋赋之权，充当"督逋使"。如嘉靖三十年（1551），时任苏州府吴县县令的宋仪望在所撰《吴邑役田碑》中有记："比者，丑虏犯顺，方动兵革之议，大司农遂告帑藏殚竭。江南逋负，动至数百万，其在苏吴，

①　《明世宗实录》卷93，嘉靖七年十月甲寅。
②　《明世宗实录》卷552，嘉靖四十四年十一月己酉。
③　《明神宗实录》卷83，万历七年正月乙丑。
④　《明神宗实录》卷88，万历七年六月辛卯。
⑤　《明神宗实录》卷242，万历十九年十一月戊辰。
⑥　胡克诚：《明代苏松督粮道制考略》，载《明史研究》第14辑，第11—25页。

十居其五，部使者更至无宁岁，迩又添置藩司，专督逋税，征敛之议，益猬毛而起矣！"① 嘉靖四十二年（1563）题准："南直隶、江西、浙江、湖广各监兑主事，合照先年兼催钱粮事例，请给敕四道，仍会同各该抚按官，将嘉靖四十年、四十一年额派南直隶、浙江、江西、湖广四省钱粮，盈开纳事例，并节年会议条陈等项银两，其四十二年份，并带征三十六年份钱粮，完者起解，未完者严催，候一年满日通算，约以十分为率，未完四分者，布政司掌印、管粮官，俱降俸二级，移咨吏部，不许推升。追征完日，准照旧支俸。未完六分者，俱照不及事例，降一级，起送吏部调用。未完八分以上者，俱革职为民。其余府州县掌印、管粮官，亦照此例。监兑主事，催督钱粮，通以一年为限。查将未完钱粮应参官，照依前例，分别参奏，以凭户部议覆施行。"② 嘉靖四十三年（1564），又敕遣户部主事董原道、杨楠、张希召、蒋凌汉往南直隶、浙江、江西、湖广监兑兼催钱粮。③ 四十四年（1565），铸给监兑主事关防，加强其催督漕粮逋赋的权威。④ 四十五年（1566），又"以南直隶、浙江、江西、湖广积逋未完，更赐各处监兑主事敕，令其督催额派及条议事例银，限一岁中完解不及四分者，布政司、府、州、县掌印管粮官降俸二级，六分者，降一级，八分者，削籍为民"⑤。隆庆元年（1567）十月，再命巡漕御史蒙诏、监兑主事刘佩、赖廷桧、顾养谦、程文着兼催各省逋负钱粮。⑥ 万历二十四年（1596），户部题差主事王阶往浙江、郭惟宁往江西、赵世德往湖广、魏可简往苏松、沈榜往山东，各监兑所属府州县，尽数解完本年钱粮，方许离任，若果拖欠于布政司，库银借支起解，催征补完，有未完者，照例参治，俱载入监兑。⑦ 可见，地方司府州县钱粮逋赋均在监兑参罚之列。

此外，明代户部监兑官为"岁差"，嘉靖之前，工作简单明确，堪称

①　宋仪望：《华阳馆文集》卷6，《吴邑役田碑》，《四库全书存目丛书》集部 第116册，第674页。

②　申时行等修：万历《明会典》卷29《户部十六·征收》，第216—219页。

③　《明世宗实录》卷539，嘉靖四十三年十月戊子。

④　申时行等修：万历《明会典》卷27《户部十四·会计三·漕运》，第196页。

⑤　《明世宗实录》卷564，嘉靖四十五年闰十月辛卯。

⑥　《明穆宗实录》卷13，隆庆元年十月丙戌。

⑦　《明神宗实录》卷297，万历二十四年五月戊辰。

"清闲"。户部曾多次强调"监兑主事，事竣回京，不必候交代"①。监兑官也经常借机开小差，比如，正德年间曾发生过因监兑官过境回家，漕军无人监管，导致漕卒斗殴致死的事情；还有监兑官私自过境回家时弄丢了敕书，引起朝廷震怒。② 到嘉靖十九年（1540），户部根据武定侯郭勋条陈，为限制漕运途中各闸坝留难盘剥，奏准令本部主事"各诣水次监兑，俟兑毕，仍令押赴京、通二仓"③。则监兑官除了于水次监兑外，还要跟船押运。万历中，户部明确规定："监兑部臣，原系督理漕务，兼催起运钱粮，二者均国家惟正之供，须粮银尽完，方云竣事。宜通行省直抚按及监兑部臣，以后部臣粮完日，押至交割地方，即速回任，照旧督催，不许回家自便。其交代之期，改于九月终旬，务将京储尽数报完，方准回部。"④可见，随着监兑官被赋予催逋之责，其清闲日子也走到了尽头。

三　户部监兑官屡遭裁撤的原因分析

有明一代的监兑官制虽以户部外差为主，但其间置废不定，屡遭裁撤。究其原委，似乎是户部监兑官群体中普遍存在的玩忽职守乃至滥用职权、收受贿赂等腐败现象。如嘉靖四十五年（1566）二月，户部主事王嘉言、韩珊因"监兑失期罪"而分别被夺职闲住和降调外任："时二臣已承委年余，尚未至水次。尚书高燿等劾其怠玩旷职，因并发嘉言管银库时，受商人贿，擅发金价三千，故嘉言得罪独重云。"⑤ 同年七月，南京吏科给事中张崇论劾奏直隶监兑户部主事庞澜贪贿不职，诏黜为民。⑥ 崇祯初年，户部尚书毕自严曾反思其置废不定之因，曰：

> 人臣设官分职，总期展采宣猷，况监兑一差已设而复裁，既裁而又复，其故可思也。裁者因前官之败群，徒濡染而负气，复者望新官

---

① 《明世宗实录》卷28，嘉靖二年六月庚戌；卷32，嘉靖二年十月戊戌。
② 《明武宗实录》卷173，正德十四年夏四月己丑。
③ 《明世宗实录》卷236，嘉靖十九年四月辛巳。
④ 《明神宗实录》卷385，万历三十一年六月癸卯。
⑤ 《明世宗实录》卷555，嘉靖四十五年二月丁亥。
⑥ 《明世宗实录》卷560，嘉靖四十五年七月甲寅。

之砥砺，务拮据而奏功，故戒前车而策后效，亦在各官之自为计耳。开往日监兑滥受州县有司交际等项币帛、下程心红纸札之类，一概弗辞，而不才有司，又转取之大户粮长，头会箕敛，剥肌椎髓，即有不收，多饱有司囊橐。其庸闇监兑，又有纵容下役恣为朘削而弗问者。丛怨讟而腾蜚语，职此之由。①

故强烈建议要"涤除陋规"。但监兑官之裁，除了诸如上述"滥受州县有司交际等项币帛、下程心红纸札之类"陋规和"纵容下役恣为朘削而弗问"等腐败问题外，是否还存在某些更为深层、本质的原因？笔者认为，其中最为重要的一项，当归因于户部监兑官在制度创设过程中，同粮储道存在一定的职能重叠，特别是同整个地方税粮征解体系间形成的一种难以调和的博弈关系。

明代自仁宣以降，各省区地方逐步建立起一套司（道）府州县各级佐贰专职的管粮官体制，它们同抚按对接后，形成一种新型地方财赋征解体系。② 如万历十五年（1587）五月，户部覆南京户科给事中吴之鹏奏时所称："国家设督粮、水利道以总理于上，设同知、通判、判官、县丞、主簿等官以分理于下，而修筑疏浚之，以备旱涝。"③ 在一定程度上描绘出晚明以"专务道—府州县佐贰"专司地方税粮、水利的管理模式。④ 这套体系在同漕运系统接轨后，共同肩负起包括漕粮在内的地方财政转运功能。而与此同时，明廷还不断向地方派设如户部管粮郎中、监兑主事等专职官员，代表中央监控其实施效果，并同上述体系构成一种平行交叉结构。如嘉靖二十八年（1549），户部尚书潘璜疏云："今后一应钱粮，在外责成各布政司督粮参政、参议，在内责成各边腹管粮郎中、主事。"⑤ 这里所谓"内""外"即分别代指了中央户部外差和地方管粮道两套体系。其中，在漕粮征解环节，二者关系大概如下图所示：

① 毕自严：《度支奏议·云南司》卷1《题覆仓院宋师襄议复监兑并应行事宜疏》，第76—77页。
② 胡克诚：《明代苏松督粮道制考略》，载《明史研究》第14辑，第11—25页。
③ 《明神宗实录》卷186，万历十五年五月丙辰。
④ 胡克诚：《明代江南治农官述论》，《古代文明》2012年第2期。
⑤ 潘璜：《会议第一疏》，载陈子龙等选辑《明经世文编》卷198，第2055页。

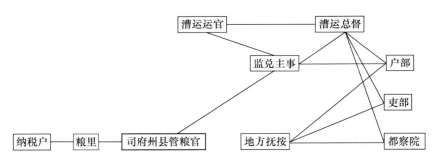

图1 明代起运漕粮责任关系图

　　正是由于明代地方管粮司道官的设置及其在漕粮解运过程中扮演着愈加重要的角色，某些职能又同户部监兑官发生重叠，故而明中后期，视户部监兑官为冗员、主张裁省的呼声不断涌现。如隆万之际的总河万恭即认为，户部监兑官权力有限，且与地方漕储道之间彼此掣肘，导致兑运愆期，已成为整个漕运系统运转不灵的重要因素之一。建议仿效浙江的办法，撤销户部监兑官，归并兑务于地方粮道（漕储道），并责令巡按御史监督审核。如此，则使官、民、军三方均获便利，其云：

　　　　今议早运，征发期会，急如星火。而部臣亡殿最之权，亡催督之柄，多发一令则大吏以为侵官，多差一人则小臣以为压己，部法令非行也，其势必求粮储道矣。粮储道催壹单则兑壹单，否则坐而待之，部臣无如之何矣。兑运愆期，率由于此。夫兑既愆期，而欲开帮如期，过淮过洪，入闸抵湾，悉如期，胡可得哉？浙江近以御史带理兑军，官民称便。今各省宜照此例，悉令粮储道兑运，而巡按御史间壹亲核之。夫以本省之官兑本省之粮，则民便，以过洪之官兑过洪之船，则军便，以所催之粮给所兑之军，催其所兑而兑其所催，则官便。而又临之以巡按，董之以重权，了此不壹月耳，则官与军、民俱便。孰与部臣者，有司慢而军卫易，且又转求粮储，烦难为也！①

　　明人李乐亦指出，户部监兑官与地方粮储道职责重叠，故裁、并监兑

_____

　　① 万恭：《酌议漕河合一事宜疏》，载陈子龙等辑《明经世文编》卷351，第3777页。

职权顺理成章：

> 京差监兑，本省粮储，职名虽异，其为兑军一也。粮储奉有专
> 敕，官职尊于监兑，若不高坐省城，而徧历兑军各州县，则监兑之可
> 无差，万分不须商榷，况止浙西三郡，其势易于徧阅乎？自多设此
> 差，浮费何止千金？有司又处馈送常仪，不无有损监兑名节，谁为惜
> 之？又谁为之疏罢也？万历二十五年题革。①

甚至连崇祯初年一度赞同复设监兑官的户部尚书毕自严，也很快对这
一议案提出反思和质疑：

> 去年（崇祯二年）为漕事大坏，该巡仓御史宋师襄欲复监兑之
> 旧，奉有明旨，谕令臣部差委司官。臣部深虑，当事体久废之后，司
> 官人微权轻，不能返极重之势，司官亦多却步，但无可奈何耳。夫司
> 官能治运弁而不能束百姓。责成粮储道臣，军民兼管，似可永久无
> 弊。且当日设立司官之意，不过欲以地方米数之完欠、起运日期之迟
> 速，时时申报，臣部得以与闻耳。前科臣解学龙论漕运疏中，各省粮
> 储道押运至津门方许回省，其起运日期数目亦当报部，则监兑司官可
> 以不设。②

而实际上，明代历次裁革户部监兑官后，也都将兑务归并于地方粮
道，故有明一代监兑之权一直处在户部外差与地方粮道间摇摆不定。

此外，更为重要的是，由于监兑官惯常的中央户部属性，与地方抚按
司道分属不同系统，彼此间并无直接统辖关系，故而在行使职权过程中难
免互相掣肘。隆庆五年（1571），总督仓场侍郎陈绍儒提出："每年兑运事
宜，当专责各处巡抚，而令监兑官揭报迟速，庶事权归一。"③ 此即指明了
巡抚与监兑官在监督税粮征解过程中的责任分工。万历三十一年（1603），
户部奏称："兑粮入船之后，国家令甲，即各巡抚按关分司俱不得干预，

---

① 李乐：《见闻杂纪》卷5《四十七》，《续修四库全书》子部 第1171册，第625页。
② 毕自严：《度支奏议·新饷司》卷8《覆科臣裴君赐条议催征禁革疏》，第586页。
③ 《明穆宗实录》卷61，隆庆五年九月辛酉。

一切大小事皆备行漕司，发理刑主事，俱待完粮日，照例问拟。故盘诘之责，水次有监兑，沿途有粮储，至仪真有偿运御史，过淮有理刑主事，天津河西务有臣部分司，逐程分责，条例森然。"① 可见，兑粮入船前后，正是地方抚按同监兑主事等漕运官系统的权责分界线。

不过，因监兑官对地方有司起运钱粮的交兑情况负有监督考评之权，特别是嘉靖以后，又被赋予催遄之责，导致监兑官在一定程度上打乱了以巡抚为核心的原有地方权力构架。因此，户部监兑官制难以长期稳定存在的本质原因并非其职权行使的效果不佳或腐败问题，而是因为其催征地方钱粮遄赋的新职能，侵夺了原有地方权力体系的威权，故而遭到强烈抵制。

任内钱粮完欠情况，是地方掌印、管粮官升迁降调的主要依据，一旦无法完成，他们往往以天灾、人情为借口，推卸责任，希图朝廷暂缓参罚。而"总理粮储"的巡抚这个原本钦差的身份，在明代中后期俨然成为地方利益的最高代表，每每袒护地方官的失职行为。这在中央政府看来，正是所谓"人情易玩，或借口于灾伤；吏道多庸，反沽名于抚字"②。

而与之相对，户部作为主管全国财政的中央机构，秉承"量入为出"的原则，以保证地方钱粮如期足量输纳为最重要的职责与施政基础之一。当监兑官作为户部外差时，相对于地方有司来说，恰如掌握其生杀大权的又一钦差。如万历三十九年（1611），苏松监兑主事顾四明对苏、松二府自万历十八年（1590）以来遄欠钱粮等项逐一汇报，并对责任有司的种种推诿借口大肆抨击。他要求地方各级政府严格督催完纳，"以后属县解贮库钱粮逐计季造册，申送抚院按院，以便查盘，仍报监兑衙门，以便督催，一项清而项下各注收缴，一年完而年终汇送考成，如有积惯吏役仍踵故智，尽法究遣，以惩将来"③。从中可见，当时苏松监兑官对于地方官钱粮完纳情况的管辖权限，一定程度上已经凌驾于抚按之上。

这种职权诉求本质上的差别，导致户部同巡抚之间形成某种程度上的"对立"关系。如隆庆四年（1570），户科左给事中张国彦有鉴于户部同地方抚按彼此掣肘的尴尬局面，曾指出："各处税额日亏，由户部不能操

---

① 《明神宗实录》卷389，万历三十一年十月癸卯。
② 《明神宗实录》卷57，万历四年十二月庚午。
③ 《明神宗实录》卷483，万历三十九年五月癸卯。

黜陟之柄，动为抚按掣肘，有今日参降而明日荐擢者。自今请着为令，凡系通赋有司，令督粮道以报抚按，虽贤者毋得概荐，户部以咨吏部，虽贤者毋得概擢。有能招流民，垦旷土，完积逋，佐度支之缓急者，不拘官级超拜，要在彼此一体，赏罚信明，然后人知趋避，而法可修举也。"① 万历四年（1576），户部尚书殷正茂则强调："追征逋负，其职在有司，若皆推诿不前，国用何以取办？"如地方催逋不力，"不惟司府州县印粮官降罚，而抚按官亦难免怠缓之责"。但他也不得不承认，"各省地里辽邈，查催动经岁月，各抚按官身临其地，法既易于遍及，权尤便于鼓舞"②。万历十二年（1584），户部尚书王遴奏请严督地方钱粮通赋时甚至提出要杀一儆百："伏睹《大明律》内一款：凡收夏税秋粮，违限不久者，杖一百，受财以枉法论。若违限二年以上不完者，人户、里长杖一百迁徙，提调部粮官吏处绞。今各抚按司道府州县等官，逋欠山积，岂以迁徙处绞之律不能行耶？不惩一恐无以戒百也！"神宗批复："钱粮拖欠，令立限督催，其余并与各部院相关者，俱令上紧议行。"③ 可见，中央已对地方逋欠钱粮忍无可忍。万历三十三年（1605），户部尚书赵世卿对包括抚按在内的地方政府肆意拖欠、挪借已征在官之钱粮，导致中央财政紧张的情况大为不满，抱怨道："窃惟人臣比肩而事一主，合而视之，皆为公家之事，分而属之，各有职守之常，如其职虽踵顶捐糜，罔敢自爱，非其职虽纤毫锱铢，罔敢或侵，是故明乎此者，可为事上小心，可为同寅协恭，而彼此不至于相病矣。不谓今日诸臣其陵夷决裂，有月异而岁不同者！"④ 中央与地方财政间的博弈，简直势同水火。崇祯初年，户部尚书毕自严曾分析地方与中央财政的关系："军民额供所当按时输纳者，太仓视省直为灌输，亦犹边镇视京运为接济，京运不至，责在臣部，而臣部于省直有司虽有内外统辖之体，实无抚按临莅之权。凡有催督，移咨抚按，行司府，而后下及州县，转属为隔，呼吸难通，视若弁髦，藐如充耳，即簿书期会，呕心扼腕，亦徒托空言耳。"⑤ 可见，这种内外职责上的差异，导致户部对抚按催督不

① 《明穆宗实录》卷45，隆庆四年五月乙酉。
② 《明神宗实录》卷57，万历四年十二月庚午。
③ 《明神宗实录》卷156，万历十二年十二月辛酉。
④ 赵世卿：《司农奏议》卷4《督逋·题饬省直借用钱粮疏》，《续修四库全书》史部 第480册，第216页。
⑤ 毕自严：《度支奏议·堂稿》卷2《申饬京边考成疏》，第57—58页。

力，甚至以"借"为名截留上纳钱粮的行为既愤慨又无可奈何。

与之相对，作为"封疆大吏"的巡抚以及对地方钱粮征解负有实际责任的司府州县掌印、管粮官，对于户部外差监兑官侵夺、压制其权的情况也难以容忍，彼此矛盾不断。如晚明名臣朱国祯在《涌幢小品》中所载一事：

> 万历九年十一月，主事袁某狂诞，为江陵所喜。监兑浙中，盛仪从，呼叱同知以下，无所顾忌。一州守稍与抗，至欲与杖，太守解之而止。视二司蔑如也，人皆恶之。省下出，与巡抚吴善言相值，不引避。巡抚捶其隶人，起夺之，不可得，大骂被发而走，随与冲至栅门，拉之仆地，吾郡董宗伯在杭城为之调解。未几，告归，堕水死。①

此监兑浙江户部主事袁某与地方司府州县官乃至巡抚冲突不断，虽有性格"狂诞"或有靠山（张居正）倚仗等主观因素存在，但其背后的制度运行矛盾也溢于言表。而晚明几次裁革监兑官，也几乎都来自地方大员的弹劾与倡议。如万历二十四年（1596），浙江巡抚刘元霖就上疏强烈建议裁撤各省户部监兑官。② 万历帝起初并未同意，还特别强调："监兑部臣，专敕特遣，体统与亲临上司不异，该府州县掌印管粮等官有故违漕规的，从实查参，不许顾忌依违，自取废事，尔部申饬责成，通行各省直知道。"③ 再次重申了户部监兑官对于地方掌印管粮官违规情况的参劾之权。但至万历三十七年（1609），浙江监兑还是在地方抚按一再要求下裁撤，归并兑务于粮储道。与此同时，苏松、山东等地抚按也伺机而动，疏请裁、并所在户部监兑官。④ 至万历三十九年（1611），山东、河南监兑主事被劾遭裁，明廷声言"以后不得再请设立"⑤。次年（1612），在应天抚按的强烈抵制下，苏松监兑主事也终以"裁冗省费"的名义裁革，据当时户部覆奏：

---

① 朱国祯：《涌幢小品》卷25《二主事》，文化艺术出版社1998年标点本，第606页。
② 《明神宗实录》卷302，万历二十四年九月丁巳。
③ 《明神宗实录》卷396，万历三十二年五月乙丑。
④ 《明神宗实录》卷454，万历三十七年正月乙未。
⑤ 《明神宗实录》卷488，万历三十九年十月戊子。

漕、白二粮既有盐、漕二院专督，又有道府州县分任，综理有人，则监兑似为闲员，且曾革于隆庆三年，复于万历七年，则知非可久之制，允当裁省。其兑运漕粮、催攒京储等项事宜，凡属监兑衙门者，俱改属粮道管理，颁给敕书、明谕两道，各照所属应兑正耗本折漕粮及轻赍银两、运军行粮等项，设法督催，尽数完报。仍将开仓开兑日期、管粮运粮官职，具揭送部。见运各官贤否，应举应刺，核实具呈抚按题请。有船粮迟误及抗违阻挠，照例分别参究，府州县见征带征京边钱粮并商税契等项银两，照依题准考成新例，开报抚按参处。水利一节，并乞敕责兼管，至于裁省诸费，大约每省每年不下千金，抚按宜檄行道府查革减编，就于赋册除明，张示晓谕，使百姓共知，所谓省一分民受赐一分者也。①

崇祯二年（1629），在巡仓御史宋师襄等人建议下，户部监兑官虽再度复设，然而时任户部尚书毕自严有鉴于此前户部监兑官同地方官之间势同水火的关系，对其复设前景并不乐观："惟是简查议裁之因，皆各省抚按题行，其说主于省官省费，甚至以赘旒为辞，恐裁革日久，而一旦复之，万一各省抚按又有后言，事体未便。此臣部所为趑趄而未敢轻举也。"因此，他提出对复设后的监兑官"崇重事权"：

监兑司官以含香之清署，膺皇华之特遣，其责任亦隆重矣。无奈迩来法纪凌夷，部使体统且渐轻渐亵也。衔命而往，操功令以从事，而有司或以赘员视之，其何以展布四体耶？是必查照旧例，请给敕书关防，各府正官以下相见之礼，查照恤刑义节，无得分庭相抗。至于衙宇使令供亿等项，昔年俱有规制，简查原案，逐一修复。在司官不妨厚自挹损，在地方不得过为菲薄，其要尤在抚按司道，各从国储起见，协里相成，刮目相待，庶不至委君命于草莽，而军储国计胥有裨益矣。②

---

① 《明神宗实录》卷498，万历四十年八月庚午。
② 毕自严：《度支奏议·云南司》卷1《题覆仓院宋师襄议复监兑并应行事宜疏》，第76页。

不过，这次被寄予厚望的监兑官复设也仅维持了三年，其间不断遭到各方质疑，特别是地方抚按司道的强烈抵制，终于在崇祯五年（1632）再遭裁革，归并其权责于地方粮道。至此，明代户部监兑官退出了历史舞台。

明清鼎革，在漕运官制上亦有损益，其中清代监兑官制不同于明代惯常的户部外差属性，而专委各省粮道及府州管粮推官、同知、通判兼任，史称"监兑督粮道"或"督粮监兑道"①"监兑推官""监兑同知""监兑通判"② 等。如清高宗敕修《钦定历代职官表》所载：

> （清代地方）管粮同知六人，正六品，通判三十三人，正五品，掌监兑漕粮。凡米色之美恶，兑运之迟延，及运军横肆，苛求衙役，需索奸蠹，包揽换和等弊，皆司其禁戢之政。初，漕粮以府推官监兑，康熙六年，各府推官既裁，改委同知、通判……谨案，明时以各司府州正官及管粮官征兑漕粮，又遣主事五员分督之，见于《明会典》者如此。国初，以府推官监兑，乃沿明末之制。盖明之监兑主事，万历十六年以后尝罢遣，而专以府佐监兑也。③

由此可知，监兑官在明代主要指户部主事，而清代则由地方司道府州管粮专官充任。这种制度调整，当是充分吸取明制经验教训的结果。

---

① "监兑督粮道一员。驻德州，参政衔，道属库大使一员。按，粮道初驻济南府，康熙十六年移驻德州，旧设常盈仓正副大使各一员，又常丰仓副大使一员，俱康熙十六年裁。"雍正《山东通志》卷25之二《职官二》，《影印文渊阁四库全书》第540册，第549页。
② 李文治、江太新：《清代漕运》第六章"漕运官制和船制"，社会科学文献出版社2008年版，第149页。另，张政主编《中国古代职官大辞典》中的"监兑同知"／"监兑通判"条，即解释为"同'管粮同知'／'管粮通判'"（河南大学出版社1990年版，第849页）。
③ 永瑢等：《钦定历代职官表》卷60《漕运各官表》，《影印文渊阁四库全书》第602册，第351—370页。

清代漕粮入京监督机制

——以大通桥监督为对象的历史考察[*]

郑民德[**]

清代的北京城，是整个专制王朝的政治中心与心脏，这里既有最高的统治者皇帝，也有大量的官员、军队、商人、普通民众，是全国最重要的城市，同时也是著名的政治、经济、文化中心。为维持京城的稳定，全国有漕八省的漕粮需通过京杭大运河输往北京，漕船一路过闸、过坝，沿途经历重重风浪与阻隔，历尽千辛万苦方能抵达通州，然后少量入通州大运仓，多数以小船或车辆转运入北京仓，其中大通桥监督是核查漕粮入京的最后通道，是清代仓场衙门的重要组成部分，具有抽查漕、白二粮，督催车户，兼收随粮板木的功能。大通桥监督一职最早设于明代，至清其功能与作用不断完善，有满、汉两人为衙门主官，相互制约与平衡，成为漕运系统中重要的一环，其历史沿革充分体现了清代漕运与区域社会之间的关系，也体现了统治者对漕运的重视与统治策略。目前关于北京运河史、漕运史的研究，或关注北京城市空间布局与漕运变迁之间的关系①，或从宏观角度论述北京漕运仓储的沿革、管理与功能②，而对于漕运中的管理者，尤其是大通桥监督等中低层管理者尚未进行专门的探讨，在国家建设大运

　＊　本文原刊于《北京社会科学》2018 年第 10 期。

　＊＊　郑民德（1982— ），男，山东五莲人，历史学博士，聊城大学运河学研究院副教授、硕士生导师，主要研究方向为明清经济史、运河史。

　①　参见陈喜波、邓辉《明清北京通州古城研究》，《中国历史地理论丛》2017 年第 1 期。本文认为通州是明清运河北端漕运枢纽城市，通州城的发展演变与漕运有着密切关系，城市职能随运河漕运发展而日渐扩充与完善。

　②　参见高寿仙《明代京通二仓述略》，《中国史研究》2003 年第 1 期；钟行明：《明代京通仓的管理运作》，《中国名城》2011 年第 4 期。

河文化带，北京推进"长城、运河、西山"三个文化带建设的今天，通过对北京漕运史的进一步深入研究，有助于挖掘区域历史文化资源，积淀城市历史底蕴，促进社会的和谐与全面发展。

一　清代大通桥监督的设置与沿革

大通桥是位于北京东便门外大通河上的一座桥梁，最早建于明正统三年（1438），明清两朝的多数时间里，江南、河南、山东等省漕粮输往通州后，因前往北京的水路狭窄，漕船不能继续前行，多改换小船或陆运至大通桥，在此卸载漕粮，然后分输京城各仓。其中位于大通桥附近，核查漕粮入京最后一道关口的衙门称大通桥监督，监督一般由中央派遣，多由户部主事担任，受户部与仓场总督的领导与辖制，是漕运系统中重要的官员，起着保障漕粮质量、监督车户输粮、防范收粮经纪作弊的功能。大通桥监督最早设于明代，"嘉靖七年通惠河成，京粮由石坝历四闸达大通桥，陆輓上诸仓，其事总于通州坐粮厅，委官于各闸抽掣，验其米色之干湿、数之多少，并舟车之勤惰，有无偷窃等弊。后以委官多系州县佐贰、卫经历等官，职散不足以弹压军民、消弥弊窦。嘉靖三十五年采言官议，于大通桥创公署，专设监督"①。《左司笔记》亦载因漕粮至大通桥需陆运，分委多官，弊端重重，于是"专设监督去兹弊也，核掣擎之盈缩，稽舟车之勤惰，察偷窃之有无"②，同时建有号房一百间，用以起粮掣斛，检查漕粮质量。入清后，继承明代漕运与仓场制度，亦设总督、坐粮厅、大通桥监督、仓监督等官员，其中大通桥监督"清户部仓场衙门所属大通桥之主官。掌理石坝运到漕、白二粮抽验斛面之事，督催车户分运京仓，兼收随粮松板"③。与明代相比，清代大通桥监督的铨选、考核更加系统，职能更加明确、清晰，作用发挥更趋于完善，在国家漕运中的地位也更加重要。与整个宏观的漕运系统相比，大通桥监督及其属员既从属于这个系统，与其他漕运、仓储部门发生着密切的关系，存在着权力上的交流与合作，同

---

① 周之翰：《通粮厅志》卷 12《备考志》，明万历刻本，第 213 页。
② 吴璟：《左司笔记》卷 19《廨署》，清钞本，第 394 页。
③ 郑天挺等：《中国历史大辞典》，上海辞书出版社 2010 年版，第 41 页。

时也有着利益的斗争与博弈，这种矛盾在清中后期尤为明显，是当时国家漕运制度陷入危机与困境的直接反映，深刻凸显了国家政策与社会变迁之间的密切关系。

　　大通桥监督的设置与大通河、大通桥密不可分，是国家漕运地标性建筑的代名词。元明清三代北京至通州运河为通惠河，该河开凿于元世祖忽必烈时期，由著名水利学家郭守敬负责，"导昌平县白浮村神山泉过双塔、榆河，引一亩、玉泉诸水入城，汇于积水潭，复东折而南入旧河，每十里置一闸，以时蓄泄"①。后因水源的匮乏、北京城市格局的变化、社会因素的影响，在明清多数时间里，江南漕粮只能抵通州张家湾，不能直达北京城，明永乐、成化、嘉靖年间曾短暂疏浚通州至大通桥河道，但很快复淤，耗费大量人力、物力、财力而不能终其功。大通河为通惠河的别称，具体指通州至大通桥的部分，而不包括北京城区内的河道，据《畿辅安澜志》载"此河元时本名通惠，上起西山，下达通州。自明改建都城，围积水潭于苑内，上游河道不复浚治，谨于大通桥起，迄于通州石坝止，故又有大通之名"②，《畿辅通志》亦称"大通河，旧名通惠河，水自玉河出，绕都城东南，经大通桥流至高丽庄，入白河"③。大通桥为大通河上的水工设施，建于明正统初年，有"漕运畅通""漕河通达"之意，桥梁为石质建筑，有闸板建构。因大通河水源难以保障，加之河道经常淤塞，所以水源丰裕时有小船自通州至此，多数时间只能陆运，然后将漕粮搬运至京仓。明清两朝，"大通桥去通州四十里，高通州五丈，置十闸方可行舟"④，《帝京景物略》也言："出崇文门三里，曰大通桥。运河数千里，闸七十二，抵桥下闸，不复通矣。"⑤可见通州至大通桥之间的航道地势高下悬殊，只能通过设闸以调节水位，即便如此，明清两代多数时间里漕船也不能在这段河道中畅通无阻。大通桥监督作为由户部派出的漕粮质量监督机构，驻扎于大通桥附近，监督漕粮保量、保质入京，只有检验合格的漕粮，才能进入京仓，成为国家的储备粮与维持京城稳定的物质基础。因此

① 杨宏、谢纯：《漕运通志》，方志出版社 2006 年标点本，第 236 页。
② 王履泰：《畿辅安澜志·大通河》卷 1《原委》，清光绪五年广雅书局刻武英殿聚珍版丛书本，第 2075 页。
③ 康熙《畿辅通志》卷 4《山川》，第 288 页。
④ 郑光祖：《一斑录》，中国书店 1990 年影印本，第 6 页。
⑤ 刘侗：《帝京景物略》，北京古籍出版社 1980 年标点本，第 80 页。

大通桥监督的职责异常繁杂，其功能发挥的强弱直接影响到专制社会的稳定。

清代仓场有诸多的管仓官员，有着复杂的管理程序与章程。京通仓场的最高管理者为仓场总督，"户部右侍郎满洲、汉人各一人，掌总稽岁漕之入以均廪禄、以储军饷，凡南北漕艘，京通仓庾悉隶焉"①。仓场总督设于顺治元年（1644），当时清廷刚占领北京，迫切需要江南漕粮供给京城与满足军事战争的开支，初为汉人担任，后置满人一名予以牵制，后屡有裁撤与更改，康熙朝时正式确立满汉各一人担任总督。除此之外，仓场总督下辖有坐粮厅司官、大通桥监督、北京与通州各仓监督等，其中大通桥监督"满洲、汉人各一人……初差户部汉人司官一人，康熙二年改设满洲、汉人监督各一人，寻省。四十七年以通州大通桥会清河相隔甚远，事难兼办，仍设满洲、汉人监督各一人管理"②。与明代相比，清代仓场的双轨制与统治者的民族色彩是密不可分的，他们一方面需要掌握仓储大权，维持国家统治的稳定性，因此不得不使用熟悉仓场规范、精于业务的汉族官员，同时又设满侍郎、满监督予以牵制，以达到以满制汉的目的。

大通桥监督最早设于顺治初期，因其关系到漕粮能否顺利入京，所以其任命、铨选、考核有着严格的程序，并且随着漕政、仓政的变化而调整。乾隆元年（1736），议准"大通桥及京通各仓满汉监督向系任满之时行各部院报送引见补授，未免有需时日，恐致贻误仓务。嗣后预行内阁拣选满汉官各三人，宗人府、理藩院、国子监、太常寺、太仆寺、鸿胪寺满官各一人，光禄寺满汉官各一人，中书科汉官一人送部引见候旨，记名注册，遇有员缺掣签补授"③，同时又规定"大通桥监督员缺，令仓场总督于各仓监督内拣选引见调补"④。可见大通桥监督一职有两种选拔方式，分别为候补满汉官掣签补授与京通十三仓监督中调补，其负责部门为吏部与仓场总督，而且满官的比例要高于汉官。在任职年限中，清朝初年大通桥监督满汉二人"差期二年"⑤，目的是防范其把持漕务、徇私舞弊，但由于任

---

① 永镕：《历代职官表》，中华书局 1985 年标点本，第 190 页。
② 永镕：《历代职官表》，第 191 页。
③ 《皇朝通典》卷 24《职官二·吏部》，清文渊阁四库全书本，第 635 页。
④ 托津：《钦定大清会典事例》卷 104《吏部》，清刊本，第 729 页。
⑤ 席裕福：《皇朝政典类纂》，台北：文海出版社 1982 年影印本，第 1778 页。

职较短又难以及时处理政务，后改为三年一代。同时对任职者也有限制与规范，"西仓、中仓监督由仓场侍郎于各监督内任一年以上者调补，大通桥监督由仓场侍郎于各监督内任一年以上者拣选引见调补"①。之所以如此，是因为大通桥监督、通州大运中西仓事务繁忙，对官员的能力要求更高，需要选拔更有才能及有经验者担任。大通桥监督有着严格的考核制度，"差满将任内经管事宜造册，仓场总督具题，送部考核"②，考核合格者才能升迁。据《漕运则例纂》载"大通桥监督系专管转运京仓粮米之员，如一年内照数运仓，准其加一级，如有不完，交部议处"③，通过相应的奖惩制度以鼓励监督忠于职守，按时完成漕粮入京任务。

大通桥监督设置于清初，对于清代漕运的正常运转、京通仓粮的储备、各种弊端的防范起到了巨大的作用，保障了国家的供给与社会的稳定。虽然只是漕运系统中的中低层官员，但大通桥监督地位却异常重要，所以受到了清廷的重视，其选拔、考核都有着严格的规章制度。清朝后期，随着运道淤塞、漕粮改折、战乱频兴，特别是黄河铜瓦厢决口后，冲决山东运道，加上轮船、铁路的兴起与商品粮市场的繁荣，导致传统漕运一蹶不振，河东河道总督于光绪二十八年（1902）裁撤，漕运总督于光绪三十一年（1905）裁撤，京通仓场也于宣统元年（1909）划归新设的民政部管辖④，至此大通桥监督等相关漕政、仓政机构也随着内河漕运的终止而全部废除，而这也预示着旧时代的终结与新时代的开启。

二　大通桥监督的管理与职能

明清两朝定都北京，因北方地区农业、经济发展落后，所以京城供需完全依赖江南漕粮、商业物资，作为沟通南北的交通要道，京杭大运河成了"国之命脉"，漕粮成了"天储玉粒"。清人傅维麟曾言："漕为国家命

---

① 允祹：《钦定大清会典》卷21《礼部》，清文渊阁四库全书本，第410页。
② 杨锡绂：《漕运则例纂》卷19《京通粮储》，清乾隆刻本，第961页。
③ 杨锡绂：《漕运则例纂》卷19《京通粮储》，清乾隆刻本，第966页。
④ 《大清宣统政纪》卷9，宣统元年闰二月辛巳朔，中华书局1987年影印本。

脉所关，三月不至则君相忧，六月不至则都人啼，一岁不至则国有不可言者"①，可见漕粮对于都城这一"首善之区"的重要性。作为监督漕粮入京的最后屏障，大通桥监督及其属下的经纪、车户负责漕粮的检验、运输，只有达到"干、圆、洁、净"的标准，才能进入京仓，服务于皇室、官员、驻军及平衡京城粮价、赈济灾荒。所以通过对大通桥监督管理与职能的研究，可以探讨清代漕粮入京的具体程序、参与人员、弊端整顿等，进而实现对整个漕运系统宏观的认识与了解。

首先，大通桥监督最主要的功能就是检验通州石坝运到漕粮，抽验斛面，核查漕粮是否合格，确保质量与数量。雍正元年（1723）八月，仓场侍郎法敏称因运河水浅，漕船延期抵通，为防漕船南返冻阻，命大通桥监督"将堆贮米石勒限尽数入仓……又亲诣石、土二坝，督令坐粮厅严饬运役每日尽力起运"，以确保漕粮按时入仓，漕船顺利回空。② 雍正四年（1726）因漕粮装卸时多有泼撒，"责令坐粮厅及大通桥监督设法扫收存贮，俟漕运完竣之日，通计扫收数目，仓场据实奏闻，由太平仓验收，与该仓成色米一律待粜"③。道光六年（1826），因运京漕米多有霉变，难以食用，命负责之人予以赔偿，赔补之米入仓时"著该仓场侍郎督饬坐粮厅、大通桥监督及仓监督认真验收"，以重仓储。④ 清末运道不畅，经常河海兼运，大通桥监督对于海运漕粮同样具有监督之责。咸丰二年（1852）仓场侍郎奏称："大通桥监督于海运漕粮到通时分班赴坝照料查催，以杜弊端……大通桥满汉监督二员专司输运，历年漕粮由通运桥经抽查御史同该监督等掣量斛面，遇有短缺著落各经纪赔补，一面督率车户人等将应进各仓粮石分投转运……今年河海并运……应请委派大通桥满汉监督中留一员在桥抽掣，分一员在坝轮流照料，并沿闸一带往返稽查。"⑤ 大通桥监督具有重大责任，既要到通州石坝接收漕粮，同时还需在大通桥抽验质量，事务非常繁杂。漕粮入京仓之前，"大通桥监督将运进仓内米数预期行文入仓监督早开仓门，务要本日照数收完，如有至晚收纳不及者，该监督亲

① 傅维麟：《明书》，上海：商务印书馆 1936 年影印本，第 1290 页。
② 《世宗宪皇帝朱批谕旨》卷 51《奏折》，乾隆三年校刊本，第 4059 页。
③ 福趾：《户部漕运全书》卷 55《收受粮米》，清光绪刻本，第 1372 页。
④ 《清宣宗实录》卷 99，道光六年六月庚申条，中华书局 2008 年影印本。
⑤ 《海运续案》卷 2，清钞本，第 60 页。

身察点，登簿贮仓，次日抽掣，违者交该部议处"①。可见大通桥监督与各仓监督之间有着密切的关系，相互之间既有合作，又需承担各自责任。

其次，大通桥监督有管理收粮经纪，督催运粮车户的职责。收粮经纪又称军粮经纪，是大通桥监督属下专门负责收兑漕粮的人员，尽管他们不属于正式的漕运管理者，却有着检查漕粮质量，决定漕粮能否入仓的大权，而车户属于雇募人员，主要将大通桥漕粮输往京城各仓中。据《篷窗随录》载，"以布袋盛米麦黍豆于船，船约百袋，袋各一石，无篷窗而以篙徐进者为剥载，坐粮之运役曰经纪，曰车户者司之。盖潞河水浅，舟多不能齐达坝下，故别以船剥载，坝有石有土，石坝在北门外，通州判兼掌之……运十三京仓之漕抵石坝，由大光楼下背负而入通惠，肩踵相接，日数万人。通惠每闸有船，亦经纪司之，过闸负运者谓之水脚，并隶使者所辖，至大通桥以上则监督之职矣"②。漕运总督铁保亦言："向例通州石坝设立经纪一百名，接运八省漕粮，从外河雇备装载船只运赴大通桥交卸，除题定应领公费及旗丁交米一石例给个儿钱二十二文外，不肖经纪仍挑拣米色，较量斛口，有后手钱等名目，旗丁受累无穷。"③ 这些收粮经纪位轻而权重，往往利用收粮之便苛取钱财，从中牟利，运粮旗丁备受其害。而车户数额在清代经历了较大的变化，"军粮车户三十二名，水脚十有三名。旧设军粮车户二十八名，白粮车户十三名，水脚二名。雍正十年裁白粮车户、水脚，增军粮车户四名"④，这些车户"运米进禄米、南新、旧太、海运、北新、富新、兴平等仓，每石给脚价四分九毫"⑤。虽然有一定的收入，但车户地位较低，往往受到京仓胥吏的压榨，"大通桥设车户，运米石出一钱，津贴京仓散役之费，后车户工值裁减，而津贴如故，私逋日多"⑥，为增加收入，这些车户就利用运粮之机盗窃粮米，或者掺和使假，从中舞弊，导致漕粮质量问题不断出现。乾隆五十年（1785）对车户进行改革，实行官车运输，共置车辆二百辆，牲口八百，每车编号，开报车户

① 朱轼：《大清律集解附例》卷7《户律》，清雍正内府刻本，第268页。
② 沈兆沄：《篷窗随录》卷13，清咸丰刻本，第469页。
③ 铁保：《惟清斋全集》卷1，清道光二年刊本，第20页。
④ 托津：《钦定大清会典事例》卷184《户部·仓庚》，清嘉庆二十五年武英殿刻本，第4884页。
⑤ 《钦定大清会典事例》卷187《户部·仓庚》，第4968页。
⑥ 蔡新：《缉斋文集》卷6《记》，清乾隆刻本，第244页。

姓名备查，选择勤慎车户八人为头役，率领运粮，脚费银两由大通桥监督管理，按月查核。不过官车运粮制度到嘉庆朝发生了变化，"嘉庆间因官车无存，改雇长车，每年准车户承买官豆二万石，俾资津贴"①，这种制度延续至咸丰三年（1853）因京仓存豆不足而停止，同治朝仍复其旧，"准承买黑豆千石，俟奉天例运黑豆抵通时照数拨给"②，继续通过这样的方式以减少官府的开支，利用民力运送漕粮。清末随着传统漕运的废止，漕运、仓储官员相继裁撤，经纪、车户也失去了他们赖以生存的职业，或转向其他行业，或沦为无产者，彻底告别了大运河。

最后，管理、疏浚通州至北京部分河道、经理夫役银钱及兼收随粮松板也属大通桥监督负责事务。通州至大通桥河道因水源匮乏，经常淤塞难行，河道需不断疏浚，道光十二年（1832）仓场侍郎贵庆查勘护城河，请求挑浚办理，宣宗回复称："前以朝阳门以南至东便门河道，系大通桥承管，每年例应挑挖，上游既挑，下游恐不能通畅，降旨交仓场侍郎察看。兹据勘明各处城河均未兴工，此处亦无庸大加挑浚，请仍照年例办理，著照所请，准领岁挑银六百两，责成大通桥监督督率车户，雇募妥人，尽心办理，务使挑挖足供一年之用。"③ 大通桥监督还对本部门官银有管理之责，乾隆二十五年（1760）命"大通桥管理一应支销官银人役，因系公银，公用多有浮费，奏交大通桥监督自行经理"④，嘉庆十五年（1810）又令"坐粮厅经管通济库钱粮出入，大通桥监督办理运务，经手脚价，署内俱设有库座，收贮帑银，新旧更替向不办理交代，嘉庆十五年奏准嗣后新旧更替时照例委员公同查验，依限出结，造册咨部"⑤，从而使库银的管理、使用更趋正规化。京通仓储每年需要大量松板、芦席用以铺垫仓廒，防止漕粮受潮霉变，大通桥监督需检核漕船携带松板质量，以备仓储使用。清初，京城设京粮厅、通州设通粮厅以收漕粮，"顺治十五年题准楞木、松板向解京粮厅收纳，今京粮厅既裁，改归大通桥监督交纳"⑥，正式确立大通桥监督收纳松板之责。漕船携带松板的数目要与该船装载漕米数

---

① 《钦定大清会典事例》卷 184《户部·仓庾》，第 4888 页。

② 《钦定大清会典事例》卷 184《户部·仓庾》，第 4888 页。

③ 《清宣宗实录》卷 223，道光十二年冬十月丙辰。

④ 《户部漕运全书》卷 51《京通各差》，清光绪刻本，第 1277 页。

⑤ 《户部漕运全书》卷 52《京通各差》，清光绪刻本，第 1289 页。

⑥ 《大清会典则例》卷 41《户部·漕运一》，清文渊阁四库全书本，第 1697 页。

成一定比例，"今制每漕粮二石征席一领；二千石征楞木一根，松板九片，每船带大竹一根，中竹三根，皆随运输纳于大通桥"①。《漕运则例纂》亦载"席片、松板原供铺厫打囤之用，其席片例交各仓监督，按进仓米数核收；松板例交大通桥监督，按正兑米数核收，统俟粮运告竣，分析完欠数目造册具题，送部查核"②。大通桥监督对辖区河道的整修、银两的管理、松板的兼收，是其验粮功能的延伸、扩展，通过这些职能的发挥，对于保障河道畅通、漕粮运输便利、仓储稳定起到了重要作用。

清代大通桥监督具有重要的职能，无论是验看漕粮、督催夫役，还是修防河道、管理库银与收纳松板，都属于漕运、仓储系统的组成部分，其功能能否正常发挥，直接影响到漕运系统的正常运转。在其设置的 200 余年间，其功能随着国家漕运政策的调整而日趋完善，相关作用的发挥也往往与具体的漕运、仓储实际相符合。作为中低层官员，大通桥监督负责的事务却相当繁杂，其既与仓场总督、坐粮厅监督、仓监督发生着密切的联系，存在着行政管理上的上下级关系，有大量的交流与合作，同时还需管理属下的军粮经纪、车户人等，防范舞弊行为的产生，属国家漕运管理系统中承上启下的中间阶层。

三　京通漕运弊端与整顿

漕运是一项复杂的系统，其包含了大量的人群，上至户部、漕运总督、仓场总督，下至十余万运军与水手，不计其数的纳粮漕户、车户、扛户、花户、歇家、经纪等，都属于漕运系统的组成部分。作为国家漕运的终点，通州至北京的输粮任务非常繁重，有大量的官员、劳役人员集中于此，漕运时节各省漕船汇聚通州、帆樯林立，装卸漕粮、运输漕粮、进仓与晾晒都需要相应的劳动者，而由于管理者数量有限，所以其间难免发生诸如盗窃漕粮、掺假使水、多收斛面、苛取银两的弊端，这些行为严重危害了京通仓储的丰盈，大通桥监督具有防范弊端产生、整顿违法行为的权

①　永镕：《历代职官表》，中华书局 1985 年版，第 197 页。
②　《漕运则例纂》卷 19《仓场职掌》，清乾隆刻本，第 962 页。

力，而其自身也会因利益驱使，陷入腐败或违法之中，成为专制王朝惩治的对象。

在输粮的过程中，军粮经纪浮收、短量，车户、船户盗窃与掺假是最常见的弊端。按照定例，"经纪运米到大通桥交与车户转运进仓，每十万石定掣欠二百石，车户每十万石定掣欠二百五十石"①，即便进行抽查，但车户、船户却往往通过中途盗窃、掺假使水的方式蒙混过关，从中牟利。面对这些弊端，统治者除命坐粮厅、大通桥监督"实力防范"外，还定有相应律法予以规范，"大通桥设立经纪、剥船，转运京仓粮米，仓场及坐粮厅各差妥役沿闸稽查，如剥船回空搜查无米藏匿者，其掣欠仍责经纪赔补，若船底搜出有米藏匿，即将掣欠之米令船户、代役照数摊赔，枷责革役，其失察之经纪一并责惩"②，通过区分责任，分别惩处的方式以警戒其他管理者与运粮人员。乾隆元年（1736），因漕粮由通州运京多由雇夫扛运，途中产生种种不法行为，"奏准坐粮厅及大通桥监督协同地方官不时稽查，并取号头不敢容留匪类甘结存案，如有不法等事，号头徇隐不报以及纵令远飏者，并坐以罪"③。道光五年（1825），"漕粮由通运京例准折耗二升，该经纪等竟将此米卖与旗丁，势必掣欠折耗更多，责令坐粮厅、抽查御史及大通桥监督认真稽查，如有私卖耗米及折耗掣欠逾额过多，即照盗卖漕粮例治罪，如有徇隐，即行参奏"④。同治三年（1864）三月，"漕粮由津起剥，已有掺杂等弊，抵通交纳及运仓之日，沿途层层剥削，入仓之后，又复舞弊亏缺，上年通州中西两仓竟亏至二万数千石之多"，于是命"仓场侍郎督同坐粮厅、大通桥监督于今年漕粮抵津运通时认真查验，务令一律干洁，知查有潮湿、掺杂、亏短等弊，即著严参惩办"⑤。大通桥监督及相关官员对经纪、车户的稽查与惩治，对于防范漕运弊端起到了一定的作用，但至清代中后期，随着吏治的废弛与官员的整体腐化，这种整顿只能属治标不治本，不可能从根本上消除专制政权肌体上的各种弊病，而漕运走向没落也是历史的必然。

---

① 《漕运则例纂》卷20《掣签事例》，清乾隆刻本，第1063页。

② 《大清删除新律例》卷上，清光绪上海书局刊本，第18页。

③ 《户部漕运全书》卷86《严禁抗顽》，清光绪刻本，第2309页。

④ 《户部漕运全书》卷56《收受粮米》，清光绪刻本，第1412页。

⑤ 《清穆宗实录》卷97，同治三年三月甲寅。

大通桥监督自身的违法、违规行为也会受到朝廷的惩治。作为管理京通漕粮检验的官员，大通桥监督责任重大，在行使职权时难免有所偏颇，进而导致漕运弊端的出现。如各省漕船抵通州，"运局迟延，将坐粮厅、大通桥监督查明分别议处，如实系运员借病展限以致迟延者，令仓场侍郎查明一并参处"①，通过对失职官员的惩处以督促其忠于职守，能够有效处理漕政事务。嘉庆十四年（1809），因北新仓漕米霉变朽坏，加之新到仓时就已潮湿，除将满仓场侍郎达庆降三级调用、汉仓场侍郎蒋予蒲降二级调用外，"其大通桥监督福森住、何兰馥著照议降一级留任"②。嘉庆二十年（1815），刑部议准"大通桥监督于运进内仓米石存贮号房，致有微变，内仓监督于运仓米石验收迟延，均属怠玩，大通桥监督及内仓监督俱交部议处，其微变米石责令车户赔补"，相关责任者都受到了降级或赔补的惩罚。③咸丰十年（1860）四月，因漕粮抵通，急需运粮车辆，命大通桥监督与各仓监督多备车辆，以便迅速运粮，但结果是"乃大通桥于例雇大车之外并未加增，七仓协济之车仍属无机，该监督等犹复借词推诿，实属不知缓急，所有七仓监督著查取职名交部议处，以示惩儆。大通桥监督钟霖、署盐督景祥业经摘取项带，交部议处"④。同治七年（1868）五月，"以转运迟延，大通桥监督恩奎等分别严议议处"⑤。作为漕运系统的重要一员，大通桥监督所负责的事务关系"天庾正供"与"神仓充裕"，其一举一动会受到户部及最高统治者的关注与重视，所以其职能发挥一旦出现失误或偏差，便往往会遭到弹劾与举报，受到统治者的斥责与惩罚。

清代漕运与京通仓弊端主要爆发于乾隆后，清初因国家吏治相对清明，所以各种舞弊行为相对较少。清中后期，随着法久废弛，各种贪污腐败行为层出不穷，无论是征漕、兑漕、输漕，还是运粮、入仓，都充斥着不法者的相互勾结与贪赃枉法。在这种局势下，大通桥监督压力增大，需要警惕各种不法行为的发生，保障漕粮顺利入京，同时部分官员受社会环境与贪腐者的拉拢，自身也陷入违法状态，利用掌握的权力获取利益，成

①　《钦定大清会典事例》卷104《吏部·处分例》，第2892页。
②　《清仁宗实录》卷208，嘉庆十四年三月己巳。
③　《户部漕运全书》卷56《收受粮米》，清光绪刻本，第1403页。
④　《清文宗实录》卷316，咸丰十年四月丁丑。
⑤　《清穆宗实录》卷233，同治七年五月丁亥。

为国家律法惩治的对象。

四　结语

清代大通桥监督的设置沿革与国家漕运政策的历史变迁密不可分，当国家政策调整时，其职能也会随之调整。作为漕粮进入京仓的最后检验者，大通桥监督负责的事务非常繁杂，其职能的发挥往往会受到当时政治环境、社会环境的影响。作为京城漕运系统的中间阶层，大通桥监督既要按照户部、仓场侍郎的要求履行职责，处理好相关的漕运事务，同时还需要管理好属下的经纪、车户、船户等人员，起着承上启下的作用。在处理漕务的过程中，大通桥监督与坐粮厅、仓监督存在着业务上的交流与合作，而在受到惩戒的时候也往往是一荣俱荣、一损俱损的关系，这种情况虽然在某些方面可以起到整顿漕运弊端的作用，却使官员之间的勾连、协同作弊的负面影响不断出现，进而导致很多腐败现象难以有效处理，产生了巨大的恶果。

在中国古代社会，漕运作为维持国家政权正常运转与社会稳定的基础，起着调节政治、经济、军事平衡的功能，对社会的各方面都产生着重大的影响。为保障漕粮顺利入京，中央政府设置了大量的漕运、仓储、河道官员，这些官员之间既有交流、合作，也有利益上的博弈与斗争，他们共同构成了复杂的漕运系统。在王朝初期，统治者励精图治，能够正确处理漕运问题，所以各种矛盾尚不至于激化，漕运系统也能高效、稳定地运转。但当统治者懈怠、漕运政策出现偏差、官员普遍腐败、社会秩序陷入混乱之时，漕运弊端也就会渐入膏肓，成为无法治愈的痼疾，所以清末漕运废除不仅仅是运道中断、漕粮改折、铁路与海运兴起等外界因素，根本原因是漕运内部已彻底腐坏，已落后于时代发展的潮流，不符合经济发展的规律，其被废除是历史的必然。所以通过对大通桥监督等漕运群体的研究，不但可以使我们了解清代社会的历史变迁规律，而且对于研究北京的运河文化、漕运文化也有着重要的意义与价值。

国家运道与地方城镇

——明代泇河的开凿及其影响[*]

李德楠[**]

泇河亦称泇运河，以源于泰沂山区的东西泇水而得名，东泇出费县箕山，经沂山、卞庄南流；西泇出峄县抱犊山，东南流至三合村与东泇汇合，又南流汇武河，至邳州入黄河。明万历后期利用泇水天然河道开凿而成的泇河，上自沛县夏镇引水，经韩庄至邳州直河口入黄河，全长260余里，是大运河的重要地段。关于泇河的研究，学界已有不少成果问世，内容涉及河道开凿、工程技术、漕河管理等多个方面。[①] 但综观以往研究，学界对泇河开凿的原因及其影响，尤其是开凿过程中国家与地方之间的利益冲突等问题关注不够。鉴于此，本文试以国家运道与地方城镇的利益关系为视角，对泇河开凿的过程及其影响作一探讨。

一 黄河、二洪之险与泇河的开凿

泇河的开凿，究其原因，与徐州段运河的特点密切相关。该段运河的

---

  * 本文原刊于《东岳论丛》2009年第12期。

  ** 李德楠（1975— ），山东临沂人，历史学博士，曾任聊城大学运河学研究院副教授，现为淮阴师范学院历史文化旅游学院教授，主要研究方向为历史地理学和生态环境史。

  ① 参见史念海《中国的运河》，陕西人民出版社1988年版；［日］谷光隆《明代河工史研究》，京都：同朋舍1991年版；蔡泰彬：《明代漕河之整治与管理》，台湾商务印书馆1992年版；姚汉源：《京杭运河史》，中国水利水电出版社1998年版。

特点有二：一是地处黄运交汇地段；二是运道上有二洪险滩。前者表明徐州段运河与黄河的关系错综复杂，黄河是一条迁徙无常的河流，以"善淤、善徙、善决"而著称，有史以来发生过上百次改道，特别是明嘉靖以后，黄患集中于徐邳地区，动辄冲决运堤、淤阻运道，使闸坝、堤防遭到破坏，妨碍漕运。当时朝廷面临两难的抉择，"圣朝建都于西北而转漕于东南，运道自南而达北，黄河自西而趋东，非假黄河之支流，则运道浅涩而难行，但冲决过甚，则运道反被淤塞。利运道者莫大于黄河，害运道者亦莫大于黄河"①。后一特点中的"二洪"是指徐州洪、吕梁洪两处险滩。"洪"是方言，石阻河流曰洪。吕梁洪位于徐州城东南 60 里处，分上、下二洪，绵亘 7 里多，水流湍急险恶，水中怪石林立，船只经过时必须依靠当地有经验纤夫的牵挽，否则会导致船毁人亡。弘治元年（1488），朝鲜人崔溥沿运河北上，经过吕梁洪，发现这里"水势奔突，转着壅遏，激为惊湍，涌为急溜"②。元人袁桷曾在《徐州吕梁神庙碑》中描写了吕梁洪之险，称船只至吕梁洪，必须祷告神灵保佑。③ 仅次于吕梁洪的另一险段是徐州洪，位于徐州城东南 2 里处，绵延 1 里多，"汴泗流经其上，冲激怒号，惊涛奔浪，迅疾而下，舟行艰险，少不戒即破坏覆溺"④。正德间，大臣张敷华弹劾刘瑾失败，"至徐州洪，坐小艇，触石几溺死"⑤。崔溥《漂海录》称，徐州洪湍急处虽不及吕梁洪，但险峻程度更甚。⑥ 徐州洪、吕梁洪如此之险，故史书中有"徐、吕二洪者，河漕咽喉也"⑦，"自汉唐来，粮运皆避之"⑧ 的说法。

　　鉴于徐州段黄河、二洪之险，为确保漕运畅通，政府投入了大量的人力物力，采取了"引黄济运""遏黄保运"等措施，对该段之河道、闸坝、堤防等进行了大规模的治理。成化四年（1468），徐州洪主事郭升凿

---

① 陈子龙等辑：《明经世文编》卷 184《王司马奏疏》，中华书局 1962 年影印本。
② ［朝鲜］崔溥：《漂海录——中国行记》卷 2，社会科学文献出版社 1992 年标点本。
③ 袁桷：《清容居士集·附札记》卷 25，台北：新文丰出版公司 1985 年影印本。
④ 万历《徐州志》卷 3《河防》，天津古籍出版社影印本。
⑤ 《明史》卷 186《张敷华传》，中华书局 1974 年标点本。
⑥ ［朝鲜］崔溥：《漂海录——中国行记》卷 2。
⑦ 《明史》卷 85《河渠三》，第 2089 页。
⑧ 万历《徐州志》卷 3《河防》。

去徐州外洪翻船恶石 300 余块。① 成化二十年（1793），工部侍郎杜谦将露出水面的恶石渐次凿去。嘉靖二十三年（1544），主事陈洪范进一步疏凿吕梁洪。② 上述措施取得了一定成效，但问题终不能得到彻底解决，于是不得不考虑另开新运道，避黄改运。

关于避黄改运的措施，此前已有开南阳新河的成功范例。据史料记载，嘉靖四十五年（1566），工部尚书朱衡循南阳湖东岸开新河，新河位于旧河东 30 里，将众多支流汇集到一起，减少了黄河对运河的侵袭。故《明史》称，"迨新河成，则尽趋秦沟，而南北诸支河悉并流焉"③。南阳新河的开凿改善了南阳至留城间的漕运状况，但留城以下徐州段运道仍是一大困扰，于是开凿泇河以避徐州段黄河、二洪之险便被提上日程。开泇之议始于隆庆间总河都御史翁大立，隆庆三年（1569），河决沛县，徐州以北运道淤堵，漕船 2000 余艘阻于邳州。两年后，黄河再决邳州，运堤、漕艘毁坏严重，翁大立遂提出另开新河的建议④，但不久黄落漕通，没有实施。⑤ 万历二十二年（1594），总河舒应龙继开韩庄运河，自微山湖以东韩庄一带挑河 40 余里，下通彭河入泇，以泄昭阳、微山诸湖水。二十八年（1600），总河刘东星循舒应龙韩庄故道，凿良城、侯迁、台庄至万庄河道。三十二年（1604），总河侍郎李化龙继续开泇河，自沛县夏镇南李家口引水，合彭河，经韩庄湖口，又合承、泇、沂诸水，东南至邳州直河口入黄河，全长 260 里，避开了 330 里的黄河、二洪之险。其后，总河曹时聘进一步拓宽泇河运道，"建坝遏沙、修堤渡纤、置邮驿、设兵巡、增河官、立公署，而泇为坦途"⑥，至此，工程得以最后完成。泇河工程是河工史上的一件大事，清初河道总督靳辅评价说，"有明一代治河，莫善于泇河之绩"⑦。

----

① 陆容：《菽园杂记》卷 10，中华书局 1985 年标点本。
② 同治《徐州府志》卷 11《山川考》，《中国地方志集成·江苏府县志辑》，江苏古籍出版社 1991 年影印本。
③ 《明史》卷 83《河渠一》，第 2039 页。
④ 《明神宗实录》卷 50，隆庆四年十月庚申。
⑤ 《明史》卷 85《河渠三》，第 2089 页。
⑥ 靳辅：《治河奏绩书》卷 1《泇河》，文渊阁四库全书本。
⑦ 靳辅：《治河奏绩书》卷 4《中河》。

二　国家利益与地方利益的冲突

从隆庆间翁大立议开新河算起，泇河的开凿前后历经五十余年，如从万历二十二年（1594）开韩庄运河算起，也有十年之久。其间，中央官员、地方官员、当地民众、缙绅使客等在对待开泇河的问题上表现出的不同态度，实质上代表了国家利益与地方利益之间的冲突。

中央政府官员大多站在国家立场上，赞成开凿泇河，以确保漕运畅通。总河都御史傅希挚指出："若拼十年治河之费以成泇河，泇河既成，黄河无虑壅决也，茶城无虑填淤矣，二洪无虑难险矣，运艘无虑漂损矣，洋山之支河可无开，境山之闸座可无建，徐口之洪夫可尽省，马家桥之堤工可中辍，今日不赀之费，他日所有省尚有余抵也。"① 万历三十二年（1604）正月，李化龙上疏指出，开泇有六善，其不疑有二，其中特别提到，"开河必行召募，春荒役兴，麦熟人散，富民不扰，穷民得以养"②。少部分中央官员持反对态度，但他们的出发点仍以国家利益为重，不过是鉴于政府眼前的财政困难，实质上与上述持赞同态度官员的利益是一致的。例如，当傅希挚提出开泇河的建议时，科臣侯于赵等指出，"正河有目前之患，而泇河非数年不成，故治河为急，开泇为缓"③。他们提出"开泇为缓"，不过是把开凿的时间表推迟而已。

地方官员及当地民众出于地方利益或自身利益的考虑，在对待开凿泇河的问题上往往持坚决的反对态度。具体而言，两者之间又有所差别：地方官员不愿兴工是担心劳民伤财，怕担当风险，影响仕途，正所谓"守土之官，尤惮以其身而受此役"④；与他们不同的是徐邳当地民众，出于自身经济利益的考虑，"恐徙河无业，每阻之"⑤。"闻泇河之役且刺心隐痛，曰夺其利也"⑥。认为"一旦漕由泇行，则背徐邳而向滕峄，向者日渐繁

---

① 《明神宗实录》卷35，万历三年二月戊戌。
② 《明史》卷87《河渠五》，第2125页。
③ 《明神宗实录》卷39，万历三年六月辛卯。
④ 蒋廷锡：《古今图书集成·山川典》卷227《治河议下》，中华书局1987年标点本。
⑤ 顾炎武：《天下郡国利病书》第15册《山东上》，上海科技文献出版社2002年标点本。
⑥ 《御选明臣奏议》卷34《议开泇河疏》，文渊阁四库全书本。

华，背者日渐寂寞，纷华者色喜，寂寞者心悲"。他们的想法是可以理解的，因为在漕河管理中，政府在黄运交汇的徐州地区投入了大量的人力、物力，例如泇河开凿之前，每年黄运交接处以及徐吕二洪段需数百人牵挽①，此外河道的疏浚、货物的驳运、闸座的启放等，都可以为当地民众提供更多的工作机会，他们理所当然地成为最积极的反对者。

缙绅使客也反对开新河，"即在缙绅使客，亦不乐出其途矣"②，他们认为新河道从夏镇经徐州到宿迁，中间经过夹沟、彭城、房村、下邳四个驿站，沿途用人用物非常方便，如走泇河，中间只有山东所属的万家庄驿站，且泇河段运河最初比较荒凉，对于行旅来说，不如徐州段运道安全。这些人的观点表面上与当地民众一致，实质上乃是出于眼前自身的利益考虑，是暂时性的，一旦台儿庄段运道的相关设施完善起来，旅途更加安全、方便，这些人就可能从暂时的反对者转而变为长久的支持者。

尽管围绕开凿泇河的问题，出现了各方间的利益冲突与博弈，但面对黄河不断决徙泛滥以及运道经常淤塞不通的现实，出于维护国家经济命脉的长远考虑，中央政府最终还是从全局利益出发，支持开凿泇河。

三　国家运道的变迁与地方城镇的兴衰更替

有明一代漕运体系的运作，很难认为是获利性的③，国家关心的是其经济命脉——漕粮运道的畅通与否，改善漕运状况、维持南粮北运是其最终目的。为确保漕运畅通，可以说不计代价，泇河的开凿无疑很大程度上达到了这一目的。泇河开通后，每年三月开泇河坝，漕船由直河口入泇河，九月开吕公坝，返回的漕船入黄河，粮船及官民船都要遵守这一规定④，漕舟行进顺利，不须牵挽之劳。总河尚书李化龙高度评价泇河的好处，称"泇河开，而运不借黄，有水无水听之，善一；以二百六十里之泇

---

①　安作璋：《中国运河文化史》（中册），山东教育出版社 2001 年版，第 1068 页。
②　刘士忠：《酌议泇黄便宜疏》，《四库全书存目丛书》史部 第 222 册，齐鲁书社 1996 年影印本。
③　［美］黄仁宇：《明代的漕运》，张浩、张升译，新星出版社 2005 年版，第 229 页。
④　《明史》卷 85《河渠三》，第 2097 页。

河，避三百三十里之黄河，善二；运不借河，则我为政，得以熟察机宜而治之，善三；估费二十万金，开二百六十里，比朱尚书新河事半功倍，善四；开河必行召募，春荒役兴，麦熟人散，富民不苦赔，穷民得以养，善五"①。今人岑仲勉也认为，把黄、漕分立，不单止漕运安全，从治河方面来看，也是再好没有的事。②

涮河开通后，运河城镇徐州所承担的一些功能也随之转移到台儿庄，就徐州的发展而言，涮河的开凿是其由盛到衰的转折点。涮河开凿之前，地当黄运交汇处的徐州，扼南北水陆要冲，城市经济相当繁荣。正如有学者指出的，虽然黄河夺淮入海后苏北自然条件发生了很大变化，但其经济与社会发展并没有急剧衰落。③ 河流给徐州地区带来水患的同时，也给徐州经济发展多了一条水上运输通道，受益匪浅。④ 主要表现为以下三个方面：

其一，交通运输业和商业迅速发展。明代徐州为南北大运河"咽喉命脉所关，最为紧要"⑤ 的地段，号称"五省通衢"。当时"凡江淮以南之贡赋及四夷方物上于京者，悉由于此，千艘万舸，昼夜无息"⑥。以漕粮运输为例，据唐龙《吕梁洪志序》记载，当时每年约 400 万石漕粮及 18 万石白糙粳糯经徐州北上。⑦ 其中，仅白糙粳糯需船即"不下千余艘"⑧。明政府鼓励漕运，优恤运军与民户，允许漕舟免税搭载私货于沿途贩卖，于是伴随漕粮的运输，大量土宜货物随之涌向沿途城镇，遂推动一批城镇沿运河发达起来。⑨ 关于土宜的数量，弘治间规定运军附带土宜不超过 10 石，嘉靖间增至 40 石，万历时又增至 60 石。⑩ 实际上由于私自夹带情况

① 《明神宗实录》卷 392，万历三十二年正月乙丑。
② 岑仲勉：《黄河变迁史》，中华书局 2004 年版，第 541 页。
③ 李巨澜：《略论近代以来苏北地方社会的全面衰败》，《淮阴师范学院学报》（社会科学版）2006 年第 2 期。
④ 李文治、张太新：《清代漕运》，中华书局 1995 年版，第 250 页。
⑤ 《明神宗实录》卷 191，万历十五年十月乙亥。
⑥ 正德《彭城志》卷 5，转引自《京杭运河〈江苏〉史料选编》，人民交通出版社 1997 年版。
⑦ 陈子龙等辑：《明经世文编》卷 189《唐渔石集》，中华书局 1962 年影印本。
⑧ 王世雍：《吕梁洪志》卷 6，《丛书集成续编·史部》第 42 册，上海书店出版社 1994 年影印本。
⑨ 邹逸麟主编：《中国历史人文地理》，科学出版社 2001 年版。
⑩ 查继佐：《罪惟录》志卷 14，浙江古籍出版社 1986 年标点本。

较为普遍，运军附带数量远超过上述规定，政府因此规定，"漕运船只除运军自带土宜货物外，若附载客商、势要人等、酒曲、糯米、花草、竹木、器皿、货物者，将本船运军并附载人员参问，发落货物入官"①。运军以外，还有众多管理人员、商人和手工业者，他们经常逗留徐州，交易各种物品。徐州舟车鳞集，贸易兴旺，"一切布、帛、盐、铁之利，悉归外商"，"百工技艺之徒，悉非土著"②。受此影响，本地弃农从商者日渐增多，"往往竞趋商贩而薄农桑"③。徐州因此成为粮、棉、铁、丝的集散地，棉、布等物的交易量很大，大批商船往来频繁，逐渐形成南北货物交流中心。④

其二，财政收入不断增加。为适应漕运需要，明代在淮安、徐州、临清、德州设仓，作为漕粮集散中心，然后转运至京、通二仓，其中徐州设广运仓，仓廒100余座。《明史·食货志》载：明代漕法凡三变而后定，初为支运，次则兑运、支运相参，最后变为长运而成定制。兑运需加路费、耗米，还要加过徐、吕二洪以及过闸"轻赍银"等剥船运费。成化间规定，白粮民船每过一洪，需银十余两，每过一闸，需银五六钱。⑤当时还有数量繁多的商船，明人陈仁锡在《重建徐州洪神庙记》称："凡四方朝贡转漕及商旅经营者，率由是道。"⑥成化间，"民船贾舶多不可籍数"⑦。商船税收入也是重要的财政来源，政府在这些客商辏集处设钞关⑧，徐州钞关由徐州户部分司负责，专门征收商品流通税。此外还设立负责征收船料税的吕梁洪工部分司。⑨《续文献通考》载："京省凡三十三府州县商贾辏集地，市镇店肆门摊税课，增旧凡五倍……舟船受雇装载者，计所在料多寡路远近纳钞。"⑩当时往来开封的山陕巨商都要假道徐

①　嘉靖《徐州志》卷7，中国地方志丛书，台北：成文出版社有限公司影印本。
②　蒋廷锡：《古今图书集成·职方典》卷171《徐州民俗考》，中华书局1987年标点本。
③　嘉靖《徐州志》卷4。
④　杨杰：《明清时期徐州的水上交通与经济发展》，《徐州文史资料》第15辑，1995年。
⑤　陈子龙等：《明经世文集》卷291《二陆文集》。
⑥　陈仁锡：《皇明世法录》卷54，四库禁毁书丛刊。
⑦　陈子龙等：《明经世文编》卷54《李西涯文集》。
⑧　正德《明会典》卷33，文渊阁四库全书本。
⑨　王世雍：《吕梁洪志》，《丛书集成续编》史部，第42册，上海书店出版社1994年影印本。
⑩　王圻纂辑：《续文献通考》卷18《钱币考》。

州，由徐州小浮桥溯梁靖口、赵皮寨北上。①

其三，城市规模不断扩大。商品经济的发展、水陆交通的便捷，使徐州城市规模不断扩大。到明中期，很多人搬到城外滨河而居，"城外临河而居者，皆负贩之细民也"②。城内的街道不但数量增加，而且逐渐整齐划一，城市总体发展有稳中南迁、沿河道交通干线拓展的趋势。③ 当时的运河城市徐州，"舳舻衔尾，旅店连云，贸易商贾，在在闹市，不惟土著者获利无穷，即宦于其地者，用物宏而取精多"④。

但泇河开通以后，徐州的发展为之一变，漕船大部分沿泇北上，不再取道徐州，泇河开通的次年就减少漕船8000 余艘⑤，约占漕船总数的三分之二。后来徐州附近黄河决溢倒灌，运河阻塞，漕船便全部出邳州直河口经泇河北上了。从此，"行旅不复取道彭城，其管洪主事，高枕空垒，无一客可延接矣"⑥。可以说泇河的开凿是徐州历史上城市发展的一次重大转折，"惟泇一成，漕向滕、峄、郯、沭，而背徐、邳、桃、宿。向者日渐纷华，则辗然喜；背者日渐寥落，则穆然嗟"⑦。随着泇河的开通，外地摊贩纷纷离开徐州，以前从事码头服务业、搬运业的人员或失业或转移他处，流动人口大量减少。明末清初谈迁评价说："自泇河改，徐、邳寥寥。"⑧ 据万历三十五年（1607）《明徐州蠲免房租书册》记载，当时的徐州，"闾阎萧条，井市零落，且连岁灾沴频仍，河工叠举，小民艰苦可谓极矣。以关厢言之，在通衢街道数条，人烟尚尔稀疏，贸易亦皆冷淡"⑨。此外，泇河的开通也降低了管理部门对徐州段黄河的重视程度，泇河开通后，不再借徐州段黄河行运，河工关注的重点也下移至邳州以下至清口地段，故当时的工科右给事中宋一韩建议，李化龙重泇轻黄，黄河未得安

① 傅泽洪：《行水金鉴》卷157引《治水筌蹄》，文渊阁四库全书本。

② 同治《徐州府志》卷16《建置考》，《中国地方志集成·江苏府县志辑》，江苏古籍出版社1991年影印本。

③ 参阅肖爱玲《徐州城市历史地理浅论》第三章，硕士学位论文，陕西师范大学，2001年。

④ 刘士忠：《酌议泇黄便宜疏》，四库全书存目丛书。

⑤ 《明神宗实录》卷424，万历三十四年八月癸亥。

⑥ 沈德符：《万历野获编》卷12《河漕·吕梁洪》，中华书局1959年标点本，第86页。

⑦ 陈子龙等：《明经世文编》卷478《周司农集·漕河说》。

⑧ 谈迁：《北游录·纪程》，中华书局1960年标点本，第25页。

⑨ 《明徐州蠲免房租书册》，明万历三十五年刻本，台北：学生书局影印本。

流，泇河终难持久，请求改以治黄为主，为亡羊补牢之计①，但没有引起重视。后来天启四年（1624）徐州城遭受了历史上最严重的水灾，整个城市被掩埋在地下十几米处，形成了今天徐州城下有城的奇观。②

与徐州发展趋势不同的是，泇河的开通为台儿庄城镇的发展带来了机遇。一方面，运道的变迁改善了台儿庄地区的水运交通条件，泇河的开通，改变了沂河、武河等河流的自然流向，将彭河、丞河、沂河、沭河等纳入运河水系，改变了水系格局，促成了微山湖的最终形成，洪水季节，沙河、薛河、彭河诸水可通过闸坝入湖蓄存，枯水季节放入运河济运，增加了水源，方便了运河的通航。光绪《峄县志》称："泇河既开，运道东徙，于是并东西二支，横截入漕，堤闸繁多，而启闭之事殷。"③ 同时，泇河的开通减少了以往花费在徐州段运河上的人力、物力，使台儿庄部分地取代了徐州在运河上的地位，成为国家运道的重要组成部分。另一方面，运道的变迁促进了台儿庄城池的兴建。台儿庄城的兴起肇始于万历三十二年（1604）泇河的开凿，此后国家对该地区的重视与日俱增，相应的管理机构次第设立。万历三十四年（1606）设台儿庄巡检司，清顺治四年（1647）建台儿庄土城，到清中期以后，台儿庄成为峄县40个集镇之首。光绪《峄县志》载："自泇河既导，而东南财糈跨江绝淮、鳞次仰沫者，凡四百万有奇，于是遂为国家要害云。"④ 台儿庄由原来人烟稀少、环境荒凉的村落变为交通繁忙的商业城镇。

四　结语

据上所述，交通路线的变迁与城市兴衰密切相关，运河兴则城市兴，运河衰则城市衰，泇河开凿所引起的徐州、台儿庄的兴衰更替，是整个运河城镇变迁的缩影。从国家利益的角度视之，泇河的开凿有效地避开了徐

---

① 《明神宗实录》卷401，万历三十三年六月甲子。
② 武玉栋：《黄河水患与徐州古城的历史变迁》，《江苏地方志》2001年第1期。
③ 光绪《峄县志》卷5《山川考》，《中国地方志集成·山东府县志辑》，凤凰出版社2004年影印本。
④ 光绪《峄县志》卷23《艺文志·募建台儿庄城引》。

州段黄河、二洪之险，有利于漕运的畅通，而且城镇的更替于国家利益无损，无论是徐州城市的衰落抑或台儿庄城镇的兴起，不过是运河城市位置的变动而已；从地方利益的角度视之，河道变迁则是城市自身发展的重要转折，徐州与台儿庄从此面临两种不同的发展机遇，影响深远。由此可见，国家大型公共工程建设在取得总体效益的同时，总是伴随着局部利益的得失，工程建设或多或少会牺牲局部地区的利益，所以在工程建设中，既要以国家利益为重又不可忽视地方利益，在享受工程所带来的福祉的同时，不应忘记局部地方社会所作出的牺牲。

环境史视野下清代河工用秫秸影响研究[*]

高元杰^{**}

　　黄、运河工①是清廷核心事务之一，是保障漕运系统和沿河百姓安全、维护政府运行和国家稳定的重要举措。黄、运河工的根本保障是物料储备，正所谓"堤工全恃修防，而修防专资物料，是物料为河工第一要务"②。也就是说，物料是整个河防工作的重中之重。目前学界对清代河工物料的数量种类、采办方式、时空演变、社会影响等问题展开了初步研究③，发现了其从柳枝到芦苇、秫秸④的转变，但对转变之后的区域生态环

　　* 本文原刊于《史学月刊》2019 年第 2 期。

　　** 高元杰（1988—　），山东章丘人，历史学博士，聊城大学运河学研究院讲师，主要研究方向为环境史、运河史。

　　① 河工，指治理河道、防止水患的工程，本文特指治理黄河和运河的工程。为河工提供人力、物力的州县，本文称之为河工州县。

　　② 田文镜著，张民服校注：《抚豫宣化录》卷 2《条奏》，中州古籍出版社 1995 年点校本，第 65 页。

　　③ 目前学界对清代黄、运河工的研究主要集中在管理制度、财政经费以及重大治河案例上，有关物料的研究比较薄弱，主要有饶明奇：《论清代防洪工程所需料物立法的成就》，《人民黄河》2008 年第 4 期；李德楠：《试论明清时期河工用料的时空演变——以黄运地区的软料为中心》，《聊城大学学报》2008 年第 6 期；李德楠：《清代河工物料的采办及其社会影响》，《中州学刊》2010 年第 5 期；李德楠：《黄河治理与作物种植结构的变化——以光绪〈丰县志〉所载"免料始末"为中心》，《中国农史》2013 年第 2 期；陈瑞：《康雍乾时期河南河工研究》，硕士学位论文，郑州大学，2014 年；裴丹青：《清代河工研究》，博士学位论文，华东师范大学，2016 年。这些研究对物料的种类、数量、采办方式、时空演变、农业和社会影响等问题做了初步探讨。值得一提的是，美国学者彭慕兰（Kenneth Pomeranz）在《腹地的构建：华北内地的国家、社会和经济（1900—1937）》（*The Making of a Hinterland：State，Society and Economy in Inland North China，1900—1937*，耶鲁大学，博士学位论文，1988 年，第 435—445 页）的"Appendix G""Appendix H"中估算了民国初年山东省黄运民埝每年对秫秸的需求量及其费用，并谈到了这一需求对民间燃料、肥料供应的影响及后果。

　　④ 秫秸，即高粱秸秆，"天下之人呼高粱为秫秫，呼其秸为秫秸，卒未有异也"（程瑶田：《九谷考·黍》，《丛书集成续编》第 165 册，上海书店出版社 1994 年影印本，第 597 页）。

境和民众生产生活的变化尚未进行深入探讨。本文以清代黄运地区①为中心，从环境史角度考察河工物料的演变与区域生态植被变化的关系，以及河工物料采办对区域社会的影响。

一　"柳束危机"与秫秸成为河工正料

1. 柳株栽植与柳束"生不敷用"②

明清时期治河的重要目标是保证运河漕运的正常进行，为此明清政府不得不竭尽全力将黄河限定在夺淮入海的南徙河道上。③ 这一做法有违顺水之性的治河原则，随着时间推移，海口（在今江苏省响水县）、清口（在今江苏省淮安市）等处日渐淤积，河道越来越高，河工越来越重。

明代前中期，黄、运河工的重点是堤防的修筑和完善。治河名臣潘季驯指出："护堤之法，无如栽柳为最。"④ 培土栽柳"系运河第一吃紧关键"⑤，治河官员都认同这一观点。⑥ 所以这一时期，明廷通过大规模植柳来巩固堤防，如成化十二年（1476），山东按察司副使陈善自"沙河⑦达

---

① 黄运地区，指以被山东运河、卫运河和明清废黄河所包围的三角地区为中心，以周边河工波及地区为外围的地区。该地区河工主要由河南山东河道总督（简称河东河道总督或东河总督）管理。

② 康熙《曹县志》卷4《物产·木·柳》，中国国家图书馆·中国国家数字图书馆藏清康熙五十五年（1716）刻本，第5页：http://mylib.nlc.cn/web/guest/search/shuzifangzhi/medaDataDisplay? metaData.id = 1254352&metaData.lId = 1259236&IdLib = 40283415347ed8bd0134833ed5d60004。

③ 黄河必须由夺泗、夺淮的南徙河道入海，才能保证运河漕运的顺利进行。原因有二：一是黄河南流，运河在淮安就可以借助淮河和洪泽湖"蓄清敌黄"之力，接续水源；二是如果黄河北流，将在山东阳谷张秋镇等地截断运河，挟水入海，该地没有别的大河大湖为运河提供接续水源，这将导致运河的断流（黄河水泥沙含量过高，难以用作运河水源）。

④ 潘季驯：《河防一览》卷10《申明修守事宜疏》，《文渊阁四库全书》，台湾商务印书馆1986年影印本，第576册，第333页。

⑤ 潘季驯：《河防一览》卷3《河防险要·山东》，《文渊阁四库全书》，第576册，第193页。

⑥ 如叶方恒曾言："督夫培土栽柳，乃运河第一关键。"（叶方恒：《山东全河备考》卷2《河渠志下·坝闸建置事宜》，《四库全书存目丛书》，齐鲁书社1996年影印本，史部，第224册，第414页）

⑦ 沙河，位于山东省滕县与江南省沛县接壤处。"成化七年，分治漕河。自通州至德州，郎中陆铺主之；德州至沙河，副使陈善主之；沛县至仪真、瓜洲，郎中郭昇主之。"（王琼撰，姚汉源、谭徐明点校：《漕河图志》，水利电力出版社1990年版，第171页）

临清，植柳百万，盘根环堤，浓荫蔽路"①。弘治三年（1490），户部侍郎白昂治理张秋决口，"随河修堤二千余里，随堤植柳百万余株"②。

明代后期，随着黄河堤防的修筑成形，尤其是"两岸筑堤、束水攻沙"策略的实行，堤防压力愈加吃紧。为防止黄河决口冲击运河、侵害祖陵，对物料的需求不断增加，植柳的目的逐渐转向提供物料。嘉靖时河南按察司副使陶谐"于沿河皆植柳木，以取柳稍之用"，"总理台臣奏请通行"③。万历河臣万恭在《治水筌蹄》中专列"运河植柳护堤兼备埽料"④一条。潘季驯也说栽植长柳，"既可捍水，且每岁有大枝可供埽料"⑤。

清初河患频仍。顺治七年（1650），河决封丘荆隆口及祥符朱源寨，北河郎中阎廷谟写道："今日之可虑者，不在水之复涨，而在料之已竭。"⑥两年后荆隆决口堵塞，不久又决下游大王庙，旋筑旋决，至顺治十三年（1656）始塞。这次治河所需物料浩繁，柳株供不应求，清廷不得不下达栽柳劝惩条例："濒河州县新旧堤岸皆种榆柳，严禁放牧，各官栽柳自万株至三万株以上者，分别叙录，不及三千株并不栽种者，分别参处。"⑦此后，又连年决口，连年兴工，柳束连年告急。

在此形势下，顺治十六年（1659）清廷责令"沿河州县于濒河处所各置柳园数区，或取之荒地，或就近民田，量给官价，每园安置徭堡夫数名，布种浇灌"⑧。该命令起到了一定的效果，如曹县随后设立了冯家厂、

① 毕士瑜：《治河政绩碑》，康熙《阳谷县志》卷7《艺文三》，《中国地方志集成·山东府县志辑》，凤凰出版社2004年影印本，第93册，第142页。

② 王俣：《弘治庚戌治河记》，谢肇淛：《北河纪》卷3《河工纪》，《文渊阁四库全书》，商务印书馆1986年影印本，第576册，第614页。

③ 雷礼辑：《国朝列卿纪》卷52《兵部左右侍郎年表·陶谐》，《续修四库全书》第523册，上海古籍出版社2002年影印本，第105—106页。

④ 万恭著，朱更翎整编：《治水筌蹄》卷2《运河》，水利电力出版社1985年整编本，第103—104页。

⑤ 潘季驯：《河防一览》卷4《修守事宜》，《文渊阁四库全书》，第576册，第203页。

⑥ 阎廷谟：《张秋决口行漕说》，康熙《张秋志》卷9《艺文志一》，《中国地方志集成·乡镇志专辑》，江苏古籍出版社1992年影印本，第29册，第119页。

⑦ 乾隆《钦定大清会典则例》卷133《工部都水清吏司·河工三》，《文渊阁四库全书》，商务印书馆1986年影印本，第624册，第190页。

⑧ 康基田：《河渠纪闻》卷13《国朝·顺治十六年》，《四库未收书辑刊》，北京出版社2000年影印本，第1辑第29册，第189页。

侯家坝、石香炉、牛市屯四处柳园，计地三顷八十二亩四分。① 又如宝应县柳园，一在槐楼湾河东，一在二里沟河西，"迨柳园种植成林，不复采民间柳矣"②。也就是说，州县设置柳园在一定时期内起到了减轻民间采柳负担的效果。

康熙帝亲政后，将河工与漕运、三藩并列为三大政。康熙九年（1670），河决高家堰、清河王家营、曹县牛市屯等处，工用频繁，在河道总督罗多的建议下，黄、运两河开始设立专官栽植柳株。③ 康熙十五年（1676）夏，黄河倒灌洪泽湖，高家堰决口 34 处，宿迁白洋河等处也遭决口，河工大兴，物料紧张，清廷再次强调并细化柳株栽种劝惩条例。次年，靳辅上任，着力推行柳株栽种劝惩条例。此后，在康熙朝河臣崔维雅，雍正朝河臣齐苏勒、嵇曾筠，乾隆朝河臣白钟山、康基田等人的倡议下，清廷又连发九条有关栽植柳株的劝惩条例，督促沿河州县文武官员努力种柳。④

但从相关记载看，植柳劝惩没有能够长期维持。与靳辅同时的学者薛凤祚批评道："往岁栽植护堤之柳，今安在乎？皆以守看无人，稽查废法，而斧斤牛羊凌没至尽耳。"⑤ 雍正朝河臣齐苏勒评价靳辅劝栽柳株的效果说："举行不过三五年而止。"⑥ 总之，由于每年河工岁修需柳浩繁、柳园管理不善、报捐之人弄虚作假⑦、新栽柳树生长缓慢⑧、遭受黄河冲刷

　　① 光绪《曹县志》卷 7《河防·附柳园》，《中国地方志集成·山东府县志辑》，凤凰出版社 2004 年影印本，第 84 册，第 124 页。

　　② 民国《宝应县志》卷 3《山川志·柳园》，《中国地方志集成·江苏府县志辑》，江苏古籍出版社 1991 年影印本，第 49 册，第 52 页。

　　③ 傅泽洪辑录：《行水金鉴》卷 134《运河水》，《国学基本丛书》，商务印书馆 1936 年影印本，第 1949 页。

　　④ 参见乾隆《钦定大清会典则例》卷 133《河工三》，《文渊阁四库全书》第 624 册，第 190—191 页。

　　⑤ 薛凤祚：《两河清汇》卷 8《黄河》，《文渊阁四库全书》，台湾商务印书馆 1986 年影印本，第 579 册，第 483 页。

　　⑥ 傅泽洪辑录：《续行水金鉴》卷 6《河水》，《国学基本丛书》，商务印书馆 1936 年影印本，第 148 页。

　　⑦ 康基田《河渠纪闻》卷 23《乾隆十九年》载："报捐之人，出资交弁丁代办，往往以细小嫩枝充数，倖邀议叙。查验之后，无人照管，渐次枯息，甚将官树伐种，成株之木，反致损伤，捐栽徒滋弊窦。"（《四库未收书辑刊》，第 1 辑第 29 册，第 568 页）

　　⑧ 朱国盛撰，徐标续撰：《南河志》卷 2《树株》载："即令遍种，三岁之间，仅堪拱把。"（《四库全书存目丛书》，齐鲁书社 1996 年影印本，史部，第 223 册，第 51 页）

损坏①等原因，柳株栽种始终处于"生不敷用"的状态。

　　河堤、柳园的柳株难以充足地提供物料，官府只能向民间摊派，致使民间各类树木一再遭受劫难。顺治十四年（1657），河南巡抚贾汉复论河工积弊时称："计河工之所需，自柳之外，余皆无用。今闻各夫下乡，无论坟内、门前，榆、柳、槐、杨，任意砍伐，即桃、杏果木，凭其摧折，毫无顾忌。"② 康熙时山东峄县（今枣庄市峄城区）采柳，"而所伐皆槐、榆、桃、杏、梨、枣、桑、柘之属，其实非柳也"③。康熙十二年（1673），河南巡抚佟凤彩疏言："去岁阳武险工，无柳可用，将民间桃、李、梨、杏尽行斫伐，方事堵御。"④ 乾隆初年，城武（今山东省成武县）、定陶、菏泽三县上书抚院、布政司，"三县地方除柳枝采折无遗，杨木斩伐殆尽，尚不敷额"⑤。

　　由此看来，清初巨额的柳束需求，迫使清廷不断强调和实践栽植柳株的奖惩议叙之法，这在一定程度上缓解了物料供应的压力，但没有真正地解决问题。随着黄运河工的日渐繁重，巨量物料的采派，不但严重消耗了河工地区的柳株储备，还极大地影响了各种民间杂木的生长，破坏了黄运地区的林木植被。柳束的不足，迫使河工物料不得不退而求其次，在就地取材的原则下，江南南河开始利用其丰富的芦苇资源，豫东东河则将目光投向高粱秆。

　　2. 高粱种植与秫秸成为河工正料

　　高粱具有抗旱、耐涝、耐盐碱等特性，在平原、山丘、涝洼、盐碱等地均可种植，并且有较为稳定的产量，被誉为"铁秆庄稼""庄稼中的骆

---

　　① 白钟山《豫东宣防录》卷6《乾隆五年》载："黄河南北柳园地亩，俱在河边，沙土虚松，一经水溜撞刷，即坍塌入河，柳株亦常带土随溜而去。"（《中国水利志丛刊》，广陵书社2006年影印本，第14册，第794页）

　　② 贾汉复：《严厘河工积弊檄》，贺长龄辑，魏源编次，曹堉校勘：《皇朝经世文编》卷103《工政九·河防八》，《魏源全集》，岳麓书社2004年，第18册，第527页。

　　③ 乾隆《峄县志》卷5《漕渠志》，清乾隆二十六年刻本，中国国家图书馆藏，第11页。http://mylib.nlc.cn/web/guest/search/shuzifangzhi/medaDataDisplay？metaData.id=909531&metaData.lId=914012&IdLib=40283415347ed8bd0134833ed5d60004。按，阳武，今属河南省原阳县。

　　④ 《清史稿》卷273《佟凤彩传》，中华书局1977年标点本，第10038页。

　　⑤ 民国《定陶县志》卷3《赋役·免黄河夫料始末》，《中国地方志集成·山东府县志辑85》，凤凰出版社2004年影印本，第346页。

驼"①。而且高粱用途广泛，其米"有二种：黏者可和糯秫酿酒作饵；不黏者可以作糕煮粥。可以济荒，亦可养畜，梢可作帚，茎可织箔席、编篱、供爨，最有利于民者"②。因此，自明后期以降，高粱在北方地区得以广泛种植。

成淑君考察了顺治十年（1653）孔府在邹县（今山东省邹城市）、汶上、曹州（今山东省菏泽市牡丹区）等地20多个庄、厂的粮食作物种植情况，认为"至迟到明末，高粱的种植面积在鲁西、鲁北平原的部分地区已超过粟而跃居第二或第三的位置"③。不过这时高粱种植比例尚不稳定，平均只有10%左右，但此后的几十年时间里，这些孔府庄、厂的高粱种植面积占比不断上升，至康乾时期已稳定在了25%—30%。如曲阜县齐王庄的高粱种植面积，从顺治年间的43亩增长到了乾隆年间的186亩，涨幅达三倍多。④

在黄运地区，备受水灾侵扰的人们尤为看重高粱的抗涝能力。徐光启说："北方地不宜麦禾者，乃种此，尤宜下地。立秋后五日，虽水潦至一丈深，不能坏之。"又曰："北土最下地，极苦涝。土人多种蜀秫"⑤。黄河沿线时常遭受洪灾，微地貌复杂，涝洼地分布广泛，十分适宜高粱的种植。乾隆初年，河南巡抚尹会一说："中州所植，高粮为盛，盖因地土平衍，蓄泄无备，雨水稍多，即虞淹浸，惟高粮质粗而秆长，较他谷为耐水，故种植者广。"⑥ 山东运河作为国家漕运咽喉，其完善的堤防造就了大面积的涝洼地。千里长堤纵贯南北，切断了运西积水东去的道路，每当夏秋雨季到来，坡水潴积在运河以西堤外和洼地中，常常形成长达数十里、宽达十数里的水面和大大小小的水泊。这些水泊夏秋水涨、冬春水消，难

①　佟屏亚：《农作物史话》，中国青年出版社1979年版，第53页。

②　李时珍撰，刘衡如、刘山永校注，杨淑华协助：《本草纲目·谷部》第二三卷《蜀黍》，华夏出版社2008年标点本，第997页。

③　成淑君：《明代山东农业开发研究》，齐鲁书社2006年版，第234页。

④　程方：《清代山东农业发展与民生研究》，博士学位论文，南开大学，2010年，第104页。

⑤　徐光启撰，石声汉校注：《农政全书校注》卷25《树艺》，上海古籍出版社1979年，第630—631页。

⑥　尹会一：《健余奏议》卷2《河南上疏一》，《四库禁毁书丛刊》，北京出版社1998年影印本，史部，第40册，第28页。按，高粮，即高粱。

以耕种小麦、谷子、棉花，却十分适合高粱的生长。① 如乾隆五十五年（1790）运河水大，运西积水难泄，山东巡抚觉罗长麟勘察发现："东昌附城地亩，本属低洼，即常年丰稔，此处亦有积水，向种高粱，并不播种秋麦。臣查勘时，见各农民乘筏泛舟，采取高粱，犹薄有收获。"②

除了这些适宜高粱生长的水环境条件外，高粱种植比例的提升跟河工正料用秸之间有着密切的关系，它们是在互动影响下共同发展的。

清代前期河工频繁，柳束产量、储量频频告危，砍伐祸及民间杂木。穷则思变，康熙中期以后，江南河工③率先设立苇荡营采运苇柴以补柳束之不足。到康雍之交，柳枝、荻苇已经并称河工第一要料。④ 但与江南不同，豫、东二省不但柳株不敷，苇草也不充裕，只得采用质量稍次而产量丰富的秫秸来代替。如雍正二年（1724），河臣嵇曾筠在奏折中说："柳枝、荻苇为河工第一要料。豫省堤园柳株岁久缨枯，更兼连年险工，取用采伐殆尽。至荻苇一项，原非中州土产，旧例俱以谷草、秫秸代用。"⑤ 可知使用秫秸充作河工物料始于康熙末年。

雍正五年（1727），经嵇曾筠奏请，对秫秸收储制度进行改革，原本临时收购的办法改为每年限期预备好次年的秫秸，并制定惩处办法。⑥ 此后，秫秸在物料中所占比重越来越大。一些地方因不堪柳束压力，也主动要求改办秫秸，加快了河工正料从柳束到秫秸的转变。如乾隆六年（1741），河南省荥阳县被派办买柳梢 30 万斤，因当地素不产柳，无力采买，故具文详请改办秫秸，获得批准。⑦ 乾隆《修防琐志》记载："从前捆垛，十分之中，柳居其七，草居其三；今岁岁砍伐，柳枝所产渐少，大

---

① 详见高元杰、郑民德《清代会通河北段运西地区排涝暨水事纠纷问题探析——以会通河护堤保运为中心》，《中国农史》2015 年第 6 期。

② 黎世序辑录：《续行水金鉴》卷 105《运河水》，第 2369 页。

③ 江南河工，即南河河工，清雍正七年改河道总督为江南河道总督，专管防治江南（今江苏省、安徽省、上海市）境内的黄河与运河，时称总督为南河总督，所管诸河为南河。

④ 嵇曾筠：《防河奏议》卷 1《条陈河工应行事宜》，《续修四库全书》，上海古籍出版社1996 年影印本，第 494 册，第 20 页。

⑤ 嵇曾筠：《防河奏议》卷 1《条陈河工应行事宜》，第 20 页。

⑥ 黎世序辑录：《续行水金鉴》卷 4《河水》，第 167 页。

⑦ 郑州市地方志编纂委员会编：《郑州经济史料选编》，中州古籍出版社 1992 年版，第383 页。

约十分之中，柳止一二分。北工则代柳以秸，南工则代柳以苇。"①

《修防琐志》称"南工则代柳以苇"，但实际上雍正以后，除了北工东河外，以盛产芦苇著称的南河也开始大量使用秫秸。如雍正六年（1728），嵇曾筠奏称："淮、徐旧时漕规内用有湖芦荻苇，今因湖地淤垫，不长此料，各厅久将正柴秫秸代用。"② 乾隆二年（1737）上谕：徐州所属州县兼用秸苇，著为定例。③ 乾隆八年（1743），因"丰（砀）、铜（沛）二厅，以秸为正，而兼用苇"，苇柴转运艰难，且"苇、秸兼用，报销易致朦混"，经由河臣白钟山奏请丰砀、铜沛二厅"全办秫秸"④。又如南河睢南厅，因距离产苇的海套甚远，装运艰难，"向来埽工半资秫秸"⑤。

江南河工比豫东河工要繁重得多，自然用料也多，是以虽然丰县、砀山、铜山、沛县等地高粱种植也很茂盛，但遇到大工时，仍不敷用，于是有豫、东二省协济的定例。如乾隆三十一年（1766），铜沛厅韩家堂漫口六十余丈，当地的铜山、丰县、沛县、萧县、砀山等地"出产有限，不敷应用"，派"山东省协济秫秸一百五十万束，河南协济秫秸三百五十万束"⑥。这种互相协济的事例颇多，仅重大的，就有嘉庆元年（1796）山东协助江南收购堵口工料，嘉庆二十四年（1819）直隶（今河北省）、山东、江南协济武陟马营坝工秸料等。⑦

二 秫秸征派对农作物种植和农林生态的影响

大规模地使用秫秸作为河工正料，不但对派料州县的高粱种植和秫秸

---

① 李世禄叙述：《修防琐志》卷6《埽工》，《中国水利珍本丛书》，中国水利工程学会1936年版，第2辑第2种，第174—175页。

② 清工部编：《河东河工物料价值》，《中国大运河历史文献集成》，国家图书馆出版社2014年影印本，第9册，第5页。

③ 黎世序辑录：《续行水金鉴》卷10《河水》，第235页。

④ 康基田：《河渠纪闻》卷21《乾隆八年》，《四库未收书辑刊》第1辑第29册，第523页。

⑤ 贡震：《灵璧县河防志·漕规》，《中国地方志集成·安徽府县志辑》，江苏古籍出版社1998年影印本，第30册，第106页。

⑥ 黎世序辑录：《续行水金鉴》卷15《河水》，第353页。

⑦ 黎世序辑录：《续行水金鉴》卷44《河水》，第949—950页；卷106《运河水》，第2391页。

使用产生了巨大影响，而且深刻地影响了农业生态和民众生活。

1. 促成高粱的大面积种植

黄运地区高粱种植的盛行，一方面是黄运改造下的农业水环境适合高粱生长；另一方面是河工用秸繁重而持久的压力。很多州县迫于这一压力不得不努力地维持高粱种植在高比例上的长期稳定，李德楠考察了江南丰县和砀山、铜山在高粱种植上的差异，指出临河州县大量种植秫秸，"很大程度上是为完成国家规定的每年预备河工办料以及临时河工的物料摊派"①。是很有道理的。

河工用秸对河工州县高粱种植的压力，可以从采割青秸一事上体现出来。乾隆四十六年（1781）六月，南河邳睢汛魏家庄大堤漫水，"旧料用完，采割青料葳急"②。青料指的是还未成熟的高粱。这种事情不在少数，如乾隆五十一年（1786），与洪泽湖相邻的司家庄运河漫口，两江总督李世杰奏请"采割青秸，搀搭动用"。乾隆皇帝对此十分失望，他认为采青应用，事属难行，"若遽行采割，不特嫩而易折，做工既不得实用，而民间将次成熟之粮，不能刈获充食，仅得青料之价，亦属可惜"③。

虽然乾隆皇帝不赞同采青，但如果事态紧急，仍是不得不用的办法，而且这种情况还经常出现。如嘉庆元年（1796）六月，单县黄河溢水，"维时秸料尚未登场，民间旧料无多，尽数买用之外，尚属不敷"，知县孙象坤"乃亲赴附近村庄，传集乡民耆老，谕以工程紧要，必得采青应用，当即按亩估计籽种，宽给价值"④。又如光绪三年（1877），黄河黑墡口出险，"秸料未登，工员束手"，祥符县知县徐本华"力劝绅民砍青予值，而官料得以日夜继进"⑤。

出现这一问题的原因，在于没有储备足够的物料，事到临头，仓皇失

① 李德楠：《黄河治理与作物种植结构的变化——以〈丰县志〉所载"免料始末"为中心》，《中国农史》2013 年第 2 期。
② 康基田：《河渠纪闻》卷 28《乾隆四十六年》，《四库未收书辑刊》第 1 辑第 29 册，第725 页。
③ 《清高宗实录》卷 1260，乾隆五十一年闰七月乙亥，中华书局 1986 年影印本，第 945 页。
④ 孙象坤：《莅单防河纪略》，民国《单县志》卷 23《艺文》，《中国地方志集成·山东府县志辑》，凤凰出版社 2004 年影印本，第 81 册，第 631 页。
⑤ 民国《德清县新志》卷 8《人物志·徐本华》，《中国方志丛书·华中地方》，台北：成文出版社有限公司 1970 年影印本，第 60 号，第 511 页。

措。因为高粱入秋后陆续成熟，相较于夏季伏汛的到来略为滞后①，因此指望用当年收获的秫秸来制埽是不可靠的，这就要求在上一年收获后多加储备，以应付来年青黄不接的情况。总之，这反映出秫秸的大量需求对高粱种植的巨大压力。

河工用秸对高粱种植的压力有多大，决定于每年河工置办秫秸的数量。乾隆三十年（1765），河南巡抚阿思哈奏定办料章程，称"乾隆二十七、八、九等年，岁派俱在四千万斤上下"，到乾隆三十年，"通共应办正、加秸五千零五万斤"②。这一时期办秸没有定量，是随着每年工程险情不同而酌量增减的。

嘉庆以后，秸料堆贮规制逐渐明确起来。著名学者俞正燮曾对苇荡营柴的规制进行过辨析，指出，一堆柴（秸）的重量有 66000 斤（星使）、45000 斤（向例）、33750 斤（百龄）、50000 斤（黎世序）等四种说法。③他批评两江总督百龄的计算有误，33750 斤的说法不正确，其他三个数字则可能是"年时计算不同"④ 造成的差异。笔者以为，河道总督黎世序的每垛 50000 斤的说法应该是准确的，因为他明确了这个数字是秸料的，而其他三种说法则包含有苇柴在内。到了嘉庆后期，出台了《钦定工部则例》，明确规定"每堆以五万斤为率"⑤。光绪初年，修订版《钦定工部则例》规定得更为具体："东河秸料每垛长六丈、宽一丈五尺、檐高一丈、脊高一丈五尺，重五万斤，不得稍有虚松。"⑥

那么每年需要储存多少垛才能满足河工需求？嘉庆《钦定工部则例》规定：豫省河工岁办秸料"每年以五千垛为率"⑦。但在道光元年（1821）九月，署河东河道总督严烺奏称："以五千垛之料，分贮各工，不敷一岁修防之用。"他请求"于岁料五千垛外，预请添办备防秸料二千垛……其

---

① 嘉庆《钦定工部则例》卷 50《河工》载："每年七八月间发办秫秸，限十二月底全数到齐。"（海南出版社 2000 年影印本，第 229 页）

② 乾隆《续河南通志》卷 45《河渠志·河防》，《中国省志汇编》，第 14 册，第 2250 页。

③ 俞正燮撰，安徽古籍丛书编审委员会编纂：《俞正燮全集·癸巳存稿》卷 11，黄山书社2005 年标点本，第 2 册，第 429 页。

④ 俞正燮撰，安徽古籍丛书编审委员会编纂：《俞正燮全集·癸巳存稿》卷 11，第 429 页。

⑤ 嘉庆《钦定工部则例》卷 43《河工》，第 204 页。

⑥ 光绪《钦定工部则例》卷 35《河工》，海南出版社 2000 年影印本，第 289 页。

⑦ 嘉庆《钦定工部则例》卷 43《河工》，第 205 页。

东省曹河、粮河两厅，事同一律，亦请于额贮岁料六百垛外，预备五百垛"①。严烺的奏请在道光二年（1822）九月获得批准。② 可知在道光二年以前，东河岁办秸料为5600垛，道光二年以后增加为8100垛。据此计算，道光二年以前东河每年所办秸料重2.8亿斤；道光二年以后达到4.05亿斤，而这尚不包括南河所需。

这只是朝廷规定的最低储备，实际用料会大于这一数字。比如嘉庆二十五年（1820）武陟禹营坝堵口，"用料二万数千垛，浚河八百余里"③，用料至少在10亿斤以上；又如光绪十三年（1887）八月郑州石桥决口，至光绪十五年（1889）十二月堵合，堵口所用秸料2.8万余垛，善后工程用秸料1500余垛④，用料总量达15亿斤。这些堵口秸料在当代仍留有显著的遗迹，20世纪90年代的钻探调查，发现石桥口门"填料为秫秸、谷草、麻绳、木桩、竹缆、碎砖、土料等，冲刷深度35米"⑤。

这么多的秫秸是怎么征集的呢？据《豫河志》记载，郑州石桥堵口大工，除了各地河道部门的协济外，还进行了悬赏式的征集：

> 秸则非常之贵，荥泽兴工，每垛不过用银一百七十两⑥，今每垛贵贱均牵需合银二百七十两，比较荥泽大工加贵不及十分之四。盖因开厂伊始，每垛料价虽只用百余两，而附近之料稀少，一经收买，即已荃束全无。十三年十二月间，本工采购，每垛价值已放至三百余两。山东远料来工，每垛合银五百两。曾经前署河臣李鹤年奏明有案。迨至次年四五月间，搜罗至千里内外之料，每垛放价竟至六百两

---

① 中国水利水电科学研究院水利史研究室编校：《再续行水金鉴·黄河卷1·黄河二》，湖北人民出版社2004年版，第46页。

② 《清宣宗实录》卷41，道光二年九月壬申朔，第725页。

③ 黎世序辑录：《续行水金鉴》卷45《河水》，第974页。

④ 刘于礼主编：《河南黄河大事记（1840—1985年）》，河南黄河河务局1993年版，第21页。

⑤ 马国彦等编著：《黄河下游河道工程地质及淤积物物源分析》，黄河水利出版社1997年版，第126页。

⑥ 嘉庆《钦定工部则例》卷41《河工》载："豫、东二省采办岁料每垛例帮价银七十两。"（第199页）

之多，实为从前大工所罕有。①

这次堵口用于秸料的费用达 800 万两之巨。② 要之，此次是将两三年间方圆千里内外的秫秸搜罗一空，可以看出河工秸料需求对高粱种植的巨大压力。

怎样的种植量才能应付这一压力？据李令福统计，乾隆年间孔府汶上县美化庄高粱平均亩产为 172 斤；康熙中叶邹县（今山东省邹城市）毛家堂为 145 斤，下涧铺为 69 斤，曲阜齐王庄为 126 斤。③ 汶上县美化庄地处土壤肥沃的汶河谷地，是少有的上等地，高粱产量高于平均水平。邹县下涧铺深受水灾影响，不是正常年景的情况，则与黄河泛滥时河工各县情况相似。因此，我们以毛家堂、下涧铺和齐王庄产量的平均值每亩 133.33 斤作为河工州县（基本为黄泛区）高粱的亩产量。

知道了高粱的平均亩产，就可以估算出秫秸的平均亩产。根据现代调查，高粱籽粒和秸秆的重量比在 1：1.30④—1：1.44⑤ 之间，那么每亩高粱出产秫秸在 155 斤上下。道光二年（1822）以前东河每年所需秸料 2.8 亿斤，需种植高粱 180 余万亩；此后东河每年所需秸料为 4.05 亿斤，相应的高粱种植面积则需 260 余万亩。

正是这一巨大压力，迫使康、雍、乾三朝黄运地区高粱种植面积急剧上升，并于嘉道以后在高比例水平上保持稳定。乾隆时孔府 20 个庄的高粱种植面积占比达到 30% 左右，即与此关系密切。如乾隆二十一年（1756），汶上县美化庄往运河韩庄闸运送秫秸，需要大车三辆，该年美化庄种植高粱 237 亩，占该庄成熟地亩的 28.18%。⑥

---

① 吴贲孙：《豫河志》卷 18《经费五》，《中华山水志丛刊·水志卷》，线装书局 2004 年影印本，第 21 册，第 438 页。

② 按，石桥堵口共用秸料 2.9 万余垛，每垛"确核银二百七十两"，总用银超过 796.5 万两（吴贲孙：《豫河志》卷 18《经费五》，第 438 页）。

③ 李令福：《清代山东省粮食亩产研究》，《中国历史地理论丛》1993 年第 2 期。

④ 李萌等：《中国农村可再生能源发展现状与开发模式调研——对四川省苍溪县和浙江省丽水市的调查》，张冠梓主编《国情调研（2010—2011 上）》，山东人民出版社 2012 年版，第 351 页。

⑤ 韩鲁佳等：《中国农作物秸秆资源及其利用现状》，《农业工程学报》2002 年第 3 期。

⑥ 中国社会科学院历史研究所编：《曲阜孔府档案史料选编》第 3 编第 11 册《租税三》，齐鲁书社 1985 年版，第 394、397 页。

不过孔府庄园分布在曲阜、汶上等少数州县，尚不能反映出河工物料对不同距离州县影响的不同（离河越近需要提供的物料越多）。由于无法得到清代黄运地区不同州县高粱种植面积的精确数据，我们用抗战前和中华人民共和国成立初的相关数据来对清代的种植情况进行推测。[1]

由上面很容易看出高粱种植的分布格局，河南省高粱种植显著地集中在老黄河和黄河一线，种植比例前十名的县有 8 个，前二十名的县有 15 个在老黄河与黄河沿线，而外围州县种植比例随着与黄河距离的增大而明显减小。比如河南太康县，乾隆年间曾被列入"临河县"，物料派累，民不堪命，后经知县高上桂"面恳上宪，一概豁免"[2]。又如河南林县（今林州市），道光十九年（1839）后连岁因工加派，办理河工物料，道光二十四年（1844）"县北各村立连庄会以抗之，获免征"[3]。由此可知，黄河河工大量征集秫秸对沿河州县农业种植结构的深远影响。

山东省的高粱种植分布相对均衡，主要分布在运河（包括南四湖和泗河流域）、黄河沿线，沂河、小清河和胶莱河沿线也有较广泛的分布。这些地方都是排水不畅、水患频仍之地，有着适宜高粱生长的水环境，同时这里也是河工繁重之地[4]，办理巨量河工秸料的压力是这些地方大量种植高粱的重要原因。

2. 影响土壤肥力和林木植被的保持

（1）秸秆无法还田以保持土壤肥力

中国古代劳动人民很早就通过堆积、淹水、垫圈等方式，使秸秆以沤肥、堆肥、厩肥等形式还田，借以维持土壤肥力。如西汉氾胜之指出种芋时，在区田中覆盖一尺五寸厚的豆萁（豆秸），然后将粪和湿土匀合后埋

---

① 我们认为，抗战前乃至中华人民共和国成立初山东、河南两省高粱种植情况深受数百年来持续河工压力的影响（直到 19 世纪 20 年代仍以秫秸为河工正料），虽然部分地区不同程度地受到如玉米种植等的影响，但高粱种植的比例与晚清民国时期相比相当不会有太大出入，可以依据这些统计数据进行可靠的推测。

② 民国《太康县志》卷 7《职官表》，《中国方志丛书·华北地方》，台北：成文出版社 1976 年影印本，第 466 号，第 470 页。

③ 民国《林县志》卷 16《大事表》，《中国方志丛书·华北地方》，台北：成文出版社 1968 年影印本，第 110 号，第 1243 页。

④ 如同治十一年（1872）河决，"所有秫秸料垛，分派济宁等十三州县购办"。参见丁宝桢著，黄万机等点校《丁文诚公奏稿》卷九《侯工收支各款折》，贵州人民出版社 2012 年标点本，第 1095 页。

在上面，踏实、浇水，等豆其腐烂以后，"芋生子，皆长三尺，一区收三石"①。这是一种沤肥法。《齐民要术·杂说》中提到了"秸秆踏粪法"，"凡人家秋收治田后，场上所有穰、谷秸等，并须收贮一处。每日布牛脚下，三寸厚；每平旦收聚堆积之；还依前布之，经宿即堆聚"②。则是隋唐时期北方地区广泛使用的一种厩肥法。③

明清时期，江南地区普遍采用这两种方法制作有机肥。袁黄《宝坻劝农书》中说："南方农家凡养牛、羊、豕属，每日出灰于栏中，使之践踏，有烂草、腐柴，皆拾而投之足下。粪多而栏满，则出而叠成堆矣。"④《沈氏农书》记载了江南堆肥中畜粪和秸秆的比例，认为这种踏粪肥料经济实惠，是贫家上好的肥田之物。⑤

秸秆通过沤肥、堆肥、厩肥等形式还田，是中国古代土地肥力长期稳定的重要保障之一。南宋农学家陈旉指出："若能时加新沃之土壤，以粪治之，则益精熟肥美，其力常新壮矣，抑何敝何衰之有。"⑥ 元代农学家王祯也认为："为农者，必储粪朽以粪之，则地力常新壮而收获不减。"⑦

但在明清华北地区，情况远不如江南乐观。《宝坻劝农书》就是袁黄有感于华北农民不知积肥，推广家乡经验而作。只有在山西一带，有用麦秸等沤肥的做法，"大粪不可多得，则用麦秸及诸糠穗之属，掘一大坑实之。引雨水或河水灌满沤之，令恒湿。至春初翻倒一遍，候发热过，取起壅田"⑧。徐光启指出这是因为山西盛产煤炭，不用将秸秆拿去做燃料的缘故。

---

① 万国鼎辑释：《氾胜之书辑释》，农业出版社 1980 年版，第 164 页。

② 贾思勰著，缪启愉、缪桂龙译注：《齐民要术译注》，上海古籍出版社 2006 年版，第 21 页。

③ 曾雄生《中国农学史》（福建人民出版社 2012 年版，第 294 页）分析了《杂说》和《齐民要术》的差异，指出《杂说》很可能是唐代掺杂之作，能够反映隋唐时期北方地区的农业生产技术。

④ 袁黄、程璇、王竹舫著，郑守森等校注：《宝坻劝农书》，中国农业出版社 2000 年版，第 27 页。

⑤ 张履祥辑补，陈恒力校释，王达参校、增订：《补农书校释》，农业出版社 1983 年版，第 86—88 页。

⑥ 陈旉撰，缪启愉选译：《陈旉农书选读》，农业出版社 1981 年版，第 10 页。

⑦ 王祯撰，缪启愉、缪桂龙注译：《农书译注》，齐鲁书社 2009 年版，第 71 页。

⑧ 徐光启撰，李天纲点校：《徐光启全集·测量法义（外九种）》，上海古籍出版社 2011 年标点本，第 446 页。

在黄运地区，最主要的作物秸秆之一——秫秸被大量征用①，民间剩余的也要首先满足炊爨取暖、修盖房屋的需要②，就使得这种传统的沤肥方式难以为继。在一些秫秸征派过多、民间燃料匮乏的地方，甚至将牲畜粪肥拿来充作燃料，这严重影响了农田土壤肥力的保持。

郭松义在使用孔府档案资料研究清代山东粮食产量的时候，发现"在某些田庄中，到清后期，亩产量有下降的趋势"③。他认为"最大的原因，恐怕是由于自然变化，造成地力下降，产量减少之故"④。这一结论可能缘于清后期黄运地区自然灾害的严重而得出的，很有道理，然而河工大量用秸造成的燃料、肥料匮乏，也是其重要原因之一。

（2）加剧了民间燃料的短缺与乱砍滥伐

秫秸是清代黄运地区最重要的燃料，如民国《茌平县志》中说，"（高粱）秸为农户主要燃料"⑤。民国《东平县志》中也说，"（高粱）秸高而坚实，为薪柴之上品，故种者颇多"⑥。清代内务府亦将秫秸作为重要燃料，如《大清会典则例》中规定，各厫炊煮豆米"折给秫秸，每秫秸十五斤，抵折煤七斤八两、炭十二两"⑦。乾隆时河臣白钟山说："秫秸为民间炊爨之需，采办亦殊不易。"⑧

秫秸被大量征用，民间燃料匮乏，人们的补救措施主要是打柴（俗称拾柴火）。沉重而持久的燃料压力下，黄运地区野外的柴薪越来越少。乾

----

① 当时秫秸的收获方式是连根拔起，根茬都不留下，这是黄运河工征收秫秸的标准造成的。因为完整的秫秸能够在水中维持两三年之久，没有根部的秸秆几个月就会烂掉，所以规定了秫秸"宜整、宜带须叶""忌切根"的标准（郑肇经：《河工学》，商务印书馆1950年版，第253页）。

② 农家收获的作物茎秆主要有麦秸、豆秸、秫秸和棉花秸，麦秸和豆秸主要用来喂养牲畜，棉花秸在鲁西北州县产量较多，秫秸是整个黄运地区最重要的燃料（《曲阜孔府档案》第11册，第7、48、84、97、101、125、130、152、161、187、254、259、266等页）。

③ 郭松义：《清代山东粮食产量的估算》，蔡美彪主编：《庆祝王钟翰先生八十寿辰学术论文集》，辽宁大学出版社1993年版，第176页。

④ 郭松义：《清代山东粮食产量的估算》，第177页。

⑤ 民国《茌平县志》卷9《实业志·物产》，《中国地方志集成·山东府县志辑》，凤凰出版社2004年影印本，第90册，第352页。

⑥ 民国《东平县志》卷4《物产》，《中国地方志集成·山东府县志辑》，凤凰出版社2004年影印本，第66册，第30页。

⑦ 乾隆《钦定大清会典则例》卷166《内务府》，《文渊阁四库全书》第625册，第365—366页。

⑧ 白钟山：《豫东宣防录》卷6《乾隆五年》，《中国水利志丛刊》，第14册，第795页。

隆《新泰县志》指出，当地"贫家但爬罗草根木叶给爨而已"①。乾隆时博平县知县朱坤记录下了他所看到的悲惨景象："何方林麓可樵苏？竟日提筐入得无？风雨昏黄举火晚，一般儿女泣寒无？"② 乾隆郯城知县王植看到民众饥寒难耐，不得不将屋顶上遮风挡雨的茅草抽下来烧火："屋上抽茅度冷灶，湖中扫糁慰饥喉。"③ 清末临清也有类似的凄惨景象，如陈恩普有诗言："粮尽柴绝将何求？上年草梗不获收，伐木扫叶供灶头。今炊无谷伐无木，家家束手空仰屋。层材换钱草作薪，到处遍是拆屋人。撤椽拆瓦恨无声，一声一泪难为情。呜呼，毁屋愁，愁欲绝，灶下烟是心头血。"④

　　光绪二十二年（1896），李希霍芬在山东丘陵看到的景象更让人痛心：山东西部"这种采伐更加极致，因为连灌木都没有了，就连草都快被挖光了。在山上经常可以看到三三两两的人辛苦地拿着一种特制的工具在打草。一片地方只用一天的时间就能挖得干干净净。……打柴火几乎是中国人对山林的唯一利用"⑤。宣统时日本林学博士本多静六同李希霍芬一样，对山东省极端的滥伐滥砍现象深感痛心："实际山东省山林状况，早已超过滥伐之程度。此等状态，无以名，名之曰悲惨状态而已。"他在演讲中阐释了林木植被破坏后的可怕后果："降雨之际，无枝叶以杀雨水落下之力，无落叶下草以阻雨水打击之害。故雨水直冲地面，溶解土壤，而成浊流。此等浊流，既无落叶藓苔以支持之、吸收之，一泻千里，即为暴流矣。其结果，山谷被削，山脚被冲，山崩石流，积于下方平地之河底，洪水既成，则田宅流失，人畜死伤之惨，亦随之而至矣。"⑥

---

　　① 乾隆《新泰县志》卷7，《中国地方志集成·山东府县志辑》，凤凰出版社2004年影印本，第66册，第359页。

　　② 嘉庆《东昌府志》卷48《艺文》，《中国地方志集成·山东府县志辑》，凤凰出版社2004年影印本，第88册，第214页。

　　③ 乾隆《郯城县志》卷11《艺文志》，《中国地方志集成·山东府县志辑》，凤凰出版社2004年影印本，第59册，第137页。

　　④ 民国《临清县志》卷16《艺文志》，《中国地方志集成·山东府县志辑》，凤凰出版社2004年影印本，第95册，第419页。

　　⑤ ［德］费迪南德·冯·李希霍芬：《李希霍芬中国旅行日记》，E.蒂森选编，李岩、王彦会译，华林甫、于景涛审校，商务印书馆2016年版，第129页。

　　⑥ ［日］本多静六演讲，谢申图译：《山东省林相变化与国运之消长》，《学艺（上海）》1910年第2卷第2期，第5—6页。

本多静六将这一现象上升到了国运盛衰的高度，并非危言耸听。滥砍滥伐、植被破坏、水土流失、河流泛滥、河工大兴、物料征派、燃料匮乏，又回到滥砍滥伐，这是一个结成因果链的恶性循环，在传统的社会和技术条件下，情况只会越来越糟糕，生态越来越恶化，生活越来越难以维继，进而引发社会的动荡。

三　秫秸征派对民众生活和社会变迁的影响

河工物料的征派不但对农业生产和农林生态产生了深远的影响，而且对民众日常生活和社会变迁也有着巨大的影响。

1. 燃料危机影响了民众的日常生活

燃料匮乏引起的民众无底线地打柴拾荒不但加剧了农林生态环境的恶化，而且耗费了民众大量的精力和财力。燃料是否充足，关系着人们能否安然过冬，对于穷人来说，这是生死攸关的事情，因此打柴拾荒是他们日常生活中的重要事项。黄运地区的穷苦民众（尤其是妇女儿童）不得不花费不计其数时间的来拾荒。[①] 这样的记载在史料中比比皆是。这种情况下，寒冬之际能够为穷人捐施柴薪的就成了远近闻名的良善之家，受到地方官员的褒奖和推广，民国《茌平县志》中就记载了很多这样的人物，如前王屯有名王大鹏者，"严冬积薪门外，任贫民取用……一方感其德，公送匾额曰'望重里门'"[②]；北庆庄人刘栋周"冬日积薪场中，屹如山，任贫丐取携……至今口碑宛在"[③]。不过以上善举虽温暖人心，对于广大黄运地区的普遍危机却没有什么帮助，对柴薪这一稀缺资源的抢夺，引起的更多是

---

①　彭慕兰在谈到这一问题时使用了"拾荒与生存"这样一个精准的小标题，他在书中还借此描述了围绕"抢棉"事件（一种拾荒行为，广泛发生于清末民国时期的鲁西地区，他们常常在棉花尚未成熟时就强行摘采）而形成的以"看青组织"和"棉业公会"为标志的民间秩序的重构，以及这些组织在政府精英引进和推广美棉种植中发挥的作用（［美］彭慕兰：《腹地的构建：华北内地的国家、社会和经济（1853—1937）》，马俊亚译，社会科学文献出版社2005年版，第52—115页）。

②　民国《茌平县志》卷3《人物志》，《中国地方志集成·山东府县志辑》，第90册，第155页。

③　民国《茌平县志》卷3《人物志》，《中国地方志集成·山东府县志辑》，第90册，第174页。

矛盾和冲突。①

　　有两个例子可以直观地展现物料采办的改变对民间生活的影响。雍正年间秫秸开始作为河工正料使用，当时每斤采购价格为六毫。仅仅数年之后，就显著地影响到了民间秫秸的价格波动。乾隆二年（1737），因豫、东二省秸料每斤六毫不敷采办，不得不降旨加至九毫。② 也就是民间秫秸价格上升了一半。两年后，河南被水歉收，官价每束（十斤）九厘又不敷采办，"著每束增银五厘，共成一分四厘之数"③。大水歉收，导致秫秸采购价又上涨了一半多。大型河工总是发生在河决大水之后，总会造成严重减产，导致民间秸料价格的上涨④，但这样的加恩却不常有。

　　道光元年（1821），淮扬一带河工开始使用碎石，两江总督孙玉庭和南河总督黎世序在奏折中揭示了民间对这一改变的反应："从前淮、扬一带民间炊爨，每柴一担，须钱七百余文，八口之家，釜下之需倍难于釜上。自河工兼用碎石以后，民间柴价几减一半，于小民生计裨益无穷。"⑤河工只是兼用了碎石，民间柴价就降低了一半，可见河工对民众日常生活影响之大。不过，对于黄运地区的大部分地方而言，获取石料是极为困难的，晚清乃至民国时期这里的河工仍以秸料为主。如道光武城县令厉秀芳诗云："田庐欲保情殊急，秸料当储计不讹。终岁须知闲不得，半勤稼事半防河。"⑥ 1920 年出版的《濮阳河上记》说："正料虽有柴芦、秫秸之别，大致各工均以秫秸为多，濮工（1915）所用正料亦属此项。"⑦ 因此，在相当长的时期里，购买柴薪始终是民众日常开支的重要部分，打柴拾荒始终是民众日常生活的重要事项。

---

① 参见［美］彭慕兰《腹地的构建：华北内地的国家、社会和经济（1853—1937）》，第68—92 页。

② 乾隆《钦定大清会典则例》卷 132《工部》，《文渊阁四库全书》，第 624 册，第 174 页。

③ 彭元瑞：《孚惠全书》卷 13《偏隅蠲缓二》，《续修四库全书》，上海古籍出版社 1996 年影印本，第 846 册，第 355 页。

④ 光绪《兴县续志》下卷《艺文》记载，嘉庆时开封"频年河患，秸苇腾踊，十束千钱"（《中国地方志集成·山西府县志辑》，凤凰出版社 2005 年影印本，第 23 册，第 237 页）。

⑤ 黎世序：《覆奏碎石坦坡情形疏》，贺长龄编，魏源编次，曹堉校勘：《皇朝经世文编》卷102《工政八·河防七》，《魏源全集》第 18 册，第 485—486 页。

⑥ 道光《武城县志续编》，卷 14《艺文下》，《中国地方志集成·山东府县志辑》，凤凰出版社 2004 年影印本，第 18 册，第 499 页。

⑦ 徐世光：《濮阳河上记·乙编》，1920 年铅印本，第 1 页。

2. 沉重的夫役负担激化了社会矛盾

黄河是悬挂在沿河百姓头顶的达摩克利斯之剑，它的泛滥冲决会给民众带来灭顶之灾。为了防止灾难的发生，沿河百姓不得不承受沉重的物料负担。一旦河患发生，物料需求更加繁剧，河工州县百姓就要遭受洪水、物料两重灾祸。派料之弊大致可以总结为以下四条。

（1）民众采买物料时的赔垫之弊

最初地方官承办秸秸，"不论远近，概行派拨，亦不发给现价"，后来设立河帑，"皆先给价，而后交料"①。但即便这样，百姓仍苦累不堪，如乾隆初年的丰县，"每年派办秸料、柳、桩，动数百万，虽给价银，不能得半，赔垫运送，苦累不堪"②。又如乾隆四十四年（1779），康基田辅佐阿桂治河，发现"频年河患，秸、苘腾踊，十束千钱，民不堪其苦"③。

尤其是当本地秸秸不足，只能到邻近州县购买的时候，常有囤积居奇的事情发生。如乾隆四、五年两年（1739、1740）定陶县被派料"一百六十余万"，因"秸秸、谷草灾后并无所出，士民只得往邻近地方购买交纳，按照所发之价，赔垫已至十倍"。④ 又如乾隆七年（1742）石林口决，发银"丰、砀诸邑通行采买"，丰县"勉力采办，奈本地产秸无几，不得已各携重资，赴萧、砀产秸地方采买，讵有秸之家，藉货居奇，增直数倍，其苦万状"⑤。这负担高于常规赋税钱粮，而且是在黄运洪灾之后民生疲敝之时，其影响之恶劣可想而知。

（2）民众长途运输之苦

对于秸秸这种体大笨重之物，长距离运输首选水路。如乾隆十八年（1753），河决铜山张家马路，朝廷令山东协助秸秸五百万斤，因陆运艰难，采取了让曹州、兖州二府将秸秸运抵单县黄冈河，"借徐州回空粮船

　　① 康基田：《河渠纪闻》卷21《乾隆七年》，《四库未收书辑刊》第1辑第29册，第512页。

　　② 光绪《丰县志》卷四《职官类下》，《中国地方志集成·江苏府县志辑》，江苏古籍出版社1991年影印本，第65册，第63页。

　　③ 蔡赓飏：《钦加三品卿衔予告太仆寺少卿衔康公传》，光绪《兴县续志》卷下《艺文》，《中国地方志集成·山西府县志辑》，凤凰出版社2005年影印本，第23册，第237页。

　　④ 民国《定陶县志》卷3《赋役志》，《中国地方志集成·山东府县志辑》，第85册，第345、346页。

　　⑤ 光绪《丰县志》卷5《赋役类》，《中国地方志集成·江苏府县志辑》，第65册，第84页。

载之，由黄河顺流下，直抵张工"① 的办法。又如乾隆四十七年（1782），河决青龙冈，工用繁剧，河南巡抚富勒浑即"飞饬沿河州县赶紧采办，无论多寡，由水路源源接续运工"②。

但大多数派料州县水路不通，只能顾觅大车、驱驴赶牛前往。康基田指出："秸本粗重之物，购易运难，秋末冬初，农工已毕，车牛空闲之时，取用便宜，若迟至春初，存秸已少，又当农事方兴，车牛不暇，购运价倍于前，更恐备不如数，至伏汛抢险用缺，近地秸料搜括已尽，往往采办在一二百里外，运值不啻十倍。"③ 如雍正二年（1724），河南巡抚石文焯奏称，河南每县一年办秋草数次，"每次不下三十万斤，除正项外，每运约赔五六百金，统计一年约赔数千金"④。乾隆初年，定陶、菏泽、城武三县协济曹单河工，"各县距工远者三四百里，近者一二百里"，"装载运送，道路泥泞，驴死牛毙不可数计"⑤。道光二十一年（1841），河决祥符张湾，派买鄢陵物料二百垛，鄢陵去河二百余里，"民间运送守候，其所费几倍于地丁银两，因之民情拂戾，骚怨大作"⑥。总之，秋秸的长距离运输不但大量地消耗民众钱财，而且占用秋收、春耕农作时间，损耗农业牲畜，对农业生产活动造成巨大危害。

（3）官府胥役收料时的刁难之弊

刁难纳税应役民众是古代官吏的通病，河厅官员自然不能幸免。官府对于纳户的刁难主要体现在以下三个方面。

其一，吏胥之滋扰。秸料的采派收购本由河厅官员负责，但河厅官员难以从工地脱身，且在地方上呼应不灵，"必假手于吏胥，由吏胥而及各

---

① 袁枚：《常德府知府吕君墓志铭》，民国《重修沭阳县志》卷11《金石志》，《中国地方志集成·江苏府县志辑》，江苏古籍出版社1991年影印本，第57册，第295页。

② 富勒浑：《奏报筹办大工料物折》，《宫中档乾隆朝奏折》，故宫博物院1986年影印本，第50辑，第833页。

③ 康基田：《河渠纪闻》卷19《雍正八年》，《四库未收书辑刊》第1辑第29册，第437页。

④ 吴筼孙：《豫河志》卷14《经费一》，《中华山水志丛刊·水志卷》第21册，第403页。

⑤ 民国《定陶县志》卷3《赋役志》，《中国地方志集成·山东府县志辑》第85册，第346页。

⑥ 民国《鄢陵县志》卷10《政治志》，《中国方志丛书·华北地方》，台北：成文出版社1976年影印本，第458册，第854页。

行户，层层剥蚀"①。这些吏胥下乡，多有滋扰之弊。如乾隆十八年（1753），堵塞张家马路决口，灵璧县办料三十余万束，其间县役乡保通同舞弊，千态万状："其买也，沿门科派，贫民无可措交，则如其所派之价出钱以免，此私橐之一饱也。……正额之内必缺其半，预括浮收之数以取盈，而未发之半价已先入己，此私橐之一饱也。……甚至奸棍串同书役，则掣取空票，而重价以售乡愚，豪富勾通乡保，则隐漏门牌，而苦累偏归穷户。"②

其二，河官之重秤。乾隆初年定陶、菏泽、城武三县协济曹、单河工，收料吏胥"舞弊欺生，闻有八九斤始算一斤者"③。乾隆八年（1743），尹继善条陈："胥吏阳奉阴违，扰累不免，甚至民有倍收之累，工无半到之秸。"④ 贡震《灵璧县河防志》中揭露了收料之弊："其收也，任意浮多，远地苦于运送，则计其所浮之直，出钱以偿，此私橐之又一饱也……正额之外尚余其半，剩有不尽之数，以折干而已，发之半价，仍复收回，此私橐之又一饱也。……查点其数目，或三四束，或五六束，牵算十斤，名为买，而实则夺，或六千余束，或七千余束，虚堆一万方，虽有而数则无，民既受其累矣，官亦何所利焉。"⑤ 乾隆四十八年（1783），济宁运河同知"承买抢修秸料十六万六千六百六十斤……共派三十二万余斤，并派及嘉祥等处"⑥。济宁举人孙扩图描述派秸之弊："始而力田之农与有田五亩以上之绅士，派每亩斤，既而采派并行，则肆工市贾皆在派中，兼之胥役奉行不善，交纳本色则十倍秤收，折纳钱文则一母十子。"⑦

①　雍正《河南通志》卷16《河防五》，《中国省志汇编》，华文书局1969年影印本，第14册《河南通志续通志》，第338页。

②　贡震：《灵璧县河防志·漕规》，《中国地方志集成·安徽府县志辑》，第30册，第106页。

③　民国《定陶县志》卷3《赋役志》，《中国地方志集成·山东府县志辑》，第85册，第346页。

④　康基田：《河渠纪闻》卷21《乾隆八年》，《四库未收书辑刊》，第1辑第29册，第523页。

⑤　贡震：《灵璧县河防志·漕规》，《中国地方志集成·安徽府县志辑》，第30册，第106页。

⑥　道光《济宁直隶州志》卷6《职官志七》，《中国地方志集成·山东府县志辑》，凤凰出版社2004年影印本，第76册，第445页。

⑦　孙扩图：《兰河院禁派秸料记》，道光《济宁直隶州志》卷9《艺文志》，《中国地方志集成·山东府县志辑》，第77册，第96页。

其三，纳户之守候。经历了吏胥滋扰浮派，千难万苦、长途跋涉到达河干，也不意味着苦差的结束。总有一些不法吏胥肆意索取贿赂，不贿赂就不收料，让纳户守候无期，走投无路。如《灵璧县河防志》中记："运料之户……黄河无亲故之投，露宿草间，风栖堤畔，交卸无日，守候须时，裹粮已空，负刍不继，哀怜甫告，呵叱立加，百姓之膏血已结，若辈之气焰方虐。"① 道光二十一年（1841），鄢陵协济祥符张湾决口，"（秸料）运送工次，吏役因而刁难，勒揸不收，以致守候时日，则民间受累无穷"②。

又如乾隆二十六年（1761），大学士刘统勋视察开封杨桥决口，发现决口"数十步外，秸料山积，牛马杂沓，系车辕下。人则或立或坐，或卧复起，皆戚戚聚语，甚有泣者"。刘统勋询问缘由，得知他们"来已数日，远者四五百里、二三百里不等，一车或四牛、或三两牛，或杂赢马，一日口食及牛马麸草，至减得银两许，日久费无所出，复不知何日得返，是以惧且泣耳"。刘统勋询问为何不交官，则杂曰："此岸秸料，某县丞主之，每车索使费赊，众无以应故也。"③ 虽然在刘统勋的严厉惩处下事情得以解决，但这只是著名清官的个案，对于别时别地的类似事件并无作用。比如洪亮吉在叙述完刘统勋的事迹后，接着写道，乾隆四十二年（1777）睢州河决，一个从荥泽来的"苍白叟"说道，"十日前，以两牛一车驮秸料抵工所，某主簿监收，索重费不得，遂痛抑秸料斤两，云止九十七斤，余不敢争也"④。

（4）包纳、包料之弊

因为外出采买、长途运输乃至交卸守候都要耗费民众大量时间，为了避免荒废农业，很多人不得不采用包纳的方式。所谓包纳，又称揽纳，是歇家的一种，是一种在赋役交接的各个环节提供住宿、餐饮、贸易、运输、贮存、代办、承包等服务的带有官方色彩的中间商。⑤ 包纳商的本质

---

① 贡震：《灵璧县河防志·漕规》，《中国地方志集成·安徽府县志辑》第30册，第106—107页。

② 民国《鄢陵县志》卷10《政治志》，《中国方志丛书·华北地方》，第458册，第854页。

③ 洪亮吉撰，刘德权点校：《洪亮吉集》第3册，中华书局2001年标点本，第1028—1029页。

④ 洪亮吉撰，刘德权点校：《洪亮吉集》第3册，第1029页。

⑤ 参见胡铁球《明清歇家研究》，上海古籍出版社2015年版，第14页。

是逐利，他们参与物料运解事务自然是为了利润，这些最后都要落在民众头上。

雍正时，河南布政使田文镜指责摊派州县办料时的弊端云："一经摊派，其中便有蠹役、土棍，或受贿那易，李代桃僵，或勒价包揽，以一科十。州、县虽甚廉明，亦不能逐细查察，而官民已不胜其累矣。"① 乾隆初年负责山东黄河事务的陈法对包纳之弊看得十分透彻，他说："民以牛车运料，远至百余里，人畜往返五六日，雨雪又倍。包料者为计其所费，而索市卖之值，是以一斤而有数斤之费也。"② 为什么不禁止包纳？陈法解释道："民有料少而道远，以包纳为便，今催料者必自封投柜，民反困也。"③ 乾隆三十年（1765），河南巡抚阿思哈奏称民众运料之累："零星小户，出料有限，离工路远，必须雇车装载，人工饭食，牲口喂养，沿途既须盘搅，到次又有守候，在在多费，旷业费时，遂有一等无藉之人，名曰料头，出而包办，讲定料价、运价并一切使费，层层折干，何啻数倍，而百姓较之自行运交，究为省便，以致甘心吃亏，虽向年俱经屡禁，无如别无良法，奸民得志，遂尔公行无忌。"④ 要之，纳户在与官府打交道过程中承受着诸多苦累与无奈，这就逼迫他们转向雇佣包纳以求省心省力，官府和包纳也乐于以此方式获得更多利润，甚至官商勾结，进一步压榨纳户钱粮。因此，即便能够明辨包纳之害也没有办法杜绝。

总之，在秸料征收的各个环节都存在有弊端，这对于河决后的受灾群黎而言无疑是雪上加霜。所以，征派秸料常常会激发社会矛盾，甚至引起变乱。如乾隆四十三年（1778）河决仪封，堵而复决，前后五次，历时二载，派料派到了600里外的东昌府恩县，往返大工长达千里，极难负担，出现了抗工之事。"左家庄劣监左都等，敢于抗违不办，且把持邻近之小村庄，一体抗阻，屡催不理。及该县亲往督催，左都等敢于抗违如故，甚至聚众夺犯伤差，并掷伤县令，不法已极，其情罪甚为可恶"⑤。左都等人

---

① 田文镜：《议州县河员分办工料疏》，贺长龄辑，魏源次，曹堉校勘：《皇朝经世文编》卷103《工政九·河防八》，《魏源全集》，第18册，第525页。

② 陈法：《定斋河工疏牍》，戴文年等主编《西南稀见丛书文献》，兰州大学出版社2003年影印本，第24卷，第122—123页。

③ 陈法：《定斋河工疏牍》，第122页。

④ 乾隆《续河南通志》卷23《河渠志·河防》，第2247页。

⑤ 《清高宗实录》卷1078，乾隆四十四年三月丙申条，第488页。

的下场是很悲惨的，"首犯左都、马现，实不可稍稽显戮，自应立时正法示众，以昭炯戒。其周普等各犯，并著三法司覆拟速奏。仍著该抚将未获之三犯，严挐务获，审明另结"。又如嘉庆二十四年（1819），河决武陟，需办秸料，催督甚急，"几有激变者"①。道光时，林县因连岁办理河工物料，"县北各村立连庄会以抗之，获免征"②。光绪时，夏邑因征办秸料"激成民变"③。

四　结语

环境史研究立足于人类与自然相互作用的界面，不仅考察人类作用下自然环境的变迁，而且考察自然环境影响和参与下的人类生存状态及其发展变化。黄运河工是明清政府的核心事务之一，是当时人们改造自然并且应付自然环境反作用的主要手段，是帝制晚期中国东部平原环境大改变的重要因素。物料是黄运河工的核心内容，能够充分体现人类社会与自然环境的互动影响。

河工物料的演变可以清晰地反映黄运地区自然植被的变化。在明代，自然植被以及官司栽种的柳株尚能满足河工所需。清初河工繁剧，物料已经频频告急，除柳株生不足用外，民间和山中杂木也被大量砍伐。柳株的匮乏迫使清廷不得不改用数量更多、更为易得但质量差得多的秫秸。高粱的广泛种植得益于黄运河工改造的区域水环境，而河工使用秫秸反过来又一步推动和巩固了高粱在农业生产结构中的种植比例。作为民间炊爨取暖、修缮房屋乃至秸秆还田的主要原料，秫秸的大量征用对民众生活和农业生产都产生了深远的影响。

这些影响可以归纳为相互联系的社会生活和自然环境（包括农业生态）两个方面。在社会生活方面，物料征派迫使民众花费大量的时间和金

---

① 何向东等校注：《新修潼川府志校注》卷22《人物志二》，巴蜀书社2007年版，第890页。

② 民国《林县志》卷16《大事表》，《中国方志丛书·华北地方》，台北：成文出版社1968年影印本，第110号，第1243页。

③ 张佩纶：《涧于集》，《清代诗文集汇编》，上海古籍出版社2010年影印本，第768册，第527页。

钱来买料运料，秋秸匮乏造成的燃料危机也迫使他们花费大量时间和金钱来收集或购买柴薪，增加了他们的生活成本；秸秆、肥料还田的减少以及水土流失导致的土壤肥力下降，则减少了他们的收入，使他们更加贫困，缺乏抗灾能力。在自然环境和农业生态方面，物料征派和燃料的匮乏加剧了民众对山林荒野植被的破坏，而由此造成的水土流失和山洪暴发愈加严重，不断威胁着黄运安全，形成新的河工。如此周而复始，恶性循环，可以说是明清时期黄运腹地农村不能像运河沿岸城镇那样发展起来，反而在不断地贫困，最终成为孕育暴动渊薮的一个重要原因。

运河水柜

——南四湖与北五湖的历史与变迁*

陈诗越　吴金甲**

运河在中国起源是相当久远的。《国语》说禹"疏川导滞，钟水丰物"和《论语》说禹"尽力乎沟洫"，都是论述大禹因势利导，疏导沟渠，变害为利的事迹，这可能是古运河开通的源头。我国有确切文献记载的最早运河为春秋时期的邗沟，是公元前 486 年吴王夫差为北上争霸而修建。不过我国最著名的运河乃是沟通南北的隋唐大运河与京杭大运河。由于历史时期北方地形、气候等原因，需以运河沿岸洼地、湖泊蓄水来调节运河水源，即为运河水柜。其中，京杭大运河上较为重要的水柜当属山东省的北五湖（安山湖、南旺湖、蜀山湖、马踏湖、马场湖）与南四湖。

一　运河水柜作用与功能

"柜者，蓄也，湖之别名也。"① 水柜一词最早出现于北宋元丰二年（1079），是为修建清汴工程，引洛水作为水源补给汴水所设立的小型水库。《明史·河渠志》记载，永乐年间工部尚书宋礼疏浚会通河时，采纳民间水利专家白英的建议，运用地势地貌，修建水柜船闸，解决漕运问

＊　本文原刊于《聊城大学学报》（社会科学版）2014 年第 4 期。

＊＊　陈诗越（1969—　），男，江苏南京人，自然地理学博士，曾任聊城大学运河学研究院教授，现为江苏师范大学教授，主要研究方向为湖泊沉积与环境演化；吴金甲（1987—　），男，山东嘉祥人，自然地理学博士，聊城大学运河学研究院讲师，主要研究方向为气候变化政策与环境管理。

① 谢肇淛：《北河纪》卷 4《河防纪》，文渊阁四库全书本。

题，保障运河不会因缺水不畅、涨水溃堤。①

为了保障这条始掘于春秋时期，成于隋，繁于唐宋，取直于元，疏通于明清的大运河的畅通，历代统治者无不竭尽所能，倾力而为。其中最为重要的工程莫过于设立运河水柜，削峰补枯以保障运河水源。尤其在运河山东段，分布于济宁南北的湖泊群对保障运河畅通意义重大。但是水柜的变迁却不仅影响着运河的畅通，也影响着沿岸的生态环境及社会经济的变迁。

二　北五湖水柜的设立及其消亡

（一）北五湖水柜的设立

北五湖指山东境内的安山湖（今东平湖前身）、马踏湖、南旺湖、蜀山湖和马场湖，因与南四湖相对应而得名。北五湖可能源于古代大野泽，从五代一直到宋朝都是梁山泊的一部分。《水经注》记载"今枯渠注巨泽，巨泽北则清口，清水与汶会也。桑钦曰：汶水出太山，莱芜县西南入济是也"②。描述了古大野泽的水源清水与汶水及相关的地理位置。金元两代，黄河泛滥频繁，梁山泊一带受其影响最为严重。③ 据《宋史》记载：南宋高宗建炎二年（1128）冬，"杜充决黄河，自泗入淮，以阻金兵"④。由此导致黄河南夺淮河河道入海，黄河也进入了一个不稳定时期。

黄河改道淤塞了大野泽，泥沙填满了湖泊、沼泽，既带来了滔滔洪水，也淤积了良田和沃土。⑤ 此时的大野泽淤积后，形成了许多小的河泽，北五湖大致形成于这一时段。据《行水金鉴》记载："五代时河南徙汇于此，连南旺、蜀山诸湖，方数百里，元末为河所决，河徙为平陆。"⑥ 据此

---

① 《明史》卷85《河渠三》，中华书局1974年标点本，第2080页。

② 郦道元著，史念林等注：《水经注 上》卷8，华夏出版社2006年版，第163页。

③ 山东省黄河位山工程局东平湖志编纂委员会编：《东平湖志》，山东大学出版社1993年版，第4—5页。

④ 《宋史》卷25《高宗本纪二》，第459页。

⑤ 章人骏：《华北平原地貌演变和黄河改道与泛滥的根源》，《华南地质与矿产》2000年第4期。

⑥ 转引自山东省黄河位山工程局东平湖志编纂委员会编《东平湖志》，山东大学出版社1993年版，第5页。

可知，北五湖在元末作为梁山泊余脉，面积还相当可观。

（二）北五湖的变迁

东平湖又称安山湖，是北五湖唯一现存的湖泊，可能属于大野泽、梁山泊的遗迹，直到清朝咸丰年间才定名为东平湖。东平湖在唐代已经成形，且规模较大，被誉为"小洞庭"[①]。元朝开挖会通河"引汶绝济"，在梁山小安山下蓄积成湖，是为安山湖。明洪武年间，黄河决口"漫入东平之安山，淤安山湖"，到永乐年间，宋礼疏浚运河，修筑安山湖堤，重启安山水柜。到明朝中叶，由于律法废弛、河道淤塞，占湖为田的现象逐渐普遍，但湖区尚存。直到清末，海运发展，运河淤塞，由禁垦转为放任佃民开垦。民国时期，国内战乱频繁、政治腐败，无力也无意于修缮运河。直到中华人民共和国成立后确定东平湖为黄河泄洪区，在政府的主导下修复旧临黄堤、运东堤，至 2003 年东平湖的常年水面约为 124 平方公里。[②]

马踏湖、南旺湖、蜀山湖和马场湖四湖有可能均是南旺湖派生而来，在此统一论述演化历史。南旺湖是明永乐年间发挥水柜作用的[③]，应是因地名而来：《禹贡锥指》"湖即巨野泽之东端，萦回百余里。宋时与梁山泺合而为一，亦名张泽泺"，即指南旺湖又称"张泽泺"，也有文献称其为"茂都淀"。元至元年间，开挖济州河漕运，将南旺湖一分为二，运西称南旺湖，运东称南旺东湖；明永乐年间引汶水分水济运，再次将南旺湖一分为二，小汶河北为马踏湖，以南为蜀山湖，运河西岸称南旺湖，并修筑了南旺湖堤。此后，因蜀山湖库容较小，在蜀山湖南沿运河洼地蓄水，逐渐形成一个新湖——马场湖，因湖区水草肥美养马得名。因马踏湖、南旺湖、蜀山位于分水口，位置较为重要，因而成为运河放水济运的重要水柜。

（三）北五湖的消亡

明初所设"四大水柜"——南旺湖、安山湖、马场湖、昭阳湖，其中

---

① 喻宗仁、窦素珍、赵培才、刘桂成、张成、裴放：《山东东平湖的变迁与黄河改道的关系》，《古地理学报》2004 年第 4 期。

② 山东省东平县志编纂委员会编：《东平县志》，中华书局 2006 年版，第 127 页。

③ 李凤荣：《垦湖与禁湖：运河水柜南旺湖的历史考察》，《聊城大学学报》（社会科学版）2011 年第 2 期。

三个在北五湖。然而，北五湖的水柜与湖田开发却是在极其矛盾的斗争中发展着。① 明朝前期，据邱濬《大学衍义补》记载"盗掘有罪，占种有禁"。此时区域的人地矛盾尚未突出，占湖为地的现象也由于法规的切实执行而较为少见。此后一段时期，法律废弛，河道淤塞，占湖为田的现象逐渐普遍。为保障运河畅通，明宪宗下令重新疏浚河道，复旧规以保水柜，使得"数十年大为运河道利"②。到清初，人口政策的改变使得区域人口剧增，人地矛盾突出，虽然政府严令围湖造田，并设界碑，清理湖面，但由于当地豪强大户勾结官府吞据，致使律法执行困难，逐渐废弛。直到清朝晚期，废运河而改海运。据同治年间史料记载，"泉水日减一日，湖水即日消一日"③，生动描述了当时水柜萎缩的状况。清咸丰年间黄河改道、运河淤塞，至光绪二十六年（1900）漕运停罢，使得北五湖作为水柜的功能逐渐消失并最终走向消亡，诸湖逐渐被开垦淤塞为耕地。中华人民共和国成立初尚有湖面 12 万亩左右，至 20 世纪 60 年代，恰逢自然灾害，国家号召大搞农田水利建设，大片湖区被辟为农田。

运河水柜是伴随漕运的兴衰而发展的，漕运通而水柜兴，漕运衰而水柜消。清末黄河泛滥淤塞、人为围垦使得北五湖中除蜀山湖外，都变为了低洼的平地。④ 晚清曾国藩"登庙后高坡一望，乃知南旺湖现已涸成平陆，车马可行。向来恃有一湖，此段全不没守，今乃知其疏矣"⑤，描述了南旺湖水柜的消退状况，也流露出淡淡伤怀。时至今日，仅剩东平湖，在诉说着人与湖泊间的故事。气候干旱固然是北五湖消失的一个重要因素之一，但是人口不断地增加，又采用粗糙的耕作方式，干旱年份水退人进才是湖面萎缩的根本原因。

① 卞师军、郭孟良：《试析明清运河之水柜湖田的成因》，《齐鲁学刊》1990 年第 6 期。

② 潘季驯：《河防一览》卷 14，文渊阁四库全书本。

③ 乔松年：《请复设泉河通判疏》，载盛康辑《皇朝经世文续编》卷 112《工政九·运河下》，上海久敬斋光绪二十七年铅印本，第 6424 页。

④ 于祺：《北五湖干涸灭绝的警示》，《水与社会》2007 年第 17 期。

⑤ 曾国藩：《曾国藩全集·日记》第 3 卷，河北人民出版社 2016 年版，第 344 页。

三 南四湖水柜的建立及其变迁

明成祖朱棣迁都北京后，以元运河为基础，重新疏浚会通河。就在此时，北五湖和南四湖作为运河水柜而设立，以此来调节运河水量，设立船闸，保证漕运的畅通。明清时期是运河水柜南四湖和北五湖重要发展阶段。[①] 湖群的变迁对运河两岸的社会经济产生了重要的影响，湖区的人类活动也对湖泊的发展产生了巨大的反作用。明清时期黄河变迁，人为开挖运河、修筑湖堤、围湖造田等活动，使得北五湖最终消失，南四湖也发生了相应的变迁。

（一）南四湖水柜的形成

南四湖，地处山东省西南部，包括南阳、独山、昭阳、微山四湖组成，沿大运河呈带状分布，蓄水量为 16.08×10^8 立方米。[②] 北起济宁市南的小口门，南至徐州市北的蔺家坝，南北长约 110 千米。四湖实为一体，是梁山泊消失后渐成的新湖。有专家认为其是由于地质作用而形成，亦有主张其是由于黄河泛滥而成[③]，张祖陆等即认为其应属于浅水型河流堰塞湖。[④] 北宋末的黄河决口，在对北五湖塑造的同时，南四湖也因洪水潴留而开始形成。

自金、元以后，黄河长期夺泗入淮，泗水下游河道即开始壅塞。最初黄河决于阳武，在梁山滦（泊）分流南北，此后的明弘治八年（1495）刘大夏筑断黄陵岗，大修太行堤，使得黄河北向水流断绝，全部沿汴水夺泗入淮。河床的不断淤高，使得徐州以上的泗水下泄不畅，便在鲁西南凹陷带的洼地上，行成一片狭长湖带，即南四湖。明初，宋礼采用"柜以蓄

---

① 马同军：《明清时期山东运河沿线湖泊变迁及相关历史地理问题研究》，硕士学位论文，暨南大学，2012 年。

② 王苏民、窦鸿深：《中国湖泊志》，科学出版社 1998 年版，第 301 页。

③ 郭永胜：《历史上山东湖泊的变迁》，《海洋湖沼通报》1990 年第 3 期。

④ 张祖陆、梁春玲、管延波：《南四湖湖泊湿地生态健康评价》，《中国人口·资源与环境》2008 年第 1 期。

泉，门以泄涨"① 之法，开创了水柜解决运河漕运的办法。昭阳湖在沛县东八里，为明初"四大水柜"之一。其北部的南阳、独山两湖于明中期开南阳新河后形成，水系多集中于南阳湖四周，南部的微山湖形成最晚。据武同举《淮系年表》记载，同治年间黄河大决于东明，济宁至江苏宿迁段运河堤防冲溃，南阳、昭阳、独山、微山四湖才完全连成一片，形成今日完整的"南四湖"。

（二）南四湖水柜的变迁

南四湖是会通河沿线的低洼处积水成湖，叠加黄河和东部泰沂山区河流输入大量泥沙，湖底不断抬高，又受黄河河床淤高的阻拦，宣泄不畅，再加上明清以来来水量不断增加，遂使湖区向四周扩展，淹没了大片良田，变陆为湖，以微山湖最为典型。在北方水柜禁与肯的矛盾运动时，南四湖也有着相同的遭遇：为保障昭阳湖水柜的作用"禁民耕种湖地，移文立碑县治湖地"②。由于南四湖地势北高南低，黄河改道及诸流汇集，明清时期为保障漕运通畅所开展的工程，也对南四湖的扩张起到一定的作用，此外，也有研究人员认为鲁西平原凹陷的地质条件及其不断沉降对南四湖的扩大具有一定的贡献。③

四 水柜的消亡与变迁对运河通航的影响

水柜是运河畅通的重要保障，北五湖因运河阻塞、人为开垦而淤塞、消亡。时至今日，"千里赖通波"的大运河仅在济宁以南可以通航，这与北五湖的消亡有密切的关系。失去水柜补给作用的运河也成了无源之水，自然会不断淤塞、断航。作为运河水柜的南四湖本身即可作为运河航道，其间虽然因自然和人为因素有所间断，但其保障江南运河通达济宁的作用是有目共睹的。

历史时期，每当水柜被淤塞、开垦，运河即会进入阻塞期，其中虽有

---

① 《明史》卷85《河渠三》，第2080页。
② 嘉靖《沛县志》卷1《舆地治·山川》，第4页。
③ 王迎昕：《北方明珠南四湖形成探讨》，《现代企业教育》2010年第8期。

气候的影响，但人为因素无疑是主要的。现今南水北调工程及大运河文化带建设使得运河焕发青春，也为南四湖的发展提供了新的机遇期，为使人与湖泊和谐共存，使南四湖作为运河水柜和航道，发挥更加重要的作用，应综合考虑各方因素，加强管理，严禁垦殖湖泊湿地。此外，为了保障南水北调东线工程的长久性，北五湖是否应该重新启用也被提上科研论证的日程。

明清山东运河区域社会变迁的
历史趋势及特点[*]

王 云[**]

　　山东运河区域，是指明清时期京杭大运河在山东境内流经的州县及辐射州县，大体包括今枣庄、济宁、聊城三市及德州市的德城、陵县、武城、夏津、平原，菏泽东部的单县、巨野、郓城，泰安市的东平，济南的平阴等近 40 个县市。土地面积约占全省的 25%，涵盖了鲁西平原的绝大部分。这一区域在明清两代由于运河的兴衰经历了非常剧烈的社会变迁。会通河开通以前，其社会经济发展水平与整个华北地区基本相当；进入明清，由于京杭运河的穿境而过及漕运的兴盛，带动了经济迅速崛起，使这一区域成为山东省乃至中国北方的经济文化发达地区。这种领先的地位大约持续了 400 年，直到清后期，随着国运日下，黄河北徙冲毁运河和漕粮折征，山东运河区域的经济发展渐趋停滞，其政治、经济、文化地位迅速跌落。可以说，山东运河区域是中国封建社会晚期黄河流域农耕社会向近代社会转型的一个典型。

---

　　[*] 本文原刊于《东岳论丛》2008 年第 3 期。

　　[**] 王云（1957— ），女，山东聊城人，历史学博士，聊城大学运河学研究院教授，主要研究方向为明清经济史、运河文化史。

一　山东运河区域社会变迁的历史趋势

　　明清时期的山东运河区域经历了一个从荒僻到繁荣，又渐渐沉寂的类似马鞍形的社会变迁过程。具体而言，这个过程可分为三个阶段：明初至正德年间为第一阶段；嘉靖至清嘉庆年间为第二阶段；道光至清朝灭亡为第三阶段。

　　第一阶段：从荒僻到经济复苏。

　　山东运河区域位于华北平原的东部，属于黄河下游地区，在历史上是开发较早的农业区。直到隋唐时期，这一带都是经济发达、文化昌盛之区，特别是与山东省东部比较，鲁西一带平原辽阔，人口稠密，农业手工业发达，是古代山东的经济、文化重心之所在。然而这样的状况至唐代以后便发生了变化。五代、宋、元时期，北方长期处于游牧民族政权的统治之下，兵燹频仍，瘟疫流行与水灾旱荒肆虐，使华北平原的经济发展基本处于停滞状态，土地荒芜，人口凋零，城镇衰落，商人裹足。鲁西地区也无可避免地陷入了贫困化、边缘化的窘境。明朝建立时，鲁西一带成了全国屈指可数的经济残破最严重的地区之一。据万历《东昌府志》载，洪武二十四年（1391）东昌府18个州县的民户只有6870户，平均每个州县380多户，抵不上当时江南的一个普通市镇。可见明朝开国之初，这一带几乎已沦落为中国政治与经济的边缘区。

　　明初，朱元璋为了医治战争创伤，恢复生产，采取了鼓励垦荒、移民屯垦等一系列措施。鲁西地区就是重要的移民填实区。在《明实录》中有洪武、永乐两朝数次向鲁西地区移民的记载①，据当代学者考证，明初全

---

　　①　如洪武八年迁山西潞州、山东即墨民3300户于临清。（康熙《临清州志》卷2《赋役》）洪武二十一年迁山西泽、潞州民无田者往彰德、真定、临清等处闲旷之地置屯耕种。（《明太祖实录》卷193，洪武二十一年八月癸丑）洪武二十二年徙山西沁州民于北平、山东、河南旷土耕种，（《明太祖实录》卷197，洪武二十二年九月甲戌）这里的山东概指鲁西的东昌府一带。洪武二十五年徙山东胶州等处民于博平（康熙《博平县志》卷1）。又徙登、莱二府贫民无恒产者5635户，就耕于东昌（《明太祖实录》卷216，洪武二十五年二月庚辰）。洪武二十八年以东昌"地之荒闲者尚多"，徙青、兖、济南、登、莱五府民1051户，4466口就"东昌开垦闲田"（《明太祖实录》卷236，洪武二十八年春正月戊辰）。

国移入人口最多的是山东、河南、北平三地，而鲁西则是山东移民最多的地区。① 大规模的移民屯垦，使鲁西经济渐渐有了恢复，但继之而至的是长达四年的"靖难之役"，鲁西又成主要战场。这场战争双方投入的兵力总数达百万，在德州、东昌一带几进几出，争夺异常激烈，造成居民大量死亡，经济荒凉的局面重又加剧，百姓流徙，商贾不通。永乐元年（1403）春季，临清税课局只收到商税 29 贯 500 文，明成祖不得不下令暂缓收税。② 永乐九年（1411）重新兴工开挖会通河，为使新开山东运河两岸有足够的民力民财供役费，明成祖继承了太祖的移民政策，数次迁徙青、莱、登三府民丁屯垦于东昌、兖州等地。③ 经过明太祖到明太宗大约 50 年的移民填实运动，鲁西一带渐渐恢复了生机。而永乐九年开始重新疏浚大运河，给这一区域带来了社会全面复苏的机遇和活力。到宣德、正统年间，在运河安流通畅了数十年后，鲁西沿运州县基本走出边缘化的窘境，开始了繁荣期的到来。

第二阶段：从经济复苏到全面繁荣。

首先，京杭运河贯通推动了运河区域农业生产结构的调整，带动了各种经济作物的大面积种植。东昌、兖州二府境内大部属黄河冲积平原，土质砂壤，地势平坦，河泊纵横，日照充足，宜于植棉。这种地理条件使运河两岸成为明清两代山东主要的植棉区。其中，地处山东运河北段的东昌府由于植棉历史早，量高、质好而成为全国著名的产棉中心。嘉靖《山东通志》称："棉花，六府皆有之，东昌尤多。"④ 又载：全国额定课赋棉花绒 246559 斤，仅山东省就征收 5245 斤，占 21% 强；其中 93% 征自东昌、兖州、济南三府。三府之中，东昌又占 30% 以上。明朝嘉、万年间，山东沿运州县以向江南销售大量的棉花为主而获得了加入全国性市场流通的机遇。清朝康熙至乾隆年间，鲁西居民用从江南人那里学到的棉纺技术，将棉花加工成棉布销售往西北、东北边塞及京津、胶东一带，从江南棉布市场的附属性原料产地一跃而成为向西北、东北大量出售棉布商品的产地。在全国性的商品流通格局中，鲁西地区提高了自己的地位，从被动卷入市

---

①　林金树：《台湾学者徐泓论明初的人口移徙》，《中国史研究动态》1987 年第 6 期。

②　《明太宗实录》卷 20 下，永乐元年五月甲午。

③　《明太宗实录》卷 116，永乐九年六月甲辰。

④　嘉靖《山东通志》卷 8《特产》；嘉靖《永春县志》卷 4《杂赋家桑·绢布》。

场到主动参与竞争，这正是山东运河区域经济实力增长、商品经济繁荣的重要体现。

同棉花业生产迅速发展一样，明朝中后期，山东运河区域的烟草生产、果品栽培等，也以大运河的南北通达、易于转售而获得了长足发展。兖州府及济宁周围是山东烟草生产加工的中心，在济宁"环城四五里皆种烟草，制卖者贩郡邑，皆遍富积巨万"①。至清代后期，山东运河区域的烟草种植与经营发展更为显著，滋阳、宁阳、汶上、邹县、东阿、金乡等地的烟草每年总产量均在百万斤以上。而济宁州的烟草产量每年更达数百万斤，并伴随着出现了大规模的烟草加工业。果品生产与经营在山东运河区域也占有重要地位，鲁西一带本来就盛产梨枣，运河开通后，由于销售市场的拓展，更给传统果品生产以极大的带动。在东昌府的恩县，自明成化年间起，农民便在马颊河两岸广栽枣梨、桃李诸果树，由此形成"凡五六十里"的大面积果树林带，当地农家依靠"枣梨桃李之属，获利颇多"②。在堂邑、博平两县，由于种植梨枣普遍，"堂梨博枣"传为一郡之谣，言其"产多耳"③。阳谷县地近东昌府治，梨枣栽植颇为兴盛。东昌一带的梨枣除供应本地外，大部分都随回空漕船销往江南，"每岁以梨枣附客江南"，以换取银两作为日用及交纳赋税。④ 其他如曹州的柿饼，武城的桃子，冠县的鸭梨，峄县的柿、楂、杏、桃等，也都经由大运河销往南北。据许檀教授的考察研究，清代乾隆年间，山东梨枣等干鲜果品，经运河仅运往江南者，每年就达 5000 万—6000 万斤之多。⑤

总之，从明代中后期开始，山东运河区域经济作物的商品化生产，使城乡商品贸易日渐活跃，农副产品加工获得普及与发展，这对于鲁西经济的繁荣具有极为重要的意义——它以土地产品为原料，通过再一次的劳动投入获得一个附加值，从而为经济的发展拓宽了道路，增加了财源；同时还吸纳了大量城乡人口就业，由此带动了运河沿岸社会经济与文化的全方位发展与繁荣，缩小了同江南发达地区的距离，使鲁西平原从欠发达地区

---

① 王培荀撰，蒲泽校点：《乡园忆旧录》卷 8，齐鲁书社 1993 年标点本，第 455 页。
② 乾隆《平原县志》卷 3《食货志·特产》，引明《恩县志》文。
③ 《古今图书集成·职方典》卷 219《博物汇编·草木典》。
④ 康熙《唐邑县志》卷 16《人物》。
⑤ 参见许檀《明清时期山东商品经济的发展》，中国社会科学出版社 1998 年版，第 335、356 页。

跃入了较发达地区的行列。

其次，明清时期京杭运河在山东的贯通，促进了沿岸城市的发展繁荣，使山东运河区域形成了一条明显的城镇带，这个城镇带在嘉万至康乾时达到鼎盛。济宁、临清、聊城、德州都借运河之力而入全国三十几个大城市之列，鼎盛一时。这些城市，原先都是州县治所，是一个区域的政治中心。永乐以后由于运河管理维护及转运漕粮的需要，又设置卫所、增建仓廒乃至创设税关，军事地位和经济地位大幅度提升。明朝中期以后，这些城市无一不规模大扩，人口大增，客货汇集，商贸繁荣，使它们从以前传统的政治型城市发展成政治、经济、军事并重的综合性大城市。张秋、南阳、谷亭、夏镇、台庄、阿城等跨运河而起的中小城镇，尽管在建置上只是县级行政单位下辖的镇，但由于它们都是山东运河沿岸的水陆码头，担负着巨大的漕粮转输、客物卸运等经济功能，地位十分显要，因而这些城镇十分繁荣，往往都成为州县治所外的又一个经济中心，有些镇甚至在镇城规模、市场功能及人口密集等方面超过了州城、县城。① 其他如济宁的鲁桥镇、安居镇、长沟集都在运河贯通后变得"居民稠密，商贾辐辏"②；东阿县除铜城、新桥外，还有南谷镇、杨刘镇、利仁镇、关山镇、王古店镇③；德州陵县之神头镇、凤凰镇、滋博店、柏林店、盘河店④；清平县之魏家湾、新集、康家庄⑤；聊城县之李海务、周家店，冠县之贾镇、清水堡，阳谷之七级镇，武城之四女寺等。这些市镇，有的是因运河贯通而新兴，有的则是在宋元时期旧镇基础上枯木逢春般的重新振兴。正是由于它们的存在和繁荣，才使山东运河两岸及其腹地州县的大量农副产品得以汇集，通过大运河贩往南北各地，由各地贩来的各种日用品也通过运河输往这些市镇，然后再输往腹地的广大城乡。这些遍布城乡的商业性市镇，使山东运河区域实现了与其他经济区的广泛交流，从而更加快了本地社会经济变迁和文化变迁的步伐。

---

① 如张秋镇，在万历三年扩建，城周8里，"商贾刀泉贸易肩相摩，万井乐业，四民衣食于阛阓者不啻外府"（于慎行《安平镇志序》）。当时张秋镇归属的东阿县城城周4里多，泰安州城城周也只有7里多（见道光《东阿县志》卷5，乾隆《泰安府志》卷6）。

② 乾隆《济宁直隶州志》卷2《里社》。

③ 道光《东阿县志》卷2《镇集》。

④ 道光《陵县志》卷5《集市》。

⑤ 宣统《清平县志》卷5《食货志》。

嘉万至康乾时期的 300 多年间，是山东运河城镇蓬勃兴起、繁荣鼎盛的黄金时期，众多城镇的涌现，极大地促进了山东运河区域农村城镇化的历史进程，变革着旧的社会关系，孕育着新的生产关系的萌芽，使山东运河区域在明清社会的变革中，彻底摆脱了五代、宋元时期边缘化、落后化的窘境，进入了时代的前列。

再次，明后期至清前期，山东运河区域的商品经济的繁荣达到了历史上的顶峰。嘉靖、万历年间，山东运河区域不仅崛起了一大批新兴的工商业城市，而且形成了城乡结合的市场网络体系，吸引了全国各地客商前来转贩贸易。江南商人转售棉花绸缎，西北商人贩运粮食布帛，闽广商人以糖茶、纸张打开山东市场，江西商人用磁器换取麦豆，辽东商人的人参、貂皮畅销鲁西，胶东商人的鱼盐海味进入内地城乡……来自五湖四海的各大商帮，在山东运河区域，或开庄设店，或长途贩运，或建立会馆，或组成商行，将鲁西平原带入了五彩缤纷的商品经济的海洋。

明朝弘治年间，临清的商业规模已闻名天下。朝鲜使臣崔溥在弘治元年从宁波经运河北上京师，路过临清时，在日记中写道：临清"在京师之要冲。商贾辐辏之地。其城中及城外数十里间，楼台之密，市肆之盛，货财之富，船舶之集，虽不及苏杭，亦甲于山东，名于天下矣"①。临清商业兴盛的时期，汇集的店铺至少在五六百家以上，如果再加上各种类型的作坊店铺、市集商贩，临清的大小商业店铺当超过千家。② 临清凭借着运河和卫河交通优势，南抵苏杭，西及汴梁，再加上纵横相连的其他水陆交通线，使临清的商品运销所及除山东本省外，遍及京师、直隶，河南、山西、陕西、甘肃、湖广、广东、江西、福建、安徽、江苏、浙江以及关外的广大地区，甚至运及西藏、内蒙古等边疆地区。

聊城从明初即为东昌府治，本来是典型的政治型城市。从明朝中期起，该城以地濒漕河而成为"商贩所聚"之处，经济功能得到迅速发展。清代乾隆至道光年间，聊城的商业经济达到鼎盛。"四方商贾云集者不可胜数。"③ 从至今保存完好的聊城山陕会馆的各块碑记来看，聊城的商业规模在清后期的鲁西一带是首屈一指的。据嘉庆二十二年（1817）"山陕会

---

① 葛振家：《崔溥〈漂海录〉译注》，线装书局 2002 年版，第 134 页。
② 参见许檀《明清时期山东商品经济的发展》，中国社会科学出版社 1998 年版，第 163 页。
③ 聊城山陕会馆藏嘉庆十四年《春秋阁碑文》。

馆接拨厘头碑"的碑阴，刻有捐资的363家商号，道光二十五年（1845）
"重修山陕会馆戏台山门钟鼓亭记碑"的碑阴，镌刻抽厘的366家商号。
同治四年（1865）"山陕会馆众商续拨厘金碑记"的碑阴刊刻的捐资商号
则多达953家。而据记载，聊城商人中"西商十居七八"，以此推算，全
城的商业店铺应在1300家左右。清后期聊城的商业贸易范围已遍及整个
华北地区，据嘉庆年间的三块碑文记载，在几次修建会馆的活动中，分布
在河南、河北、山西、陕西各地的山陕商人商号都参与了捐资，这些商号
的经营地主要有朱镇、周口、汴城、郑口、泊头、深州、东明、天津、归
化、榆次、张家口、太谷、介休，以及山东的汶水、夏口、濮州、蒲台、
梁家浅、阿城、靳口、长清等。可以说，在清朝后期，由层关叠征和战乱
导致临清商品经济迅速衰落的同时，商人们大多移镇东昌府城聊城，使其
继临清之后担当了山东运河北段商业枢纽城市的重任。

他如济宁、张秋、德州等商业城市的繁荣无一不是在明后期至清前期
达到鼎盛，尽管明清易代之际的战争使山东运河区域的商业繁荣遭受过打
击，但因其基本的社会环境、地理条件没有遭到太大损坏，故经过清初几
十年的恢复，大多又重新崛起。从宏观上观察可以发现：临清、张秋的鼎
盛期是在明朝嘉靖至万历年间，而聊城、济宁、德州的商业经过明清易代
后，在乾隆至道光年间达到高峰。这种此起彼伏的商业中心变迁格局，使
山东运河区域在明清两朝数百年间，保持了对外商业交往的活力，一直是
全国性商业市场中的一个不可或缺的重要组成部分。

最后，在会通河畅通的300多年间，山东运河区域像一块吸力极大的
磁铁，吸引四面八方的人口大量聚集在沿运城镇，彻底改变了元末明初这
一带人烟荒芜、荆棘遍野的状况，使这里成为全国人口密集度最高的地区
之一。

明朝初年，运河流经的东昌、兖州二府及德州一带，经过数十年的移
民运动，初步改变了以往残破荒凉的局面。而永乐后会通河的畅通，使这
一带社会经济逐渐恢复，人口也迅速增长起来，到嘉靖年间，曾一度作为
大量移民输出地的山东东部的青州、登州、莱州三府，其人口总和已明显
低于西部东昌、兖州、济南三府的人口之和，显示出山东的人口重心已随
着西部经济重心地位的恢复而由东向西的转移趋势（参见表1）。

表1 嘉靖五年（1526）山东各府人口统计表

府别	面积 （平方公里）	人口数	人口密度 （人/平方公里）
济南府	28700	2102935	73.27
兖州府	35500	1702376	49.95
东昌府	11300	578804	51.22
青州府	26000	1689946	64.99
莱州府	14500	881371	60.78
登州府	16900	447142	26.46
合计	132900	7402574	（平均）55.72

资料来源：此表据许檀教授《明清时期山东商品经济发展》之表2—1改制而成。

明代中叶山东全省人口共740余万，而东部的三个府已有438万多口，占到全省总人数的59%。据当代学者研究，明朝后期运河区域的东昌、兖州二府是人口增长最快的地区，东昌府的人口增长率为8‰，全省的平均人口增长率为4‰，东昌的人口增长速度为全省平均数的两倍；兖州府在洪武年间编862里，明中期后增加至1110里，多出了248里，占同时期全省增加372里的三分之二，可见其人口增长也超过了一般水平。[①] 正因如此，东、兖二府从明初人口最低而迅速接近全省平均分布密度。经过明中期以前150多年间的生殖繁衍，山东西部的运河区域已经人烟稠密，户口殷实。以至于嘉靖年间的《山东通志》撰者称："济南、东兖颇称殷庶。而登莱二郡，沂济以南，土旷人稀，一望尚多荒落。"此后，随着经济的继续发展，到清代中叶，山东人口增长至2890多万，道光年间突破3000万，成为全国屈指可数的几个人口大省之一。在运河畅通的300多年间，山东的人口翻了两番，人口密度也从每平方公里五六十人增至200余人，临清州的人口密度甚至超过了400人（参见表2）。

---

① 参见李令福《明代山东省人口发展的时空特征》，《中国历史地理论丛》1994年第3期。

表2　　　　　嘉庆二十五年（1820）山东各府人口统计表

府州	面积 （平方公里）	人口数	人口密度 （人/平方公里）
临清州	2400	1083743	451.56
曹州府	11700	3177027	271.54
济南府	14800	4014819	271.27
济宁府	3500	889350	254.10
东昌府	7000	1696656	242.38
泰安府	10500	2473415	235.56
青州府	15500	3318763	214.11
莱州府	16000	3374017	210.88
武定府	10900	2191389	201.04
兖州府	14200	2617871	184.36
登州府	18400	1902501	103.94
沂州府	22900	2181379	95.26
合计	147800	28930930	（平均）195.48

资料来源：此表据许檀教授《明清时期山东商品经济发展》之表2—2改制而成。

　　由表2可知，运河流经的山东西部的各府州的人口增长明显高于东部，人口密度居前五位的临清、曹州、济南、济宁、东昌诸府州，皆是运河流经及辐射的地区。人口分布密度明显地呈现出东低西高的差异，说明山东省的人口重心已经完全移到西部运河流域。

　　以上两表中所显示的还只是各州县的编户平民的分布密度。除此之外，在沿运各州县，特别是各周转码头、大小城镇还分布着不少护堤管河的卫所军士，以及难以计数的运军水手、游宦侨商、贩夫走卒、百工巫觋、僧道倡优、游民乞丐等庞大的流动人口。在诸如济宁、临清、张秋这样的商业中心城市，往往是外来流动人口的数量超过当地的编户齐民。乾隆年间，济宁州人口为67197户，377293口，平均每户5.6人①；据此，济宁城居人口应接近12万。而同时期外来商贾游宦、漕运官兵等流动人

----

　　① 乾隆《济宁直隶州志》卷2《里社》；卷5《丁口》。

口更是"车者、舟者、负者、担者日不下千万计"①，每年至少有 45 万人次之多。临清亦是如此，据万历《东昌府志》载，明中期临清人口为30823 户，若以每户 5 人计②，则临清城居人口应为 15 万以上。这时为临清商业的最繁盛期，每年的流动人口川流不息，以至于有记载称："城之中……绅士、商民近百万口。"③ 这样的记载多少有些虚夸的成分在里面，不便完全相信。但在临清鼎盛时，全国各地的客商游宦蝟集而来却是不争的事实。仅以商人而言，在临清的各大商帮就有：徽州商人、江浙商人、山西商人、南京商人等，使临清以"聚贾"而闻名，客商构成了临清商人的主体，而以徽商居多，以致人称"山东临清，十九皆徽商占籍"④。其次是苏商，资金雄厚"岁进布百万有奇"⑤。这些大商帮也带动了许多小商贩的增多，使临清居民的构成，呈现出"商贾多于居民十倍"的状况。⑥ 在漕运兴盛时期，政府的漕运官兵有 12 万人之多，每年他们都要在运河上往返一次；同时，根据经由运河的商品流通量来推测，同时期的往来客商数量也不下于 20 万。⑦ 漕运官兵和往来客商再加其他谋生人员，其数量每年都在数十万人次，大大超过沿运州县的定居人口。

总之，在明朝嘉、万至清朝嘉、道的 300 年间，山东运河流域种植业的发展，城镇的勃兴，市场的繁荣，人口的增长等使鲁西平原充满了活力，也达到了社会经济发展的顶峰。

第三阶段：从全面繁荣到衰落沉寂。

清朝中叶以后，清廷的政治日趋昏暗，吏治败坏。从嘉庆（1796—1820）年间起，沟通南北的京杭大运河，因河政废弛年久失修而"淤塞日

---

① 《济州金石志》卷 5。

② 按《古今图书集成·职方典》卷 230《东昌府户役考》记载：今东昌府"天顺间户五万四千二百三十九；口四十二万四千四百九十四"。依此计算，天顺间东昌府的户、口比为1：7.83，临清属东昌，亦应如此，但此比数明显偏高；而万历《东昌府志》记称临清户口为30823 户，66745 口；户、口比为 1：2.1，又明显偏低，二者都很难认作真正的户、口之比。故皆不取，而选择了中国封建时代小农社会最常见的"五口之家"的概量，将万历年间临清的户数30823，乘以 5，得出的人口数据应该是较为符合历史实际的。

③ 《明清史料》甲编，第 923 页。乾隆《临清直隶州志》卷 2《市街》。

④ 谢肇淛：《五杂俎》卷 14《事部二》，上海书店出版社 2009 年标点本，第 289 页。

⑤ 乾隆《临清直隶州志》卷 11《市廛》。

⑥ 乾隆《临清直隶州志》卷 2《市街》。

⑦ 参见许檀《明清时期的临清商业》，《中国经济史研究》1986 年第 2 期；《明清时期运河的商品流通》，《历史档案》1992 年第 1 期。

甚"。嘉庆六年，黄河在丰县决口，决洪"由丰、沛北注金乡、鱼台，漾入微山、昭阳各湖，穿入运河，漫溢两岸"。由于黄河水携带大量泥沙，决口后在漫流地及运河中沉淀，致使运道浅塞。道光十八年（1836），"因运道浅阻"，清廷曾下令"暂闭临清闸"。咸丰六年（1856）黄河又在丰县决口，使"山东被淹，运河漫水，漕船改由湖陂行"①。对于这一次次的黄河决口冲运，清廷也花费了大量物力财力去挑挖、修治，但由于吏治的腐败，上下离心，治河往往是费财无数，却终无成效，河工反而成了各级管河官员贪赃自肥的渊薮。久而久之，黄河越治越溃，运道越淤越塞，周流 300 多年的京杭大运河开始丧失其强大的运输能力。

道光四年（1824），黄河冲决洪泽湖东的高家堰大堤，冲毁运道，运河水量骤减，漕船挽运十分困难，朝中大臣建议改海路运输漕粮。次年，清廷批准江浙漕粮改行海运。② 由于反对者众多，苏南漕粮海运一年后又复归河运。但是，这毕竟是自明代疏通大运河以来，漕运方式的第一次重大变化，也是山东运河区域社会变迁史上的一个转折点。此后，由于太平天国运动的爆发，南北交通阻隔，河运更"停止十有余年"。特别是咸丰五年（1855）黄河在河南铜瓦厢决口，决洪"由长垣、东明至张秋，穿注大清河入海"③，把山东运河拦腰斩断。此时，清廷的主要精力用于镇压太平天国运动，无意修治黄河和运道，"仅堵筑张秋以北两岸缺口"而已。由于运黄相交，黄河沉积的问题得不到有效治理，故从此山东运道淤塞更甚，仅靠年年挑挖维持少量运输，每年运送漕粮不过 10 万石，较之海运，仅四十分之一。到 1900 年，清廷下令湘赣等 6 省漕粮一律改折银两，河漕运输遂告终止。此后，山东运河段闸坝不修，河水枯竭，许多段落连小船亦不能通行，运河在山东境内的经济功能消失了，遂使居于交通要冲的鲁西平原，顿失经济地理优势，逐渐走向了衰落，趋于沉寂。政府漕运方式的改变是明清时期山东运河区域社会经济发展从马鞍形的顶峰向下迅速滑落的根本原因。

除了优越的经济地理地位逐渐丧失而外，山东运河区域还同时遭到了此起彼伏的战乱的摧残和打击，这对于鲁西社会的由盛转衰无疑是雪上加

---

① 《清史稿》卷 127《河渠志二》，中华书局 1977 年标点本，第 3784—3789 页。
② 《清宣宗实录》卷 79，道光五年二月。
③ 《清史稿》卷 127《河渠志二》，第 3789 页。

霜，更加快了它日渐败落和边缘化的步伐。

正当山东运河区域社会经济繁荣昌盛的乾隆年间，鲁西爆发了震动朝野的王伦起义。乾隆三十五年（1774）八月，山东寿张县清水教（白莲教的一支）首领率领教徒起义，聚集数千人，连续攻占了寿张、阳谷、堂邑，一路沿运河北上，最后攻占了咽喉重镇临清。清政府连忙调兵遣将到临清周围，对起义军进行围剿。王伦领导起义军顽强抵抗，经过 20 余天的激战，终被镇压下去。这场起义对于整个清帝国来说也许只能算是局部的和短暂的动荡，但对于临清，却是致命的一击，近一个月的对峙攻杀，使临清商贾市民大批逃亡，店铺倒闭，最后繁华的中州工商业区变成一片火海，"土城遂毁"①。从此，昔日的繁荣再也不能恢复起来。到咸丰、同治年间，山东运河区域又经历了第二次战争洗劫。咸丰元年（1851），洪秀全在广西发动了太平天国起义，于咸丰三年（1853）三月占领南京。稍后，太平天国北伐援军和捻军相继转战山东，运河沿岸饱受官军欺压和天灾之苦的贫苦百姓群起响应，相继爆发了鲁西南长枪会起义、鲁西北白莲教起义和宋景诗起义以及捻军起义等。这些地方性农民起义，少者数万人，多者十数万人，均转战于运河沿岸附近州县。清廷为镇压各地农民起义，征调大批军队鹰集山东，运河两岸的城镇与乡村迭遭兵匪劫掠，损失惨重。咸丰四年（1854）金乡一役，该县城"周、苏、张、李诸著姓荡然俱尽，遇害者九万余人"；巨野一段，死者"二千人"②；"寿张一战，商民死近千名"③；冠县一役，"城内住民或乡人避难者及无噍类……或云此役殉难者二千余人"，"或云四千六百人，连被掳者，或以万记"，"官署民舍半为灰烬"。④ 临清遭到的浩劫则更为严重，咸丰四年（1854）四月，清军与太平天国北伐援军在临清经过一个月的激烈争夺，"城内庙宇、廨署、市庐，民舍，悉付焚如，榛莽瓦砾。百年元气不复，洵建城以来未有之浩劫也"，与此同时，"死难官绅五六十员，兵民八千七百三十一名，妇女七千六百四十一口，失性命者尚不可偻指数"。⑤ 其他没有经过战争拼杀

① 民国《临清县志》第1册《大事记》。
② 李百盈：《甲寅兵难记》，民国《单县志》卷18。
③ 光绪《寿张县志》卷10。
④ 民国《冠县志》卷10。
⑤ 《临清地方史志》1988年第1期，第49页。

的城市，如德州、张秋等也因战火蔓延，商路断绝，商民歇业，客商逃离，而导致商业停顿。清廷各州县官吏，为守土自卫，又搜刮民膏大办团练，修筑城墙、寨堡，其经费大多勒派士绅商民捐输，使工商业资本遭受极大损失。兵匪劫掠，城市残破，百姓丧亡，商贾破产，这一切，构成了山东运河区域衰落的社会原因。

　　清代后期，遭逢运道淤塞和兵戈扰攘的双重打击，鲁西的社会经济状况一落千丈。从嘉庆以降，临清关税出现大幅度下降。道光二十七年（1820），已降至4万多两①，同治、光绪年间税额更形萎缩。

　　与关税税额的日益萎缩一样，临清的街市也日益破败萎缩，至清末时，昔日繁华的土城工商业区，已缩小到"北至天桥南关，东至鳌头矶至卫河"的中州一带，西部除入城孔道附近的市容尚可维持外，其他街市已"倒闭无余"。砖城的街市也虚有其表，"其广积仓街再北无居民"，"北营左近皆荒场，居民艺禾黍"，"西门三、二人家已不成其为街市"，"北门之内，则白骨如莽，瓦砾苍凉"。② 整个临清市井萧条，较之昔日的全盛时期已面目全非。在山东运河区域，临清的衰落最具悲剧性，也是最具典型意义的，城市人口也从数十万跌落到清末的4万人左右，此时，有一位路过临清的外国旅行家说"城内最引人注目的特点是空空荡荡"。东昌府治聊城的衰落比临清要晚一些，在黄河改道前后，它由于没有像临清那样直接遭受战争的蹂躏，还一度保持着原来的状况。19世纪60年代，人们还认为聊城仍是个"非常重要的城市"，"店铺可与天津和上海相媲美"③。但到后来，由于船路长期不通，山东北段运河废弃，大批的山陕商人逐渐撤离了东昌府，只留下一座人去楼空的巍峨会馆。本来聊城的商业全靠西商支撑，他们的大批迁移，使东昌城顿显萧条，商业迅速衰落。宣统《聊城县志》对此变故描述说：聊城"殷商大贾，晋省人为最多，昔年河运通时，水陆云集，利益悉归外省，土著无与焉。迄今地面萧疏，西商俱各歇业，本地人谋生为倍艰矣"。运河名镇张秋的衰落起于咸丰年间的战乱，由于太平天国北伐军经张秋北上时杀掠过重，商民死千余人，经营典当业

---

① 参见许檀《明清时期山东商品经济的发展》，第165页。
② 《临清地方史志》1988年第1期，第49页。
③ ［美］周锡瑞：《义和团运动的起源》，张俊义、王栋译，江苏人民出版社1994年版，第17页。

的客商几无幸免者，使承平数百年、以"丰盈富利"著称的张秋古镇惨遭重创，一蹶不振。咸丰五年（1855），黄河改道北下张秋夺大清河入海，会通河被拦腰截断，过往船只受阻。后为维持漕运，又开凿了陶城埠至阿城的新河，官商船舶只改道陶城埠北上或南上，不复经过张秋，张秋镇更加衰败下去。光绪二十七年（1901），漕粮全部改折，会通河漕运停罢，河床淤废，渐成平陆。张秋镇失去了水运之便，其东、南又为黄河阻隔，由原来的"贡道之通渠"一变而为交通死角，兼以变乱迭经，故"始而萧条，继而凋零，不啻迅风之扫秋叶，百年之间，城廓是而风景非"①。数百年名镇沦落为偏邑僻壤。德州的社会经济本来就不如临清、东昌、张秋发达，咸丰以后"商埠开而京道改变，漕运停而南泊不来，水陆商务因之大减"②。运河废弃后，更是"民生凋敝，日渐衰落"③。漕运的停止使德州失去了"神京门户""九达天衢"的重要地位，城市的衰败也就是不可避免的了。

二　山东运河区域社会变迁的特点

　　社会变迁是一种客观发生的历史进程，古今中外任何国家和社会无一不处在社会变迁的过程之中，只不过在变迁的深度、广度、速度，以及动力、影响等方面有所差异，即在社会变迁的程度上有所不同而已。明清时期，随着中国封建政治体制的日趋僵化没落，封建社会内部已经孕育着诸多新的社会因素，再加之西方文化开始渗透，使中国传统的社会秩序和文化心态发生动摇，形成"天崩地坼"的时代裂变。因此，在明清时期，中国封建社会经历了有史以来最为强烈与深刻的社会变革。山东运河区域的社会变迁就是这一整体性社会变革中的重要组成部分，由于其特殊的社会生态环境的变化，这一区域的社会变迁具有以下三个方面较为突出的特点。

---

① 民国《增修阳谷县志》卷 1；民国《德县志》卷 18。
② 民国《德县乡土志》，《户口》。
③ 民国《德县志》卷 18。

第一，社会变迁的动力主要来自外部。

明清时期是中国封建社会的晚期，也是传统社会向现代社会过渡的转型期。这种过渡和转型，其动力主要来自社会内部各种矛盾的冲突和新的社会因素的增长。在社会经济最发达的江南地区，这一点表现得尤为明显。江南地区地处京杭大运河的南端，与处于京杭运河中段的山东运河区域相比有着许多后者所不能企及的优势。江南所在的长江下游平原，自古以来就是最适宜农耕民族定居繁衍的"金三角"①：湖泊众多，水源丰富，交通便利，气候适宜，雨量充沛，土质肥厚，十分有利于社会生产的发展。东晋以后，随着中原人口的大量迁入和经济开发，江南地区的社会生产力水平持续上升，自唐宋开始就在全国处于领先的地位。到明清时期，江南区域社会的发展更出现了历史性的转变，在生产力、生产关系、社会文化等各个方面都有了新的突破。自然地理条件的优势，使充裕的劳动力发挥了巨大的作用，特别是这一时期以一家一户为生产单位的个体农民与土地所有制占有绝对优势，以及地租形态、租佃关系的变化，调动了个体农户的劳动积极性和生产自主性，创造出以农业为主，农、林、工、商业相结合的综合型的产业结构，扩大了农副产品的商品生产和交换，刺激了一大批商业市镇和手工业专业市镇的勃兴；同时商品流通的活跃和商业经济的发展，逐渐侵蚀了传统的生产关系，使长江三角洲一带最早出现了新型的资本主义生产方式的萌芽。社会生产领域里的深层变动又导致了生活方式的改变和思想文化的进步，江南成为新型生活方式、消费方式及思想潮流的先导。这一切使明清时期的江南社会率先进入了由传统社会向现代社会过渡的转型期。对此，许多前贤均已做出过精到的论述②，兹不赘言。已有的研究成果告诉我们：明清时期江南区域内部经济的迅速发展，带来了该区域社会的全面变革。即明清时期江南发生的社会变迁是以其自身社会经济的高度发展为动力的，是一种自内而外、自下而上的社会变迁。

与江南相比，地处华北平原的山东运河区域在明清时期的社会变革，

---

① 参见洪焕椿、罗仑主编《长江三角洲地区社会经济史研究》，南京大学出版社1989年版，第1页。

② 参见洪焕椿、罗仑主编《长江三角洲地区社会经济史研究》；范金民：《明清江南商业的发展》（南京大学出版社1998年版）；李伯重：《江南的早期工业化》（社会科学文献出版社2000年版）；蒋兆成：《明清杭嘉湖社会经济史研究》（杭州大学出版社1994年版）；樊树志：《明清江南市镇探微》（复旦大学出版社1990年版）等著作的相关章节内容。

则表现出较大的依赖性和被动性，即此一区域的变迁动力主要的不是来自区域经济自身发展的推动，而是得力于客观地理条件的改善和国家政策的调控。如前文所述，在会通河浚通之前，山东西部平原既没有交通优势，又缺乏种植优势和资源优势，农业、手工业及商业均不发达，加之连绵不断的战乱和灾荒的轮番摧残，因而在中国的经济重心南移之后，这一带曾一度陷入贫困落后和边缘化的困境之中，经济的发展和社会的进步都极为缓慢。明朝前期京杭运河的南北贯通，顿然提升了鲁西平原的交通条件和政治经济，形成了综合的区位优势；而国家漕运政策的实施，又使山东运河区域成为联结政治中心和经济中心的关键性枢纽通道，大量的漕运管理机构和重要粮仓、税关设置在沿运州县，被视作"南北之咽喉，天下之大命"①，年复一年，周而复始南北物资周流，官兵士绅往返，行商贩夫经营使这一区域由闭塞到开放，不断吸收、融合其他区域的物质和精神的精华。在这一切外来因素的综合作用下，山东运河区域在城乡结构、经济结构、人口结构、文化结构等各方面发生了十分突出的社会变迁。

当然不能否认，在没有外力推动的情况下，鲁西平原也会沿着自己的道路平稳地向前发展，也会随着整个社会的进步在某些方面发生一些变化，但由于受区位环境、人口与技术条件以及传统儒家观念的制约，其变化的深度、广度和速度肯定不如运河贯通后那样强烈，也不会像江南那样以自身的综合优势走在全国各大区域社会的前面。所以，京杭运河的南北贯通和明清两代国家倚为命脉的漕运政策，从根本上改变了鲁西平原的命运，使其在中国封建社会的转型期，风云际会，大起大落，为后人研究、认识中国古代区域社会的发展模式，留下了一个独具特色又发人深思的标本。

第二，吸纳融会各区域文化的精华。

由于会通河的一脉周流，以及以此为轴心的四通八达的水陆交通网的形成，使明清时期的山东运河区域，呈现出一种海纳百川般的开放态势，东西南北各个不同区域社会的物质文化和精神文化都在这里得到了碰撞交流与融合的机会。从物质层面看，北部边疆的骏马、人参、毡货、貂皮、

---

① 董恂：《江北运程》卷1，《四库未收书辑刊》第5辑，北京出版社1997年影印本，第7册，第345页。

大豆，西部的粮食、皮张、木材、药材，南方的绸缎、布匹、茶叶、竹木、磁器、食糖、纸张、铁货，东部的海鲜、食盐、珍珠等，或经由山东运河转销四方，调剂各大区域市场的有无，或发售到鲁西各城镇乡村，供应当地士农工商及各类人群的日用之需。在山东运河北段的临清，来自徽州、闽广、江浙、西湖、辽东及山陕等地的商人都活跃在城乡市场上，他们把布、绸、粮、磁、纸、盐、药、皮、茱、竹等四面八方的货物，通过运河源源不断地运到临清，然后就地销售或再转贩到其他各地，使临清市场上充斥着全国各地的特产和货物。济宁同临清一样作为转运贸易的主要码头，成为鲁西南地区最大的商货集散地，"江淮、吴楚之货，毕集其中"，地处山东运河中段的张秋镇，也是一处"缩毂南北，百货所居"之地，各地商人通过张秋的运河和大清河商路之便，纷纷将各自的商品运抵这一名镇，像"齐之鱼盐、鲁之梨枣、吴越之织文纂组，闽广之果布珠琲、奇珍异巧之物，秦之罽毲，晋之皮革，鸣棹转毂，纵横磊琦，以相灌注"①。就连东、兖二府的农村市场上，也随处可见外来商品，如东昌府高唐农村市场"缯绮自苏杭、应天至，铝铁自山西至，竹木自湖广至，瓷漆诸器自饶、徽至，楮币自浙至，凡日用所需，大率出自江南"②；在兖州府农村集市上也是"服食器用，鬻自江南者十之六七"③；《金瓶梅》描写居住在山东运河岸边城镇的西门庆及家眷，日常生活穷奢极欲，所消费的东西囊括了明代全国各地甚至西域诸国的名产，如江南鲥鱼、洞庭橘、凤团雀舌牙茶、六安茶、泰州鸭蛋、辽东金虾、金华酒、无锡米、杭州衣梅，胡椒、竹叶青酒、湖州丝线、杭州缎绢绸绢、南京纶缎、南京云锦、潞州绸、四川绫、蜀锦、衢花绫、杭州粉、松江阔机尖素白绫、甘州绒、陈桥鞋、苍阳毡笠、杭扇、荆州纸、枵桶、螺钿木床、苏州邓浆砖、端溪砚、大理石屏风、太湖石、云南玛瑙雕漆、云南羊角珍灯、象州古玩、合浦明珠、洒金川扇、建昌木、西洋大珠、猫眼、法郎、银回回壶、伽南香、安息香、檀香等④，这些令人目不暇接的珍贵物品全凭大运河的贯通南北汇集而来，这在非运河区域的华北腹地城镇中是不可想象的。

---

① 于慎行：《安平镇新城记》，见康熙《张秋志》卷10《艺文志》。
② 嘉庆《高唐县志》卷3《地理志·市镇》。
③ 万历《兖州府志》卷4《风土志》。
④ 参见陈诏《金瓶梅小考》，上海书店出版社1999年版。

　　从文化层面而言，山东运河区域更是在民间信仰、风俗习尚、文化教育等多方面吸收了东西南北各区域文化的精华，将其融入本土的齐鲁文化，使之呈现出斑斓多姿、丰富多彩的内涵：商业繁荣营造出独具风格的商业文化，城镇勃兴发育迥异于旧时的都市文化，流动人口的激增和市民队伍的扩大，孕育产生了市井文化；船只往返、官绅络绎带来了不同地域的风土人情，交汇而成兼容并包的运河风情和民俗文化。这一切，使明清时期的山东运河区域人气旺盛，文风浓郁，科甲蝉联，名贤辈出，尤其是崛起于山东运河中段的著名藏书楼——海源阁，在历史上第一次打破了宋元以来中国私人藏书以江浙为中心的格局①，将数百年南北珍本精帙汇聚庋藏于运河重镇——聊城，直接刺激和带动了以聊城为中心的鲁西藏书、刻书业的兴盛，使其在保持传统的政治军事功能、发展了商业经济功能的同时，又增加了文化功能。而聊城山陕会馆各地戏班留下了斑斑墨迹，则更显示了南北文化对山东运河区域戏曲艺术及民间娱乐活动的影响和渗透。② 至于在社会生活习俗方面的各区域风情民俗的杂糅融合，则更是大量存在于鲁西民间，如临清人婚娶用马桶作陪嫁、济宁市民一日三餐离不了茶、临清人男女老幼擅唱皮黄、聊城阳谷百姓最推崇"关公耍大刀"等。这些习俗至今仍在民间社会流传。成为我们今天研究明清运河文化的极其宝贵的素材。

　　第三，濒河城镇与运河腹地的不同步发展。

　　从总体上看，京杭大运河数百年贯通，给山东运河区域带来的社会变迁是巨大的、深刻的和普遍的，沿运州县城乡及其辐射地区，都被变迁的潮流所裹挟。但是，由于鲁西地区背负着数千年积淀的农耕文明的历史重负，人们的思想意识偏重于内敛，在社会变革的机遇和浪潮面前，缺乏主动性和创新性，往往是在外力的拖动下，才迈开变革的步子。这种被动性使山东运河区域的社会变迁呈现出不平衡性。具体表现在：凡是运河直接

---

　　① 王献唐之《聊城杨氏海源阁之过去现在》称："杨氏藏书，半得于北，半得于南，吸取两地精帙，萃于山左一隅，其关于藏书史上地域之变迁，最为重要，以前此：'江浙藏书中心之格局，已发发为之冲破矣。'"见聊城师范学院图书馆编《海源阁研究资料》，山东友谊出版社1990年版，第41页。

　　② 聊城山陕会馆是目前国内保存最完好的明清会馆之一，其戏楼巍峨壮丽，至今戏楼后台四壁留有清代各地戏班来此演出间隙，演员们随手涂写的剧目约200个，另有各种内容的打油诗、玩笑话以及漫画等墨迹，为研究戏剧史和运河沿岸戏剧文化交流提供了珍贵的资料。

流经的城镇、码头，由于受外力冲击较大，社会变迁的程度就强烈；凡是远离运河干道的乡村，由于较少接触到新事物，受外力影响小，社会变迁的程度就低一些。临清、济宁、张秋、聊城、德州均是由于紧临运河，或面河而立，或跨河而治，因而其商业繁荣程度、产业结构变动、城镇人口比例及社会风俗变化都显示出强劲的势头和明显的效果；因运河开挖而新兴的台儿庄、夏镇、南阳、鲁桥、袁口、靳口、安山、阿城、七级、甲马营、四女寺等小城镇，更是河兴镇兴，河衰镇衰的典型。运河的畅与塞是鲁西平原上这条城镇带社会变迁的晴雨表。在离运河稍远的州县、乡村则变迁的步伐十分缓慢，这种不平衡性，在社会风俗习尚方面表现得十分清晰。运河直接流经的济宁、聊城、临清等商业城市，到处都有丰富的日用品，华贵的奢侈品，活跃的娱乐场所，以及由此而发达的各色行业，使得运河城镇生活水平和消费方式大大优于远离运河的农村。风俗习尚也多是"竞崇鲜华""风恣侈糜""人仰机而食，暇则置酒征歌连日夜不休"。[①]与距运河稍远的曲阜、泗水、滋阳诸县"家家颜闵，人人由求"，"人务耕桑，朴而不华"[②]的风气大有不同。位于山东运河区域南半段的兖州府，曾经在明清中期以后被顾炎武概括为同东昌府、济南府一样"文若胜质"的奢华之区，但进一步观察，却又发现其所辖 4 州 23 县因距运河远近不同而风俗殊异。其中府治滋阳"俗温厚驯雅，华而不宛，有先圣贤之风，民好稼穑而不工生殖"；地处府治西南散布运河岸边的济宁、郓城、巨野、嘉祥、金乡、鱼台等地则"俗稍华侈，士好文采，民逐末利"[③]，显示出随着运河贯通而商业繁荣，士民弃本逐末的风俗变化。即便是在一个县内，这样的不平衡性也会表现出来，如汶上县，靠近漕河的西部与凭负丘陵的东部在生活结构和民间习尚方面就有明显的差异，"负山而居者守桑麻之业，其余瘠土亦勤于稼穑；而濒汶一带擅水土之饶，气盈计广，奢诡互用，近漕比庐，仰食机利"[④]。邹县东南西北四境之人秉性不同，方志称："邹人东近沂（州）、泗（水）多质实，南近滕（县）、鱼（台）多豪侠，

① 《古今图书集成·职方典》卷 254 《东昌府风俗考》。
② 嘉靖《山东通志》卷 7 《风俗》。
③ 嘉靖《兖州府志》卷 31 《风俗》。
④ 乾隆《山东通志》卷 23 《风俗》。

西近济宁多浮华，北近滋（阳）、曲（阜）多俭啬。"① 阳谷县也是一县之中大多"士民勤俭，无所纷华，惟居张秋者稍侈靡"；寿张县紧邻阳谷"士风俭朴，与阳谷同。而士宦之族为盛多在张秋"。② 张秋为阳谷、寿张、东阿所共辖，跨运河而筑城，明中期后就已成为沿运重要商业中心，因而三县中靠近张秋的地段都受到外来商业文化的浸染而世风大变，远离张秋的地方则仍保持着"勤俭""无所浮华"的淳朴民风。类似的状况在山东运河北段的临清、德州及辐射地区均大量存在。

山东运河区域内部社会变迁的不平衡性，主要因为其变迁动力主要来自外而非发自于内。区域内部缺乏协调发展、高度繁荣的经济作内在推动力，而仅仅依靠外部客观地理环境的改变和政府重视投入与否，因而在受外力推动大的沿河城镇和内部腹地之间，就产生了社会变革不同步、不协调的局面。这种不平衡性，既是山东运河区域社会发展路程不同于其他地区之处，又是束缚该地区不能真正进入经济良性发展的发达地区之列的根源所在。因而在清季运河淤废，漕粮改折，外在的推动力逐渐弱化渐至消失情况下，山东运河区域的社会变化不是一般州县赶上先进州县，而是原本相对发达的沿运河州县经济衰退到一般州县的境地，使这一区域的整体发展速度缓慢，在全国政治经济格局中的地位大大下降。

总之，明清山东运河区域的社会变迁，以其大起大落的变革态势，及其外力推动性、开放融合性和发展不平衡性的特点，在中国封建社会后期的发展史上留下了独具色彩的一页。考察这一区域 500 多年的社会变迁过程，分析其特点，可以给今天的人们提供有益的借鉴和警示。

---

① 乾隆《山东通志》卷 23《风俗》。
② 乾隆《山东通志》卷 23《风俗》。

明清聊城运河与文化族群兴衰

——以傅、杨两家族为个案*

马亮宽**

　　自元代开挖会通河，京杭大运河开始流经聊城，聊城从此成为大运河流域北方的重镇。大运河数百年为南北经济文化发展的大动脉，因此也促进了聊城经济、文化、社会的发展和进步。这里就文化发展的主要方面——聊城文化族群的兴起和发展作一概述，敬请方家指正。

一　聊城文化族群概况

　　元代定都北京，聊城成为近畿地区。元王朝为交通便利，开会通河。大运河穿聊城而过，聊城更得南北交通之便，北通京师，南连三吴，被史家誉为"漕挽为咽喉，天都（府）之肘腋"，"江北一都会"①，交通便利，加上物产丰富，促进了经济的发展。到了明清时期，聊城及周边地区，成为全国著名的粮棉产区和纺织品的贸易中心。天下豪商大贾云集，"往来船舶，络绎不绝"，"兵民杂集，商贾萃止，骈樯列肆，云蒸雾瀚"，以致城内"贾寓旅舍，几不能容"。② 各地商人竞相在聊城内兴建会馆公所，开办商号、店铺、作坊，与本地工商业者所建交错布列，鳞次栉比，使聊城

---

　　* 本文原刊于《聊城大学学报》（社会科学版）2008 年第 4 期。

　　** 马亮宽（1959—　），山东菏泽人，历史学博士，聊城大学运河学研究院教授、硕士生导师，主要研究士人知识分子。

　　① 宣统《聊城县志》卷 13《艺文志》，《中国地方志集成·山东府县志辑》第 82 册，凤凰出版社 2004 年影印本，第 193—194 页。

　　② 乾隆《临清州志》卷 2《建置》，第 8 页。

成为一座繁荣的工商业城市，在明清两代一直为北方三大商埠之一。

交通的发达，经济的繁荣，进一步促进了文化的昌盛。明代中期以后，聊城及其周围各州县私塾遍布，书院林立。文人骚客，儒士缙绅来此会客访友，传播学术，交流信息，促进了儒学教育的普及和发达，陶冶了无数才华卓越之士，成就了众多官宦书香世家。据记载：明清两代录取的山东籍进士共4047人，状元11人，其中隶属于东昌府州县籍者，进士290人，状元3人，仅聊城县就有进士55人，状元2人。由此可见，明清时期的聊城确实是"科目鼎盛，贤士辈出"之地，被视为鲁西"八股文化"的中心不无道理。

显然，在明清时期，某些地区因得天时地利，经济发达，文化昌盛，尤其是儒家文化得以广泛传播。社会教化与文化昌盛是同步的。在儒家文化广泛传播的地区，自然是教化普施、世风淳厚，人们的思想意识和社会理念深受儒家思想观念的影响。考察聊城的历史，明清时期形成的聊城世风明显具有这种特点。这个时期兴起的几个家族和大批官宦绅士，差不多也都具有这种特征。《聊城县志》记载："其人朴愿而茂，虽循习故事，惮于兴革，然无有桀黠渔食，持长吏长短者。租赋不待督，辄先期报竣，最称易治。"世风淳厚是文化发达、社会教化的结果。而淳厚的世风又陶冶、培育了一代又一代的循吏良士。因此，这个地区"士多才俊，文风为诸邑冠，武风亦极一时之盛"[①]。文化昌盛，其社会成员的整体素质就高，社会发展也相对健康，具体表现是孕育和培养了几个具有书香传统的世家大族。这几个书香世家的传承和发展，不仅代表了聊城当时的世风，而且也是当时整个传统社会的缩影。其中的一些代表人物则凝聚着社会文化的基因，表现了深厚的区域文化的积淀。

聊城文化交流更加畅通，原本就是齐、鲁、燕、赵等文化的融会之处，运河流经聊城市，又使之成为南北文化交流的重镇，自唐代以后，长江流域文化迅速发展且富有时代性，通过运河与北方凝重厚实的文化交流与融合，聊城吸收八方、融会南北，其文化底蕴更为深厚。在明清各种文化内容中，一是社会上层的科举文化，也称为八股文化，是士人学子求取功名、进入仕途的必备的政治文化；二是以教化为主的社会文化。聊城在

---

① 宣统《聊城县志》卷1《方域》，第29页。

这个时期形成的文化族群中，占主体地位的是科举文化。这种文化往往是各文化家族内部传承、外部联系的重要工具。

明末清初，聊城的主要文化大族号称"八大家"，其中有代表性的是任、邓、朱、傅、耿、杨诸文化世家，而在文化传承方面比较典型的是傅、杨两个家族，今以傅杨二氏作为个案，略加剖析。

二 傅氏家族与传统文化

傅氏家族兴盛于清代初年，逐步发展成为聊城的名门望族。

傅氏远祖名叫傅回祖，原籍江西吉安府永丰县（今江西省永丰县），明朝宪宗成化年间出任山东冠县县令，当时聊城为东昌府府治，冠县为其属县。傅回祖生有七子，任满返回故乡，其夫人李氏不愿随行，于是傅回祖便携四子南归，留其三子侍奉夫人，这三子一居冠县，一居博平，一子名傅祥，居聊城。

当时聊城正是经济文化发展上升时期，大运河穿城东而过，北通京师，南达三吴，是当时经济发达地区。傅祥及其子孙，借助聊城的经济优势，靠经商起家。他出身官宦家庭，本人也有较高的文化素养，且处于浓重的八股文化环境之中，因此，十分重视诗书传家，督责子孙攻读举子之业，学习八股文，每每亲自"口授章句"，并"引古人及郡先达"激励他们奋发向上，建立功业，故而傅氏家族逐渐形成了诗书传家的传统，代代相继。

傅祥五传到傅以渐，终于振兴了傅氏家族，奠定了傅氏名门望族的基础。傅以渐字于磐，号星岩，生于明万历三十七年（1609），7 岁入塾馆受经书，曾从师于当时名儒孙兴，明义理之学。由于明朝末年宦官专权，社会黑暗，政治腐败，科场舞弊成风，傅以渐直到 35 岁仍未取得任何功名。1644 年，江山易姓，清廷入主中原，为了搜罗人才，笼络士人，入关的第二年，便恢复科举制度。傅以渐投身科场，乡试中举，翌年（1646）入京会试，得中贡士。殿试对策时被擢为一甲第一名，成为清朝的第一位状元，授内宏文院修撰，后累次迁升。1654 年升为内秘书院大学士，次年，加太子太保，改为国史院大学士。1658 年，清仿明制改内三院（内弘文院、内国史院、内秘书院）为内阁，逐步确立三殿三阁制，授傅以渐为武英殿大学士、兵部尚书职衔，成为名副其实的宰相。为示恩宠，顺治帝又封赠傅以渐的曾祖父傅谕、祖父傅天荣、父亲傅恩敬俱为光禄大夫、少保加太子太保、内翰林国史院大学士加一级之勋号。自此以后，聊城傅氏便荣冠当世，泽及后代，成为鲁西的名门望族。

据历史记载：傅以渐"方面丰颐，颏下多髯，伟腰大腹"，居官尚称清廉，"每闻百姓疾苦，若切于身，闾里有义举，必赞成之。自处无异寒素，汲奖寒素，惟恐不及，未尝有疾言遽色"①。但是其七世孙，著名历史学家傅斯年成人后，从不向人提及他这位宰相祖公，更不引以为荣，其原因是傅以渐在明清易鼎之际，出仕清朝，有违汉族士人的民族气节。

傅以渐以后，傅氏成为典型的官宦世家，获取功名，中举人、进士、为庠生、太学生者不下百余人，在朝为官和出任封疆大吏者几代不绝。傅以渐三传至傅绳勋，号秋屏，其弟傅继勋，号湘屏。傅绳勋兄弟时代是傅氏家族又一个辉煌时代，傅绳勋是清嘉庆十九年（1814）进士，曾任翰林院庶吉士，武英殿协修，军机处章京，后外放曾任浙江、江西、江苏等省巡抚，咸丰元年（1851）辞官返乡。太平天国起义，聊城宋景诗起义呼应，傅绳勋奉朝廷圣旨任"督办山东团练大臣"，事后咸丰皇帝下诏重新起用，而傅绳勋却"称病"未起，讲学于济南"泺源书院"和聊城"启文书院"，直至82岁去世。傅绳勋长期任职于江浙运河流域，担任封疆大吏，晚年讲学于聊城，对聊城与南方各地的文化交流与传播作出了贡献。

傅继勋道光年间拔贡，长期任职于安徽省，以清正廉明、慈祥化民著称，曾以四句格言劝勉当地士绅学子："贵莫过于为圣贤，富莫过于蓄道德，贫莫过于不闻道，贱莫过于不知耻。"他与当时许多名臣都有密切联系，清末名臣李鸿章、丁宝桢等是他的门生，马新贻等人则受其提携。太平天国起义后，因与巡抚翁同书政见不和辞职，潜归聊城。回归家乡后与其兄傅绳勋致力地方文化建设。傅绳勋八子，继勋七子，多数有功名，任职各地，"或以诗文书画名世，或以武技见称，可谓满门俊逸"②。

---

① 宣统《聊城县志》卷8《人物志·傅以渐》，第107页。

② 宣统《聊城县志》卷8《人物志·傅继勋》，第120页。按：马新贻（1821—1870），字谷山，回族。山东菏泽人。道光二十七年进士，分发至安徽建年县任知县，时值傅继勋任安徽安庆知府，对马新贻多数提掖。后马新贻官至两江总督兼通商大臣。1870年被张文祥刺死。

　　傅继勋第三子傅淦，字笠泉，是傅斯年的祖父，也是对傅斯年一生产生重要影响的人士。傅淦字笠泉，生于道光二十五年（1845），少负才名，博通经史，工诗书画，尤以书法知名，且文武双全，又精通医道。同治十二年（1873）拔贡，但他自甘淡泊，不乐仕进，到得贡生资格后，便绝意仕途，终生不参加科试。平生性情友善，重孝悌，且好交游，乐善好施，赴义唯恐后人。傅淦兄弟七人，他排行老三，析籍分家时，他将祖上的楼房全部让给了兄弟，自己只要了一座马厩。由此可看出他的作风和气度。傅淦娶山东淮县陈阡之女陈梅为妻。陈阡官至江西巡抚，给女儿的嫁妆颇丰，但傅淦书生本色，轻财重义，不善理家，又无固定收入，分家以后，坐吃山空。婚后不久，长子旭安出世，接着次子、三子相继出世，人增物耗，家财日减，日趋没落。为生活所迫，他不得不违心地出外谋职以养家。正好，此时李鸿章任直隶总督和北洋通商事务大臣，来信让傅淦去天津，打算为这位世弟安排一个职务。傅淦接信后考虑再三，决意去天津一次。他到天津去督署见李鸿章时，适值李鸿章有紧急公务，只安排他住安徽会馆，准备处理完公务，第二天同他面晤。傅淦甚不高兴，以为慢待自己，次日一早便不辞而别。李鸿章第二天去安徽会馆寻他不见，才知已回山东，气得顿足叹气。①

　　傅淦自此不再外游，或教塾馆挣钱养家糊口，或靠卖字画换些润笔贴补家计。无奈杯水车薪，加上不善谋计，随意使用，不够便典卖夫人嫁妆，夫人嫁妆虽丰，但没几年也几乎典卖一空，从此更是入不敷出，家境进一步衰落。

　　傅淦痛恨政治黑暗，不愿入仕，颇有嫉恶如仇的正义感，有一个故事很能说明他的政治态度。他有一次出外游历，行至山西介休，有两个宦官充军西北，道经此地，其中一个忽染重病，求傅淦诊治，他拒绝说："生平不为无鸟之人看病！"另一宦官长跪哀求，他不得已答应。病愈后，宦官赠他银两，他把银子从门中掷出，并且说："生平不要无鸟者之钱。"②之所以如此，是他以为历代弊政，许多是因宦官干政而致，而明清两代后期尤甚，因此痛恨宦官。由此事看出，痛恨宦官干政是傅淦淡泊功名的原

---

　　①　傅乐成：《时代的追忆论文集》，台北：时代文化出版事业有限公司 1984 年版，第122 页。
　　②　傅乐成：《时代的追忆论文集》，第 121 页。

因之一，不满清王朝后期政治腐败社会黑暗，不愿为之效力，恐怕是更深层的原因。傅淦继承傅氏家族的家风最主要表现在对其长孙傅斯年的幼年教育。

傅斯年不满五岁，傅淦便迫不及待地送他入了私塾，并且选了最好的塾馆。傅斯年的启蒙先生孙达宸，也是一名拔贡，学问好，有文才，教书认真且教学有方，他一生教出的学生获取秀才以上功名者多达 40 余人。其塾馆设在聊城古楼街北头路东，距傅斯年家四五百米，步行上学比较方便。在孙氏塾馆读了一段时间后，与傅家有世谊的朱家出资请另一位塾师马殿仁到家开馆授徒，因朱家离傅家更近，加上世交，于是傅斯年与朱家子弟朱笠升一起，转入朱家塾馆就读。傅斯年放学回家后，其祖父则在家课读，督导他读书习字，不准其有丝毫懈怠。

傅淦对早年傅斯年的教诲，对傅斯年一生影响甚巨。傅斯年成年后曾对弟弟傅斯岩深情地说："祖父生前所教我兄弟的，尽是忠孝节义，从未灌输丝毫不洁不正的思想。我兄弟得有今日，都是祖父所赐。"① 傅斯年一生坚持参政而不从政，为人常怀侠义之心，率直而有豪气等人品与作风都深受其祖父影响。

傅斯年在传承传统文化和家族思想理念方面受其母亲影响较大。傅斯年母亲姓李，闺名叔音，聊城西南郊贺家海人。她出身于一个地主家庭，虽然识字不多，但接受了严格的家庭教育，贤孝识大体。傅斯年父亲病逝，李夫人既要孝养高年公婆，又要抚育幼年双子，家境日趋贫寒，可以说克勤克俭，备尝艰辛。但李夫人颇有器识，一身承荷家庭重担，百般筹划，维持全家生活。由于傅旭安生前为人仁厚，待遇友朋学生以恩义相接，去世后，友朋学生对傅家颇为关心。他们共同凑集一部分钱，托傅旭安的两个学生周祖澜、范玉波二先生代存生息，维持傅氏家计。弟子们感念傅旭安生前恩德，每年春节前，相约派一人来聊城，给师母送来一些春节所需食物用品，并在聊城的商号里为傅斯年存一些银两以贴补来年家用。李夫人一家五口，没有其他生活来源，单靠这些实不敷家用，尽管她精打细算，百般节省，生活仍日益窘迫，难以维持。有时万不得已，她便从颓垣断壁中拆一些砖瓦变卖，但这些都只能解决一时急需，不能作为长

---

① 傅乐成：《时代的追忆论文集》，第 124 页。

久的生活来源。整个家庭的经济状况如江河日下。到了后来，房屋破旧损坏，亦无力修补。据记载，每逢下雨，李夫人便抱着幼子，头上撑着一把雨伞遮盖，其家庭状况可见一斑。即便如此，李夫人仍严格督促傅斯年兄弟二人读书，一切费用无论如何困难自己也一力承担，不使兄弟二人失学，并母兼父职，督责甚严，兄弟如有过错，立予责罚，形成了无上的权威。直到傅斯年成名以后，李夫人一旦发怒，傅斯年便长跪不起，李夫人息怒后，傅斯年才温言劝说解释。

李夫人娘家在乡村，有时傅斯年随母亲到外祖母家小住，因而对农村的生活有所体验，对贫困农民的生活有较详细的了解。十几年后，他撰写了《山东底一部分的农民状况大略记》，就是他这个时期的观察和了解之所得，也是他后来积极提倡社会革命、改造国民性、推行农村改革教育思想的基础。他在文中强调："我虽是山东人，过了儿童时代，即不常在山东住，而且东部各县的情况我是茫然，我只对于济南以西和北的地方曾亲身观察过……所以我现在专记山东一部分的社会的一部分——农民社会——所说是我直接得到的知识。"① 他在文章中对鲁西一带农民的生活进行了详细的记述，如他对农民一天的生活记述说：

> 一个农夫在农作时的一日生活如下：晨五时起来，整备好用畜和用具，赶紧吃了早饭（或不吃，待人送），赶到地上，工作到午；家里的人把午饭用罐子送去，就地吃了，再工作到四时，忙时乃至六七时；回家，吃晚饭，趁空磨面、碾米；八九时就寝；但夜间以须饲牲畜之故，起来三四次。在收获时，有时须借月光在田中或场上劳动，必在地头上睡觉，所以劳动的时间竟达二十余小时。若当恰恰成熟时，怕被人偷或天气改变，便彻夜不眠。一个农妇的一日生活如下：晨四五时起来，煮饭，饭后洗濯器具。午间又是如此一遍。晚餐时又是如此一遍。有小儿女的自然要伺应他。不过除吃好奶时，都是用布束着，放在一旁，有时放在沙土布袋里。到四五岁时，就全不管了；七八岁时，便要帮大人工作了。农妇管田地以外的一切农家事务，除造自己的衣食之外，还有晒菜、磨面、喂猪等等职务。纺线、织粗

---

① 欧阳哲生：《傅斯年全集》（第一卷），湖南教育出版社 2003 年版，第 361 页。

布、缫丝、编草帽辫，都是整日彻夜的工作。

农民除春节能休息几天外，一年到头如此，一生如此，并且永远维持自给自足的生活，"农民的家庭就是他的一切生活品的制造场，如鞋、帽、染衣、弹棉、织、纺、编筐、制咸菜，甚至油酱酒醋都皆不取给于家外。所以农民的生活时常一身兼备农工商，行贾，是极不分工的生活"①。几千年来，农民的这种自给自足的个体经济养成了农民的愚昧、保守，是造成社会进步缓慢的重要原因。因此，要促进经济发展，社会进步，就要通过教育，提高农民的基本素质。傅斯年幼年时对农民生活的真切了解，成为他日后提倡社会改革，以缩小贫富差距，实行社会主义经济平等的思想渊源。

傅斯年的父亲傅旭安，字佰隽，号晓麓，生于1866年。自幼勤学好问，攻举子之业，性仁厚，有文名。光绪甲午年（1894）乡试中举。因家庭经济窘迫，为全家生活计，谋职养家，没有入仕，出任山东东平龙山书院山长，靠其束修维持家计。傅旭安既为人师，不仅知识渊博，对学生教诲有方，而且尤能极力扶掖生活贫苦的学生，使其不因家贫而辍学，因此得到学生们的普遍尊敬，也得到社会的广泛赞誉。但不幸的是，傅旭安中年病殁，1904年死于任所，是年傅斯年仅9岁，其弟傅斯岩仅出生7个月。可以说傅斯年父亲对其一生影响甚微。可是，傅斯年父亲生前结成的一段特殊的师生因缘，却对傅斯年一生产生了巨大影响。

傅旭安出任龙山书院山长以前，有一次在聊城街上闲逛，步入一家商店，此店顾客不多，冷冷清清，一位青年学徒正在那里专心读书。傅旭安上前一看，此人眉清目秀，谈吐文雅，便与之闲聊了一会儿，知其姓侯，名延塽，字雪舫，是东平县大羊村人，因家境贫寒，奉后母之命来聊城这家商店当学徒。他酷爱读书，利用一切空余时间刻苦自学，学问已有一定功底。交谈之后，傅旭安对侯延塽的遭遇深表同情，对他矢志苦学的精神颇为感佩，从此二人开始来往。1899年，傅旭安出任龙山书院山长时，便让侯延塽辞去商店差使，随自己到龙山书院读书，一切费用自己代为解决。侯延塽意外得到这样一个读书的机会，自然更加刻苦自励。苦读了3

---

① 欧阳哲生：《傅斯年全集》（第一卷），第362页。

年，参加光绪壬寅年乡试，得中举人；次年赴京会试，又中进士；经过朝考，被清廷授予刑部主事。侯延塽本是重情义之人，对恩师的提携诱掖之恩更是铭记在心。他第一次回乡省亲，专去龙山书院拜望恩师，才得知傅旭安先生已经去世，于是他又奔赴聊城看望师母，并亲到恩师墓祭拜。他在傅旭安墓前自誓，以培养恩师的两位公子为己任，决心把斯年、斯岩兄弟二人培养成才，以报恩师当年知遇之情。

侯延塽年长傅斯年25岁，视傅斯年为子弟。经与傅斯年交谈，发现傅斯年不仅天资甚高，记忆力强，而且已经读了许多书，国学已有了功底，是一可堪造就的少年，更是欢喜无限。侯延塽深深意识到：当时社会已经发生了巨大变化，新学兴起，并且代表着时代的要求和中国发展的方向，聊城地处偏僻，傅斯年如长期待在家乡，接触不到新事物，学不到新知识，便有可能耽误学业，影响前程。因此，只资助他一些钱物是解决不了根本问题的。于是他产生了带傅斯年去大城市读书的念头。他返京路过天津，同几位朋友——天津《大公报》经理英敛之、傅淦的学生孔繁淦等人，谈到傅斯年的情况，并把傅斯年写的几篇文章拿出来让几位朋友传阅。大家都很赏识傅斯年的才华，力劝侯延塽把这孩子带到天津来，让他接受新式教育，并愿意提供方便。侯延塽又从天津返回聊城，向傅斯年的祖父和母亲说明自己的想法和几位朋友的意见。傅淦等人经过考虑和商议，同意了侯延塽的意见。傅斯年虽年龄尚小，但有着强烈的求知欲，除了对祖父、母亲尚有依恋，自然愿意出外求学，于是遂成定议。1908年冬，傅斯年离别了故乡，随侯延塽到了天津，开始了他人生的第一次转折。这次转折在很大程度上改变了他学业与人生发展的方向。

侯延塽不仅在经济上全力支持傅斯年，而且在政治、教育等多方面一直关心着他。侯延塽虽然是清末进士和官僚，但思想并不保守，而是与时俱进的。他接受了资产阶级的改良和革命思想，不断追求进步，曾积极参加辛亥革命。1912年1月，他当选中华民国临时参议院议员，出任哈尔滨中国银行行长兼海关总督。他对国家形势和社会发展趋向有着较为深刻的认识。傅斯年在天津求学期间，侯延塽经常写信给傅斯年，有机会路过天津一定停留，教诲傅斯年要多学新知识，关心国家与社会。傅斯年对侯延塽的经济上的支持和政治上的关心终生感念不已，以父执事之，他成年后曾对人感慨万端地说："我家非侯公无以有今日。"的确，侯延塽在傅斯年人生攀登的道路上为之构架了一个阶梯。

追述侯延塽对傅斯年一生为人与处世的影响，远不止将其带出聊城，为其接受新知识、开拓新视野创造了条件。侯延塽辛亥革命以后回山东工作，长期担任山东省议会议员，从事教育和慈善事业，为人诚挚侠义，他对傅斯年兄弟一直视为子侄和学生，傅斯年兄弟则"以父执事之"。傅斯年于北京在学读书、出国留学直至回国工作，侯延塽与傅斯年一直保持较为密切的联系，或以书信或当面进行训示和教诲。傅斯年留学期间致信何思源、罗家伦时曾说："连接家信及雪舫先生信，大加责言。"① 说明他与侯延塽保持着经常性的联系。傅斯年的同学、同事毛子水在为傅斯年写传时也特别指出："傅先生幼时文史的根柢，除他的祖父外，受到侯先生培养的益处很多。就是他生平乐于帮助故人的子弟，恐怕侯先生的榜样亦不会没有几分影响的。"② 傅斯年的品格和作风，应该说在许多方面都受到侯延塽的影响。

三　杨氏家族与海源阁藏书

相对傅氏家族，杨氏家族兴起晚一些。而受运河开放文化影响和对聊城地域文化的贡献则集中于对文化典籍的收藏和保存。

杨氏家族的代表人物是清中期的杨以增。杨以增字益之，号至堂，出身于聊城的一个传统士人家庭，其父祖都曾担任地方官吏，以正直刚烈著名。其祖父杨如兰，为候选州立目时，聊城地区爆发了以王伦为首的农民起义，遭到清王朝的残暴镇压，农民起义军英勇奋战，终因寡不敌众而失败。清政府为消除祸源，造册查办王伦余党，地方官吏更是借机乱捕乱杀，牵连无辜。杨如兰被指派携带花名册随山东巡抚徐绩和东昌知府季世法执行查办任务，在查办过程中，杨如兰深感许多人是无辜被捕杀，内心深感不安，便想罪一人而救众，在夜晚自焚其蚊帐和花名册，第二天自缚请罪，巡抚徐绩初闻惊怒，继而体察其良苦用心，感叹说："不惜一身以

---

① 欧阳哲生：《傅斯年全集》（第七卷），湖南教育出版社 2003 年版，第 35 页。
② 毛子水：《傅孟真先生传略》，载《傅孟真传记资料》（一），台北：天一出版社 1979 年版，第 7 页。

救万人之命，德量之宏，吾不及也。"① 在当时的环境下，杨如兰如此做法充分体现了其仁勇侠义情怀，反映了聊城区域文化的某些特征。杨如兰有子二人，其长子杨兆煜便是杨以增的父亲。杨兆煜，字炳南，嘉庆三年（1798）中举人，会试不第，以举人出任即墨县教谕，晚年辞职家居，孝亲训子。终于将杨以增教诲成才。

杨以增字益之，号至堂，道光年间（1882）中进士，长期在地方任职，1848 年升任江南河道总督，1853 年奉旨督防江北兼署漕运总督，次年又奉旨建立淮北盐务。杨以增考中进士后，初期在贵州、广西、陕甘等地任地方官，开始对书籍的收藏整理感兴趣，于 1840 年在家乡聊城建藏书楼，亲题其名曰"海源阁"，将收藏的精品图书存放其中。升任江南河道总督，官职设于清江浦（今江苏淮安市）。明清以来，江苏是淮河与运河交汇之地，亦是南北文化和文人学士会聚之地，据记载，仅清江浦一地就有名士修建的园亭山庄百余处，文化氛围十分浓厚，由此沿运河南行直达浙江，更是经济富庶，文化发达的地区，私人藏书家群星荟萃，如山阴祈氏澹生堂、江阴李氏得月楼、常熟毛氏汲古阁、宁波范氏天一阁、虞山钱氏绛云楼、昆山徐氏传是楼等皆闻名于海内。由于藏书者多是当时权贵，与朝廷政局、政治局面有密切关系，因此藏书聚散无常，乾嘉之际，黄丕烈百宋一廛藏书甲于天下。黄丕烈死后，其书多归于汪士钟艺芸书舍。同时，汪氏广泛收集顾氏小读书堆、袁氏五研楼、周氏水月亭上书等所藏之精华也归于汪氏。

杨以增任河南道总督期间，太平天国起义正经营江浙皖地区，与清军围绕南京及周边地区进行长时间厮杀，而江浙地区文化遭到破坏，私人藏书散佚严重，而在此任职的官僚则抓住此机会努力收藏书籍，如翁同书 1853 年任清军扬州大营帮办军务时，收集了数千卷经史秘籍孤本。② 杨以增对收藏书籍本来有兴趣，又遭战乱，私家藏书大批散出，他借近水楼台之便，对当地藏书广为搜求，购获甚多，清军将领也乘机抢掠书籍，经求售，杨以增的幕僚、亲友也为之购求，正如当时生活在杨以增身边的长子杨绍和所说："咸丰初，扬州始复，南北各军往来淮上，往往携古珍玩求

① 宣统《聊城县志》卷 8《人物志·杨如兰传》，第 142 页。
② 谢俊美：《翁同书传》，华东师范大学出版社 1998 年版。

售。"① 这些散落各地的书籍许多辗转归入杨以增，成为以后海源阁藏书珍藏本的基础部分。在以后不同时期又收集了一批珍籍。

杨氏家族除杨以增积极从各地收藏图书秘籍，修建海源阁外，继承此项事业者尚有其子孙杨绍和、杨保彝等人。杨绍和字彦和，号协卿。杨以增仲长，自幼聪慧，受到良好的家庭教育，又曾受名人学士的训诲，"年七岁以赋诗受知于林文忠公"②。林文忠公即林则徐，林则徐与杨以增数度共事，关系深厚，杨绍和自幼受教于林则徐，获益甚多。后又受教于知名学者包世臣、梅曾亮等人，1852 年中举人，1865 年（同治四年）中进士，历翰林院庶吉士、编修，逐步升为侍读、侍讲学士、充日讲起居注、文渊阁校理。杨绍和青年时侍于其父戎幕之中，一方面辅佐其父处理公务；另一方面继承其父的购书、整理藏书事业。杨以增去世后，杨绍和考中进士，入京城供职，继续购求古书旧籍，尤其是怡府乐善堂藏书散出后，杨绍和大力搜求，收获颇多。据他本人记述："今春［即同治五年（1866）］乐善堂书散出，予得明刊宋元人集及各子书善本百余种，而宋元本独鲜，惟此（指宋本《记类本草》）与韩、柳二集，元椠《尔雅》可称珍籍。"③ 杨绍和一生继承其父遗风，注意书籍的收藏和整理，海源阁藏书在此期间达到了鼎盛时期。

杨保彝系杨绍和之子，系海源阁第二代主人，1870 年中举人，曾任内阁中书，员外郎等职，后辞官家居，继续从事图书的收集和整理。杨保彝晚年无子，深知创业艰难，守成不易的道理，为了保存三代人收藏的图书秘籍不散失，系统整理了所收藏书籍的编目：《海源阁宋元秘本书目》和《海源阁书目》等。为防备后世族人争家产，累及藏书，开列书目、金石、书画等，呈请归入其祖父祠堂，子孙世守，毋许外人干预，至次年四月报东昌府以上诸级备案，各级部门分别加盖公章，发还杨氏保存。杨保彝的初衷是用这种办法保持几代人收藏的珍本书籍不流失，但因不久世局大乱，图书开始向北京、济南、天津等地流散，许多重要的文化典籍虽然从聊城流散到了各地，但大多数珍本在中华大地保存了下来，应该说这是杨

① 杨绍和：《金本〈新刊韵略〉题识》，《楹书隅录》卷 1，江苏广陵刻印社 1897 年影印本。
② 张英麟：《翰林院侍讲学士杨公墓志铭》，《聊城县志·耆献文证》，宣统二年（1910）刻本。
③ 李泉、王云：《山东运河文化研究》，齐鲁书社 2006 年版，第 223—224 页。

氏几代人对中华民族文化的传承作出的一大贡献。

四　对文化族群的认识和评价

胡适曾在给别人的信中议论人思想能力形成的原因，他说："做人的本领不全是学校教员能教给学生的，它的来源最广，从母亲、奶妈、仆役……到整个社会——当然也包括学校——都是训练做人的场所。在那个广大的'做人训练所'里，家庭占的成分最大，因为'三岁定八十'是不磨的名言。"① 胡适在这里强调的是人一生的思想、知识能力是在少年时期奠基，外来的影响除学校外，主要是社会和家族。考察聊城文化族群的兴起和发展，应该说许多因素都在起作用，但最主要的因素有以下几个：

1. 运河文化的孕育。明清时期聊城的世家大族多数兴起于明中期以后，其中任、朱、傅都发迹于清初，杨家则在清中期兴起。考其源流，首要原因是运河的开通和运河文化的孕育。自元代会通河通航，聊城便成为黄河与运河的交汇处，尤其是运河将南方的文化融汇后传到北方，与北方的地域文化相结合，大大充实和丰富了聊城区域文化的内容，运河文化在当时具有开放、融汇、功利的特点，尤其是科举文化发达，直接影响了聊城及周边地区，为这些地区的文化发展与繁荣创造了条件。明清时期，江南地区尤其是江浙地区文化的发达尤其是科考文化超过了北方，科考文化具有政治色彩，关乎士人群体政治生命。科考文化与北方文化融合深刻影响了聊城地区，为聊城地区的文化族群形成和发展奠定了基础。少年时期生活在聊城的傅斯年曾总结说："山东西部在当年并不是不济的地方。有一条运河和南北大道，所以当地是很富庶的。也就是因为当地富庶，一般工人和农民都不肯迁就地求事业，远不如东部人的精神（当时，山东东部的生计艰苦）。譬如就聊城县一地而论，聊城在当地是山东西部三大商埠之一（三埠是济宁、聊城、临清，商务在济南之上），又是山东西部直隶南部的'八股文化中心点'，于是地方上颇少刚气，而多怠性。……现在经济上一落千丈了，只有当时造成的恶根性存在着，妨害生活的发展。八

---

① 胡适：《来往书信选》（中册），中华书局 1983 年版，第 307—308 页。

股文化也无用武之地了，但仍用着旧精神妨害新文化的进来。"① 由于形成八股文化中心点，使这个地区的士人特别重视儒家经典的传授和八股文的写作，希望靠此途径获取功名，混上一官半职。虽然傅斯年所总结的是科考文化对聊城地区影响的过程，但是就运河文化对聊城文化族群的形成和发展而言，确实起了重要作用。

2. 儒家文化的熏陶。聊城地处山东西部，从地域文化来说，传统的儒家思想对这个地区的民风、民俗、士人阶层有深刻的影响，其对聊城文化族群影响主要具有以下几个方面：第一，初始阶段，致力于研习儒家经典，经科举取得功名，进入仕途，逐步升迁，进入统治集团核心。第二，恪守儒家信条，以忠孝节义相标榜。忠君、孝亲、敬老、爱幼、和睦家族、友爱乡里。第三，重视教育，尤其是重视儒家文化的教育，培养子女，进行封建道统的说教，使子孙代代成为三纲八目的典型，维持家族的名誉、地位、传承。第四，由于几个家族都遵奉儒家文化，世代从科举正途出身，又多是任亲民的官吏，所以各家族往往以忠正廉洁，率直敢为相标榜，各个时代都出现了一些忠臣廉吏，孝子贤士，这些人又多在家乡设立条教、制定乡规民约、表率乡里。由此形成了忠义贤良、勇敢向上的世风，造就和培育了一代又一代的贤良义士。

3. 传统理念和社会规则的制约。聊城自明代中期形成所谓"八大家"，他们兴衰荣枯的历史很有些像《红楼梦》的四大家族的兴衰，在兴衰过程中，这些文化家族除了依靠科举，激励子孙上进，入仕做官维持家族的权势和地位，同时八大家族之间利用姻亲、师生、世交等方式彼此维护，共荣共辱，很少出现像基层地主那样"一山不容二虎"，彼此恶斗，钩心斗角，势力倾轧，形成一强独霸的局面。互相维护，和平共荣既是文化家族的特征，也是八大家族长期共存的重要原因。这里仅以傅杨两家为例：傅氏傅以渐子孙傅廷辉与杨以增的父亲杨兆煜开始交往，关系密切，"性情气谊，大略相同，故投契最深，五三日不过从也，如是者二十年"②，杨以增将其父与傅廷辉的关系誉为"生死交"，杨以增与傅廷辉的两个儿子傅继勋、傅绳勋是"总解"终生关系密切。后来三人虽任官各地，但姻

---

① 欧阳哲生：《傅斯年全集》（第一卷），第371—372页。
② 屈万里：《敬悼傅孟真先生》，载《傅孟真传记资料》（一），台北：天一出版社 1979 年版，第105页。

亲和童年友谊将他们牢牢联系在了一起。所谓姻亲，傅氏兄弟的母亲和杨以增的妻子俱是聊城另一大家朱氏后裔，后傅绳勋的长女嫁给了杨以增之子杨绍和为妻，傅绳勋和杨以增成为儿女亲家。杨以增道光二十八年（1848）升任江南河州道总督，傅绳勋则于道光二十九年（1849）调任江苏巡抚，而傅绳勋此时则在安徽任职，先后任徽州、凤阳、太平府、安庆等地知府和安徽布政使。三人同在江苏、安徽地区任职，其乡谊、姻亲、世交等都加深了两大家族的世谊，直到傅氏兄弟的曾孙傅斯年一代，两家还维持非同一般的亲谊关系。据说杨氏海源阁藏书不对外开放，管理严格，一般人难得一观，而傅斯年却可以阅读。据了解内情的人回忆：傅斯年"因为和同城的杨家有亲戚关系，驰名海内的海源阁藏书，可以任他阅览。所以在他未进入北京大学之前，他已经'读书破万卷'了"①，说明傅杨两家的世谊延续了一百多年。其他家族则或更长。

总而言之，包括傅杨两家在内的聊城几个文化族群延续多则数百年，少则百余年，其重要原因是由运河开放文化的影响，以文化的传承，尤其是重视汲取运河文化科举文化内容，注意用科举文化培养人才，同时重视儒家文化的理念教化制约家庭成员，尊重社会规范准则，同时各家族相互维护，形成长期和谐共处、持续发展的局面。

---

① 杨以增：《映宸傅公传》，载曹景英、马明琴《海源阁研究资料》，山东友谊出版社1990年版，第286页。

晚清时期的衍圣公与微山湖
地区的"湖团案"*

王玉朋**

　　衍圣公是孔子的嫡长后裔子孙的世袭封号，并在中国古代社会长期享有贵族特权。① 清咸丰、同治年间，因争夺微山湖②西岸新淤湖田而引发的苏北沛县、铜山诸县与鲁西南移民组织（"湖团"）之间大规模冲突的"湖团案"，早已引起学界的广泛关注。③ 鲜为人知的是，作为山东运河区域享受各种政治和经济特权的权贵地主，衍圣公曾深度介入这场轰动数十

---

　　* 本文原刊于《中国国家图书馆馆刊》2021 年第 8 期。

　　** 王玉朋（1986—　　），山东肥城人，历史学博士，聊城大学运河学研究院讲师，主要研究方向为明清社会经济史。

　　① 自汉代以来，历代王朝对孔子后裔"优渥备加"，相继册封为褒成侯、宗圣侯、奉圣亭侯、崇圣侯、恭圣侯、文宣公。北宋至和二年（1055），宋仁宗将孔子裔孙的封号由"文宣公"改为"衍圣公"，掌奉至圣阙里庙祀。明代，衍圣公秩正二品，属官有掌书、典籍、司乐等职。清康熙六十一年（1722），衍圣公秩正一品。1935 年，国民政府改封孔子七十七代孙孔德成为"大成至圣先师奉祀官"。"衍圣公"的封号历经宋、金、元、明、清、民国，沿袭 880 年。

　　② 广义上的微山湖，由微山、昭阳、独山、南阳四个湖泊串联而成，故又统称南四湖。微山湖西岸也是晚清湖团案发生的所在地。

　　③ 池子华在《近代中国流民》（浙江人民出版社 1996 年版）从流民与近代中国社会关系的视角进行研究，将冲突归纳为淮北流民与江南土著之"文化冲突"相对应的"田产纠纷"。张福运《意识共同体与土客冲突——晚清湖团案再诠释》（《中国农史》2007 年第 2 期）以"意识共同体"作为分析框架，对冲突的诱因和本源做出解释，认为湖团案虽由田产纠纷而起，但症结是苏北土著"心怀不平"的嫉恨心态与排外意识，根源于两种基于差异性地域文化的意识共同体的冲突。

年的"湖团案"①。然而，此事却尚未引起学界的足够重视。有鉴于此，笔者利用孔府档案、中国第一历史档案馆所藏档案、清人文集奏疏等一手史料，对晚清衍圣公与湖团案的关系，以及衍圣公与山东湖团、沛县地方势力之间错综复杂的博弈关系展开研究。

一　渊源深厚：衍圣公与湖田之争

随着水文地理形势的变化，山东运河沿线水柜湖泊不断有肥沃的湖田涸出。这些数目可观的肥沃湖田是包括衍圣公在内的各方势力垂涎追逐的对象。仅以安山湖为例。明弘治八年（1495），刘大夏筑成太行堤，导致安山湖水源大减，渐失水柜蓄水作用，仅可作运河泄水湖。因此，自明代中后期起，安山湖就不断涸出湖田并被百姓垦殖。清顺治初年，黄河荆隆口决口后，洪水直冲张秋，鲁西南地区汪洋一片，安山湖被黄河泥沙淤成平陆。当时，战乱频繁，清廷军饷需用浩繁，不得不放任百姓侵占湖田，以抽税移作军费。康熙十八年（1679），清廷开始丈量被百姓垦种的安山湖湖田，并起科征税，田赋数据被载入《赋役全书》。此举意义重大，标志着清廷正式承认了民间垦殖湖田的合法性。在此期间，衍圣公凭借权势占垦肥沃湖田近 320 顷。然而，至乾隆年间，风云突变，在巡漕御史沈廷芳等人提议下，乾隆帝下旨剥夺衍圣公所占这数百顷湖田，并将其分配给无地穷民耕种。清廷剥夺衍圣公所占安山湖田的关键原因就是，"衍圣公所占湖田乃官地，非祖传世业"②。

为收回衍圣公所占湖田，清廷罔顾康熙十八年将衍圣公所占湖田载入

---

①　关于孔府庄园的研究，最早起于 1962 年开放孔府档案后，杨向奎（《明清两代曲阜孔家——贵族地主研究小结》，《光明日报》1962 年 9 月 5 日）、何龄修（《请看"圣人家的道德"——清代曲阜"衍圣公府"的高利贷剥削》，《光明日报》1964 年 9 月 11—13 日）等人讨论孔府高利贷剥削行为。20 世纪 80 年代初，何龄修等（《封建贵族大地主的典型——孔府研究》，中国社会科学出版社 1981 年版）、齐武（《孔府地主庄园》，中国社会科学出版社 1982 年版）等分别出版关于孔府地主庄园的专著。赖惠敏《清代山东孔府庄田的研究》（《"中央研究院"近代史研究所近代中国农村经济史论文集》，1989 年 12 月，后收入《清代的皇权与世家》，北京大学出版社 2010 年版）认为孔府虽存在较高租佃率，但不应以剥削称之。

②　沈廷芳：《隐拙斋集》卷 35《上宰执书》，《清代诗文集汇编》第 298 册，上海古籍出版社 2010 年版，第 494 页。

《赋役全书》并予以合法化的事实。在此之后，历代衍圣公吸取数百顷已垦殖成熟的湖田被清廷一纸令下就予以剥夺的教训。在历次的湖田争夺案中，衍圣公多次强调所争夺的湖田原本就是孔府祭田，冀望通过此举来强化争夺湖田的合法性，并多方途径来寻求来自官方的承认。在晚清湖田争夺中，孔府衍圣公与捷足先登的"湖团"以及江苏沛县地方土著之间围绕湖田争夺所引发的错综复杂的利益纠葛，更是值得寻味。

衍圣公与微山湖西岸土地的历史渊源由来已久。照衍圣公所言，孔府所辖的一块祭田地处微山湖区中的昭阳湖一带。昭阳湖，又名刁阳湖，位于南阳新河下游，上承嘉祥、济宁、金乡等九州县坡水及鱼台、滕县等州县泉水，汇聚而成大潴。昭阳湖最初位于运道东侧，可输水接济运道。明嘉靖末年，黄河东决，由运道冲入昭阳湖，阻断漕运。嘉靖四十五年（1566），工部尚书朱衡于昭阳湖以东开挖新运河以避黄河之险。自南阳新河开通后，旧运道被废弃，昭阳湖移至运道西岸。由于运河阻截了大量东来之水，昭阳湖收水量大减，由此前向运河济水的水柜变为收蓄运河余水的水壑。正如地方志所载：南阳新河开通后，"运道东徙，汶、泗、沂、漷载之高地而行，西岸诸湖，止以减水而不以进水"[1]。伴随来水的减少，明代后期开始，微山湖区（包括昭阳、微山、南阳、独山）就不断出现新淤湖田，随之引发的湖田争夺也愈益激烈。

据孔府档案记载，历代衍圣公多次强调孔府于江苏沛县的昭阳湖祭田原本就属于元代钦拨祭田，包括秦家庄 60 大顷，刁阳里 3000 大亩。这一说法是历代衍圣公在沛县一带争夺湖田的法理基础。这些祭田位于昭阳湖一带，"上接山东南阳湖，下与微山湖相通，地势本极低洼，向为下流汇聚之所"。遇雨水丰沛年份，祭田大面积被湖水淹浸。此外，沿湖百姓侵占湖田，甚至波及孔府祭田。这两个因素导致孔府在沛县一带的祭田迷失问题比较突出。[2]

清顺治七年（1650），黄河于封丘荆隆口决口，张秋以下河堤溃决，鲁西南地区被大水漫灌，昭阳湖水势更是漫涨。衍圣公孔兴燮赶忙派人勘

---

① 乾隆《兖州府志》卷18《河渠志》，《中国地方志集成·山东府县志辑》第71册，凤凰出版社 2004 年版，第365页。

② 骆承烈等：《曲阜孔府档案史料选编》第三编第六册，齐鲁书社 1983 年版，第484—485页。

察祭田损失情况。孔兴燮指出，秦家庄祭田只存 30 顷，其余 30 顷及刁阳里 3000 大亩已迷失不存。康熙十六年（1677），衍圣公孔毓圻向河道总督靳辅求助，请求帮助规复迷失祭田。他指出，孔府规复祭田遭到江苏地方势力联合抵制，沛县百姓"坚不肯吐"。在靳辅处未得到有效帮助后，孔毓圻又向刑部尚书徐乾学书信求助：沛县刁阳里四氏学田 3000 大亩，"系历朝拨赐以赡士子者，碑志疆界凿凿可据"，久为沛县百姓侵占。在信中，孔毓圻恳求徐乾学写信与靳辅幕僚陈潢，嘱咐陈潢给予有力帮助。孔毓圻甚至向徐乾学承诺："事成亦必有以报。"[①] 这次衍圣公孔毓圻动用政治资源，向朝中官员求助，规复祭田成效显著。在朝中官员关照下，孔府派生员孔兴櫢、屯官王可伦等，重新确定这块有争议的祭田的地界四至，其中秦家庄地段东至童儿沟，南至谋德，西至刘家窑通，北至东西井。昭阳湖祭田 3000 大亩也得以规复。[②]

此后，历代衍圣公曾多次试图通过规复迷失祭田的名义，提出占垦独山、蜀山等水柜新淤湖田的诉求。此举与清廷设水柜济运的国策相矛盾，直接导致衍圣公占垦蜀山、马踏等水柜湖田计划的落空。然而，清代的昭阳湖早已丧失蓄水济运的水柜功能，垦殖湖田在很大程度上并不妨碍运河漕运的正常开展。围绕昭阳湖湖田争夺，一直存在着衍圣公与江苏沛县地方势力的激烈博弈。

或许是为了安抚衍圣公此前争夺湖田多次失利的情绪，清廷决定将存在归属争议的昭阳湖湖田划归衍圣公。嘉庆十四年（1809），嘉庆帝下旨令山东巡抚百龄、河东河道总督马慧裕、江苏巡抚汪日章协助衍圣公查补沛县的迷失祭田。然而，由于沛县地方势力的强烈反对，规复沛县祭田难度很大，"湖水淹溢沉没沙滩者，固亦有之"，加之"久经豪强吞据，往返公牍，辗转经年，迄无成效，事几于寝"。[③]

但是，在国家权力的强烈介入下，尤其是两江总督百龄的鼎力支持，终于使得衍圣公在沛县祭田规复上取得重大进展。嘉庆十六年（1811），两年前协助衍圣公查补沛县祭田的山东巡抚百龄已升任两江总督。衍圣公孔庆镕再次看到查补祭田的希望，随即向两江总督百龄求助。百龄饬令沛

① 骆承烈等：《曲阜孔府档案史料选编》第三编第八册，齐鲁书社 1983 年版，第 20 页。

② 骆承烈等：《曲阜孔府档案史料选编》第三编第六册，第 528 页。

③ 骆承烈等：《曲阜孔府档案史料选编》第三编第八册，第 134 页。

县知县郑其忠、徐州府铜沛厅王元佑等清理祭田，追还刁阳里祭田 8 大顷余，计小亩 2500 余亩。为感谢百龄规复孔田，孔庆镕特立碑于孔庙金声门下，叙述规复沛县祭田的过程以及祭田四至等信息。这块碑成为此后解决祭田纠纷的重要法理依据。①

二　无暇顾及："湖团案"的发生以及当时的衍圣公

咸丰元年（1851）夏，黄河潘龙集决口，江苏沛县县城被泥沙淤没，遭灭顶之灾。洪水汇集微山湖区并引发湖水漫溢，波及鱼台、铜山等州县。咸丰五年（1855）夏，黄河铜瓦厢大决口，夺大清河河道入海。这次黄河大改道后，微山湖西岸的铜山、沛县淤出面积庞大的湖田。这些新淤湖田，"南迄铜山，北跨鱼台，绵亘二百余里，广三四十里，或二三十里"②。

黄河改道带给河南、河北、山东巨大灾难，并出现大批无家可归的灾民。其中流离失所的山东灾民无以为生，被迫迁至微山湖西岸的江苏沛县等处占垦湖田。咸丰五年九月，首批曹州难民在孔府平阳屯屯官唐守忠率领下抵达沛属微山湖西岸，结棚为屋，持器械自卫，设首领自雄，垦殖涸出湖滩。当时，灾民占垦湖田之地，正是太平天国军队北伐所经之地，又加上当地备受捻军等地方农民军的袭扰，地方秩序动荡不堪。基于恢复当地社会秩序和安定灾民的双重考虑，徐州官府准许这些外来的山东灾民按地亩缴租，逐渐承认移民垦殖湖滩的合法性。

在此期间，徐州官府清丈微山湖西岸湖滩荒地 2000 余顷，设湖田局，招募灾民有偿垦种。在看到徐州地方官府承认占田合法性之后，山东曹州、济宁州各县乡民闻讯后蜂拥而至，很快集聚至数万人。移居外地的山东客民自发围绕组织者，以原居地乡村集市圈为中心，结成组织严密的自卫组织。是时适逢捻军起事，各地组织团练保卫桑梓，这些移民组织遂被

① 《嘉庆十九年复沛县祭田碑》，载杨朝明主编《曲阜儒家碑刻文献辑录》（第 2 辑），齐鲁书社 2015 年版，第 378—380 页。
② 同治《徐州府志》卷 12《田赋考》，《中国地方志集成·江苏府县志辑》第 61 册，第 404 页。

呼作"湖团"①。

然而，发展到后来，围绕湖田争夺，这些抢占湖田的山东湖团与江苏土著开始发生各种纠纷，屡次出现大规模械斗，甚至造成重大人员伤亡。例如，同治三年（1864）六月，为报复沛民在械斗中打死两名团民，义愤填膺的大批团民连杀沛民20余人。偏袒沛民的漕运总督吴棠派兵镇压，杀死团民1000余人。② 在此种情势之下，清廷紧急派官员前去解决日渐尖锐的湖田之争。咸丰七年（1857），南河河道总督庚长派下属勘察湖西新淤湖田。勘察获知，湖团占垦新淤的湖田南起江苏铜山境内荣家沟，北至山东鱼台县界，东起微山湖西岸，西至江苏丰县界，统共湖田2000余顷。客居湖团以首事为团长，总共七团。这七个湖团所占湖田，其中铜山县境湖田分配格局——刁团58顷58亩余，睢团75顷27亩余，南赵团31顷90亩余，于团294顷3亩余，王团618顷43亩；沛县县境湖田分配格局——唐团820顷15亩余，北王团205顷81亩余，赵团125顷45亩余，新团400顷余。在新淤湖田分配格局固定下来后，庚长继续清丈湖田并招佃垦殖，分为上、中、下三等——"上则地价每顷三十千，年租每亩钱八十；中则地价每顷二十七千，年租每亩七十；下则地价每顷二十四千，年租每亩六十"。河道总督庚长确定山东湖团所占湖田四至的一系列举动出发点是通过划定湖田四至的方式减少湖团与土著的湖田纠纷，却在无意之间代表朝廷承认了湖团占垦湖田的既成现实。③

至同治五年（1866），两江总督曾国藩开始出面调解日渐白热化的土客冲突，并驱逐"通匪"的刁、王团民返回山东原籍。曾国藩重新清丈两团所遗湖田面积（刁团123顷，王团618顷），并将这批面积庞大的湖田用作沛县、铜山修理衙署、城垣、书院以及地方善举之费。④

上文已经提及衍圣公在微山湖西岸有大片祭田。这片祭田恰巧位于湖团与沛县土著争夺的湖田范围之内。因此，孔府衍圣公是与"湖团案"有着密切关系的一方。那此时的衍圣公却为何没有及时介入新淤湖田的争夺

---

① 张福运：《意识共同体与土客冲突——晚清湖团案再诠释》，《中国农史》2007年第2期。
② 侯仰军、张勃：《微山湖西岸移民述略》，《齐鲁学刊》1997年第2期。
③ 民国《沛县志》卷11《田赋志》，《中国地方志集成·江苏府县志辑》第63册，第134页。
④ 同治《徐州府志》卷12《田赋考》，《中国地方志集成·江苏府县志辑》第61册，第405页。

呢？细究之下，不难发现，这种局面的出现与当时北方地区动荡的社会局势以及孔府所面临的生存危机密不可分。

咸丰元年八月，黄河于丰县决口，鲁西南地区受到洪水波及，田亩汪洋一片。孔府的大批庄田未能幸免，也被洪水冲没。时任衍圣公孔繁灏（1806—1863），字文渊，号伯海，孔子第 74 代嫡孙，道光二十一年（1841）袭封衍圣公。在"湖团案"爆发的同时，太平军、捻军等农民军长期袭扰鲁西地区，其中捻军在曲阜一带的活动更是从咸丰六年（1856）持续到同治七年（1868），长达 12 年之久。在太平军、捻军带动下，山东地区掀起农民运动的高潮，其中以宋继鹏等人为首的白莲教队伍长年活跃于曲阜、邹县一带，甚至一度将曲阜境内祭祀孔子的洙泗书院悉数焚毁。咸丰十年（1860）十月，捻军主力在当地农民军引导下，攻入曲阜东北乡，焚毁孔庙、孔林的一部分，危及孔府安危。衍圣公孔繁灏束手无策，紧急向督办山东军务的德楞额等求援，方勉强度过危局。[1] 同治二年（1863），农民军再次围困曲阜，衍圣公孔繁灏不得不组织军队对抗农民军，"登陴巡守，近日不遑，致成湿热下注之疾，腿肿气喘，动辄剧增"，直至去世。[2] 可见，就在湖团案发生的同时，衍圣公孔繁灏及曲阜孔氏族人面临着极为严峻的生存危机。孔繁灏忙于组织团练等地方武装以抵御农民军发动的连续进攻，根本无暇顾及微山湖西岸的湖田之争。

三 大局已定：衍圣公介入"湖团案"的受挫

（一）出师不利

同治二年，衍圣公孔繁灏因在抵抗农民军期间身体、精神高度紧张，承受巨大压力，拖垮身体，最终患急病去世。其子孔祥珂袭封衍圣公。孔祥珂（1848—1876），字则君，号觐堂，孔子第 75 代嫡孙。孔祥珂袭封衍圣公后，北方政治形势渐好，清廷逐渐控制局面，社会秩序渐趋稳定。同治三年（1864）六月，天京沦陷，活跃十余年的太平军终于被镇压下去。

① 江地：《孔府档案中有关太平天国和捻军的资料》，载《清史与近代史论稿》，重庆出版社 1988 年版，第 241—253 页。

② 骆承烈：《孔府档案的历史价值》，《历史档案》1983 年第 1 期。

清廷开始抽调清军主力着手镇压活跃于北方的捻军等农民军队。至同治六年（1867），活跃于北方的捻军被彻底镇压下去。

在解除农民军的威胁之后，衍圣公孔祥珂开始有精力去试图规复微山湖西岸的祭田。然而，此时距湖团占垦西岸新淤湖田已近十年，且在清廷调解下，初步形成湖团与沛县土著瓜分湖田的格局。显然，孔祥珂现在提出规复祭田的诉求，势必会遭到湖团、沛县的激烈反对。

在孔祥珂试图规复湖田期间，两江总督曾国藩在其中扮演了一个关键性的角色。曾国藩曾深度介入湖团、沛县的湖田之争，并将与捻军关系密切的南王团、刁团驱逐回山东原籍。因此，曾国藩熟稔微山湖西岸的湖田归属。在与湖团、沛县之间的湖田争夺期间，衍圣公孔祥珂与曾国藩一直保持着较为亲密的私人关系。同治五年（1866）二月，曾国藩曾有一次日程紧凑的曲阜之行，并亲自拜谒了孔府、孔林。其间，他受到孔祥珂的热情接待。孔祥珂特意带曾国藩参观孔府所藏的古乐器等珍宝。曾国藩的曲阜之行颇为愉悦，特赠对联与孔祥珂以表示感谢，曰："学绍二南，群伦宗主；道传一贯，累世通家。"① 曲阜之行结束后，两人继续保持着密切的书信往来。岳麓书社版《曾国藩全集》就收两人往来书信多达 11 封之多。最早的书信曾国藩写于同治五年（1866）五月初三日，最晚的书信写于同治十年（1871）五月初七日（距曾国藩去世仅半年）。② 与两江总督曾国藩有着较为亲近的私人关系，对于衍圣公孔祥珂与湖团及沛县土著间展开的湖田争夺无疑是有利因素。孔祥珂在一开始也似乎对沛县境内的祭田之争充满着信心。

同治六年三月初五日，衍圣公孔祥珂咨会徐海道高梯，告知沛县秦家庄、刁阳里两处祭田于咸丰年间黄河改道后已经涸出，要求规复祭田。③ 其间，孔祥珂专程写信与两江总督曾国藩寻求支持。曾国藩高度重视来自衍圣公的诉求，并表示已饬令徐海道高梯前去确查，"俟查有端倪，再行履勘拨还"④。

在新淤湖田瓜分殆尽的情况下，孔祥珂试图以规复祭田的名义获取湖

---

① 曾国藩：《曾国藩全集》第 18 册"日记之三"，岳麓书社 2011 年版，第 262 页。
② 曾国藩：《曾国藩全集》第 29—31 册。
③ 骆承烈等：《曲阜孔府档案史料选编》第三编第六册，第 170 页。
④ 曾国藩：《曾国藩全集》第 30 册"书信之九"，第 190 页。

田，明显已经晚了一步。此举直接危及山东湖团、沛县土著势力的既得利益，遭到他们的一致抵制。同治六年（1867）十月，山东湖团汇报高梯，沛县境内各湖团并无刁阳里地名，祭田是否被占垦，或被抛荒，已无法查丈。沛县县令王荫福也回奏，沛县境内的孔府祭田仍被水淹，未曾涸出。孔府祭田在未遭洪水前，均有四至石界，遭洪水后，泥沙淤积，石界不存，"未涸之地一片汪洋，已涸之地无处确指"①。

孔祥珂对沛县、湖团的答复表示不满，随即委派刘象乾等人前去勘察湖田以寻找有利证据。孔府在勘察后得知，祭田坐落唐团内，"现有元黄字号退约凿凿可凭"，有土著老人郝自扬等熟悉底蕴为证。而秦家庄即为秦家，坐落王团寨外。孔府的勘察直接指出祭田就在湖团所占湖田范围之内。孔祥珂认为，涸出田亩乃"有证有据之祭田"，再次写信与两江总督曾国藩"迅再饬府县详加确查"，"务须查出，归还本爵，俾得招佃耕种，租课扩充，祀典不废"。收到孔祥珂申诉，曾国藩札饬高梯确查祭田孔府所言是否属实。曾国藩重视孔府诉求，再次表示只要证据查实，就将湖地拨还孔府。②

高梯，字良谟，号云浦，江西彭泽人。咸丰七年（1857），在乡办团练期间，高梯上书曾国藩，获得赏识，得襄赞戎政，后入李鸿章幕府。同治六年，曾国藩推举江南贤员，"（高）梯列清官第一"，上奏朝廷授其为徐海道，赏加按察使衔。高梯于徐海道任上多行善政，受到徐州府百姓爱戴。后积劳成疾，卒于任上，享年41岁，入祀徐州昭忠祠。③在收到曾国藩命令后，徐海道高梯很快与沛县、丰县县令赴唐团核查。湖团团董回应，衍圣公所派委员刘象乾只说祭田位于唐团之中，却无法指出确切的坐落位置。为更有力反击孔府的说法，各团团董齐赴湖团外村庄并向年老土著询问祭田的四至。这些年老土著均言，昭阳湖西并无祭田。其中孔府的年老屯户黄振岗等称，孔府于沛县刁阳里确有屯田3000大亩，夏镇以西的秦家庄至刘家窑通一带也有屯田，均以石柱为界。然而，刁阳里、秦家庄两处屯田均被淹成湖。高梯等人带屯户黄振岗等同赴刁阳里逐一查勘，童儿沟等处均成大湖，石界沉入水底，无从探验。高梯据黄振岗等确指屯

---

① 骆承烈等：《曲阜孔府档案史料选编》第三编第六册，第211页。
② 骆承烈等：《曲阜孔府档案史料选编》第三编第六册，第526页。
③ 同治《彭泽县志》卷11《宦迹》，同治十二年刻本，第18页。

田地段方向绘成图说，上报曾国藩。第一次调查沛县祭田草草收尾，孔祥珂提出的祭田证据，被沛县及湖团推翻，自然没有获得想要的湖田。

事情并未到此为止。同治七年（1868）四月，徐海道高梯赴沛县查核土著老民郝自扬等所呈退约，均没有祭田字样。他又查验老民黄振岗等所呈四氏学抄发印册告示，乃三界湾屯田底册，合计数目3700余亩。最后，他查验府县志书，均未于此处载有祭田内容。这次他更加坚定认为衍圣公孔祥珂所提供的证据存在猫腻。高梯顿觉蹊跷，遂传讯黄振岗、郝自扬等当地绅民。这些绅民均指出刁阳里、秦家庄祭田等处皆入大湖，与沛县、丰县县令所勘图说相符。高梯核查孔祥珂提供的旧卷所载秦家庄位于运河以西。而黄振岗等土著所云秦家庄在运河之东。衍圣公、沛县土著所言的秦家庄是为两个地址，地名存在疑点。最终，经高梯多次提讯，郝自扬等最终供认：衍圣公所派的委员刘象乾为争夺湖田，串通沛县土著作弊，将冬季勘查的湖田说作祭田，并许诺事成后将这些湖田分给黄振岗等人租种。① 至此，事情真相大白，孔祥珂所言祭田坐落唐团之内有退约可凭以及年老土人郝自扬等熟悉底蕴之说并不可靠。

为夺取湖田，孔祥珂提供祭田证据并不坚实，所派委员刘象乾甚至试图通同沛县土著作弊，结果却被徐海道高梯识破。在这次调查过程中，高梯并未采取任何偏袒衍圣公的举动。我们尚不清楚曾国藩对于高梯的调查工作是否满意。但是，在高梯处置衍圣公湖田纠纷案期间，曾国藩在私人场合评价高梯乃"诈人也"②。不知这种评价跟高梯在处置湖田纠纷中的表现有无关系。

（二）沛县的反击

衍圣公孔祥珂试图夺取沛县境内新淤湖田的做法，也遭到沛县方面的强力抵制。沛县县令王荫福等人密切关注着孔祥珂所派委员刘象乾的一举一动。经过周密调查，他们发现，刘象乾竟拉拢此前因"通匪"而遭曾国藩逐回山东原籍的王团、刁团民众。刘象乾怂恿这些湖团重返沛县，并允诺事成后发给湖田耕种。

---

① 骆承烈等：《曲阜孔府档案史料选编》第三编第六册，第530页。
② 赵烈文著，廖承良整理：《能静居日记》，岳麓书社2013年版，第1102页。

在获取可靠证据后，王荫福赶忙将这一消息密报徐海道高梯。闻讯后，高梯密访发现刘象乾果然在秘密拉拢被驱逐回山东的不法湖团。在掌握证据后，高梯怒斥刘象乾的所作所为。他重申，两江总督曾国藩费尽周折将"通匪"的王、刁湖团逐回山东原籍。此后数年，山东客民与沛县土民暂时结束争斗，得以相安无事。孔府委员刘象乾竟胆敢召集被驱逐的王、刁湖团团民欲返沛县垦种湖田，必将滋事生患。

孔祥珂对刘象乾表现极为失望，紧急另派委员吴丞炘将其替换。上任后，高梯郑重告知吴丞炘，孔府所言张家洼等处坐落新团地方，已为沛县百姓领种。他强调，孔府旧卷内并未提及张家洼地名，此前查办的三界湾等处祭田，均已沉入湖中。高梯警告吴丞炘，山东百姓多人被刘象乾煽动后已寄居魏团，必滋事端。若导致混乱局面，不仅孔府委员难辞其咎，衍圣公也会受到牵连。高梯要求吴丞炘速将已逐的团民遣返山东原籍，不准逗留沛县。吴丞炘无可奈何，只好狼狈地返回孔府销差。

由此可见，在湖团、沛县将微山湖西岸新淤湖田瓜分殆尽的情况下，衍圣公孔祥珂再去恢复湖田所遇的阻力很大。孔祥珂及所派下属提供的证据漏洞百出，甚至被抓住私通不法湖团的把柄。最终，同治七年（1868）闰四月，两江总督曾国藩不得不咨明孔府，要求孔祥珂所派委员刘象乾速将山东流民刻日遣散回籍，"倘敢逗留生事，定惟刘象乾是问"。孔府争夺湖田的企图再次落空。①

在这次争夺湖田过程中，衍圣公孔祥珂可谓颜面尽失，狼狈至极。同治七年五月，孔祥珂写信与两江总督曾国藩进行辩解以挽回颜面，大致内容如下：

第一，孔府委员刘象乾召集王、刁湖团回沛县待垦，系唐团团首唐锡龄诬告。

这是最要害的问题。自黄河丰工漫溢后，原本沉入湖中的沛县祭田已全行涸出。咸丰年间，孔府平阳屯屯官唐守忠以规复祭田之名率山东百姓赴沛县抢种涸出湖田。当时，衍圣公孔繁灏担心唐守忠等滋事作乱，派员将其所领屯官钤印追缴，并撤其屯官之职。不久，捻军、太平军纵横十余年，孔府无暇查办，而唐氏势力趁机垦殖湖田。此后，唐守忠死于对抗捻

---

① 骆承烈等：《曲阜孔府档案史料选编》第三编第六册，第542页。

军之战，被朝廷褒扬。孔府遂放弃清查唐氏垦殖的湖田。唐守忠子锡龄见刘象乾赴唐团勘察祭田，担心湖田划归祭田，遂造谣刘象乾召集已逐回原籍的王、刁湖团返回待垦，并致书沛县县令。他认为，唐锡龄是想嫁祸于刘象乾及孔府。孔祥珂在信中替刘象乾辩护，"委员刘象乾断不能如此大胆，预招驱逐通匪之王、刁团前来待垦"，并请曾国藩饬下属查明在魏团待垦逗留的山东百姓，究竟是何人召集，以洗刷衍圣公和刘象乾的不白之冤。

第二，沛县迷失祭田坐落问题。

孔府于沛县的迷失祭田，实际就坐落在唐团范围之内。针对如此关键的问题，孔祥珂给出的理由却很牵强："如果不在唐团，别团内并无一言，仅唐锡龄造言生事，其中情节显而易见。"

第三，沛县土民口供矛盾问题。

沛县土民郝自扬供称，孔府委员刘象乾嘱咐以退约为据，许诺给田垦殖。孔祥珂指出，刘象乾查访祭田，郝自扬自行呈出存有元黄字号退约。郝本系孔府佃户，并非刘象乾怂恿嘱托。孔府找郝自扬查对。郝自扬称，堂讯时遭沛县县令刑讯逼供，被掌责 120 下，杖责 200 下，不准供称祭田，并一直严押。总之，孔祥珂认为，沛县县令担心新涸湖田划归孔府，故造谣言。[①]

可见，孔祥珂在信里更多的是苍白无力的辩解，却未能举出新涸湖田即为祭田的坚实证据。孔祥珂最终未能实现规复沛县祭田的愿望。为抚慰衍圣公的失落情绪，徐海道高梯提议拨新团公田 8 顷作为祭田。议上，两江总督曾国藩认为此议甚为妥当，遂下令尽快办理。高梯转饬沛县县令王荫福查办，并与新团董事惠师箴等于该团公田内，择上等 8 顷，按章程每亩地租 180 文，计每年地租共钱 144 千文，分麦秋二季由沛县代收，以同治八年（1869）麦秋为始，按则起租，由孔府派员领回，用于祭祀典礼。[②]

需特别指出两点。第一，此次拨给孔府的 8 顷湖田，"系属官亩，每百亩为一顷"。嘉庆十九年（1814），两江总督百龄查还孔府的 8 顷湖田，"每三百亩为一顷"。两次拨田，田亩数目相差悬殊。第二，孔府并不与租

---

① 骆承烈等：《曲阜孔府档案史料选编》第三编第六册，第 541—542 页。
② 骆承烈等：《曲阜孔府档案史料选编》第三编第六册，第 534 页。

地佃户发生直接联系。湖田招佃，由沛县县令谕新团董招佃，造送佃户花名细册交沛县备案。租地佃户所交地租并不直接交与孔府，而由沛县代收后转交孔府。① 可见，孔祥珂费尽周折去规复祭田最终却象征性获得 8 顷湖田。这无疑是一次很失败的经历。

四　皇权介入：规复祭田的新动向

光绪二年（1876），年仅 29 岁的孔祥珂去世，5 岁幼子孔令贻袭衍圣公位。年幼的衍圣公仰赖时年 24 岁的寡母彭氏抚养。彭氏为七十五代衍圣公孔祥珂原配夫人，武英殿大学士工部尚书彭蕴章的孙女。孔府突遭变故，宾客散尽，家族里一些野心勃勃的人伺机乘孤危之际，企图夺嫡。彭氏含泣自立，仰赖家族中的正直人士襄赞，才得以平稳度过危机。② 见孔府陷入危机，逐渐有正直的朝中大臣上奏请求朝廷插手年幼的衍圣公孔令贻的教育及家族事务。后来，在光绪皇帝及朝中大臣的直接参与推动下，终于使孔府扭转沛县湖田争夺的被动局面。

光绪十五年（1889）六月，翰林院编修王懿荣奏言，衍圣公孔祥珂中年而逝，孔府陷入混乱：

> 外戚任事，家用不康，拆毁墙屋，遭罹火灾，书籍图录，散亡殆尽，加以恩赐田产百户把持，任意出纳，锢弊日深，渐多迷失。

他强调，现任衍圣公孔令贻"年甫弱冠"，应为其遴选名师，讲习教育。孔府田产，蒙混多弊，积重难返，须官府出面清理，"定出入，供粢盛"。他建议敕下山东巡抚张曜选择经明行修之士，严课孔令贻读书，并妥派一道府大员会同地方官清理孔府地亩。③ 王懿荣的提议获翰林院掌院

---

① 骆承烈等：《曲阜孔府档案史料选编》第三编第六册，第 535 页。

② 姚金笛：《衍圣公的婚姻及夫人之表现》，载杜泽逊主编《国学茶座》第 4 辑，山东人民出版社 2014 年版，第 40—52 页。

③ 王懿荣著，吕伟达主编：《王懿荣集》卷 1《训饬衍圣公向学并饬整理衍圣公府地产疏》，齐鲁书社 1999 年版，第 35—36 页。

学士徐桐支持，并转奏光绪帝。①

这年，慈禧太后归政，19岁的光绪帝刚刚大婚并开始亲政。年轻的光绪帝有着与同龄人孔令贻相似的人生境遇。览奏后，光绪帝颇为同情孔府现状，特谕令山东巡抚张曜按王懿荣所奏处置。在延请名师教育孔令贻后，张曜派布政司、兖沂曹济道等属官详查孔府田产数目及坐落地方。他强调，查核令沛县等县学官"约同公正绅士，逐一清查，以免书役下乡，致多弊混"②。待湖田清理清晰，由地方官详加整顿。张曜还札饬兖沂曹济道查办孔府坐落于沛县的祭田缺额2000余顷。

然而，湖田清理工作尚未推开，张曜就不幸病故，新任巡抚福润未能接续清理。时隔五年后的光绪二十年（1894）十一月，翰林院侍读王懿荣再次上奏光绪帝，并提出清查方案：

> 其确为水淹压荒废不堪耕种者，可否遵照列圣谕旨拨补之例，恩准偿还，归入免科田地旧典项下，免其租税，并饬各属各州县出示晓谕，仍令原业地户认佃承种，不为丝毫科罚，转滋纷扰。如实在佃种不力，仍令于该处就近另择居民招认佃种，官为酌办，以复该府祭田地产之旧。③

奏上，这次光绪帝重视王懿荣的提议，很快下旨户部、两江总督、山东巡抚清查案卷、调册，委派精干人员赴江苏清查孔府祭田。十二月，江宁布政使瑞璋、候补道于宝之、沛县知县马光勋等官员以及孔府屯官唐锡馨等人，齐赴铜山、沛县以所呈清册勘查孔府祭田。这些官员召集沛县土著，以及唐团、王团等各湖团董事讯问，得到结果仍与此前孔府提供证据相左。沛县土著供称，从未领种湖田，"不知何人捏伊之名填册具禀赴公府投递？"他们供称："祭田多寡，坐落何处，伊等均不知悉，亦不能指出确据。"各湖团董事坚称："自咸丰年间来团垦荒后，不知何处有公府祭

---

① 中国第一历史档案馆藏档：《奏为代侍讲衔编修王懿荣奏请训饬衍圣公向学并整顿公府地产事》，光绪十五年六月十八日，翰林院掌院学士徐桐，档号：03-5551-047。

② 中国第一历史档案馆藏档：《奏报遵旨整理衍圣公孔令贻田产》，光绪十五年十一月二十七日，山东巡抚张曜，档号：03-6521-007。

③ 王懿荣著，吕伟达主编：《王懿荣集》卷1《重疏前整理孔子祭田并清查地产疏》，第44页。

田。"支持孔府规复湖田的唐团董事唐锡鍪早已病故，更是无从查对。这次官方调查声势浩大，得出的结论依旧对孔府及衍圣公不利，甚至孔府所呈祭田图册的合法性也受到众人质疑。最终，调查团勘察后一致认为，孔府的沛县湖田仍处湖心，未曾涸出。

眼看孔府湖田清理工作就要失败。但这次湖田清理工作由光绪帝亲自下旨并督促，因此于宝之等官员决定强行调拨各个湖团所占部分湖田匀给孔府，凑足孔府祭田沉入湖心的秦家庄 60 顷，刁阳里 3000 大亩。具体方案如下：

> 除同治八年已拨八顷外，其余一百四十二顷，以赵王团中则地五十五顷，唐团中则地二十五顷，睢团中则地六十二顷，分补刁阳里、秦家庄之数。查此项屯地，前据屯户黄振岗等供明，每年租钱四十五文，今照中则每亩每年应征租钱七十文。是以湖心无着之田，易此中则地亩，租复加增，似于公府获益为多。至于各团租户承种已久，舍此别无谋生，所有现拨各租，请仍由局征，不另换田佃。庶各团既可安业，而地方亦免多事矣。①

于宝之提出的湖田处置方案获得两江总督张之洞鼎力支持。张之洞强调将各湖团上则之地拨补凑足 150 顷。他指出，各湖团上则之地，"每亩均作钱一百文核计"，每年计租钱 1420 串，由徐州道"就他项充公湖田租价之内酌量拨补凑足此数"，"由衍圣公派人赴徐州道领取"。②

同治、光绪年间，在微山湖西岸新淤湖田被外来湖团、苏北土著瓜分殆尽的情况下，衍圣公以强势姿态介入湖田争夺，遭受到了强大的阻力。最终，在光绪帝下旨过问以及两江总督张之洞等要官调停之下，孔府在证据不足以及地方势力强力阻挠下，获得上则湖田 150 顷。这场持续近半世纪的孔府衍圣公与湖团势力、苏北土著之间的跌宕起伏的湖田之争终于落下帷幕。在某种意义上讲，衍圣公势力争夺微山湖地区的湖田仍属于"湖团案"的后续组成部分。衍圣公获得部分湖田之后，使得微山湖西岸新淤

---

① 骆承烈等：《曲阜孔府档案史料选编》第三编第六册，第 215 页。

② 张之洞：《张文襄公全集》卷 42《衍圣公府祭田查明拨补折》，《近代中国史料丛刊》453 册，台北：文海出版社 1966 年版，第 3041 页。

湖田最终形成了客居湖团、苏北土著、衍圣公势力三方瓜分的稳定格局，进而确保了这一地区的社会局势稳固。

结　论

马俊亚教授研究淮北经济史时指出："在淮北，行政权力决定人的社会地位，掌握着财富的分配。"① 掌握核心权力的高官以至皇帝，是湖田分配权的最终裁决者。乾隆初年，安山湖已无法充当水柜。乾隆帝一纸诏书将湖田分配给沿湖贫民垦殖，并剥夺孔府经营数十年的数百顷湖田，不顾康熙十八年（1679）湖田合法化的事实。因此，王家范教授评价中国传统社会土地私有产权是不充分、不独立、不完全的。②

而在黄河铜瓦厢改道之后，传统的运河漕运在轮船、铁路等近代运输方式冲击下，地位一落千丈，国家政权将精力移至沿海地区，国家政权高度介入的山东运河区逐渐边缘化。③ 因应对战乱，衍圣公孔繁灏无暇顾及湖田之争。在新涸湖田被湖团、苏北土著瓜分殆尽的情况下，衍圣公试图以规复祭田名义争夺湖田，侵犯到湖团、苏北土著的利益，遭到他们的联合抵制。湖团、沛县人士证实衍圣公孔祥珂所提出的证据抵牾，甚至抓住孔府拉拢被驱逐的湖团的把柄，湖田之争陷入被动。然而，孔府却在光绪帝以及朝官帮助下，最终获取上等湖田上百顷。概言之，在国家公权力高度介入山东运河区域，最高统治者皇帝以及上层中央官员决定着湖田的最终归属权。

---

① 马俊亚：《从沃土到瘠壤：淮北经济史几个基本问题的再审视》，《清华大学学报》2011年第1期。
② 王家范：《中国历史通论》，生活·读书·新知三联书店2019年版，第92页。
③ 关于晚清黄运地区边缘化的研究，可参见［美］彭慕兰《腹地的构建：华北内地的国家、社会和经济（1853—1937）》，马俊亚译，上海人民出版社2017年版，第31—34页。

从客居"王裔"到入籍"平民"

——德州苏禄东王后裔的祖先认同[*]

郭福亮[**]

　　"苏禄东王后裔"现在散居世界各地，其中以德州市德城区新湖街道办事处北营村最多，共 52 户，218 人。他们有着共同的祖先，共同的体貌特征、日常生活中遵奉共同的信仰——伊斯兰教习俗、共同的历史记忆和利益诉求，从客观和主观方面来讲，他们都是一个具有鲜明特征的群体。因此，本文选择"苏禄东王后裔"聚居地北营村为田野点，重点考察不同时期中菲（苏禄国）交流状况与后裔们的祖先认同，以及两者之间的互动关系，可以增强我们对"苏禄东王后裔"的认识，了解居民观念变迁及其影响因素，更好地处理现在的民族、宗教问题。

　　回族信安拉（真主），认为安拉是独一无二的，不崇拜图腾，更不崇拜植物、动物和自然、灵魂，不崇拜偶像，也不信什么财神、火神、风神等鬼神，因此回族没有祖先崇拜，与祖先崇拜相关的风俗习惯也不存在。虽然回族没有祖先崇拜，但是回族为了纪念亡人、寄托哀思，每逢亡人周年忌日或穆斯林节日，则会走坟。走坟是穆斯林传统的悼念习俗之一，是穆斯林区别于其他族群的重要方面之一。另外，祖先认同不同于祖先崇拜，祖先崇拜指人们对祖先的信仰和膜拜，其核心是死去的祖先的灵魂仍然存在，会继续影响到现世，对子孙的生活有深远的影响。而祖先认同则是对祖先的肯定的价值判断，即指同一祖先群体对祖先来源、迁移的认可态度和方式，是族群认同的重要内容和重要工具，一方面表现为客观存在

　　* 本文原刊于《回族研究》2015 年第 1 期。
　　** 郭福亮（1985—　），男，山东济宁人，法学博士，曾任聊城大学运河学研究院讲师，现为山东女子学院副教授，主要从事民族学研究。

的"根基性",成为族群内部连接纽带和外部的边界标识;另一方面又体现出主观选择和建构的"工具性",成为族群融合、同化、分裂、变迁的象征符号。通过以上分析可知,"苏禄东王后裔"作为穆斯林,虽不存在祖先崇拜,但祖先认同却是一种客观存在,这种认同则是其对苏禄东王的渊源和迁移的价值判断和态度。

一 1417—1731 年中菲(苏禄)朝贡贸易和祖荫下

明初,朱元璋奉行"以德睦邻和谐周边"的外交政策,修复与周边国家的关系,遣使四方,宣传明朝的友好对外政策,怀柔远人。明成祖在继承朱元璋对外政策的基础上,积极发展朝贡贸易,确立了明朝的"宗主国"地位。在此背景下,永乐十五年(1417),苏禄国"东王巴都葛叭哈剌、西王麻哈剌叱葛剌麻丁、峒王妻叭都葛巴剌卜并率其家属头目凡三百四十余人,浮海朝贡,进金镂表文,献珍珠、宝石、玳瑁诸物"①。

当年八月底,苏禄东王回国,居二十七日,三王辞归,朱棣赐苏禄东王"黄金百两,白金两千两,罗锦文绮二百匹,钞一万锭,钱三千贯,金绣蟒龙衣、麒麟衣各一,袭赐其随从头目文绮、彩绢、钱钞有差"②。并且,朱棣派官员专门护送苏禄东王和群臣回国,东王走到德州时,因感风寒不幸病逝。《温安家乘要录·序》载:"我始祖苏禄国东王巴都葛叭哈喇,于明永乐十五年,躬率眷属,梯山航海,效贡中朝。帝嘉其忠诚,温旨褒赐。是年秋,陛辞归国,行未数日,中途遘疾,至德州以北安陵薨逝。时永乐十五年九月十三日也。"③苏禄东王病逝的消息传到北京后,明成祖深表哀悼,派礼部郎中陈世启亲赴德州料理东王下葬事宜,选择墓地,并以"王礼"葬之,赐赠东王"恭定"的谥号。

安葬了苏禄东王之后,永乐帝按照中国的嫡长子继承制,乃遣使赍敕谕其长子都马含曰:"尔父知尊中国,躬率家属陪臣,远涉海道,万里来

---

① 《明史》卷 325《外国六》,中华书局 1974 年标点本,第 8423 页。

② 《明太宗实录》卷 107,永乐十五年秋八月庚戌,"中研院"历史语言研究所 1962 年校印本。

③ 王守栋、王瑞:《苏禄王及其后裔》,线装书局 2010 年版,第 249 页。

朝。朕眷其诚悃，已锡王封，优加赐赉，遣官护归。舟次德州，遭疾殒殁。朕闻之，深为哀悼，已葬祭如礼。尔以嫡长，为国人所属，宜即继承，用绥藩服。今特封尔为苏禄国东王。尔尚益笃忠贞，敬承天道，以副眷怀，以继尔父之志"①，于是长子都马含回国继承了东王王位，而其二子、三子则另有安排。

在我国古代社会中，当父母仙逝后，子女有守孝的传统。守孝期间，要遵守一定的禁忌：如不能唱歌跳舞，不能娶妻纳妾，不行房事，更重要的是孝子要在父母墓旁，搭棚而居。明朝时，孝子为父母守墓，仍较为盛行。于是，永乐帝准许东王妃葛木宁与东王次子安都鲁、三子温哈喇及随从者十人留中国为东王守墓。"留偏妃葛木宁、次子安都鲁等及陪臣国人守其墓。"② 为了保证守墓王妃和王子们的生活，"礼官察例赐恤，除陵庙地基外，恩赐十二城之，共祭田二顷三十八亩，永不起科，王裔之留中土者，俱关食俸粮，支给花布钞贯"③，另"拨回回夏乃马当、马丑斯、陈咬住三户，同原东王子安都鲁等相兼守坟，优免杂烦差役"④，就这样"苏禄东王后裔"开始了客居中国的时代。这一时期的后裔，祖先认同主要来源于"原生的"，或者称为"自然的"根基性情感联系。"苏禄东王后裔"们的情感来自亲属传承的"既定资赋"，世系距离苏禄东王较近，同时，苏禄国的语言、宗教、种族和领土又构成后裔们互相联系的"原生纽带"，这样的原生纽带和情感是非理性的、下意识的。总之，这一时期客居中国的"苏禄东王后裔"为其守墓，并享受"恭顺之诚，爱戴之意"⑤，带来的"恩荫"，他们的祖先认同最为强烈，与此同时他们"故国的概念越来越趋于淡薄了"⑥。

---

① 《明史》卷325《外国六》，第8423页。
② 《明神宗实录》卷473，万历三十八年七月辛亥。
③ 王守栋、王瑞：《苏禄王及其后裔》，第252页。
④ 王守栋、王瑞：《苏禄王及其后裔》，第255页。
⑤ 郭福亮、胡克诚在北营村田野调查所得《御制苏禄国东王碑文》。
⑥ 许宪隆：《德州北营回民历史的考察——苏禄东王后裔在中国》，《宁夏社会科学》1990年第4期。

二 1732—1955 年后裔们祖先认同的衰落

起初，客居的"苏禄东王后裔"享有特殊待遇，生活条件优越，衣食无忧。然而，到了万历年间，苏禄东王嫡系后裔"安""温"二姓，生齿日繁，已增加到 75 人，按规定德州仓每年要拿出 900 石粮食供给"苏禄东王后裔"。但是成化十一年（1475）之后，漕运改为"改兑法"，粮食由官军直接长运京师，不再需要交到附近水次仓，造成水次仓粮食储量减少，德州仓也不例外。万历二十一年（1593），德州管仓主事张世才借口朝廷财政困难，德州粮食储量低"奏裁去前赐米六十六石，止存九石"。其后，东王五世孙安守孙曾上疏乞求恢复原先给予的七十五石俸粮，但没有得到朝廷的答复。万历年间的"减俸逐步淡化了苏禄东王后裔的王族特权地位，使苏禄东王后裔从贵族向平民逐步过渡，促进了他们与当地人民的融合，客观上加速了其华化的进程"[1]。

清初，苏禄恢复了与中国的友好往来。雍正八年（1730），苏禄国王苏老丹来访，其间途经德州，东王后人提出了入籍中国的请求。雍正九年（1731）朝廷同意他们"以温、安为姓入籍德州"[2]。后裔们入籍中国，既是文化融合的结果，更是后裔们国家认同和祖先认同变迁的结果，入籍后的"苏禄东王后裔"成为中国回回民族的重要组成部分，关于他们的日常事务和管理性质发生了变迁，由中菲外交层面变为中国内部事务，从侧重于对苏禄东王"朝贡"的厚待，转向清朝对"归附者"的礼仪性的祭祀。"定温、安二姓各立奉祀生一名，照东省先圣先贤子孙之例"[3]。

辛亥革命后，废除了各种封建特权，后裔们的祭田被收归国有，祖先的恩荫无存，留下的则是今昔对比的伤感和落寞。与此同时，后裔人数逐渐增多，中间出现了贫富分化，有的人成为富农，有的人成为贫苦佃农。日常生活中，后裔们开始"失忆"，对祖先的认同开始淡化，甚至对祖先的长幼顺序记忆都有所错误。如"苏禄东王后裔"温寿文 1934 年编撰的

---

① 迟丽华：《对苏禄东王后裔族群繁衍发展的考察》，《黑龙江民族丛刊》2004 年第 6 期。
② 乾隆《德州志》卷 11《丛记冢墓》。
③ 王守栋、王瑞：《苏禄王及其后裔》，第 253 页。

《温安家乘要录》，记载"长支温哈喇，次支安都鲁"，甚至今天的后裔们也认为温长、安幼。"一入中国籍，温哈喇，安都鲁，姓温的大，一入中国籍就姓温、安了。"①

关于"苏禄东王后裔"温、安两姓的长幼排序问题，许宪隆教授在论文《菲律宾苏禄东王后裔在华五百年史》中对其相关问题进行了考证，得出了"次子安都鲁、三子温哈喇"的结论，此结论已被学术界采用。其实，苏禄东王墓的破落和疏于管理本身就反映了后裔们祖先认同的减弱。雍正五年"苏老丹到中国来，道经德州，首先瞻拜祖先坟茔，面对废坠已久的东王坟墓很有感慨，进京后即摺奏礼部，请予修复"②。民国六年（1917）秋天，耿李庄运河堤决口，北营村房屋倒塌，仅剩下九间，石兽东倒西歪，王墓仅露坟顶，更深远的影响是大水退后，村中一片狼藉，许多后裔和村民有的携家带口，远走他乡，另谋出路，此时苏禄东王宗族的凝聚力下降，后裔的祖先认同进一步衰落，以至于到1955年，政府和后裔们对温、安两姓的族源认识都已模糊不清。"1955年初，政府动员少数民族回老家，支援大西北的农业生产，那时人们对回族来源的认识还有一定的局限性，认为回族都是来自西域。"③ 于是，部分北营村民携家带口背井离乡，赶赴青海西宁。"苏禄东王后裔"的祖先认同在这一阶段的减弱，既是一个自然过程，也是中国社会变迁和中菲交流的缩影。

三　1956—2002年文物保护和外交需要
　　影响下的祖先认同建构

1956年，苏禄东王墓被列为山东省文物保护单位。之后，国家和地方政府多次从文物保护、外交需要和旅游开发的角度，对苏禄东王墓、道路、陵庙、碑亭加以修建。据苏禄东王管理处的马长军介绍，从1965年

---

① 笔者田野调查口述资料：报道人：安丰武；访谈人：郭福亮，胡克诚、郑钊；访谈地点：北营村；访谈时间：2013年10月29日。

② 许宪隆：《德州北营回民历史的考察——苏禄东王后裔在中国》，《宁夏社会科学》1990年第4期。

③ 王守栋、王瑞：《苏禄王及其后裔》，第196页。

到 2002 年间国家先后十二次拨钱对苏禄东王墓进行了维修，形成了占地面积 45.3 公顷（680 亩），南起青年路（共青团路），北至大学路（北园路），西起陵西路，东至解放北大道及荣庄村自然排水沟边界，南北长 960 米，东西长 680 米，以东王墓、陵恩殿、东西配殿、御碑楼、牌坊、神道、清真寺、王妃墓、王子墓为主的陵园式古建筑群。同时，从 1975 年菲律宾总统马克斯访华时，提到苏禄东王为中菲友好往来的历史开始，其后几乎每位菲律宾驻华大使都曾到德州瞻仰苏禄东王墓，同时菲律宾苏禄王子、苏丹、苏禄省副省长也多次到德州拜谒苏禄东王墓。我国国家领导人胡锦涛也多次在外交场合提及苏禄东王，可见，此时的苏禄东王已经成为"中菲友好外交"的一个标志，其象征意义远超实际行动。苏禄东王古建筑群的建设和外交活动不仅促进了旅游开发，而且在"苏禄东王后裔"中造成了一种可以感觉到而难以表达出来的"气氛"，这种"气氛"使后裔们开始自觉关心自己的族群来源、民族身份、宗教信仰。

　　我国学术界为了响应中菲外交的需要，也开始研究苏禄东王。据许宪隆先生介绍，其在中央民族大学攻读硕士时，就是受当时"学术研究服务于社会"的号召和中菲外交的需要，选择德州"苏禄东王后裔"作为研究对象。之后学术界和当地政协文史委、文化馆开始批量研究苏禄东王，可以说一时掀起了研究的热潮，取得了丰硕成果，出版了一些科普读物，使苏禄东王广为世人所知。学术界的研究，为我国外交、当地旅游开发提供了理论基础，也刺激了"苏禄东王后裔"的祖先认同。1988 年 6 月，许老师在北营村田野调查期间，记录了后裔们关于东王的传说："苏禄王当年乘大木船漂洋过海，到了中国，在北京见到了皇帝，与皇帝平起平坐，住了二十七天后，又坐船沿运河而下，在德州，因天气变化太快，东王生病无常了，留下了妃太太和温安两个儿子守墓，北营回民中的温安二姓就是两位王子的后人。"[①] 通过分析这一传说，我们可以了解到此时的后裔们与先前相比，对自己的祖先有了明确的认识，字里行间透露出作为后裔的自豪感和荣誉感。

　　当然，"苏禄东王后裔"作为一种文化资源，在一定的历史阶段带来

---

① 许宪隆：《德州北营回民历史的考察——苏禄东王后裔在中国》，《宁夏社会科学》1990 年第 4 期。

的不仅是"荣耀感""自豪感"，还具有重大的象征意义。现阶段，在苏禄东王墓旅游开发、"中菲友好标志"的大背景下，一拨拨中外"要人"的参观和考察，象征性关乎"苏禄东王后裔"生活和发展的"询问"，他们的"关心"，经过人们的传播和发酵，渐渐转换成当地"建设社区""大开发"的美好前景。这些"前景"吸引了一些与"苏禄东王后裔"有着某些共同点的村庄，它们试图通过构建自己祖先的历史加入"苏禄东王后裔"的队伍中来。于庄村就是其中之一，于庄位于德城区二屯镇西北，村中有汉族安姓 400 多人，他们因和苏禄东王部分后裔同属一姓。据村民安如山（61 岁，汉族，中医）讲："北营的知道于庄的安和他们是一回事，安庄的、于庄的、鸡店的、苏禄王坟的，是一家的坟地，都是属于一个安，都是（运河）开口子分出去的，姓安的现在走遍全国了。"关于"同一个坟"，安如山用其父亲小时候去苏禄东王坟"吃坟地"的事情加以佐证："当时有坟地七八亩，谁种坟地的话，清明节要摆上几桌，让小孩们去吃，大人们一般不去，老人们常说，反正有这么个事。"至于于庄搬迁原因和年代，安如山指出"运河发水淹没了苏禄东王坟，人们搬迁到长庄，后搬迁到安杨庄（原齿轮厂），在现在芦家大院的西南角，安杨庄离苏禄东王十里地，而安姓又从安杨庄搬到于庄 12 代左右，200—300 年，今安杨庄已不存在。"① 田野调查过程中，我们发现了于庄的《安姓族谱》，将其与北营村的《温安家乘要录》《安氏族谱》相比较，双方安姓行辈不一，看不出有何联系。

于庄安姓将苏禄东王认作自己的祖先，"一般情况下，'族群自称'常是最有效的族群认同与族群边界符号，有共同称号的为同一族群，以别于使用不同自称的人群，这大致是一样的"②。虽然，于庄与北营村安姓都有三种身份：自称的"苏禄东王后裔"，两村庄外所称的"安姓"，双方眼中的"冒牌"。双方的行为构成了所谓的"一截骂一截"的族群结构，并且双方都有一定的依据，于庄安姓认定自己为"苏禄东王后裔"是根据于庄的来源，安姓的迁徙，老人与苏禄东王相关的历史记忆，而否定北营村

---

① 笔者田野调查口述资料：报道人：安丰武；访谈人：郭福亮，胡克诚、郑钊；访谈地点：北营村；访谈时间：2013 年 10 月 29 日。

② 王明珂：《羌在汉藏之间——川西羌族的历史人类学研究》，中华书局 2008 年版，第 72 页。

安姓，则是从北营村多灾多难的历史遭遇，今天安姓墓与苏禄东王墓形状不一致等方面。同理，北营村安姓则是从国家、政府层面被社会广为认可的"苏禄东王后裔"肯定了自己，并从族别和风俗习惯不同的层面"轻易"否定了于庄安姓。但是于庄安姓和北营村安姓之间渊源和族别、风俗习惯、宗教信仰等都不同，于庄的祖先认同，其实体现了其对文化资本的竞争，这种文化资本可能会"以物以稀为贵的方式获得利润和效力"①。

而作为"苏禄东王后裔"的安姓，则试图通过编写家谱来追本溯源，维护家族的传承和血统的纯正，于是便有了"苏禄东王后裔"编写的《安氏族谱》。《安氏族谱》是马云魁与其妻东王第十七代孙安俊芝共同编修，其中马云魁作为主要纂修者，族谱也反映了马云魁"认为自己属于东王后裔的一分子，与东王有着密不可分的关系，这也是马云魁愿意续修《安氏族谱》的原因之一"②。田野调查期间，北营村的村民也指出马云魁常以安姓自居。饶有趣味的是马云魁的行为和编修的族谱，并没有得到北营村安姓人的认可。

AFW讲："写得不实际，他整个人不实际，整个王坟上都看不起他，他是硚口的人，他说的北营的媳妇，我姓安了，我又怎么着，怎么着了，他写了那里的家谱呢？你姓马，他编书的时候都没有和安家见过面，安家都没有家谱，他从哪里能编家谱，谁给他续家谱，没正事。"③

这一阶段，"苏禄东王后裔"的祖先认同在中菲外交需要、政府旅游开发和学者的研究下被重新构建起来，"苏禄东王后裔"们依赖共同的居住环境、历史记忆、风俗习惯和守墓文化共同组成的族群边界，同时这一边界又成为"苏禄东王后裔"在利益竞争与资源分配方面排除他人和容纳"自我"的背景。

---

① 张意：《文化与符号权力——布尔迪厄的文化社会学导论》，中国社会科学出版社2005年版，第134页。
② 郗玲芝：《古苏禄东王留华后裔两份家谱的比较研究》，《中南民族大学学报》2013年第3期。
③ 笔者田野调查口述资料：报道人：安丰武；访谈人：郭福亮，胡克诚、郑钊；访谈地点：北营村；访谈时间：2013年10月29日。

四　2002 年迄今中菲关系复杂化和城镇化背景下认同的"多元化"

北营村，因为苏禄东王守墓而形成，所以对菲律宾有广泛的关注，老少熟知，而相对于华北平原的大多数乡亲来讲，却不知菲律宾为"何物"，即使偶尔看新闻听说过，也没有北营村居民对菲律宾感兴趣。由于政治分歧，菲律宾苏禄穆斯林反政府武装和菲政府军之间经常发生冲突，使岛内长期处于不稳定状态，严重影响了当地的发展。菲律宾苏禄省希望扩大和中国的经贸往来，支持苏禄的经济建设。于是，在 2005 年 6 月，中菲建交 30 周年，邀请北营村的安金田、安砚春和温海军去菲律宾祭祖，与此同时安金田等人的祖先认同也得到了表达，"回到老家，见了老祖先生活的地方，我高兴得不得了"①。安金田一行受到了菲律宾总统的接见，菲律宾进一步为村民熟知。

近年来，中菲因"黄岩岛"事件、"菲律宾射杀台湾渔民事件"，双方关系变得紧张起来，北营村村民对菲律宾的到访也变得反感起来。通过对 AFW 的访谈，我们可以看出当地后裔对苏禄东王的复杂的感情。AFW（78 岁，回族，北营村村民，安氏十六代孙）讲："菲律宾上回来，不给钱，还要钱，一个副省长跳舞，还要钱，赏钱，你拿 10 块，我拿 20，有的拿 50，你说来有么意思。咱和他有嘛事，百姓们都各奔前程了，都做事情了，他有钱他花，有么事情呢。姓安的，一个姓温的，他们是外国人，不是咱中国人，一入中国籍，温度路，安达啦，姓温的大，一入中国籍就姓温、安了。"②

中菲关系的紧张，"苏禄东王后裔"的国家认同凸显，而国家认同的强烈，在一定程度上又影响了其祖先认同，具体来讲，北营村"苏禄东王后裔"虽承认自己的祖先是苏禄东王，但是"苏禄东王后裔"将祖先籍贯

---

① 王薇：《588 年迎来一叩拜苏禄国王山东后裔回菲祭祖》，http://news. xinhuanet. com/world/2005 – 06/17/content_ 3097144. htm，2005 年 6 月 17 日。

② 笔者田野调查口述资料：报道人：安丰武；访谈人：郭福亮，胡克诚、郑钊；访谈地点：北营村；访谈时间：2013 年 10 月 29 日。

归为"他者的历史",将其国籍描述为"外国人",甚至一些后裔和周边其他非"苏禄东王后裔"一样,将祖先"籍贯"列为"敌对"的一面。可见,北营村"苏禄东王后裔"在中菲关系紧张阶段,祖先认同得到升华。

苏禄东王墓是全国重点文物保护单位,北营村也被文物保护制度"保护"起来,并被赋予了强制性,村中百姓的经济和生活都受到了影响。随着德城区城镇化进程的加快,周边村庄的拆迁和社区改造,村民住进了高楼大厦,楼内配套设施使居民生活更加方便,而北营村却因苏禄东王墓而无法得到拆迁,居民早期建起的楼房,缺少供暖、供气设施,冬天居民不得不自己想法取暖,村中卫生仍保持"各人自扫门前"的"自觉"状态,村中卫生较差。同时,苏禄东王墓的旅游收入归苏禄东王墓管理处,与后裔无关,而早在 2002 年修建苏禄王御园时,则对村中土地、民房进行了征用和拆迁,昔日"王裔"的优越感,被现实的残酷性所伤害。

AFW 讲"俺这儿,这里占,那里占,附近大队,俺这里就不让占,周边都住上楼了,都安上暖气了,俺这里还买(煤)渣子烧呢,自己烧暖气,都是被这上头累赘,被王坟累,为什么被王坟累呢,怎么说这个呢,中央掌权,谁也不敢占,谁也不叫占,中央点头才行来,这里划的有面积,中央不点头,谁也不敢占,都换楼了,光掉俺这儿了。王坟好孬都是这了,你说孬,他说好,没有好处。"① 通过 AFW 的谈话,我们可知"苏禄东王后裔"共同的历史和文化是其祖先认同的基础,当下的利益需求和中菲关系的变化是其族群身份和祖先认同变迁的主要动力,祖先认同的变迁是传统的历史文化和利益需求共同作用的结果。

结 论

"苏禄东王后裔"的祖先认同作为一种意向性反应,指后裔们置身于中菲交流的各种文化情境中,在与异文化的接触过程中,也就是说是一种

---

① 笔者田野调查口述资料:报道人:安丰武;访谈人:郭福亮,胡克诚、郑钊;访谈地点:北营村;访谈时间:2013 年 10 月 29 日。

完全融入的状态，可能谈不上有认同的需要或冲动，因为他已与认同对象同一。也就是说，通过"宗主国"与"藩属国"、"王裔"与平民、伊斯兰教与传统儒家文化等不同的文化接触、碰撞和相互比较，以及"苏禄东王后裔"和"夏马陈"同质文化中的"异质性"差异，所保持的自我同一性。当然这种"同一性"的反应不仅仅是抽象的文化符号，同时已化为后裔们"身体力行"的一部分，体现在他们生活方式、价值观念、行为模式和情感表达等方面，其心理和精神的存在已变成"自我"，以区别于"他者"。

明清时期苏北地区水神信仰的历史考察

——以运河沿线区域为中心[*]

胡梦飞^{**}

水神信仰是一种很古老的自然崇拜形式，自古以来，人们关于水神崇拜的信仰就非常发达。中国是江、河、湖、海、潭、沼、泉、井纵横密布的国家，水既孕育了古老的中华文明，也经常给先民带来毁灭性的灾难，因此，水神信仰在中国古代民间信仰中占有重要地位。从远古时期炼石补天的女娲、治水有功的大禹，到传说中的各地龙王、河神、湖神、海神，再到明清时期官方和民间崇祀的金龙四大王、妈祖、各种"大王"和"将军"等，中国古代水神信仰的记载越来越丰富，地位也越来越重要。

明清时期苏北地区位于长江以北，东临黄海，处黄河、淮河下游，大运河纵贯南北，里下河贯穿其腹地，是南北漕运的必经之地，也是淮盐运销的重要区域，其地理位置的重要性对于明清统治者可谓不言而喻。① 繁忙的漕运以及频繁的河工使得明清时期苏北黄运沿岸地区水神信仰极为盛行，但由于各种原因，目前学界专门对明清时期苏北地区水神信仰这一社会现象进行研究和探讨的成果尚不太多。本文在依据相关史料的基础上，

 ＊ 本文原刊于《江苏社会科学》2013 年第 3 期。

 ＊＊ 胡梦飞（1985— ），山东临沂人，历史学博士，聊城大学运河学研究院副教授、硕士生导师，主要研究方向为明清史和运河文化史。

 ① 苏北地区主要指的是现今江苏省徐州、宿迁、淮安、盐城、连云港地区，这一区域在明代属南直隶淮安府、徐州（直隶州）等地区管辖。清雍正十一年（1773）以后，则主要属江苏省徐州府、淮安府、海州直隶州管辖。其中清代徐州府管辖铜山、萧县、砀山、丰县、沛县、邳州、宿迁、睢宁 1 州 7 县，淮安府管辖山阳、清河、盐城、阜宁、安东、桃源 6 县，海州直隶州辖本州及赣榆、沭阳 2 县，本文所指的苏北地区特指清代徐州府、淮安府、海州直隶州管辖下的以上各州县。

在阐述明清时期苏北地区水神信仰兴起的背景及原因的同时，重在分析水神庙宇的构成及其地域分布，探讨水神信仰的主要特点及其功能和影响。

一　水神信仰兴起的背景及原因

水神信仰在明清时期苏北地区的兴起及盛行并不是偶然的。明清时期苏北地区黄、淮、运在此交汇，黄河在带给苏北便利水路交通的同时，也带来了严重的水患。黄河水患对苏北地方社会产生了严重危害，在滔滔的洪水面前，地方官员和普通民众无疑都渴望得到水神的保佑。明清时期漕运成为封建王朝的生命线，苏北段运河作为南北交通咽喉和漕运必经之地，大量漕粮由此北上，漕运极为繁忙。为保障漕运的畅通，明清政府在苏北地区实施的治黄保运河工更是数不胜数，繁忙的漕运和频繁的河工是导致苏北黄运沿线地区水神信仰盛行的主要原因，明清国家和苏北地方官员的倡导和支持也成为水神信仰传播和盛行的重要推动力。

（一）苏北频发的黄河水患及其危害

谈到苏北地区的水神信仰，就不得不提南宋初年的"黄河夺泗入淮"。南宋建炎二年（1128），东京留守杜充为抵御金兵南下，在河南滑县李固渡以西人为地掘开黄河大堤，黄河经滑县南、濮阳，鄄城、巨野、嘉祥、金乡一带注入泗水，又由泗水入淮河，经徐州、宿迁、淮安沿线的淮河入海，这就是历史上有名的"黄河夺泗入淮"，从此黄河流经苏北地区长达700余年，黄河河道也长期被用作运河河道。黄河的流经在给苏北水路交通带来极大便利的同时，也带来了频繁的黄河水患。"运道自南而达北，黄河自西而趋东，非假黄河之支流，则运道浅涩而难行，但冲决过甚，则运道反被淤塞。利运道者莫大于黄河，害运道者亦莫大于黄河。"[1] 自1368年明朝建立至1949年中华人民共和国成立前夕，黄河在徐州境内的决口达50余次，漫溢近20次。此间581年间，由黄河决口和泛滥而引发的洪涝灾害115次。其中，明朝洪武元年（1368）至清咸丰五年（1855）

---

① 陈子龙等：《明经世文编》卷184《王司马奏疏》，中华书局1962年影印本，第1874页。

黄河改道山东之前，徐州境内共发生 108 次。"明朝 276 年间，徐州共发生黄河水灾 48 次，平均不到 6 年就发生一次。清朝顺治元年（1644）至咸丰五年（1855）间，黄河流经徐州 211 年，在这期间，徐州境内共发生黄河水灾 60 次，平均每 3 年多就发生一次。"① 频繁发生的黄河水患给苏北当地民众的生命财产造成严重损失和巨大破坏，对苏北区域社会经济的发展也产生了严重的负面影响。② 黄河水患对苏北地方社会的危害无疑是导致苏北运河区域水神信仰盛行的主要原因。

（二）苏北段运道的特点及其重要地位

明清苏北段运河主要由徐州、宿迁和淮安段运河组成，无论哪一段运河在整个明清漕运体系中的地位都至关重要。明代京杭大运河由北向南分为白漕、卫漕、闸漕、河漕、湖漕、江漕、浙漕七大部分。徐州至淮安这段黄运交汇的运河河道在明代被称为"河漕"。《明史·河渠志》记载："河漕者，即黄河，上自茶城与会通河会，下至清口与淮河会。……运道自南而北，出清口，经桃、宿，溯二洪，入镇口，陟险五百余里。"③ 由于自然和人为社会原因，明清时期徐州至淮安段运道水患极为严重，是明清国家治黄保运的重点河段，也是明清两代河工最为频繁的地区。

明清时期徐州段运河由于借黄行运，黄运关系复杂，成为明清国家治黄保运的关键地区。正统《彭城志》记载："徐居南北水陆之要，三洪之险闻于天下。及太宗文皇帝建行在于北京，凡江淮以来之贡赋及四夷之物上于京者，悉由于此，千艘万舸，昼夜罔息。"④ 万历十五年（1587）十月，内阁大学士申时行就上奏称徐州段运河："国家运道，全赖黄河，河从东注，下徐、邳，会淮入海，则运道通；河从北决，徐、淮之流浅阻，则运道塞。此咽喉命脉所关，最为紧要。"⑤

---

① 钱程、韩宝平：《徐州历史上黄河水灾特征及其对区域社会发展的影响》，《中国矿业大学学报》（哲学社会科学版）2008 年第 4 期。

② 彭安玉：《试论黄河夺淮及其对苏北的负面影响》，《江苏社会科学》1997 年第 1 期。

③ 《明史》卷 85《河渠三·运河上》，中华书局 1974 年标点本，第 2079 页。

④ 正统《彭城志》卷 5，转引自张纪成等《京杭运河〈江苏〉史料选编》，人民交通出版社 1997 年版，第 188 页。

⑤ 《明神宗实录》卷 191，万历十五年十月乙亥，台北"中研院"历史语言研究所 1962 年校印本。

明代宿迁属淮安府，清代雍正十一年（1773）划归徐州府管辖。明清时期的宿迁为黄运交汇之地，漕运繁忙，河工频繁，兼之地处南北交通要道，地理位置极为重要。万历《宿迁县志》称宿迁"北瞰泰岳，南控江淮，西襟大河，东连渤海，盖两京之咽喉，全齐之门户也"①。康熙《宿迁县志》记载宿迁："西望彭城，东连海澨，南引清口，北接沭沂，盖淮扬之上游，诚全齐之门户，七省漕渠咽喉命脉所系，尤匪细也。"② 嘉庆《宿迁县志》称宿迁："北带漕渠，西襟黄水，东临榆沭，南引清口，淮海上游，水陆冲要。"③ 明代中后期以后，随着黄河水患的下移，为避黄保运，明清政府先后在宿迁及其附近地区开凿了泇河、通济新河、顺济河、皂河和中河等新运道，宿迁成为明清时期运河河道变迁最为频繁的地区。

淮安位于京杭大运河中部，明清时期的淮安是黄河、淮河、运河的交汇处，为商旅必经的咽喉要道。永乐年间京杭运河重新贯通后，淮安因其处于南北咽喉，成为重要的漕运枢纽，大量漕船和商船由此往来，繁忙的漕运促进了淮安商品经济的繁荣。天启《淮安府志》称："淮盖江北大都会云，二城雄峙，辅车相依。跨淮南北，沃野千里。淮泗环带于西北，湖海设险于东南。左襟吴越，右引汝汴，水陆交通，舟车辐辏。"④ 光绪《淮安府志》记载："秋夏之交，西南数省粮艘衔尾入境，皆停泊于城西运河，以待盘验，车挽往来，百货山列，河督开府清江浦，文武厅营星罗棋布，俨然一省会。"⑤ 为了保证漕运的顺利进行，明清时期在淮安设置了众多与漕运管理有关的官职。其中最重要的管理官职，如漕运总督、江南河道总督、漕运总兵官等，都以淮安为治所。此外，淮安府城内还设有监仓户部主事、管厂工部主事、提举、巡漕御史等官员以及运河钞关、运河水次仓、清江造船厂等众多漕运机构，使得淮安成为运河沿岸最为重要的漕运

① 万历《宿迁县志》卷1《舆地志·形胜》，《天一阁藏明代方志选刊续编》第8册，上海书店1990年影印本，第871页。
② 康熙《宿迁县志》卷1《舆地志·形胜》，《上海图书馆藏稀见方志丛刊》第41册，国家图书馆出版社2011年影印本，第55页。
③ 嘉庆《宿迁县志》卷1《舆地志·形胜》，第464页。
④ 天启《淮安府志》卷3《形胜》，荀德麟、刘功昭、刘怀玉点校，《淮安文献丛刻》（六），方志出版社2009年标点本，第82页。
⑤ 光绪《淮安府志》卷2《疆域·形势》，《中国地方志集成·江苏府县志辑》第54册，凤凰出版社2008年影印本，第26页。

枢纽之一。

正是由于苏北段运河黄运交汇的特点及其在整个漕运体系中的重要性，才使得明清时期苏北地区治黄保运河工极为频繁，繁忙的漕运和频繁的河工无疑也是导致苏北黄运地区水神信仰盛行的重要原因。

（三）明清国家及地方官员的推动

漕运和河工在明清时期是关系国计民生的大事，两者都和黄运河道的治理密切相关，限于当时的科技和手段，治河过程中不可避免掺杂着对水神的崇祀。在黄运沿岸地区众多水神中，以金龙四大王最具有代表性。金龙四大王，名谢绪，为黄河河神和漕运保护神，因其具有护漕、捍患的功能，故不断得到明清官方的加封。景泰七年（1456），明朝政府采纳左都御史徐有贞的建议，建金龙四大王祠于沙湾。隆庆六年（1572）六月，派兵部侍郎万恭前往鱼台致祭，正式敕封河神谢绪为"金龙四大王"。天启四年（1624），加封其为"护国济运金龙四大王"。清朝建立后，继承了明王朝崇奉金龙四大王的传统，而且有过之而无不及，将官方对金龙四大王的崇奉推至顶峰。从顺治二年（1645）开始，康熙、乾隆、嘉庆、咸丰、同治、光绪年间又先后十余次对其进行加封，至光绪五年（1879），金龙四大王最后的封号为"显佑通济昭灵效顺广利安民惠孚普运护国孚泽绥疆敷仁保康赞翊宣诚灵感辅化襄猷溥靖德庇锡佑国济金龙四大王"，金龙四大王封号达四十四字之多，按照清代典制，神灵封号到四十字便不再加封，由此可见清代对金龙四大王信仰的重视。

基于海运和河运的重要性，明清官方对妈祖（天后、天妃）崇祀也极为重视。明代两次，康熙、雍正、乾隆、道光、咸丰年间先后十余次对其加封，至同治十一年（1872），妈祖的封号为"护国庇民妙灵昭应弘仁普济福佑群生诚感咸孚显神赞顺垂慈笃佑安澜利运泽覃海宇恬波宣惠导流衍庆靖洋锡祉恩周德溥卫漕保泰振武绥疆嘉佑天后"，达 64 字之多。明清国家祀典的认定对推动水神信仰的传播起到至关重要的作用。在明清国家的倡导下，苏北地方官员、普通民众修建了众多用于祭祀金龙四大王、妈祖等水神的庙宇和祠堂，并制定了隆重的祭祀礼仪，明清国家及地方官员对水神祭祀的倡导和重视亦推动了水神信仰的盛行。

（四）频繁发生的水旱灾害

自然灾害对民间信仰的形成及发展有着深刻的影响。在人类社会的漫长过程中，自然灾害一直是人类生存的最大威胁。人类在与旱灾、涝灾、蝗灾、瘟疫等灾害的长期抗争中，经常因科学技术的落后、经验的不足而往往借助于超自然力量来克服所面临的困境，我们通常把这种因自然灾害引起的、对超自然力量的信仰或崇拜称为"灾害信仰"。明清时期苏北地区水旱灾害频繁发生，因而灾害信仰极为盛行。在黄河夺淮（1194 年）到中华人民共和国成立（1949 年）的 765 年间，苏北共发生洪灾 211 次，涝灾 96 次，旱灾 130 次，共 437 次，平均不到两年就要发生一次水旱灾害。① 据赵明奇先生《徐州自然灾害史》统计，明朝立国 276 年，徐州地区发生的自然灾害有 264 种次，其中水灾有 120 次，旱灾 43 次。② 清朝统治 268 年，今徐州市辖境发生自然灾害大小计 430 次，其中水涝 203 次，旱灾 58 次。③ 水旱灾害在破坏当地社会经济的同时，对民众的信仰和心理无疑也会产生重要影响。频发的水旱灾害，尤其是旱灾，导致了民间龙王、真武、三官等祈雨神信仰的盛行。此外，由于盐城、海州等地区靠近海洋，频发的风暴潮灾等海洋灾害也导致了以妈祖为代表的海神信仰的盛行。

二　水神庙宇的构成及地域分布

明清时期漕运成为封建王朝重要的经济命脉，繁忙的漕运和南北往来的客商在带动沿岸城镇商品经济发展的同时，也促进了沿岸地区民间信仰和思想观念的变革。黄河水患的严重危害、繁忙的漕运和频繁的河工导致了水神信仰的信仰。归纳起来，明清时期苏北地区的水神信仰主要有以下几种类型：

---

① 汪汉忠：《从水旱灾害对苏北区域社会心理的负面影响看水利的作用》，《江苏水利》2003 年第 3 期。

② 赵明奇主编：《徐州自然灾害史》，气象出版社 1994 年版，第 101 页。

③ 赵明奇主编：《徐州自然灾害史》，第 199 页。

（一）金龙四大王崇拜

在众多的水神中，最有代表性的莫过于对黄河河神和漕运保护神金龙四大王的祭祀和崇拜。由于苏北地区黄运交汇，因而金龙四大王信仰极为盛行。民国《铜山县志·建置考》记载在当时的徐州铜山县境内金龙四大王庙就有三处："一在北门外堤上；一在河东岸；一在房村。"① 民国《宿迁县志》记载宿迁金龙四大王庙："在城西南明知县宋伯华建，康熙二十四年总河靳辅改建于城西南堤上，有敕祭文；又大王庙，一在中渡口，一在东关，一在小杨庄。"② 淮安下属的清河县因地处黄淮运交汇处，水患极为严重，所以弹丸之地居然有十七座金龙四大王庙。③ 民国《阜宁县新志》记载阜宁县大王庙："祀南宋书生谢绪，庙在县治射河南岸，明崇祯护运副将黄昆圃建。清顺治十五年，海防同知咸大猷移于文峰旧址。嘉庆五年，运使曾燠重修。又大套、大通口、孟工、卫滩、七巨港、九套、沈家滩、北沙、樊家桥、童家营、苏家嘴、裴家桥、杨家集、东沟、益林、新河口均有之。"④ 光绪《盐城县志》记载盐城县金龙四大王庙："在西门外，康熙三十五年，知县曾昌进建。南洋岸、北洋岸、上冈镇、伍祐场皆有之。"⑤

在苏北地区众多金龙四大王庙宇中，以宿迁皂河龙王庙最为有名。皂河龙王庙，原称"敕建安澜龙王庙"，位于宿迁皂河镇。民国《宿迁县志》记载宿迁安澜龙王庙："在县西北皂河镇，康熙中建，雍正五年奉敕重修。"⑥ 雍正五年（1727），因当年黄河河清，雍正皇帝敕令河道总督齐苏勒重修皂河龙王庙。皂河龙王庙虽名为"龙王庙"，但祭祀的主神为金

---

① 民国《铜山县志》卷12《建置考》，《中国地方志集成·江苏府县志辑》第62册，凤凰出版社 2008 年影印本，第198页。

② 民国《宿迁县志》卷4《营建志·坛庙》，《中国地方志集成·江苏府县志辑》第58册，凤凰出版社 2008 年影印本，第423页。

③ 张崇旺：《明清时期江淮地区的自然灾害与社会经济》，福建人民出版社 2006 年版，第577—578页。

④ 民国《阜宁县新志》，《中国地方志集成·江苏府县志辑》第60册，江苏古籍出版社 1991 年影印本，第51页。

⑤ 光绪《盐城县志》卷2《舆地下·坛庙》，《中国地方志集成·江苏府县志辑》第59册，江苏古籍出版社 1991 年影印本，第44页。

⑥ 民国《宿迁县志》卷4《营建志·坛庙》，424页。

龙四大王谢绪，而非传说中的龙王。河道总督齐苏勒修庙奏疏云："臣酌估修建金龙四大王庙一事，臣谨查江南黄河一带所建龙王庙宇甚多，或地处沮洳，或庙貌狭小，均不足以壮观瞻，惟宿迁县西皂河之庙地势高阜，四面宽敞，庙貌轩昂，且介于黄、运两河之间，与朱家口相近。"[1] 乾隆元年（1735）御制祭文也记载："江南宿迁县之皂河庙祀显佑通济昭灵效顺黄河之神由来久矣。……而祠宇岁久日圮，弗称祀典，爰允河臣之请，特发帑金鼎新神庙，经始于雍正五年五月内，落成于是年十一月。"[2] 此后皂河龙王庙被正式列入国家祀典，乾隆皇帝六次南巡，五次取道皂河诣庙拈香祭祀，且每次都赋诗一首。由此可见，清朝统治者对皂河龙王庙的重视。

（二）妈祖信仰

妈祖，也称天妃、天后、天后圣母，闽、粤、台海一带呼为"妈祖"，民间俗称"海神娘娘"。这是我国沿海地区从南到北都崇信的一位女性神灵。妈祖，名林默，福建莆田湄洲人，相传她不仅能保佑航海捕鱼之人的平安，而且还兼有送子娘娘的职能。由于明清国家对妈祖信仰的重视，民间对妈祖的信奉也极为虔诚，人们纷纷建庙立祠，定期举行祭祀。明清时期苏北地区黄运交汇，水患严重，东部沿海地区海洋灾害频发，再加上境内福建商人众多，各种自然和社会因素使苏北地区妈祖信仰极为盛行。

表1　　　　　　　　　**明清时期苏北地区妈祖宫庙分布情况表**

州县名称	庙宇名称	数量	设置及分布情况	资料来源
沛县	天后宫	10	一在县治东关护城堤内，一在县东五里射箭台上，一在县东十里，一在县北三里吕母冢，一在县西北二十五里刘八店集，一在夏镇新河西岸，一在县西南戚山北，一在县东南十五里，一在县东南三十里里仁集，一在县北三十里庙道口。	同治《徐州府志》卷14

① 《世宗宪皇帝朱批谕旨》，《文渊阁四库全书》第416册，史部·政书类，台湾商务印书馆1986年影印本，第174册，第112页。

② 同治《宿迁县志》卷1《宸翰》，《中国方志丛书·华中地方》第141号，台北：成文出版社1974年影印本，第32—33页。

续表

州县名称	庙宇名称	数量	设置及分布情况	资料来源
宿迁	天后宫	1	在宿迁城内新盛街福建会馆。	民国《宿迁县志》卷4
泗阳	天后宫	1	在众兴镇西骡马街，系闽商会馆。	民国《泗阳县志》卷13
山阳	天后宫	3	一在城西南隅，宋嘉定间安抚使贾涉建，清康熙年间，漕运总督施世纶重修。又一庙在察院西，一在新城大北门内。	光绪《淮安府志》卷4
清口	惠济祠	1	在新庄闸口，明正德三年建。雍正五年，敕赐天后圣母碧霞元君。	光绪《淮安府志》卷4
清河	天妃庙	1	在官亭镇北界，万历四十年建。	乾隆《淮安府志》卷26
盐城	天妃庙	1	北门外二里，明万历八年，知县杨瑞云建，清乾隆六年重修。	光绪《淮安府志》卷4
海州	天后宫	1	在治西北阜民坊，万历二十八年重建，康熙十二年、六十年皆重修。雍正十一年，有司奉文致祭。	嘉庆《海州直隶州志》卷19
赣榆	天后宫	2	在青口，有二，前宫船户建，后宫商贾建。	光绪《赣榆县志》卷3

　　由表1可以看出，明清时期苏北地区的妈祖宫庙共有21处，主要分布于徐州、宿迁、淮安等黄运沿岸地区，因妈祖是海神，盐城、海州等沿海地区也有妈祖祠庙的分布。妈祖祠庙的地域分布并不平衡，主要集中于徐州、淮安等漕运繁忙、河工频繁地区，徐州下属的沛县竟有天妃行宫十处之多，淮安山阳县共有三处。妈祖信仰起源于福建，福建商人在妈祖信仰的传播过程中发挥了重要作用。民国《宿迁县志》记载宿迁天后宫："即福建会馆，在新盛街。"[①] 泗阳县（明清时期的淮安府桃源县）天后宫："在众兴镇西骡马街，规模宏敞，庙宇辉煌，系闽商会馆。"[②]

---

　　① 民国《宿迁县志》卷4《营建志·坛庙》，第424页。
　　② 民国《泗阳县志》卷13《建置志·坛庙》，《中国地方志集成·江苏府县志辑》56，江苏古籍出版社1991年影印本，第331页。

　　在苏北地区众多妈祖宫庙中，以淮安清口惠济祠最为有名。淮安清口是黄、淮、运三水交汇之地。明清时期，这里不仅是国家的漕运咽喉，亦是治河的关键之所在。"经国之务莫重于河与漕，而两者必相资而成。……漕艘渡江达淮，黄河亘其冲，其入河也，必资于黄。治之之道，以清淮迅激荡涤之，俾无壅沙，河恒强，淮恒弱，则潴洪泽之巨浸以助之，交会于清口。是为运道之枢纽，河防之关键。导河、入海、乂淮、利漕，举系于此。濒河迄下游郡县数十城郭田庐，皆恃以为命。"① 光绪《清河县志》记载清口惠济祠："在运口，乾隆志云即天妃庙，在新庄闸口，明正德三年建。武宗南巡，驻跸祠下。嘉靖初年，章圣皇太后水殿渡祠，赐黄香白金，额曰惠济。雍正五年，敕赐天后圣母碧霞元君。"② 乾隆十六年（1751）二月，乾隆皇帝首次南巡，视察了惠济闸和高堰石堤河工并瞻谒惠济祠，命重加焕饰。同年六月撰写《御制重修惠济祠碑文》，碑文曰："清江浦之涘，神祠曰惠济，鼎新于雍正二年，灵贶孔时，孚应若响，过祠下者，奠醴荐牢，靡敢弗肃。乾隆十有六年，朕巡省南服，瞻谒庭宇，敬惟神功庥佑，宜崇报享，命有司鸠工加焕饰焉。"③ 漕运及河工的重要性以及淮安清口重要的地理位置是惠济祠备受清朝官方崇祀的主要原因。

（三）龙神信仰

　　龙是我国古代传说中的神兽。古人认为龙能兴云布雨，影响晴雨旱涝，所以最晚自汉晋以来，民间就有祭祀龙神祈雨的风俗。从唐代开始，由于佛、道两教的兴盛，龙神的地位不断提高，被尊奉为龙王，各地的江、河、湖、海、渊、潭、塘、井，凡是有水之处皆有龙王。

　　明清时期的徐州地处治黄保运关键地区，河工最为频繁，河道变迁最为剧烈，龙神信仰极为盛行。民国《铜山县志·建置考》记载徐州铜山县龙王庙："在云龙山北，又明隆庆四年八月庚戌，诏建河神祠于夏镇、梁

---

① 高晋等撰：《钦定南巡盛典》，卷24《天章·御制文》，《文渊阁四库全书》第416册史部·政书类，第658册，第430—431页。

② 光绪《清河县志》卷3《建置·坛庙》，《中国地方志集成·江苏府县志辑》55，江苏古籍出版社1991年影印本，第864页。

③ 高晋等撰：《钦定南巡盛典》，第431页。

山各一，赐名曰'洪济昭应'，命夏镇闸徐州洪主事以春秋致祭。"① 同治《徐州府志》记载徐州夏镇、梁山龙王庙建立的原因："先是，河道都御史翁大立欲浚治梁山河，祷于神，忽水落成渠，可以通舟，大立以为此神助，非人力也，请建宇，从之"②。光绪《淮安府志》记载淮安府城的龙王庙有三处："一在东门外，一在新城北，一在龙兴寺前。"③ 光绪《盐城县志》记载盐城县龙王庙："在东门外，明万历九年，知县杨瑞云建。光绪十四年，知县王敬修重修。……上冈、伍祐场、新兴场东南皆有龙王庙。"④ 光绪《睢宁县志稿》记载睢宁县龙王庙："在城内县署西，乾隆四十三年，知县李时沛重修。同治十一年，知县刘仟重修。"⑤ 睢宁县龙神祠："在望山龙井侧，光绪十二年秋旱，知县侯绍瀛淘井祷之，旋即得雨，乃创建正祠三间，廊房三间，并置地二十亩以供香火。"⑥ 《古今图书集成·淮安府祠庙考》记载桃源县龙王庙："在治北一百步，明洪武二十五年，知县陈宁创建。景泰五年，知县赵经重修。"⑦ 沭阳县龙王庙："在治西五里张家沟，沭水至此分流，庙临水口，每旱祷雨辄应。"⑧ 明清时期苏北地区龙神信仰有着明显的地域差异，徐州、宿迁、淮安等黄运沿岸的龙王庙大多具有震慑水患、御堰捍坝的功能，而距离黄运河道较远的盐城、海州、沭阳等地的龙王庙，其功能则以祈雨、降水为主。

---

① 民国《铜山县志》卷12《建置考下·坛庙》，《中国地方志集成·江苏府县志辑》第62册，江苏古籍出版社1991年影印本，第198页。

② 同治《徐州府志》卷14《祠祀考》，《中国地方志集成·江苏府县志辑》第61册，江苏古籍出版社1991年影印本，第446页。

③ 光绪《淮安府志》卷3《城池·坛庙》，《中国地方志集成·江苏府县志辑》第54册，江苏古籍出版社1991年影印本，第32页。

④ 光绪《盐城县志》卷2《舆地志下·坛庙》，《中国地方志集成·江苏府县志辑》第59册，江苏古籍出版社1991年影印本，第44页。

⑤ 光绪《睢宁县志稿》卷6《建置志·坛庙》，《中国地方志集成·江苏府县志辑》第65册，江苏古籍出版社1991年影印本，第354页。

⑥ 光绪《睢宁县志稿》卷6《建置志·坛庙》，第356页。

⑦ 陈梦雷、蒋廷锡等：《古今图书集成·方舆汇编·职方典》卷748《淮安府祠庙考》，中华书局、巴蜀书社1987年影印本，第14464页。

⑧ 陈梦雷、蒋廷锡等：《古今图书集成·方舆汇编·职方典》卷748《淮安府祠庙考》，第14464页。

（四）治水人格神信仰

治水人格神主要指的那些历史上原本是人，但因治水或理漕有功，官方或民间通过敕加封号、修建祠庙、颁发匾额、定期祭祀等方式将其由人升格为神的人格化神灵。明清时期黄河和运河的流经，使得徐州成为治黄保运的关键地区。河工在当时可谓关系国计民生的大事。频繁的河工也使得以祭祀治水名人和名臣为重要内容的水利人格神信仰极为盛行。民国《铜山县志·建置考》就记载了当时几处祭祀治水名人和名臣的祠庙。如祭祀上古治水名人大禹的禹王庙："一在吕梁上洪东岸，明时建；一在十八里屯，清嘉庆二十一年，总河黎世序移建于苗家山，额书'大王庙。'"[1] 祭祀明代永乐年间漕运名臣陈瑄的陈恭襄公祠："在县城东水浒，明平江伯陈瑄治水有功，建祠祀之。"[2] 还有祭祀明代吕梁洪工部分司主事费瑄的费公祠："在吕梁洪下洪，明成化间，工部主事费瑄督理洪事，有惠政，洪人立生祠，后登祀典。"[3] 祭祀明代总河潘希曾的潘公祠："在城北四十里境山镇，明嘉靖间，总理河道潘希曾，有德政，民立祠祀之。"[4]

沛县和宿迁是明清时期运道治理和河道变迁相对频繁的地区，因而对治河理漕有功官员的祭祀也极为盛行。沛县朱公祠："在夏镇镇山书院，祀明工部尚书朱衡。"[5] 沛县有茅公祠："在夏镇分司署东，明万历中，工部郎中茅国缙卒于官，人怀其德，立祠祀之。"[6] 沛县五中丞祠："顺治十六年，工部郎中顾大申建两河书院，祀明都御史盛应期、少保朱衡、少保舒应龙、工部尚书刘东星、少师李化龙，以主事陈楠、郎中梅守相、郎中茅国缙、陆化熙配食两庑，皆先后有功于河者。"[7]

明清时期的淮安是漕运总督和河道总督所在地，因而当地以总河或总漕为主要代表的水利人格神信仰也极为盛行。淮安府城山阳县为明清漕运

---

① 民国《铜山县志》卷12《建置考下·坛庙》，《中国地方志集成·江苏府县志辑》第62册，江苏古籍出版社1991年影印本，第198页。
② 民国《铜山县志》卷12《建置考下·坛庙》，第203页。
③ 同治《徐州府志》卷14《祠祀考》，第453页。
④ 同治《徐州府志》卷14《祠祀考》，第453页。
⑤ 同治《徐州府志》卷14《祠祀考》，第453页。
⑥ 同治《徐州府志》卷14《祠祀考》，第454页。
⑦ 同治《徐州府志》卷14《祠祀考》，第455页。

总督所在地，城内有众多祭祀漕运官员的祠庙。

表2　　　　　　　明清时期淮安山阳县境内漕运官员祠庙分布表

名称	位置	祭祀人物
王公祠	城西北	明漕抚王宗沐
王公祠	南锁坝	明漕抚王竑
冯公祠	养济院市口	明漕储道冯敏功
董公祠	湖嘴	明漕储董汉儒
施公祠	西门外	明漕储施尔志
督抚名臣祠	在治东南	明漕抚王竑等二十四人，清蔡士英、帅颜保、靳辅三人
蔡公祠	城北	清漕抚蔡士英
毓公祠、杨公祠、袁公祠	丽正书院	清漕督毓奇、杨锡绂、袁甲三

资料来源：光绪《淮安府志》卷3《城池·坛庙》，第33页。

淮安清江浦一带原属山阳县，乾隆二十五年（1760），清河县旧城被黄河冲毁，清江浦作为新县城由山阳县划入清河县，先后为江南河道总督、淮扬道等治所所在。清河为苏北黄运河工最为集中之地，因而城内以祭祀漕河官员和治水名人为主要内容的治水人格神信仰也极为盛行。

表3　　　　　　　明清时期淮安清河县漕河官员祠庙分布表

名称	位置	祭祀人物
王公祠	海神庙东	明漕抚王宗沐
陈、潘二公祠	禹王台西北	明漕运总兵官陈瑄、总河潘季驯
四公祠	海神庙西	河道总督靳辅、齐苏勒、嵇曾筠、高斌
黎公祠	先农坛东南	河道总督黎世序
吴公祠	厂前坊	漕运总督吴棠
文公祠	在栗大王庙东	漕运总督文彬

资料来源：光绪《淮安府志》卷3《城池·坛庙》，第46页；光绪《清河县志》卷3《建置·坛庙》，第863—864页。

在官方的敕封下，明清黄运沿岸地区还出现了众多"大王"和"将军"。这些生前多为河臣或河工，因为治水或护漕有功，在其死后被官方敕封为"大王"或"将军"，其中以黄大王（河南偃师人黄守才）、朱大王（河道总督朱之锡）、栗大王（河道总督栗毓美）、宋大王（明工部尚书宋礼）、白大王（汶上老人白英）、张将军（宿迁人张襄）等最为有名。

　　光绪《清河县志》记载清河县境内有祭祀河南偃师人黄守才的黄大王庙，有祭祀河道总督栗毓美的栗大王庙，有祭祀宿迁人张襄的张将军庙和祭祀参将卢顺的卢将军庙。①淮安山阳县清江浦（后属清河县）有祭祀明漕运总兵官陈瑄的恭襄侯祠，正统六年（1441）建。盐城县境内有祭祀明朝治河名臣潘季驯的潘公祠，光绪《盐城县志》记载潘公祠："祀明总河尚书潘公季驯，城隍庙西，万历八年知县杨瑞云建，并置祭田一顷三十一亩在城西汤家堡祠，后圮。国朝乾隆二年，知县卫哲治重建。"②淮安下属阜宁县黎百二公祠："在三泓子龙王庙内，清嘉庆、道光间，黎世序、百龄相继为南河总督，治水有功，邑人因建祠祀之。"③阜宁县禹王庙在云梯关平成台侧："康熙三十九年，总河张鹏翮因崇福寺旧址上改建，有'法海津梁'四字额，为总河于成龙手书。乾隆二十九年，江督高晋增建后殿，专祀禹王，以傍堤柳田三百亩作为香火院田，奉旨颁'利导东渐'四字，邑人姚孔金、僧润寂各有碑记。"④淮安府桃源县（今江苏泗阳）因黄运交汇，河患严重，河工频繁，治水人格神信仰也极为盛行。民国《泗阳县志》记载："'将军''大王'封号，皆前代有功河务或水死而屡著灵异者。凡黄河流经之地所在有之。邑治昔濒黄水，故北门外有敕建大王庙一所。"⑤泗阳县小八堡黄河堤上有大王庙，内供朱大王（朱之锡）、卢将军（卢顺）神位。运河西黄河堤上亦有大王庙，内供黄（黄守才）、朱（朱之锡）、王（不详）三"大王"神位。此外，体仁市、洋河市、顺德市、崇河南乡、崇河北市、恩福市、金锁镇圩内、祥符闸西、林工、杨工堤上等处亦建有大王庙。

　　明清时期苏北地区的晏公信仰也很盛行。晏公，名戌仔，江西临江府人，原本是江西地方性水神，明初因朝廷推崇而成为具有全国性影响的水神。《三教源流搜神大全》记载晏公的生平事迹："公姓晏，名戌仔，江西

①　光绪《清河县志》卷3《建置·坛庙》，第864页。
②　光绪《盐城县志》卷2《舆地志下·坛庙》，第46页。
③　民国《阜宁县新志》卷2《地理志·祠墓》，第51页。
④　民国《阜宁县新志》卷2《地理志·祠墓》，第50页。
⑤　民国《泗阳县志》卷13《建置志·坛庙》，第322页。

临江府人也。浓眉虬髯，面如黑漆，平生疾恶如探汤。人少有不善，必曰：'晏公得无知乎？'其为人敬惮如此。大元初以人才应选入官，为文锦局堂长，因病归，登舟即奄然而逝，从人敛具一如礼。未抵家，里人先见其扬驺导于旷野之间，衣冠如故，咸重称之。月余以死至，且骇且愕，语见之日，即其死之日也。启棺视之，一无所有，盖尸解云。父老知其为神，立庙祀之。有灵显于江河湖海，凡遇风波汹涌，商贾叩投所见，水途安妥，舟航稳载，绳缆坚牢，风恬浪静，所谋顺遂也，皇明洪武初，诏封'显应平浪侯'。"①

　　晏公职司平定风浪，保障江海行船，因而东南沿海和江河、湖泊沿岸地区信仰较为盛行。明清时期苏北地区为漕运必经之地，大量漕军由此北上或南下，再加上河网密布，湖泊众多，晏公信仰自然十分盛行。同治《徐州府志》记载邳州晏公庙在旧治（今睢宁县古邳镇）东南。② 民国《宿迁县志》记载宿迁晏公庙："在洋河镇，旧在城南。"③ 民国《阜宁县新志》记载阜宁县晏公庙："在县治射河南岸海墙头，成化间，邑人刘盛与侄刘翰同建。"④ 晏公本为江西地方性水神，且多为漕军所信仰，其之所以在苏北地区如此盛行，无疑和苏北地区繁忙的漕运有莫大关系。

（五）区域性水神

　　由于元明时期徐州有徐州洪和吕梁洪两处险段，徐州特有的水神，主要指徐州洪神和吕梁洪神。"洪"是方言，"石阻河流曰洪，盖河、泗诸水疾下而南，为石所束，崩腾呼号，势如奔马；舟从上下，稍触两涯石齿，辄摧覆不可复救"⑤。泗水流经徐州时，因受两侧山地所限，河道狭窄，水中怪石受到冲击，形成了秦梁洪、徐州洪、吕梁洪三处急流。黄河夺泗入淮流经徐州，必过徐州、吕梁二洪。

　　徐州洪在宋元时又称"百步洪"，位于徐州城东南二里处，因巨石盘踞地中，长百余步而得名，"汴泗流经其上，冲激怒号，惊涛奔浪，迅疾

① 佚名：《绘图三教源流搜神大全》（外2种），上海古籍出版社1990年版，第344页。
② 同治《徐州府志》卷14《祠祀考》，第451页。
③ 民国《宿迁县志》卷4《营建志·坛庙》，第425页。
④ 民国《阜宁县新志》卷2《地理志·祠墓》，第51页。
⑤ 同治《徐州府志》卷14《祠祀考》，第446页。

而下，舟行艰险，少不戒即破坏覆溺。"① 正统《彭城志》有"三洪之险闻于天下"之说。吕梁洪更是名闻遐迩，元赵孟頫《吕梁洪关（羽）尉（迟恭）庙碑记》描述了吕梁洪的险恶，而每当过洪，船主、纤夫、艄公人等无不"俶舟躬楫，股慄睥睨而不敢发"。于是"莫不宰牲酾酒，恭谒庙貌，睢盱俱伺，以听神命，吉凶逆从，昭答如响"②。

元人袁桷《徐州吕梁神庙碑》记载吕梁洪："余宦京师，过近吕梁者焉，春水盛壮，湍石弥漫，不复辨左回右激。舟樯林立，击鼓集壮稚，循崖侧足，负绠相进挽。又募习水者，专刺棹水。涸则岩崿毕露，流沫悬水，转为回渊，束为飞泉，顷刻不谨，败露立见，故凡舟至是必祷于神。"③ 同治《徐州府志》记载徐州洪神庙："在百步洪上，旧有庙称'灵源宏济王'，或称'金龙四大王'，凡舟蹈洪必祷焉。"④ 徐州吕梁洪神庙则有两处："一在上洪，旧称'河平王'，明永乐初建，宣德十年，知州杨秘重修。一在下洪，旧称'龙神'，元皇庆间建，明天顺年重建。"⑤

民国《宿迁县志》记载在当时的宿迁县境内有张将军庙和镇黄刘王庙，张将军庙在县治南十里小河口："神名襄，明弘治间行商至伍家营，为舟子所害，夜托梦于母，明日得其尸，告诸官，置舟子于法后，为河神，有功漕运，明时屡遣官祭，封以显号。至国朝护漕有验，加封'护国护漕勇南王'。"⑥ 镇黄刘王庙："在西堤上，祀桃源刘真君，敕封'静水王'，祷雨辄应，同治十三年重修。"⑦ 泗阳县刘真君庙："一在半路，刘即宋封'通天彻地刘真君庙'，俗称'刘老爷庙'，天旱祈雨，异常灵验。一在崔镇，清同治初年，移建陈老圩东门外。一在颜家冈，民国三年重修。"⑧ 淮安府清河县境内有专门祭祀淮河水神的淮神庙。《古今图书集成·淮安府祠庙考》记载淮神庙："在治东二里，旧志载明武宗南巡，旋至徐州，神著灵异。上问：'衣洪者何官'；神对曰：'清河淮神送驾至

①　同治《徐州府志》卷14《祠祀考》，第446页。
②　同治《徐州府志》卷14《祠祀考》，第446页。
③　袁桷：《清容居士集》卷25《碑》，台北：新文丰出版公司1985年影印本，第440页。
④　同治《徐州府志》卷14《祠祀考》，第447页。
⑤　同治《徐州府志》卷14《祠祀考》，第447页。
⑥　民国《宿迁县志》卷4《营建志·坛庙》，第424页。
⑦　民国《宿迁县志》卷4《营建志·坛庙》，第424页。
⑧　民国《泗阳县志》卷13《建置志·坛庙》，第330页。

此'。因赐额，春秋祭焉。"①

三　水神信仰的特点及影响

在各种因素的综合作用下，明清时期苏北运河区域水神信仰呈现出种类多样性、地域广泛性、目的功利性的特点。由于苏北地区黄、淮、运交汇，是明清时期治黄保运的关键地区，水神信仰的盛行对明清国家的治河理漕活动以及黄运沿岸民众的生产生活都产生了重要影响。

（一）水神信仰的特点

黄河和运河的流经，黄河水患的严重危害，繁忙的漕运和频繁的河工，明清国家的倡导和推动以及地理环境和社会风俗的差异，在这些因素的共同作用下，明清时期苏北地区的水神信仰呈现出种类多样性、地域广泛性、目的功利性等特征。

1. 崇祀种类的多样性

明清时期苏北运河区域由于水患严重，河工频繁，再加上地处南北交通要道和漕运必经之地，各种文化、信仰以及风俗在此交汇和融合，因而水神信仰的种类极为众多。既有明清国家倡导的金龙四大王、龙神、妈祖、晏公等水神，也有众多崇敬和祭祀"大王""将军"、治河理漕官员的水利人格神信仰。清人周馥所著《河防杂著》"水府诸神礼典记"中就列有 80 多位水神，其中既有黄河河神，也有运河水神。《敕封大王将军纪略》更是记载了与黄河和运河有关的 6 位"大王"，64 位"将军"。由于黄运交汇的地理环境，以上两本著作中提到的水神在明清时期苏北黄运沿岸地区几乎都有分布。笔者依据相关史料统计，明清时期徐州府境内（含宿迁）有水神 30 余种，淮安府境内有水神 20 余种，水神信仰的种类可谓名目繁多。

---

① 陈梦雷、蒋廷锡等：《古今图书集成·方舆汇编·职方典》卷 748《淮安府祠庙考》，第 14463 页。

2. 信仰地域的广泛性

明清时期苏北运河区域的水神信仰不仅种类众多，而且分布地域广泛，崇祀金龙四大王、龙王、天妃等水神的庙宇和祠堂遍布苏北运河区域各州县，各种和漕运及河工有关的水利人格神祠庙也遍布于苏北黄运沿岸地区。祭祀水神的庙宇不仅分布地域广泛，其数量也极为众多。金龙四大王是黄河河神和漕运保护神，淮安清河县因水患极为严重，弹丸之地居然有十余座金龙四大王庙，徐州所属沛县境内天妃行宫更是有十处之多。"自吕梁、徐州以达临清，凡两岸有祠，皆祀金龙四大王之神"；"军民输京师之赋者，凡四百余万石，舟楫之行计万五千余艘，皆赖神之护佑"①。乾隆《杭州府志》亦记载："凡舟行黄河者神应如响，宿迁、吕梁及凡有漕运之地并立庙。"② 龙神信仰由于和农业生产密切相关，更是遍布苏北地区的城镇和乡村。光绪《安东县志》记载安东县境内共有龙王庙十余处之多，遍布安东各村庄："一在柴沟，一在夏村庄，一在山村庄，一在一帆河，一在厉家庄，一在五港口，一在傅湖，一在淮宁乡官庄，一在大庄港口，一在邓沟河，一在七里河，一在张纲海口，一在东路。"③ 明清时期苏北地区的水神信仰在分布地域上无疑具有相当的广泛性和普遍性。

3. 信仰主体的普遍性

明清时期苏北地区河流密布，湖泊众多，再加上东临黄海，水旱灾害频发，故水神的信仰群体极为普遍。上至封建帝王、河漕大员、地方官员，下到漕军、水手、船工、渔民、商人、普通民众，无不对水神推崇备至。康熙、乾隆南巡期间，多次亲自或派遣官员祭祀宿迁城西南金龙四大王庙、皂河龙王庙、淮安清口惠济祠等水神庙宇。当漕运受阻、河工危难之时，漕运和河道官员也大多祈祷和祭祀水神。漕军或运丁负责国家漕粮的运输，常年往返于运河之上，涉江过河，艰险无比，故建庙祀神，祈求保佑。船工、水手、商人等群体常年往返于河流、湖泊、海面之上，时常面临人员、货物漂溺的危险，于是多祈祷和祭祀各种水神，以求人身安全，航运顺利。赣榆县青口镇天后宫就是由船户和商人共同捐建，宿迁、

---

① 王琼：《漕河图志》卷6《碑记》，水利电力出版社1990年标点本，第266页。

② 乾隆《杭州府志》卷83《忠臣》，《续修四库全书》史部·地理类，上海古籍出版社2002年影印本，第701册，第236页。

③ 光绪《安东县志》卷2《建置·坛庙》，第17页。

泗阳等地天后宫也多由福建商人创建。水旱灾害对农业生产有着重要影响，由于龙王具有祈求降雨、治理水患等职能，故备受地方官员和普通民众的崇祀，各地龙神庙宇多由地方官员或民众捐建。

4. 崇祀目的的功利性

当黄河和运河风平浪静，气候风调雨顺时，水神的崇祀往往不太突出。而当运道堵塞，水灾泛滥，直接威胁到了漕运的畅通和普通民众的生命财产安全时，水神信仰的功用才会变得显著。明清苏北运河区域水神信仰的初衷和最终目的都是祈求神佑，以保平安，免遭水患。"遇到洪水大灾之年或者河工治水之事，明代政府多加封黄运诸河神各种名号，或者奉献牺牲，隆重献祭。"① 明清国家"祭祀金龙四大王旨在捍御河患、通济漕运。当官方的此种诉求得到满足时，便会祀神报功"②。众多水利人格神之所以被崇敬和祭祀，是因为他们："或生为名臣，能御灾捍患；或有功德于民者，故殁而为神；或有阴翊国家，保佑生民，皆足以崇奉祀，以求福利也。"③ 由此我们可以看出，水神信仰无疑具有极强的功利性。

（二）水神信仰的社会影响

黄河水患的严重危害、繁忙的漕运和频繁的河工导致了苏北地区水神信仰的传播及盛行，水神信仰的盛行反过来又对苏北黄运沿岸地区的漕运、河工以及沿岸民众日常生活产生重要影响。崇祀水神在成为明清国家治理黄运水患重要手段的同时，也成为苏北地方民众及往来客商的精神慰藉。

1. 明清国家及地方官员的影响

在当时的科学手段及技术条件下，面对频发的黄运水患，明清河臣们往往会感到手足无措。崇祀水神，借助神灵的力量来平息水患，成为河臣们运用的重要手段。根据相关史料的记载，水神的"显圣"多发于堵塞黄运决口或治理水患之时。河工告竣或水患平息之后，官员便会奏报水神

---

① 胡其伟：《漕运兴废与水神崇拜的盛衰——以明清时期徐州为中心的考察》，《中国矿业大学学报》（社会科学版）2008 年第 2 期。

② 王元林、褚福楼：《国家祭祀视野下的金龙四大王信仰》，《暨南学报》（哲学社会科学版）2009 年第 2 期。

③ 王琼：《漕河图志》卷 6《碑记》，第 266 页。

"显灵"事件，祈求皇帝敕命祭神。毋庸置疑，水神信仰的盛行使得明清河员和苏北黄运沿岸民众对水神信仰形成了一定程度的依赖，漕运受阻、黄运水患严重之时，也往往是水神信仰的盛行之时。

天启六年（1626），任总督漕运的苏茂相在其《淮安清口灵运碑记》中记载了金龙四大王和张将军"显灵"平息水患之事："天启丙寅春，茂相奉玺来董漕务。五六月间，南旱北霪，淮势弱，黄挟雨骤涨，倒灌清江浦、高宝之墟。久之，泥沙堆淤，清口几为平陆，仅中间一泓如线，数百人日挽不能出十艘。茂相大以为恐。或曰'金龙四大王最灵'，因遣材官周宗礼祷之。是夜水增一尺，翌日雨，复增一尺，雨过旋淤。茂相曰'非躬祷不可'。闰六月二十有五，率文武将吏诣清口，祷于大王及张将军神祠。……越五日，为七月朔，晨气清朗，已而凉风飕飕，阴云翁郁。不移时大雨如注，达夕不歇。初二日，雨如之，河流澎湃，停泊千余艘，欢呼而济淮，遂强能刷黄。迄秋，粮艘尽渡无淹者，众始诧河神有灵。"①

漕运官军负责国家漕粮的运输，常年往返于运河之上，涉江过河，艰险无比，难免有漂溺、沉没之患，故建庙祀神，祈求保佑。水神庙宇的存在在一定程度上满足了他们的祭祀需求，对漕粮运输活动的正常进行具有重要意义。《金龙四大王碑记》云："至我国家长运特仰给于河，而役夫皆兵，沙梗风湍，岁以为患，四百万军储舳舻衔尾而进，历数千里始达京师。缘是漕储为命脉，河渠为咽喉，兵夫役卒呼河神为父母，蔑不虔戴而尸祝之。"② 万历四十五年（1617），邳州直河口重建金龙四大王庙，运粮把总、杭州右卫指挥使蔡同春捐俸金为庙立像，并作《金龙四大王庙记》云："直河一口乃襟喉之要区，官旟至此必割羊酹酒，击鼓扬旌，惴惴焉乞灵于神。"③ 宿迁东关金龙四大王庙内供奉有靳辅塑像，因时常显灵，护佑漕运，故备受往来漕军的崇祀。嘉庆三年（1798）三月，靳辅曾孙、松江府押运通判靳光寰在其所作碑记中记载："宿迁县城外东南圩运河之西岸，有金龙四大王庙。中供大王像，左供张老爷像，右供先曾祖文襄公

---

① 天启《淮安府志》卷19《艺文志一》，荀德麟、刘功昭、刘怀玉点校，《淮安文献丛刻（六）》，方志出版社2009年标点本，第823页。

② 仲学辂编：《金龙四大王祠墓录》卷2《祠墓》，见《丛书集成续编》第59册，上海书店出版社1994年影印本，第676页。

③ 仲学辂编：《金龙四大王祠墓录》卷2《祠墓》，第693页。

像，旁列侍者二人。庙之建不知起自何时，而文襄公像则江西各帮官丁塑以供奉者。……每年押运北上，入庙瞻依，焚香肃拜，敬念先人之遗泽孔长，而寰之年年督运安流，免致陨越者，皆仰赖文襄公之庇佑。"①

水神信仰对地方水患治理也有重要影响，在一定程度上起到了安定人心、组织动员的作用。隆庆四年（1570），淮安知府陈文烛在其《柳将军庙记》中记载："隆庆辛未夏五月，淮泗大溢，黎民昏垫。秋八月，水复溢，环城不消。士民告余曰'水神有柳将军者'，余檄山阳县令具主设牲，同祷于淮之滨。水夜退尺许，士民神之。告余曰'将军捍水患，宜庙祀之'，乃命经历李凤鸣，卜地城西之南河为殿三间，肖将军貌。大门左右，室各三，数月乃成。"② 地方官员通过建庙祀神，也可扩大官方与地方社会的互动交流。万历十九年（1591），参政郭子章督漕至宿迁见当地金龙四大王庙破败不堪，次年再至时与宿迁地方官员及民众重修庙宇，其所撰《宿迁县金龙四大王祠记》云："予复至，捐金倡之，于是诸漕舻道祠缋神者争醵金焉。宿迁令南城聂君摄金倡之邑，于是钟吾、下相、环郭内外商民入祠缋祠者争醵金焉。"③ 在郭子章和宿迁县令的倡议下，广大信众慷慨相助，金龙四大王庙宇最终得以重修。

2. 对沿岸民众生产生活的影响

水神信仰的传播使苏北黄运沿岸地区形成了庙宇密集的祭祀带，为过往的漕军、客商、行人和水手提供了祭祀场地，成为慰藉沿岸民众心灵的重要场所。淮安是明清时期漕运中心，金龙四大王信仰极为盛行，凡经过淮安运河的客商、漕军、水手莫不敬拜金龙四大王，其中天妃闸金龙四大王庙尤著，清人笔记载《金龙四大王歌》云："行人舟至黄河滨，无不祭赛黄河神。但知金龙四大王，不知大王何如人。我来淮右天妃闸，庙中歌舞尤杂遝。巡观壁间有石刻，蒋生作传董公跋。"④ 《谒金龙四大王庙》

---

① 晁剑虹：《幸存的康熙宿迁御文碑刻》，载贺云翔主编《长江文化论丛》第 9 辑，南京大学出版社 2013 年版，第 224 页。

② 天启《淮安府志》卷 19《艺文志一》，第 822 页。

③ 康熙《宿迁县志》卷 11《艺文志》，上海图书馆藏稀见方志丛刊第 41 册，国家图书馆出版社 2011 年影印本，第 232 页。

④ 方文：《嵞山续集·北游草》，上海古籍出版社 1979 年影印本，第 573 页。

云："客子预愁天妃闸，舟人齐拜大王庙。"[①] 明代淮安府城天妃庙称"灵慈宫"，永乐年间内阁大学士杨士奇在其《敕赐灵慈碑记》中记载："永乐初，平江伯陈公瑄奉命率舟师，道海运北京，然道险所致无几。……遂作祠于淮之清江浦，以祀天妃之神，盖公素所持敬者。凡淮人及四方公私之人有祈于祠下，亦皆响应。"[②] 万历十八年（1580），盐城知县杨瑞云重修县治北门外二里的旧有天妃庙，明人胡希舜在其所作的《重修天妃庙碑记》中记载："天妃者，海神也，凡濒海郡邑，咸建庙崇祀之。其神最著灵异，郡邑之人有所祈祷于神者，皆应之如响。"[③] 光绪十九年（1893）夏四月，"邑人筑堰捍潮，潮溢盛涨，堧几不保，群犇祷于庙，获转危为安。"[④]

水神庙宇的存在对沿岸民众经济和文化生活也产生了重要影响。"皂河龙王庙会是数百年来皂河及其周边地区群众自发参与的一项民间祭祀民俗活动，庙会的起源和运河有密切的关系。"[⑤] 自清代以来，每年的农历正月初八、初九、初十这三天，为宿迁皂河龙王庙庙会之日。其中正月初八为焰火日、初九为正祭日、初十朝山日。届时众多民众纷纷前来敬香祭神，祈求风调雨顺，河水安澜。宿迁及周边地区的行商坐贾、民间艺人也纷至沓来，云集皂河。庙会上既有曲艺、杂技、民俗表演等文化展示活动，也有各种生产资料、生活用品的买卖交易活动，人山人海，盛况空前。庙会风俗几百年来从未中断，一直沿袭至今。此外，民间对龙王等治水神和祈雨神的信仰和祭祀也可在一定程度上缓解民众对于水旱灾害的恐惧，使其紧张的情绪得以释放，对恢复生产、维护社会安定具有重要作用。明清时期苏北地区众多天后宫为福建商人所建，也在一定程度上促进了不同区域间的文化交流。

---

① 孙枝蔚：《溉堂续集》卷4《谒金龙四大王庙》，上海古籍出版社1979年影印本，第769—770页。

② 杨宏、谢纯：《漕运通志》卷10《漕文略》，荀德麟、何振华点校，《淮安文献丛刻（一）》，方志出版社2006年标点本，第291页。

③ 万历《盐城县志》卷10《艺文志》，《北京图书馆古籍珍本丛刊》，北京图书馆出版社2000年影印本，第904页。

④ 光绪《盐城县志》卷2《舆地志下·坛庙》，第44页。

⑤ 李永乐、杜文娟：《申遗视野下运河非物质文化遗产价值及其旅游开发——以大运河江苏段为例》，《中国名城》2011年第10期。

四 结语

运河区域是明清时期社会变迁最为剧烈的地区，以往的研究往往只关注黄运河道的治理以及漕运对运河沿岸城镇和商品经济的影响，很少关注漕运和河工对运河区域民间信仰所产生的影响。明清时期苏北地区黄、淮、运在此交汇，大量漕船和商船由此北上或南下，各种文化、信仰以及风俗在此交流和融合。黄运交汇更使得苏北地区成为明清治黄保运的关键地区，众多关系国计民生的河工集中于此。黄河水患的严重危害、繁忙的漕运和频繁的河工是导致明清时期苏北运河区域水神信仰盛行的主要原因，地理环境、水旱灾害也对水神信仰的兴起有着重要影响，祭祀各种水神的庙宇和祠堂遍布苏北的城镇和乡村。在众多水神中，最有代表性的当属对金龙四大王、妈祖等运河水神的信仰。崇祀水神在成为明清国家治理黄运水患的重要手段以及黄运沿岸民众精神慰藉的同时，也为明清时期苏北地区的民间信仰增添了新的内容，使其呈现出多元化的发展趋势，成为明清苏北运河区域社会变迁的重要表现。

运河名城临清碧霞元君信仰考略[*]

周　嘉[**]

碧霞元君是一位泰山上的女神，亦有信众称之为泰山娘娘、泰山圣母或泰山奶奶。明朝人谢肇淛认为："岱为东方，主发生之地，故祈嗣者必祷于是，而其后乃传会为碧霞元君之神，以诳愚俗。故古之祠泰山者为岳也，而今之祠泰山者为元君也。岳不能自有其尊，而令它姓女主，俨然据其上，而奔走四方之人，其倒置亦甚矣。"[①] 明清以来，碧霞元君在民间的影响逐渐超过东岳大帝，"属于中国信仰最广泛的神之列"[②]。在道教尊崇的女神中，常有"南有妈祖天妃，北有碧霞元君"之说，足见其地位和影响。学界从历史学、民俗学和社会学的角度出发，对碧霞元君的封号以及信仰的演变等问题进行了卓有成效的探讨，此不赘述。这些研究对我们理解此一信仰有着很大帮助，但是，关于"碧霞元君信仰在运河区域"的研究则较少。本文拟对明清至民国时期运河城市临清的碧霞元君信仰进行考述，如有遗漏还请方家指正。

一　早期庙祀空间中的碧霞宫

道教认为碧霞元君能够庇佑众生、灵应九州，民间传说说她神通广大，具有保佑农耕、商贸、交通、婚姻、健康、生育等职能。供奉她的

* 本文原刊于《中国道教》2018 年第 4 期。

** 周嘉（1983—　），山东莱西人，法学博士，聊城大学运河学研究院副教授、硕士生导师，主要研究方向为历史人类学、运河民俗。

① 谢肇淛：《五杂组》卷 4《地部二》，上海书店出版社 2009 年标点本，第 66 页。

② ［美］彭慕兰：《泰山女神信仰中的权力、性别与多元文化》，载［美］韦思谛编《中国大众宗教》，陈仲丹译，江苏人民出版社 2006 年版，第 115—142 页。

庙宇肇始于泰山之上，"自京师以南，河淮以北，男妇之进香顶礼无算"①，"晚明每年多达 80 万人少亦有 40 万人登岱顶礼敬神明"②。明代曾设官科征香税，足见其香火之盛。明代中期碧霞元君信仰兴盛之后，各地以其为主神的庙宇大量涌现，在山东范围内主要修建于明代正德、嘉靖和万历年间。③

临清境内碧霞宫的创建年代比较早，明代州人方元焕在《重修碧霞宫记》中云："娘娘庙即碧霞宫，在广积门外，原有旧宇，明正统四年，守御千户所吴刚置地扩之。"④ 广积门是临清砖城西门，砖城始建于景泰元年（1450），而娘娘庙在正统四年（1439）以前即有旧宇存在，"其在城西最壮又创之远也"⑤。当时，方元焕所见"宫州凡四焉"⑥，但其他三处没有说明。据清代所修三部临清志书⑦中关于碧霞宫名称与位置的记载，可以推断这三处分别为：碧霞宫（泰山行宫）在土城中州大宁寺东边，岱宗驻节（歇马厅）在土城东水门外三里铺东边，碧霞宫在砖城南门永清门以东的南坛附近（见下表）。

表1 临清地方志记载的碧霞元君祠庙举要

序号	庙名	庙址	建筑年代	史料	资料来源
1	娘娘庙（碧霞宫）	砖城广积门外以南	无考，明正统四年以前即已存在	"娘娘庙即碧霞宫，在广积门外，原有旧宇"	乾隆《临清州志》卷11《寺观》
2	碧霞宫	中州大宁寺以东	无考，似明代已有	"碧霞宫在大宁寺左"	康熙《临清州志》卷2《庙祀》
	泰山行宫（行宫庙）	中州大宁寺以东	无考，似明代已有	"泰山行宫在大宁寺左"	乾隆《临清州志》卷11《寺观》

① 容庚：《碧霞元君庙考》，《京报副刊》1925 年第 157 期。

② 蔡泰彬：《泰山与太和山的香税征收、管理与运用》，《台大文史哲学报》2011 年第74 期。

③ 参见叶涛《碧霞元君信仰与华北乡村社会——明清时期泰山香社考论》，《文史哲》2009 年第 2 期。

④ 乾隆《临清州志》卷 11《寺观》，乾隆十四年刻本。

⑤ 乾隆《临清州志》卷 11《寺观》。

⑥ 乾隆《临清州志》卷 11《寺观》。

⑦ 这三部志书分别为：康熙十二年《临清州志》、乾隆十四年《临清州志》、乾隆五十年《临清直隶州志》。

续表

序号	庙名	庙址	建筑年代	史料	资料来源
3	岱宗驻节（歇马厅）	土城东水门外	明代	"岱宗驻节俗呼歇马厅在东水门外"；"明嘉靖三十年鸿胪寺序班秦闾建"	康熙《临清州志》卷2《庙祀》；乾隆《临清州志》卷11《寺观》
4	碧霞宫	砖城永清门外以东南坛附近	无考，似明代已有	"碧霞宫在南坛"	乾隆《临清州志》卷11《寺观》
5	碧霞宫（娘娘庙）	卫河以东、西夹道街以西	清代	碧霞宫在"卫河东浒"	民国《临清县志》卷7《建置志》

注：（1）序号2中的两处记载当为同一庙宇。

（2）如果按照民国《临清县志》的记载，序号1、2、3的建筑年代均为清代，序号4的建筑此时已无记载，序号5为首次出现；如果据方元焕《重修碧霞宫记》并结合清代三部志书的相关描述，序号1—4似乎在明代即已存在，序号3已有明确记载。

关于临清建城史，我们有必要了解其梗概。元代"百司庶府之繁，卫士编民之众"① 均仰给于江南，因而开凿会通河，"起东昌路须城县安山之西南，由寿张西北至东昌，又西北至于临清，以逾于御河"②。临清位于卫河与会通河汇合之处，区位优势逐渐彰显。永乐九年（1411），明成祖朱棣下令疏浚会通河，"自永、宣至正统间，凡数十载……会通安流"③。当地有"先有临清仓，后有临清城"之说，景泰元年（1450）肇建砖城以保障漕运仓储为根本目的，选址在会通河与卫河交汇地带东北方地势高亢之处，恰好将临清仓包裹进来。因水运商贸之便，在砖城之外的中洲与运河两岸，逐渐形成新的居住与商业空间，遂于嘉靖年间又修筑以中洲为中心，横跨会通河与卫河的土城。至此，临清两城相连的空间格局基本定型。④

---

① 《元史》卷93《食货一》，中华书局1976年标点本，第2364页。

② 《元史》卷64《河渠一》，第1608页。

③ 《明史》卷85《河渠三·运河上》，中华书局1974年标点本，第1388页。

④ 关于历史时期临清的城市空间形态，具体可参阅拙作《运河城市的空间形态与职能扩张——以明清时期的临清为个案》，载张利民主编《城市史研究》第34辑，社会科学文献出版社2016年版，第38—50页。

康熙十二年（1673）所修《临清州志》中有一幅"州城图"，此图虽接近于白描，但仍能看到城的完善规制，城内祠庙甚多，城外庄铺相连（见图1）。不过，上述四处碧霞宫在地图中没有任何反映，而是典型地呈现出官方正统祠、庙、坛的仪式组合。砖城内文庙、岳庙、城隍庙等错杂于官署之间，土城内漳神庙、大王庙、龙王庙等护漕河神庙宇林立运河两岸。官方社会体系的建构，"主要是通过城市神圣空间的再解释、正统庙和神统的设置以及基层政权和社会规则建设而得以实现的"[1]。神圣性空间的设置以及有时间规律地在这些神圣场所中举办祭祀活动，其目的恰如志书所云："以神道设教，神道本以济治化之所不及也……将以明民非以愚之也。"[2] 碧霞宫未被标注，可能当时它们只是一般的小神庙，没有纳入官方视野，亦可能"州刹宇甚多，不能备载"[3] 之故。倒是在乾隆年间所修两部州志的"州城图"中，首次标注了广积门外的娘娘庙（见图2），当然是否与乾隆朝碧霞元君皇家致祭的制度化有着某种间接关系[4]，我们亦不得而知。

二　碧霞宫的崇拜及仪式组织

碧霞元君信仰历经明清两代，一直延续到民国时期，只是在民国《临清县志》中没有南坛附近那座碧霞宫的记载了。但是，县志又特别说明了一处在州志中未曾提及的庙宇，即如今的卫河东堤那处碧霞宫。要了解其中的发展脉络，我们还需考察历史时期人们的信仰实践，以便找到更多的线索。

在临清民间有一句俗语"先有娘娘庙，后有临清城"，反映了对碧霞元君的崇奉早在官方营建城池之前就已存在，信仰历史较为悠久。此处的娘娘庙即砖城广积门外的那座"旧宇"，方元焕在《重修碧霞宫记》中曾

---

① 王铭铭：《逝去的繁荣——一座老城的历史人类学考察》，浙江人民出版社1999年版，第179—180页。
② 康熙《临清州志》卷2《庙祀》。
③ 康熙《临清州志》卷2《庙祀》。
④ 关于碧霞元君从民间信仰到国家祭祀的历史进程，具体可参阅周郢《泰山碧霞元君祭：从民间祭祀到国家祭祀——以清代"四月十八日遣祭"为中心》，《民俗研究》2012年第5期。

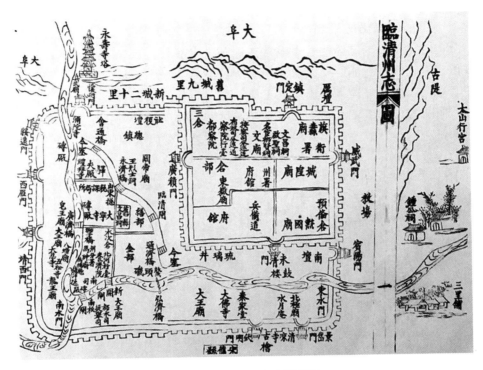

图 1　康熙年间临清州城图

提到，当时守御千户所吴刚"祈于元君而嗣"，因求子灵验故"置地扩之，前为广生殿，有门，有坊"。① 守御千户所是明初在临清设立的军防机构，吴刚对碧霞元君的崇拜当属个人行为。同时，徽商亦出资参与此次重修活动，娘娘庙"文檐华边迩色色蚀，黄君大本洎诸歙商慨之，程材鸠佣，垝者缮剥者圬"②。临清在明代中期迅速发展成为一个重要的商业中心，各地商人来此营生渐趋融入当地社会。"临清徽商人数最多，势力最大，他们不仅在此转贩棉布，开设典当，经营食盐、丝线、竹木、茶叶等各种行业"③，而且成为碧霞元君的重要信众。之后，娘娘庙又经再扩，"嘉靖十

---

① 乾隆《临清州志》卷 11《寺观》。
② 乾隆《临清州志》卷 11《寺观》。
③ 王云：《明清时期山东运河区域的徽商》，《安徽史学》2004 年第 3 期。

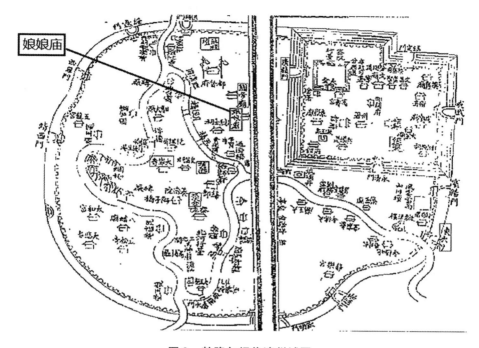

图 2　乾隆年间临清州城图

九年，道士刘守祥募众附建三清阁于后，曰玉虚真境，下为真武行祠"①。

　　在官员、商人、道士以及信徒的共同努力下，娘娘庙规模渐宏，"陟降而眺，亮丽浮初制焉"②；香火渐旺，"州士女济济登颂不能罢"③。周边庙市也随之兴盛起来，"昔年，每月朔望，士女为婴儿痘疹祈安，执香帛拜谒，亦有市"④。娘娘庙逐渐形成一个祭祀中心，并伴有年度迎神仪式庆典。每年农历四月十八日传为碧霞元君的生日，届时"州人升木像具仪从警跸传呼，而以杂剧导其前，招摇过市，谓之行驾，各街巷结彩设供，竟致新奇，辉煌悦目，谓之迎驾，四方数百里聚会来观，连袂挥汗，充满城

———————————

①　乾隆《临清州志》卷 11《寺观》。
②　乾隆《临清州志》卷 11《寺观》。
③　乾隆《临清州志》卷 11《寺观》。
④　乾隆《临清州志》卷 11《寺观》。

邑"①。年度庆典带动了全城商贸交易活动，"食货为之腾价"②。只是到了乾隆年间似乎繁华不再，出现"今寥寥矣"③ 的局面。

中州大宁寺东边的碧霞宫又叫泰山行宫或行宫庙，"为碧霞元君巡行驻驾之所"④，民间传之专为她回临清娘家省亲而建造。⑤ 实地调查所见一通捐资碑详细说明了"行宫"来历："古者天子巡守则封泰山，然后禅小山而秩祀之，以泰山为五岳之宗也，后世建碧霞元君之宫于其上，远近士女朝山进香不下数百里，闻有灵威，皆为孝男孝女标其奇特，此元君之辅佑下民，不可枚举者也，延及大邑巨镇多建碧霞元君之宫，名曰行宫，亦循朝山进香之义而凛凛从事焉。"⑥ 关于行宫庙创建或重修的具体情况，因无史料记载我们未能获知。不过，据附近老人们讲，他们的祖父辈曾见过行宫庙，"坐北面南，为三进院落"⑦。可见，当时行宫庙的庙制规模也不小。

往昔，在临清众多庙会中，行宫庙的规模最大，"在其中社火极多"⑧。当地有句俗话"穷南坛，富行宫，爱耍花样的碧霞宫，娘娘庙是一窝蜂，慈航院的瞎哼哼"，形象地反映了行宫庙的庙会场面。清朝河道总督完颜麟庆途经临清，恰逢当地正在举办庙会，给他留下了深刻印象，特撰文记述临清社火："相传四月十八日为碧霞元君圣诞，远近数百里乡民，争来作社火会。百货具聚，百戏具陈，而独脚高跷尤为奇绝。蹬坛走索，舞狮耍熊，无不精妙。且鼓乐喧阗，灯火照耀，男妇宣扬，佛号声闻彻夜。"⑨ 文中所述在其所作社火图中均有表现，惟妙惟肖，饶有趣味（见图3）。行宫庙的香火旺盛与其坐落在大寺街商业区有一定关系，大宁寺"居中洲之中，壮丽界于诸刹，山门内列肆懋迁"⑩，前为大寺街，众多商铺齐聚于此。

---

① 康熙《临清州志》卷2《庙祀》。
② 康熙《临清州志》卷2《庙祀》。
③ 乾隆《临清州志》卷11《寺观》。
④ 民国《临清县志》卷7《建置志》。
⑤ 关于"临清是泰山奶奶的娘家"传说，将另文具体说明。
⑥ 民国九年（1920）《奶奶庙捐资碑》，碑存临清市魏湾镇东魏村。
⑦ 笔者于2016年9月17日对刘广平、李志发等人的访谈。地点：临清大宁寺前大寺街。
⑧ 民国《临清县志》卷7《建置志》。
⑨ 完颜麟庆：《鸿雪因缘图记》第3集《临清社火》，道光二十七年刻本。
⑩ 乾隆《临清州志》卷11《寺观》。

图3　（清）完颜麟庆《鸿雪因缘图记》中的临清社火场景

　　在明清两代，砖城广积门外的娘娘庙和土城大宁寺东边的行宫庙是两处重要的仪式活动中心。砖城创设在前，土城营造在后。当土城中洲地区商业日趋发达后，信众宗教活动的热情也随之从娘娘庙转向行宫庙。到了清末民初，又出现了另一个信仰实践中心，即位于卫河东浒的碧霞宫。歇马厅位于城外东南方向不远之处，也是一个非常重要的实践空间，是人们迎驾碧霞元君的地方。接下来，我们考察民国以来的一些情况，以及人们对这段历史的集体记忆。

三　民国以来的信仰实践与历史记忆

进入民国，娘娘庙和行宫庙逐渐走向衰落，这与清末以来一直延续的"废庙兴学"运动所带来的冲击关系甚大。[①] 晚清名臣张之洞曾认为："今天下寺观，何止数万，都会百余区，大县数十，小县十余，皆有田产，其物皆由布施而来。若改为学堂，则屋宇田产悉具，此亦权宜而简易之策也。"[②] 民国三年（1914），国民政府颁布《寺庙管理条例》规定："各寺庙自立学校；仅有建筑属于艺术，为名人之遗迹，为历史上之纪念，与名胜古迹有关的寺庙可由主持负责保存；凡寺庙久经荒废，无僧道主持，其财产由该管地方官详请长官核处之。"[③] 庙祀空间被官方加以改造，娘娘庙"中设初级小学校"[④]，行宫庙成为"第一区区公所"[⑤]。

倒是昔日未被记载的卫河东浒处的碧霞宫，在这一阶段渐趋活跃。民国时期临清的庙会不一而足，"各会之中以西南关之四月会为最大"[⑥]。碧霞宫即位于西南关，会期又分四月会和九月会，"旧历四月中旬，邻封数十县来者甚众，名曰朝山……九月九日又有会亦颇盛"[⑦]。每值会期，"土人升木像扮社火，观者云从，有万人空巷之势"[⑧]。社火在临清，"所有不下百余起，如彩船则结帛为之驾者，饰女装戴彩笠，渔人引之合唱采莲曲，高跷则足蹑，木跷高数尺，腮抹粉墨，歌弋阳腔，若竹马始于汉，羯鼓始于唐，渔家乐始于六朝，其来源尤古，其余龙灯狮、保花鼓、秧歌等名目繁多，不胜指数，每值庙会则游行街衢，更番献技，亦临清之特殊情形也"[⑨]。

---

① 参见〔荷兰〕施舟人《道教在近代中国的变迁》，载氏著《中国文化基因库》，北京大学出版社 2002 年版，第 148—152 页。

② 张之洞：《劝学篇》，李忠兴评注，中州古籍出版社 1998 年版，第 120—121 页。

③ 转引自岳永逸《行好：乡土的逻辑与庙会》，浙江大学出版社 2014 年版，第 100 页。

④ 民国《临清县志》卷 7《建置志》。

⑤ 民国《临清县志》卷 7《建置志》。

⑥ 民国《临清县志》卷 11《礼俗志》。

⑦ 民国《临清县志》卷 7《建置志》。

⑧ 民国《临清县志》卷 11《礼俗志》。

⑨ 民国《临清县志》卷 11《礼俗志》。

　　碧霞宫里一位80多岁的庙管老人讲："解放前，该庙当属临清最大的，占地二十多亩，坐东朝西，前边是戏楼，光戏楼距山门就有三十多米，进入山门是一个院落，有一排大殿，再进入第二个院落，有四大殿。搭庙会的时候，从山门到戏楼，从戏楼到北边的三元阁码头，跟一趟街样儿的过会，里边干么的也有，像炸马堂的、打烧饼的、耍把戏的都有。"此处庙会规模之盛与这一带商业的继续繁荣有着密切联系。据庙管老人回忆："早年曾听老辈讲过，在卫河截弯取直以前，也就是现在新堤往西，里边还有两条繁华的南北大街，一个是曲巷街，一个是锅盖街。东边的四大街是大寺街、考棚街、锅市街和马市街，再加上一个青碗市口，是商业繁华中心。南边车营街是粮行、花行集中的地方，因为经二闸口可以直接通往三元阁码头，方便装卸货物转运。"① 这些商业发达的街道恰好环绕在碧霞宫附近，使之"实为全境商业消长所关"②。

　　诗人臧克家在20世纪30年代曾到过临清，并写下散文《四月会》③，通过他的记述我们能够更加细致地了解昔日场景。正会在四月初一开始，前一天即三月三十为接驾日，男女老幼伴着此起彼伏的阵阵锣鼓声，扭着花涌向进德会④，接驾的大轿即停在此处。来自各乡镇的各种会亦云集此地，至少有七十样以上，如渔樵会、云龙会、武术会、音乐会、船会、太狮会、杠箱会等。每种会都有鼓乐导引，并打着长竿挑起的大旗小旗，有红色的、白色的、方形的、三角形的不等，旗帜上面写着会名和"接驾"两个大字。所谓"接驾"即到城外的歇马厅迎接碧霞元君回临清，接到后再进行一番游街串巷狂欢，最后返回碧霞宫。歇马厅是一处具有"中转"意义的信仰空间，"外邑香客经此，先建醮发楮马，谓之信香，而州人之朝山者，姻友携酒蔬，互相饯迓于此"⑤。旧时临清"俗尚泰山进香，自二月初起至四月中止，回香之日，亲友具酒出迎，自东水关沿河十里，游船

---

① 笔者于2016年10月6日对张双平的访谈。地点：夹道村碧霞宫。
② 民国《临清县志》卷7《建置志》。
③ 参见臧克家编《臧克家全集》第5卷《散文》，时代文艺出版社2002年版，第100—102页。
④ 1934年，国民党蒋介石提倡"新生活运动"，临清县在原"东河底"的广场上建了一个游乐场所，称为"进德会"。
⑤ 康熙《临清州志》卷2《庙祀》。

车马不绝于道，曰'接顶'"①，此处"为碧霞元君停驾之所"②。

　　解放前，临清境内寺庙多毁于战火。中华人民共和国成立后，群体性宗教活动渐趋沉寂，"文化大革命"期间许多庙宇被拆除或者征用。因20世纪60年代兴修卫河水利，碧霞宫毁于一旦，所拆砖木用于建造临清电影院。歇马厅在此期间亦被拆得七零八落，建筑材料通过运河运往夹道村用于修盖学校。然而，碧霞元君的盛名并未随着庙宇的拆除而消失，附近的村民还是会经常到老庙址处烧香磕头，因为在他们心中碧霞元君一直存在。改革开放之后，民众的宗教信仰与活动得以恢复。在1991年国家发布《中共中央、国务院关于进一步做好宗教工作若干问题的通知》时代背景下，碧霞宫和歇马厅进行了重建。

结　　语

　　研究临清的碧霞元君信仰，仍然受到史料不足的较大限制，幸运的是临清四部志书中均有此一信仰的些许记载。通过钩沉方志，并辅以重要人物文集和民间碑刻资料，我们还是能够厘清其中的发展脉络。从数百年间临清碧霞元君信仰的变迁中，可以看到民俗信仰活动一直是这座运河城市不可或缺的一部分，即使经过重大的社会动乱或政治革命，这种崇拜活动总是不断地表现出顽强的生命力。正因如此，社会经济、市政建设以及常民生活等的变化，也就很自然地反映于神祇祭祀的仪式及民俗活动上。对于社会史和人类学的研究者来说，也就有可能经由神祇崇拜和庙宇历史的研究，去理解区域小社会内部人群之间以及人神之间相互关系的变化过程。临清碧霞元君自古及今的信仰历程，让我们看到了这些复杂关系的若干生动侧面。

　　关于民间宗教的研究，"信仰圈"是一个重要的阐释概念，它"是以某一神明或（和）其分身之信仰为中心，信徒所形成的志愿性宗教组织，

---

① 乾隆《临清州志》卷11《寺观》。
② 民国《临清县志》卷7《建置志》。

信徒的分布有一定的范围，通常必须超越地方社区的范围"①。临清最早的碧霞宫在明正统以前即已存在，因其历史悠久才有可能发展出信仰圈。值得重视的是，从临清碧霞元君崇拜变迁的历史，我们看到信仰中心地所发生的变化，实则隐约呈现出与更大范围的具有"城市"抑或"全国"意义的社会政治变动有着某种关系。元及明开挖疏浚会通河，提高了临清在全国商运格局中的地位，也直接刺激了临清各种行业的兴盛和城市的繁荣，对碧霞元君的崇拜在这一时期亦得到强调。随着清代及民国初年土城中洲地区的持续繁盛，信仰中心出现两次位移。至于历次战乱和政治变动对信仰的影响，亦当有着一定联系。近 20 年来奶奶庙的重建、仪式活动的恢复以及庙会的重新运作，彰显出传统作为一种文化资源的持久生命力。这些情况表明，在我们的研究对象背后，实际上与更大范围的社会、政治和经济变动紧密联系在一起。

---

① 林美容：《由祭祀圈到信仰圈——台湾民间社会的地域构成与发展》，载张炎宪编《第三届中国海洋发展史研讨会论文集》，台北"中研院"三民主义研究所 1988 年版，第 95—125 页。

谢肇淛居官山东及其笔下的运河风情*

崔建利**

谢肇淛（1567—1624），字在杭，号武林，福建长乐（今长乐市）人，是明代后期著作等身的实力派学者、诗人及诗论家。万历十六年（1588），谢肇淛以《诗经》举于乡，万历十七年（1589）会试落第，万历二十年（1592）壬辰中进士。此年冬除湖州推官，不久因得罪吴兴太守，移官东昌。后历仕南京刑部及兵部主事、工部屯田司主事、都水司郎中、云南布政司左参政、广西右布政使，寻晋左布政使，任内卒于赴京途中之萍乡。

谢肇淛一生虽然大部分时间官位不高，但他都能做到勤政务实。每出任一地，即认真考察该地风土人情，网罗该地逸事掌故，并加之详细记叙。例如，他为官山东时所著的《居东杂纂》《北河纪》，任职云南时撰写的《滇略》、任职广西时的《风土记》等，引征有据，博观而约取，为后人留下了许多该地区珍贵的史料。他一生珍藏图书达万卷，是明代非常有名的藏书家。他收藏图书的一个重要途径或方式便是抄书。他亲手精抄收藏的书，板心上都印有"小草斋钞本"五字，世称"谢钞"。他曾在《题谢幼槃文集》中这样描述自己抄书的甘苦："幼槃文不传于世，此本从内府借出，时方沍寒，京师佣书甚贵；需铨旅邸，资用不赡，乃自为抄

＊ 本文原刊于《闽江学院学报》2011 年第 6 期。本文为聊城市 2021 年度历史文化研究专项一般课题"谢肇淛居官聊城研究"（NDYB2021114）阶段成果。

＊＊ 崔建利（1969—　　），山东兰陵人，文学硕士，聊城大学运河学研究院研究馆员，主要研究方向为历史文献学。

写，每清霜呵冻，十指如槌，凡二十日始克竣帙。"① 谢氏一生著述颇丰，堪称著作等身的实力派学者。据粗略统计，其著述有《五杂俎》《北河纪》《滇略》《方广岩志》《福州府志》《太姥山志》《游燕集》《文海披沙》《小草斋稿》《小草斋诗话》《长溪琐语》《支提寺志》《西吴枝乘》《百奥风土记》《鼓山志》《八闽醯政志》等。

一　居官山东：谢肇淛与山东的不解之缘

谢肇淛曾两次在山东做官的经历，前后合计达 10 余年时间，谢氏人生的黄金时期都是在任职山东时度过，可以说和山东结下了不解之缘。

第一次是在万历二十七年（1599）至万历三十三年（1605），任东昌司理。

谢肇淛万历二十年（1592）中进士时年 26 岁，当年冬天任浙江湖州司理（当时推官一职的别称）。明朝推官为各府的佐贰官，为正七品（顺天府、应天府的推官为从六品），主要掌理刑名、赞计典等。官虽小，但其任甚重，往往内擢科道，以至大用。由于当时的吴兴太守颇多生活细节方面的禁忌，诸如不准别人穿白衣，遇有白衣者则法办之。率直而气傲的谢肇淛对此当然看不惯。曾在其《吴兴后竹枝词四首》之三中揶揄道：

> 五月新丝白胜绵，轻罗织就雪花鲜。为郎制得双裆子，官府头行不敢穿。②

太守闻知后颇不高兴，"戊戌大计吏，遂为所中，调东昌司理"③。虽系平调，但位于山东西部的东昌可谓远隔千山万水，"虽有远行富，

① 谢肇淛：《小草斋文集》卷24《谢幼槃文集跋》，《四库全书存目丛书》，齐鲁书社1995年影印本，集部第176册，第272页。
② 谢肇淛：《小草斋集》卷27《吴兴后竹枝词四首》之三，《续修四库全书》，上海古籍出版社2002年影印本，第1367册，第194页。
③ 徐燉：《小草斋文集·中奉大夫广西左布政使武林谢公行状》，《四库全书存目丛书》集部第176册，第312页。

不如相守贫。虽对他人美，不如憔悴亲"①，中国人固守家园的传统观念，再加上往来迁徙之苦，谢氏当时的心情自然非常低落。更加祸不单行的是，刚到东昌安顿好衙署，却传来了儿女在奔赴东昌途中因翻船而夭折的消息：

> 衙斋初遣使，迟汝到彭城。只讶无消息，那知隔死生。离颜空入梦，乍语错呼名，孤客零丁日，啼鸟夜夜声。②

迁客之情，丧子之痛，真可谓百感交集。因此，在来山东后相当长的时间里，烦闷成为谢氏心绪的主旋律，"迁客殊方路，愁心未有涯"③，正是彼时彼地谢氏心绪的真实反映。

作为东昌推官，谢肇淛日常工作主要是掌理本府狱讼，但本职工作似乎很清闲，迎来送往接待上司的事却很多："官闲无一事，但有送迎劳。"④这对于生性孤傲不善曲迎的谢肇淛来说，未尝不是一种精神折磨，对此，他曾描述并慨叹道：

> 苦被征官累，驱驰只骨存。冲泥披露莽，投宿向山村。土榻寒难寐，银鞍险易翻。不知五斗米，销尽几人魂！⑤

好在齐鲁大地，山川秀美，人文繁盛，这对于爱好山水、崇尚古迹的谢肇淛来说，应该是工作之余放松身心的好途径，也成为他涉猎古迹、探寻文脉、增加著述素材的好机会。从泰山到峄山，从三孔圣地到亚圣故里，从趵突泉到太白楼，谢氏几乎走遍了山东境内大大小小的山水圣景，

---

① 谢肇淛：《小草斋集》卷9《辛丑除日客平原》，《四库全书存目丛书》集部第175册，第216页。

② 谢肇淛：《小草斋集》卷14《得儿女道亡耗二首》之二，《四库全书存目丛书》集部第175册，第293页。

③ 谢肇淛：《小草斋集》卷14《齐中杂诗十首》之一，《四库全书存目丛书》集部第175册，第296页。

④ 谢肇淛：《小草斋集》卷14《齐中杂诗十首》之四，《四库全书存目丛书》集部第175册，第296页。

⑤ 谢肇淛：《小草斋集》卷14《入秋霖雨弥日，忽节使夜至，同诸官送迎跋涉百里，怅然口占二首》之一，《四库全书存目丛书》集部第175册，第297页。

文物古迹。正如邢侗在《居东集序》中所述：

> 发轫射书之闉，驻车历山之麓，厌次吊乎方朔，甾里感乎次卿，任城忆太白之旧，阿曲寻陈思之迹，雪宫留墟乎齐境，蜃市示幻于海澨。①

同所有的文人墨客一样，每到一地，每游一景，都会将行程观感诉诸笔端，在为后世留下彼时彼地山水风物状况的同时，也展示出一位封建文人士大夫所独有的情致、思绪和人文关怀：

> 独立苍茫黯自愁，天边落木正缝秋。片云长自依孤阙，一气谁能辨九州。
>
> 马向吴门摇匹练，蜃从沧海起层楼。山河指点东南尽，咫尺应向万里游。②

这是他的《登岱十首》的第一首，五岳之尊的磅礴气势及丰厚的人文底蕴，让这位南方才子无限感慨。而洋洋千言的《登岱记》则记述了谢氏游泰山的详细过程及当时他眼中的泰山景况。像这类有关山东名胜风景乃至民俗风物的诗歌或游记，在谢肇淛《小草斋诗集》和《文集》中有很多。据陈庆元先生考证，谢氏此间还著有《居东杂纂》四卷，"搜括东昌异闻。存佚不详"③。这些著述不仅成为后人研究谢肇淛生平的重要线索，也为明代山东文化的研究提供了珍贵资料。徐𤊹曾写有《谢在杭司理》一诗，为后人留下了谢氏在东昌的工作点滴：

> 谪居虽未达，不改旧官名。疆域临东岱，风沙近北平。郡楼环漯水，公案对聊城。齐俗元夸诈，逢君狱讼清。④

---

① 邢侗：《居东集序》，《小草斋集·杂序》，《四库全书存目丛书》集部第175册，第11页。
② 谢肇淛：《小草斋集》卷20《登岱十首》之一，《四库全书存目丛书》集部第175册，第378页。
③ 陈庆元：《谢肇淛著述考》，《广西师范大学学报》2005年第1期。
④ 徐𤊹：《鳌峰集》卷10《谢在杭司理》，明天启五年南居益刻本，第40页。

诗中"齐俗元夸诈"一句虽略显南方人对齐鲁人情风俗的些许偏见，但"逢君狱讼清"一句却从一个侧面展示了谢氏的行政风格和能力。作为专司刑名狱讼的七品小官，谢肇淛并未因不良心绪而懈怠工作，六年的东昌司理生涯中，他秉公执法，刚正不阿，清正廉洁，"凡虑囚傅狱，必据律按决，又多行陪德"①，其官德人品深得后人称许。《山东通志》称其"谳狱持平，人服其恕"。徐熵在谢氏《行状》中的一段记述，也从一个侧面展示了谢肇淛清廉正直的官德及人品：

> 君莅东昌又六年。庚子，入棘闱为同考试官，所拔多名士，而狱讼平反较吴兴时又加饬。君素以冰蘖自持，方署郡符，例受枣税二千余金，君让税于僚友，不一染指，东郡人至今诵说之。②

谢肇淛第二次在山东做官是万历三十九年（1611）至万历四十四年（1616）。以工部都水司郎中督理北河，驻节张秋。工部都水司郎中虽非地方官，但因其节署在张秋，其视河范围大部分也在山东，所以，称其为居官山东也不过分。

张秋在阳谷县东南，地势低洼，其周围是一条东北—西南走向的凹陷地带，多条河流流经这里。历史上黄河的决口泛滥成为这里的主要水患。元会通河竣工后，始在此设置都水分监。弘治八年（1495）称平安镇，清朝复称张秋。明代的张秋虽是一个镇，但其城市规模比起一般县城甚至比泰安府城还要大，明代大学士、东阿人于慎行《安平镇新城记》曰："国家漕会通河，设工部分司于故元之景德镇，以掌河渠之政令，即今所谓安平也。安平在东阿界中，枕阳谷、寿张之境，三邑之民夹渠而室者以数千计。五方之工贾骈埴而墫罃……则河济之间一都会矣。"③

万历三十九年，44岁的谢肇淛由节慎库主管转为工部都水司郎中，赴张秋督理北河。再次路过东昌府时，面对曾经熟悉的光岳楼，想想自己十

---

① 徐熵：《小草斋文集·中奉大夫广西左布政使武林谢公行状》，《四库全书存目丛书》集部第176册，第313页。

② 徐熵：《小草斋文集·中奉大夫广西左布政使武林谢公行状》，《四库全书存目丛书》集部第176册，第313页。

③ 于慎行：《康熙张秋志·安平镇新城记》，《中国地方志集成·乡镇志专辑29》，上海书店出版社2013年影印本，第130页。

余年来的宦海沉浮，谢肇淛感慨万端：

> 长堤十里水悠悠，旌节犹迎旧细侯。最是堤头杨柳色，照人憔悴不胜秋。①

作为北河管理的驻节地和重要的漕运码头，万历年间的张秋城繁华景象应不亚于弘治年间，但在"于今老来心渐灰"②的谢肇淛眼中，张秋城似乎更多的是宁静和山水灵气："孤城河之干，飘若水中萍。幸无簿牒扰，吏散门长扃。边邑错三五，落落如郊坰。山水多清晖，亦足娱心灵。"③而他即将入主的郎署竟然如此的偏远和荒凉："漫说郎官署，凄凉似远藩。抱河双半郭，错壤一孤村。"④其实，作为专司北河的都水司郎中，谢肇淛的日常工作并非如此寂寥和清闲。他在《北河纪》中曾言："不腆之治，南至鱼台，北至天津，统辖千有余里，任綦重，治綦艰。"⑤徐勃在《中奉大夫广西左布政使武林谢公行状》中对谢氏三年的张秋治水生涯暨工作状况作了以下描述：

> 君审天时，察地利，规前虑后，揆画周防，日夜焦劳，凡可以护卫河工者莫不毕举，手勒《北河纪》，图绘形胜如指诸掌。由是百渎效灵，舳舻鱼贯，旱不涸而雨不崩，君之力焉。⑥

可见，谢氏的清闲更多是繁忙公务之余的一种状态或心境。但从他一生等身的著述看，谢氏公务之余，应该有大部分时间用在著书立说上。《北河纪》一书即是谢氏三年视河工作之余的一部杰作。此书共八卷，分

① 谢肇淛：《小草斋集》卷 29《过东郡二首》之一，《续修四库全书》第 1367 册，第 219 页。

② 谢肇淛：《小草斋集》卷 11《甲寅除日书》，《续修四库全书》第 1366 册，第 653 页。

③ 谢肇淛：《小草斋集》卷 7《赴张秋作》，《续修四库全书》第 1366 册，第 578 页。

④ 谢肇淛：《小草斋集》卷 15《入发平署二首》之一，《续修四库全书》第 1367 册，第 43 页。

⑤ 谢肇淛：《北河纪》卷 1《总序》，文渊阁四库全书本。

⑥ 徐勃：《小草斋文集·中奉大夫广西左布政使武林谢公行状》，《四库全书存目丛书》集部第 176 册，第 314 页。

河程、河源、河工、河防、河臣、河政、河议、河灵等八记。详述北河原委及历代治河利病。《纪余》四卷则从南到北对北河所经过的城镇加以介绍或考证，并对有关这些城镇的历代诗歌加以搜罗辑录。此书保存了明代北河尤其是山东运河诸多方面的真实状况，对后人认识和研究山东运河乃至京杭大运河具有很高的参考价值。

万历四十六年（1618）秋，擢升为云南布政司左参政的谢肇淛在从京城赶赴云南的路上，再一次路过山东大地，写下了《过邹鲁志感八韵》一诗，既是对十年山东宦情的简要回顾，也表达了他对山东大地的一份依依惜别之情：

> 居东逾十载，此地饱经行。攀尽长堤柳，听残野戍更。
> 有村皆记里，无驿不题名。立马看秦篆，行河过鲁城。
> 探穷丘壑胜，惯得吏人迎。负弩当年事，遗簪此日情。
> 紫衣新节使，白首旧诸生。万里从今别，并州泪满缨。①

二　谢肇淛笔下的山东运河风情

山东运河即明清时期的会通河，南起台儿庄，北至临清。其中从临清到黄河北岸一段，是元代开凿的会通河，长 233 公里。从黄河南岸到济宁一段，大体是元代开凿的济州河，长 250 公里。明代则将这两段运河统称为会通河，清代又称为山东运河。谢肇淛居官山东近十年的时间里，无论作为东昌司理还是作为工部都水司郎中，都和当时的南北交通大动脉——京杭运河有着千丝万缕的联系，除了《北河纪》中对山东运河的专门纪述外，他诸多诗文作品中有相当一部分内容都与运河特别是山东运河有关，可以说是运河诗史。

1. 闸河

京杭运河山东段长约七八百里，地势最为复杂，以临清南面 290 公里

---

① 谢肇淛：《小草斋续集》卷1《过邹鲁志感八韵》，《续修四库全书》第 1367 册，第 246 页。

处的南旺为水脊，河水向南北分流，形成两端低中间高的地势。漕船过往必须沿线置跨河闸（或节制闸），即通常意义上所讲的河闸或水闸，分段节水，以时启闭，以便漕船顺利通航。为节省水源，保证航运，元代开凿时曾在河上修筑河闸 31 座。后来，明代重新疏浚会通河，除修复旧闸外，还根据需要添置新闸。据《山东运河备览》统计，明清会通河在临清至徐州段有闸 50 座，南阳新河上有闸 9 座，泇河上有闸 12 座，为大运河上水闸最多的河段之一，所以山东运河又有闸河之称。明代河闸的具体样式及功能如何？谢肇淛曾专门写过一篇《闸赋》，对当时河闸作了艺术性描绘：

> 有物于此，木舌金口。枕石漱流，竹夹权辅。两两相承，自为唇齿。譬彼卦画，自下而起。爰咫尺而丈寻，亦可闭而可启。……①

这可能是文学史上唯一一篇闸赋。在谢肇淛的笔下，机械呆板而乏味的河闸也充满了灵性和美感，作者的职业使命和诗性情怀可见一斑。但在实际通航中，"可闭而可启"的河闸带给船客的美感并不多。因为当时船闸管理有严格的启闭制度，"凡闸，惟进贡鲜品船到即开放，其余务待积水而行"②。在这种严格规制面前，等待开闸放船遂成为各类船客颇为头疼却又无可奈何的事情，明人李流芳《闸河舟中戏效长庆体》一诗就颇能表达当时的河闸状况及过往行人待闸之无奈：

> 济河五十闸，闸水不濡轨。十里置一闸，蓄水如蓄髓。一闸走一日，守闸如守鬼。下水顾其前，上水顾其尾。帆樯委若叶，篙橹静如死。京路三千余，日行十余里。迢迢春明门，何时能到彼。③

谢肇淛不仅在其《北河纪》中详细记述了当时山东运河的河闸状况，在其诗文作品中也多有描述，当然，面对船只待闸的无奈，谢肇淛在感同身受的同时，也多了几分河务主管者的理性思考或自嘲：

---

① 谢肇淛：《小草斋集》卷 1《闸赋》，《续修四库全书》第 1366 册，第 491 页。
② 谢肇淛：《北河纪》卷 6，文渊阁四库全书本，第 5 页。
③ 李流芳：《檀园集》卷 1《闸河舟中戏效长庆体》，文渊阁四库全书本，第 12 页。

百丈方舟一线泉，待风待闸两留连。客程莫笑蹉跎甚，拙宦何如上水船。①

2. 河役之繁重，河夫之辛劳

山东运河主要由人工运河组成，水源不足且不均衡、来水道含沙量大、经常受黄河泛滥的冲击等，使得河道淤塞不断。因此，河道疏浚和维护成为运河治理的头等大事。明代对会通河的疏浚，早期规定三年二挑，正月兴工，三月竣事。后来万恭提议，头年九月大挑，二月漕粮起运。万历年间规定，一年大挑，次年小挑。大挑即挑正河，小挑即挑月河。每次挑河，大量民工集聚河岸，饥劳交迫，致使许多人死亡，往往发生大规模病疫。如万历三十一年修河之役，"两岸屯聚记三十余万人，秽气薰蒸，死者相枕藉，一丁死则行县补其缺，及春疫气复发，先后死者十余万人"②，可见，京杭运河的顺利通行，从某种意义上是建立在千千万万河夫血泪和生命之上的，历代封建文人士大夫有关这方面的吟咏慨叹不胜枚举。作为北河郎中，谢肇淛日常工作的重要任务之一便是督办挑河类工程，亲历众多大型河役，写下了大量相关题材的诗文，下面的《挑河行》一诗便颇具代表性：

> 堤遥遥，河弥弥，分水祠前卒如蚁。鹑衣短发行且僵，尽是六郡良家子。浅水没足泥没骭，五更疾作至夜半。夜半西风天雨霜，十人八九趾欲断。黄绶长官虬赤须，北人骄马南肩舆。伍伯先后恣诃挞，日昃喘汗归籧篨。伍伯诃犹可，里胥怒杀我。无钱水中居，有钱立道左。天寒日短动欲夕，倾筐百反不盈尺。道傍湿草炊无烟，水面浮冰割人膝。都水使者日行堤，新土堆与旧崖齐。可怜今日岸上土，雨来仍作河中泥。君不见会通河畔千株柳，年年折尽官夫手。金钱散罢夫未归，催筑南河黑风口。③

这首诗又名《南旺挑河行》，反映了当时南旺段运河疏浚时的真实状

---

① 谢肇淛：《小草斋集》卷29《舟滞安山》，《续修四库全书》第1367册，第224页。
② 谢肇淛：《五杂组》卷3《地部一》，上海书店出版社2009年标点本，第46页。
③ 谢肇淛：《小草斋集》卷10《挑河行》，《续修四库全书》第1366册，第674页。

况。除了河道疏浚外，运河大堤的日常维护也是繁重河役中的重要一项。明代治河专家、曾任工部尚书的潘季驯（1521—1595）首先建立了"铺夫制"，把大堤分段管理，里设一铺，一铺30人。因此，大量的壮夫丁男都被官府强募为铺夫。在《铺卒叹》一诗中，谢氏就描绘了当时铺夫的辛劳和无奈：

> 五里一墩十里铺，铺中急足皆官募。过客传呼驱送迎，拥盖鸣金更清路。壮夫驱尽役丁男，短发髼髫力未堪。朝践寒冰初向北，暮燃茅火复趋南。南去北来何太急，朝朝暮暮无休息。待得丁男才长成，姓名已隶官夫籍。①

3. 运河城镇

作为古代中国最重要的交通大动脉，京杭大运河每年数万艘漕船及商船所组成的人流物流，给运河沿岸带来大量人气和无限商机，促进了运河城镇的兴盛和繁荣。就山东而言，济宁、聊城、张秋、临清、德州等都曾因运河通航而盛极一时。谢肇淛不仅在《北河纪余》中对这些运河城镇作了详细考述，而且写下了有关这些城市的大量诗文，从不同角度展示了这些城镇当时的风貌。看看当时的运河重镇济宁：

> 汶河南下势凭陵，一片孤城爽气澄。风饱布帆飞度闸，雨腥渔艇乱抛罾。春深水族家家市，夜泊牙墙处处灯。回首旧游云物异，高楼萧索不堪凭。②

"南有苏杭，北有临张"，这是人们对明清时期京杭大运河沿岸四大著名城镇的表述。当时临清为中国北方最大的纺织品交易中心、粮食流通中心、户部榷税分司所在地，万历年间，临清钞关年税收额一度高居全国七大运河钞关之首，其富庶与繁盛状况可见一斑。"十里人家两岸分，层楼

---

① 谢肇淛：《小草斋集》卷10《铺卒叹》，《续修四库全书》第1366册，第644页。
② 谢肇淛：《小草斋集》卷21《泊济宁城感事诗》，《续修四库全书》第1367册，第116页。

高栋入青云。官船贾舶纷纷过，击鼓鸣锣处处闻。"① 李东阳的这首诗典型体现了当时临清的发展盛况。但在谢肇淛的笔下，临清城却显得异常萧条：

> 斜阳欲下孤城闭，曙色初分禁漏停。二十年前歌舞地，乱鸦啼雨满冬青。②

谢肇淛是万历二十七年（1599）调东昌司理的，当时朝廷派太监赴各主要关口理政之风正浓。万历二十六年（1598），太监马堂为临清榷税使，他横征暴敛，使工商业者破产大半，各地商贾纷纷撤走，昔日繁盛的临清城变得异常凋敝，上诗所反映的正是这种状况。万历二十七年，临清民众不满马堂的横征暴敛，愤而起事，火烧其堂署，毙其党37人，这就是历史上著名的临清工商业者反税监事件。事件过后明政府严令追查，株连甚众，人人自危。邑人王朝佐为了免株连众人，仗义自承，英勇就义。经过这次事件，太监酷风虽稍收敛，但欺行霸市、勒索豪夺的本性依旧，这一切，都逃不过谢肇淛犀利的笔锋：

> 清源城中多大贾，舟车捆载纷如雨。一夜东风吹血腥，高牙列戟成焦土。虎视眈眈何所求，飞霜六月天含愁。匹夫首难膏鼎俎，瘿瘤割裂病微瘳。只今毒焰犹未破，依旧豺狼当道卧。万姓眉蹙不敢言，但恨时无王朝佐。③

4. 杰出运河人物及名胜古迹

京杭大运河不仅是农耕时代纵贯南北的政治经济交通命脉，也是一条历史长河，沿岸众多的历史文化遗存像一颗颗璀璨明珠，组成了一道底蕴丰厚的历史文化长廊，为历代过往文人士大夫提供了无尽的凭吊对象和吟咏题材。同时，在几百年的航运、整治史上，京杭大运河涌现出众多杰出

---

① 李东阳：《李东阳集》第一卷，《临清二绝》之一，周寅宾校点，岳麓书社1984年版，第622页。
② 谢肇淛：《小草斋集》卷29《宿清源感事》，《续修四库全书》第1367册，第227页。
③ 谢肇淛：《小草斋文集》卷9《清源行》，《四库存目丛书》集部第175册，第214页。

的河工技术专家或治河名臣，与其相关的历史文化古迹也成为运河文化中的一道亮丽风景。山东本系文明之邦，齐鲁文化源远流长，沿运两岸的历史文化陈迹数量众多；同时，山东段运河由于地势复杂，就河工技术而言，以南旺分水工程为代表的一系列漕河工程，体现了京杭运河的最高河工技术成就，因此，相关杰出人物和名胜古迹也最为丰富。谢肇淛诗文中有一大部分是咏史怀古之作，主要就是以沿运两岸的名胜古迹或人物为吟咏对象，在抒发作者怀古情思的同时，也为我们展示了这些名胜古迹的厚重文脉和时代风采。

坐落在济宁城区古运河北岸的太白楼，让历代过往文士流连忘返，吟咏不断，居官山东的谢肇淛当然是近水楼台，曾数次登临并赋诗言志："东来山色全归岱，北去河流半入漳。平楚寒烟凝睥睨，中原落日动帆樯。"而曾经朝夕相伴的聊城光岳楼，也同样会勾起他浓浓的思乡之情：

飞阁层层接绛辰，凭虚下界总黄尘。帆樯远水遥连楚，云树斜阳半入秦。众壑阴晴生海岱，万家烟火傍城闉。可怜信美非吾土，肠断天涯久逐臣。①

此外，像聊城的鲁连台，张秋的挂剑台、桃丘会盟处，德州四女寺等，谢氏都多次登临并赋诗吟咏。

南旺分水工程是山东运河段最重要的水利工程，也是京杭大运河中河工技术水平最高的工程，妥善地解决了丘陵地段运河断流的难题，是我国河工技术史上一大壮举，河臣宋礼和汶上老人白英也因营建这一工程而名垂千古。明朝初期，工部尚书宋礼采用白英的建议，在戴村筑坝遏汶水入运，七分北流，以济漳、卫；三分南流，以济黄、淮，实现了京杭大运河真正意义上的南北畅通。为纪念这一盛举，后人于分水处建龙王庙，将宋礼、白英奉祀庙中。凡过往商贾游船，达官显贵，文人墨客无不在此停棹浏览，感慨吟咏。谢肇淛督理北河期间经历此地无数，一首《宋尚书礼》，表达了他对分水工程、对河臣宋礼和白英老人的钦佩和怀念：

---

① 谢肇淛：《小草斋集》卷 21《重登光岳楼》，《续修四库全书》第 1367 册，第 114 页。

文皇既定鼎，上国勤灌输。汶流久湮绝，负载劳牛车。
戴村一以坝，分水开龙渠。畚锸不再举，天府盈仓储。
谁建平成烈，共城宋尚书。挽彼凛漫流，盈盈归尾闾。
至今会通河，俎豆分庭除。白英获侑食，流庆及余胥。①

---

①　谢肇淛：《小草斋文集》卷7《宋尚书礼》，《四库存目丛书》集部第175册，第178页。

山东运河区域美食文化遗产资源的开发与利用

——以枣庄美食为例[*]

刘玉梅[**]

中国大运河成功申遗表明它的价值得到了世界人民的认可，然而这并不是终点，而是新起点。大运河申遗之后，运河文化遗产资源怎样才能得到更好地保护、开发与利用，怎样更好地服务于当代中国乃至世界人民，是摆在我们面前的一个现实问题。谈运河文化遗产资源的开发与利用，不能不谈其美食文化，兹以枣庄美食文化资源为例说明之。

一　枣庄美食文化资源特点

枣庄的美食，得运河之利，受到京、津、江浙等地美食的影响，但由于自然环境、生产水平、传统文化不同，又具有自身鲜明的特点。

1. 枣庄美食文化历史悠久

枣庄丰富的美食文化有着悠久的历史。滕州北辛遗址出土的石磨盘、磨棒、石杵、鼎、釜、罐、钵、碗、盆、壶、支座及骨、角、牙器等表明距今约 7300—8400 年的滕州先祖已经有了发达的农业、家畜饲养、狩猎、捕鱼等，那时的人们已经有了丰富的食物品种。闻名遐迩的枣庄羊肉汤据说可以追溯到春秋战国时期越国宰相范蠡，他来此隐居，见此地草肥水

---

* 本文原刊于《美食研究》2016 年第 4 期。

** 刘玉梅（1978— ），女，河南商丘人，哲学博士，聊城大学运河学研究院副教授、硕士生导师，主要研究方向为中国美学、运河区域民间文化。

美，便养羊致富，恩泽百姓。枣庄菜煎饼传说可以追溯到鲁国公输班（今滕州人），是他发明了石磨，并把五谷磨成浆，烙成煎饼。关于滕州煎饼也有一段传说，据说元末中秋节农民起义，家家户户已无寸铁可操，于是，人们执握竹制的煎饼劈子做刀枪，杀退了元兵，揭开了大起义的序幕。① 由此可见，滕州煎饼在元代就成了当地人的主食。唐宋之际山东部分地区就有了二月二系煎饼于门首的习俗，清初山东籍著名作家蒲松龄曾作《煎饼赋》云："独煎饼则合米为之，齐人以代面食，二月二日尤竞之。"② 明清时期，运河重镇台儿庄饮食业随航运业而兴。清光绪二十五年（1899），全市饭菜馆和连家饮食店达 30 余家。宣统三年（1911），枣庄镇、临城、滕县城里，商贾云集，矿区工商繁杂。此时，境内饮食业大小饭店、餐馆、菜馆、连家店、摊贩达 90 余家。1915 年，滕县城内大小饭店、餐馆、酒菜馆达 50 余家。③ 枣庄人无人不知、无人不晓的无名烧鸡酥香软烂，创制于清朝顺治八年，嘉庆年间还被列为贡品。俗话说"狗肉上不了席面"，然而台儿庄却有着"没有狗肉不成席"的说法，这应归因于台儿庄张家狗肉。张家狗肉香、烂、爽、健，其创始人张恒彪从清光绪年间就开始在台儿庄经营狗肉生意。由此可见，枣庄辖区内的美食文化内涵丰富，历史悠久。

2. 枣庄美食种类繁多

枣庄美食种类繁多，有主食类、禽畜类、果蔬类等。主食类有麻花、油条、馓子、火烧、锅贴、煎饼、米粥、糁汤、辣汤等，其中最著名的当属煎饼和糁汤了。煎饼又因主要原料的不同而有小米煎饼、黄豆煎饼、地瓜煎饼等类别。禽畜类有盐水鸭、辣子鸡、地锅鸡、香酥鸡、羊肉汤、酱牛肉等。枣庄羊肉汤味美汤浓，肥而不腻、不腥不膻、花样繁多。辣子鸡色艳味重，鲜、辣、香。果蔬类有石榴、小枣、桃子、梨、泡菜、脱水芸豆、干豆角、干槐花等。"冠世榴园"的石榴皮薄个大，粒粒晶莹剔透，除石榴之外，还有石榴汁、石榴酒、榴芽茶等副产品。峄城有"芸豆之乡"的美誉，用峄城芸豆加工而成的脱水芸豆柔、韧、香，和猪肉一块儿炖味极鲜美。水产类有清蒸鲤鱼、运河全鱼宴、台儿庄运河甲鱼汤、麻辣

① 徐高潮：《滕州大煎饼》，《民俗研究》1990 年第 1 期。
② 张廉明：《山东煎饼史话》，《民俗研究》1990 年第 1 期。
③ 枣庄市地方史志编纂委员会编：《枣庄市志》，中华书局 1993 年版，第 1108 页。

龙虾、清蒸大闸蟹等。以微山湖的四鼻孔鲤鱼为原料的清蒸鲤鱼，肉质鲜嫩，味道鲜美、醇厚，营养丰富。枣庄美食种类之所以如此繁多，得益于枣庄优越的自然环境。枣庄地貌既有丘陵，又有盆地；既有平原，又有运河湖泊，土壤肥沃、水源充足、环境优美，既有北方大平原的豪放，又有江南水乡的婉约。地貌的多样造就了富饶的物产，为枣庄美食奠定了坚实的基础。

3. 枣庄美食营养、健康

营养、健康是枣庄美食的一大特点。枣庄菜煎饼是将花生、玉米、芝麻、小麦、大豆、地瓜等十余种杂粮用石磨或机器磨成面粉，再按比例混合在一起，摊糊烙制而成，再卷上各种时令蔬菜，如白菜、萝卜、韭菜等，也可以卷鸡蛋、火腿肠、油条。煎饼金黄，卷上的蔬菜、肉（多是火腿肠）、蛋等五颜六色，因此，枣庄菜煎饼不但颜色漂亮，而且味道鲜美、外酥里软。最重要的是其营养丰富。枣庄菜煎饼富含小麦、肉类的碳水化合物、各种粗粮的微量元素膳食纤维、各类蔬菜的维生素、鸡蛋里面的蛋白质等人体所需的各种营养元素。枣庄菜煎饼色、香、味俱佳，而且它的色香味均来自天然原料，不含色素、添加剂、防腐剂等对人体有害的成分，这在食品安全问题迭出的今天尤为重要。糁汤也是富含各种营养成分，它由面粉、去皮麦粒、鸡汤或牛骨头等熬制，风味独特，营养丰富。枣庄美食之所以味道鲜美又营养、健康，是因为拥有其优越的自然环境所生产出来的高质量食材。枣庄的清蒸鲤鱼是以微山湖的四鼻孔鲤鱼为食材，四鼻孔鲤鱼好看、好吃、营养丰富。好看：四鼻孔鲤鱼脊鳍、尾鳍呈红色，体侧鳞片是金黄色，中间还有一行暗褐色的斑点，像根银线，十分漂亮；好吃：四鼻孔鲤鱼味道醇厚鲜美、肉质鲜嫩，连乾隆皇帝吃了都大加赞美；营养丰富：每百克鱼肉中含蛋白质 20 克、脂肪 1.3 克、碳水化合物 1.8 克、钙 65 毫克、铁 0.6 毫克并有十几种游离氨基酸及维生素 B_1、B_2 和尼克酸等。[①] 与只有微山湖的水才能养出柔嫩味美的四鼻孔鲤鱼一样，只有草肥水美的羊庄养出的羊才能做成汤浓、味美、不腥不膻、肥而不腻的羊肉汤。总之，枣庄的美食既味道鲜美，又营养、健康。

---

① 王郁昭：《中国名镇大典：山东》，中国大百科全书出版社 1995 年版，第 451 页。

二　枣庄美食文化遗产资源开发策略

1. 搜集、挖掘、整合美食文化资源

目前，枣庄美食多是处在由小商小贩单独经营、缺乏综合管理的一盘散沙状态，它又不得不面临市场的考量和竞争。因此，枣庄美食要想得到较好发展，就必须从根本上改变这种一盘散沙的状态，建立适切有效的组织、展开切实而长远的工作，妥善开发与利用枣庄美食资源。首先，搜集美食文化资源，为枣庄美食建立资料库。基于枣庄美食资源现有实态，积极行动，由政府联合社会资源如大学、研究所等中介机构以及社会热心人士等，成立专门组织，对辖域内的美食资源进行拉网式普查，就总体数量、个体的肇始、传承、发展（经营、连锁等）详细登记，建立资料库。其次，深入民间找寻、挖掘美食资源。只有面上的搜集还不够，因为在社会发展过程中，有些美食资源或因为原有食材无以为继，或因为制作效率不够高等种种原因而遗失了，有的可能还深藏在民间，因此还应深入民间尽可能地去挖掘更多的美食。如煎饼卷咸鱼这道菜就是微山湖宾馆厨师走访渔民、挖掘民间菜肴时发现的。最后是整合美食资源。在尽可能多地占有美食资源之后，还要整合美食资源，选出"有特色、代表性、最具竞争力的核心品种"。核心品种的选择要慎重，要组织有关专家、企业家、传承人、本地，甚至外地消费者多次的论证、筛选、投票，最后选出可以代表枣庄饮食文化特色的品种。经过分析评估，确立重点发展的核心品种，采取重点发展核心品种，兼顾一般品种，有质有量、以点带面的发展策略。

2. 制定品牌战略，打响品牌，形成产业

现代社会是品牌社会，品牌效应非常重要。一个好的品牌就是一个成功的企业，品牌对一个企业的发展有着事半功倍的效果。品牌可以降低营销费用，吸引潜在顾客①，还可以提高产品附加值。麦当劳、肯德基就是品牌效应两个典型的例子，它们之所以能在中国市场甚至世界市场上无往

---

① 甘清明、梁旭坤：《论品牌价值与品牌战略》，《特区经济》2007 年第 4 期。

不胜，并不是因为汉堡美味或营养价值高，而是因为它们的品牌。麦当劳、肯德基代表了流行和时尚，代表了一种西方人的生活方式，因此吃麦当劳、肯德基就成了一种时髦和潮流。很多特色鲜明的美食之所以没有做强、做大，就是因为它们的经营管理者没有品牌意识，缺乏现代化的品牌营销经验。因此，枣庄美食要想获得较好的发展，味道鲜美、营养健康是基础，现代化的品牌战略是关键。枣庄美食可以在搜集、挖掘、整合美食资源之后，由政府主管部门组织饮食文化、餐饮经营、策划、设计、品牌推广等各方面的专家进行专项研讨，制订总体扶持、推动计划。山东旅游系统曾推出"三个100"，其中之一是到山东不得不吃的100种小吃，在此基础上进一步整理，结合非遗、地标产品或老字号，选择、发展成区域代表性品牌，借助大众传媒和网络媒介，通过公众投票、专家推荐延伸到地方特色系列和经典菜品或宴席，为下一步品牌化包装铺垫，并进一步向周边或全国辐射。

3. "引进来"与"走出去"相结合

我国在20世纪80年代实行了改革开放政策，其中就包括"引进来"与"走出去"两个方面。枣庄美食文化遗产的开发与利用也要实行"引进来"与"走出去"相结合的策略。"引进来"是吸引外地客人来枣庄，品尝枣庄美食。要想吸引外地客人"走进来"，这一方面要靠枣庄美食自身的声誉、品牌效应；另一方面也要靠枣庄旅游业的发展。用美食吸引游客，让游客消费美食，旅游与美食互相促进。"走出去"是选择枣庄美食的核心品种到外地去经营，或者通过产品的开发、深加工远销异地。福建沙县小吃、云南过桥米线、兰州拉面等美食在中国市场上遍地开花，它们就是"走出去"的最好例子。"走出去"不但可以直接传播枣庄美食文化，而且可以宣传枣庄，吸引更多客人到枣庄旅游、品尝更多当地美味。另外，还可以利用在外地的枣庄商人组织成立枣庄商会，建立枣庄美食文化传播中心，传播枣庄美食文化。在这个过程中，还可以基于枣庄美食名产的原本业态，进行适当产业链条适度拉伸，通过技术的创新，在保留风味的前提下使之能够"走出去"。

4. 全方位、多角度综合开发，美食、民俗、旅游等相结合

枣庄美食文化遗产的开发还要全方位、多角度综合开发。全方位是指在开发美食文化遗产的同时，也要开发相关产业，如民俗文化、旅游等，

这样才能互相影响、互相促进。美食极具融合性，外部公共效应极强。一方面，美食在"吃、住、行、游、娱、购"中它都可以以不同的面目出现，小吃、宴席、外带特产、精包装礼品以及同类组合、异类融合等皆可；另一方面，美食又对其他关联业态有很大的提升补益功能。农家乐、渔船家、古城游甚至主题会议、活动等都可以以美食为核心诉求，以此营造差异点或体验化场景，进而形成市场的比较优势。多角度是指在开发、挖掘美食的同时，还要结合地域传统文化，两者均不可偏废。比如，微山湖当地人把鲤鱼看成吉祥物，新婚之后请媒人，要吃大鲤鱼；老人活到73岁时，女儿们要为爹娘送两条大鲤鱼，"七十三，吃了鲤鱼蹿一蹿"，祝愿老人延年益寿等的民俗。诸如此类，都是美食文化遗产开发的内容。中国很多美食都与一定的民俗节日、传说故事相联系，因此开发美食文化遗产，除了开发美食，还要开发文化，这样才是立体、鲜活的开发，才能更好地满足当今人们物质与精神的双重需求。

许乃普、钱仪吉、许瀚等
致杨以增函札辑释*

周广骞　丁延峰**

　　山东聊城杨氏海源阁为晚清四大私人藏书楼之一，以庋藏宏富、版本精善著称于世，与常熟瞿氏铁琴铜剑楼并称"南瞿北杨"。海源阁创建人杨以增（1787—1855）字益之，又字至堂，晚号东樵。清道光二年（1822）进士，由县令洊升道员，历任陕西巡抚、江南河道总督，并曾暂署陕甘总督、漕运总督。其为官三十余年，交游广泛，书信往来颇多。这些信件屡有散佚，其中咸丰十一年（1861）捻军洗劫杨氏另一藏书之处——陶南山馆，所藏大量善本、文物及尺牍惨遭焚毁无数，而尺牍亦是损失最多的一次。其子杨绍和于同治十一年（1872）将陶南残余辑为《海源阁珍存尺牍》，精裱锦装为二十册，每册各为一卷。清光绪二十年（1894），杨以增之孙杨保彝请广西临桂龙继栋题跋并附于其后。杨绍和《序》称："先君端勤公平生笃交际，每获师友信札，辄什袭箧中，或畀绍和收弃。阅时既久，所积遂夥。顾官辄十有数省，舟车所至，不无零失。咸丰辛酉（十一年，1861）捻寇之乱，其存诸陶南别墅者又多堕红羊。绍和理而董之，得千余纸，付之装池，都为廿册。"① 1930 年前后，海源阁三遭兵燹之祸，信札仅剩两册。1957 年，海源阁第四代传人杨承训将其捐献给山东省文化部门，今藏山东省图书馆。

　　＊　本文原刊于《文献》2017 年第 6 期。
　　＊＊　周广骞（1977—　），山东聊城人，文学博士，聊城大学运河学研究院讲师，主要研究方向为中国古典文献学；丁延峰（1963—　），山东冠县人，文学博士，聊城大学运河学研究院教授、硕士生导师，主要研究方向为中国古典文献学。
　　①　杨绍和：《海源阁珍存尺牍》卷首，山东省图书馆藏。

骆伟先生曾在山东省图书馆工作二十余年，亲手整理过海源阁藏书。并在此基础上，将这批尺牍中林则徐致杨以增的 18 通加以辑注整理，发表于《文献》1981 年第 1、2 期；李士钊亦曾按原札格式整理 17 通后，发表于 1983 年第 1 期《聊城师范学院学报》。2007 年，骆先生又将杨以增致许瀚的 8 通信札进行辑注整理，发表于中国台湾地区《中国文化大学中文学报》2007 年第 15 期。2012 年，骆先生又在《海源阁珍存尺牍》中选取萨迎阿、翁同书、陈官俊、吴式芬等四人信札 13 通，标点注释后，发表于《天一阁文丛》2012 年第 10 期。目前，山东省图书馆所藏《海源阁珍存尺牍》中，尚有部分未进行整理。由于多次遭劫，札页多有残缺，笔者即从中选取相对较为完整的 14 通，加以整理考释，以飨读者。

吴荣光函（二通）

（前缺）所刻《苏诗》，生在杭州时曾得一部，存次儿①书箱，现在杭州。如粤中觅不到□，容即将杭州一分逐便觅寄也。拙诗未校，仅抄得四帙，尚有二帙屡催未得。因尊纪来粤，始行付抄。其人书写甚缓，而尊纪又不便久稽，其未抄二帙及文四帙，容觅便再寄。

首县一席，可免甚好。年兄腾达有日，不在此区区也。惟嘱勉为循吏廉吏，以副远怀。生趋庭之顷，家严能独立周时不倦，此足寿征。因笃促依限进京，五月中旬必成行矣。此后如有书，可径寄都中相好转交，以免往返参差也。

承录省中近事既详且细，□谢！太翁②系生同年，阅属书条事始悉。一向短礼，歉歉！未知太翁在任，抑或出任何省？便中示及。外许学台③信一函，内有要件，祈加封妥投，或专差更好。张、何二君

---

① 即吴荣光次子尚志，此时正读书于杭州吴荣光甥家。

② 即杨以增之父杨兆煜。杨兆煜（1768—1838），字炳南，又字熙崖，自号实夫。嘉庆三年（1798）举于乡，十三年（1808）会试大挑二等，十八年（1813）选授莱州府即墨县教谕。二十三年（1818）辞官归里养亲，时仍在山东聊城家居。参见梅曾亮《诰封中宪大夫安襄郧荆道即墨县教谕杨府君墓志铭》，《柏枧山房文集》卷 13，咸丰六年（1856）杨绍谷、杨绍和海源阁刻本。

③ 即许乃普。乃普（1787—1866），字季鸿，浙江钱塘人。嘉庆二十五年（1820）进士，授翰林院编修，充实录馆纂修提调官。历任兵部尚书、光禄寺卿、吏部尚书，加太子太保衔，卒谥文恪。许乃普与杨以增道光五年（1825）在贵州"一见即深相契，投份遂密"，此后杨绍和又从之游，"卅年交谊，兼以通家"，情谊深厚异常。杨以增去世后，许乃普为作《江南河道总督杨公墓志铭》。

各一函，系去年写于□，寄粤□信于生函内□出者。生不复加封，祈夹单递省为要。□事颇忙，归籍后未开画具，而行期又近，俟不拘何地，抽闲作一二小书画奉致，惟不能定以时日耳。

荣光①又白。四月初二日

　　按，吴荣光手订《荷屋府君年谱》云：（道光五年十月）"接家信，闻资政公偶病腹泻，请于巡抚，照京官告假省亲例请开缺"②。同年十二月回至粤东老家。其父欢慰异常，腹泻旋瘳，此可与吴荣光信中"家严能独立周时不倦，此足寿征"相印证。同《谱》又云：（六年）"六月假满旋都"③，亦与此信中"因笃促依限进京，五月中旬必成行矣"所言相同。可知吴荣光省亲粤东始自道光五年（1825）十二月，迄于道光六年（1826）五月，前后共半年时间。在此期间，杨以增当有索取吴荣光诗文集之请，并派人专程赴粤，故此信中有"尊纪来粤"之表述。据此可判定此信当作于道光六年（1826）四月，吴荣光时尚在粤东省亲。再按，许乃普于道光五年（1825）出任贵州学政，时仍在贵州，故吴荣光信中称许乃普为学台，亦可为此信作于道光六年（1826）之旁证。

　　杨、吴二人相识较早。杨以增道光二年（1822）考中进士后分发贵州，任长寨同知，四年（1824）任荔波知县。吴荣光则于道光三年（1823）十一月奉旨调补贵州布政使，四年（1824）四月到任，七月护理贵州巡抚，不久即奉旨于同年十月二十二日上折保奏杨以增"才识练达，任事实心……甫任荔波，循声已著，为明干有为之员"④。五年（1825）吴荣光离黔赴粤，二人同宦贵州一年有余，相交已深，此后虽见面不多，但仍不时闻问，杨以增且将贵州近况详悉告知。吴荣光年辈高于以增，且曾为其上司，此信中称"年兄腾达有日，不在此区区也"，对杨以增颇为期许赏识。其"惟嘱勉为循吏廉吏，以副远怀"等语，亦颇有长辈谆谆教

　　①　吴荣光（1773—1843），字殿垣，一字伯荣，号荷屋，晚号石云山人，广东南海人。嘉庆四年（1799）进士，由编修擢御史。道光中任湖南巡抚，后坐事谪福建布政使。长于鉴藏，工书善画，精于诗词。

　　②　吴荣光：《荷屋府君年谱》，北京图书馆编：《北京图书馆藏珍本年谱丛刊》，北京图书馆出版社 1999 年版，第 338 页。

　　③　吴荣光：《荷屋府君年谱》，北京图书馆编：《北京图书馆藏珍本年谱丛刊》，第 340 页。

　　④　吴荣光：《遵旨保奏属员折》，录副奏折，中国第一历史档案馆藏。

诲之意。吴荣光长于书画，在此信中称"俟不拘何地，抽闲作一二小书画奉致"，亦足见二人关系之亲密。

> 手翰至，欣望吾兄大人近履亨嘉，新猷懋远，无任颂慰。少穆[①]制府莅楚，伫见局面转换，作好友者咸知奋勉。尊名久已闻知，绪论所及，不胜钦仰。弟碌碌如前，拟秋冬之交再定行止。专此奉复，即贺升禧，谦版敬璧。
>
> 愚弟吴荣光顿首。二月二日。
>
> 捕盗出力，未知可注劳绩否？弟又上。

按，林则徐于道光十七年（1837）正月升任湖广总督，同年三月上任。吴荣光函称"少穆制府莅楚，伫见局面转换，作好友者咸知奋勉"，对林则徐任职湖广颇多期许，据此亦可判断此信当作于道光十七年（1837）二月二日。

杨以增自道光五年（1825）与吴荣光分别后，先后任贵筑知县、松桃直隶厅同知、兴义府知府、贵阳府知府，十四年（1834）升任广西左江道，旋任湖北安襄郧荆道。吴荣光省亲后，于六年（1826）任福建布政使，十一年（1831）任湖南布政使，旋升湖南巡抚。十六年（1836）因上年年终密考学政自占地步，而降为四品京堂，赴京候补，六月抵京。直至十七年（1837）三月补授福建布政使才离开京师。由此可知，吴荣光写此信时正处于降职在京、前途未明的人生低谷，故有"弟碌碌如前，拟秋冬之交再定行止"之语。

杨以增在安襄郧荆道任上勤于捕盗，治绩突出。许乃普《江南河道总督杨公墓志铭》云："所辖境与秦楚豫壤相错。俗悍率为盗，且出没不易获。公时与提军罗公思举会哨于郧，宵小戢迹。罗久历行阵，战功高，遇贵戚重臣不为礼，独敬礼公。"[②] 道光十二年（1832）四月，吴荣光时任

---

① 即林则徐。林则徐（1785—1850），福建侯官人，字元抚，又字少穆，晚号俟村老人、俟村退叟，著名政治家、思想家和诗人，曾任湖广总督、陕甘总督和云贵总督，两次受命钦差大臣，主张严禁鸦片。道光十七年（1837）四月，杨以增与林则徐一见如故，初定交谊。时杨以增次子杨绍和年七岁，已赋诗，受知于林则徐，遂执贽为弟子。

② 许乃普：《江南河道总督杨公墓志铭》，《聊城县志·耆献文征》卷又下，文行出版社宣统二年（1910）版。

湖南巡抚，曾与新任湖南提督罗思举剿灭江华"猺匪"赵金龙。罗思举此时调任湖北提督，与杨共同捕盗。吴荣光在此信附及之语称其"捕盗出力，未知可注劳绩否？"足见对其关心之情。

许乃普函（四通）

至堂制军老棣台年大人阁下：

前泐芜缄，并属查廉访赴闽之便奉致之语，想蒙聆悉。近年以来，度支稍绌，然圣人在上，求治綦殷，自足感召和甘，得数载丰收，元气可复。无拟司农仰屋，有岌岌无以卒岁之忧，不为当事者作设身处地之想，力求撙节，罔计后患。柏台诸公尚墨守花天酒地之说，以乾嘉时河员习气例之今日。惟赖当宁聪明天亶，自有权衡，不动声色，而太阿在握。如阁下之荩忱清节，都中本无闲言。实在支绌情形，似可直陈于圣主之前。否则工烦费巨，无米之炊，洪湖河坝岁久失修，若听其自然，明春何以宣泄？六、八、十等月三次挈塌之石工，作何修补？岂能限于常年三百万之数乎？在局外者代为设想，亦不知何以善其后。惟有焚香告天，积诚悟主，以理揆之，自应若是，未识高见以为然否？

京城自入冬后，天气甚正，且屡得瑞雪，从此当兆咸丰之庆。贱体如常，耳目腰脚尚可当差，足纾垂厪。

端此泐请荩安。临池翘企，恕不庄谨。嘉平十二日。

按，道光三十年（1850）正月，道光帝旻宁驾崩，其子奕詝即位，循例当于次年改元。嘉平月为十二月，距新年改元不远。此年冬京城屡获瑞雪，岁时调和，故许乃普信中称"从此当兆咸丰之庆"，其中颇有万象更新之意。据上拟将写信时间定为道光三十年（1850）十二月十二日。

清道光朝每年东、南两河工费高达七八百万两，占政府开支的五分之一，已经成为巨大的财政负担。道光帝对河工浮冒深恶痛绝，道光二十八年（1848）十一月十五日上谕称"河工浮冒，人所共知"[①]。十一月十九日，两江总督李星沅上《附奏请裁河工浮费片》称："以臣约略计之，南

---

① 《清宣宗实录》卷461，中华书局1986年影印本，第39册，第822页。

河四属二十三厅，每年寻常例用当以三百万两为率。"① 道光帝对李星沅所奏颇为认可，遂于道光二十九年（1849）三月初二日准户部咨称：前据李星沅奏每年寻常例用当以三百万两为率，自系体察情形，确有把握。但与李星沅所奏之语相比，去掉"约略计之"四字，且又要求除每年实用三百万两之外如有剩余，即于河款内扣除。这样一来，便将李星沅的约略之词变为明确要求。南河河工款项多年来一直居高不下，道光二十六年（1846）至道光二十八年（1848）分别用银 423.6 万两、406.4 万两和346.4 万两，均远远超出 300 万两之额度。杨以增自道光二十八年（1848）九月四日被任命为江南河道总督，于同年十二月初六日正式上任后，即面临大幅削减南河河工经费的任务，压力巨大。许乃普在朝廷任职多年，他认为，咸丰帝即位之初"求治綦殷"，急于整顿南河，柏台诸公（负监察责任之御史）还存有南河河员奢侈贪腐、徒靡经费的旧观念，而南河河坝失修、工繁费绌，兴修又刻不容缓。在这种形势下，杨以增"茕忱清节"，勤勉为公，完全可以据实直陈南河经费支绌情形，以便得到咸丰帝的认可，同时亦能为办理南河工程、保障漕运畅通争取主动。

> 新正一椷肃谢，想已早达典籖，辰惟承恩赐福，与日俱长，勋绩增崇，事机稳顺，固可于茕忱清节卜之也。惟瞬届南漕北上，度支又拘于新□。种种为难之处，公勤筹划，心力交劬，当希随时摄卫。恭值圣主当阳如神坐照，薄海内外无不可上达之隐。一德一心定孚天鉴，是又可券祝者耳。兹乘来工学习之颜员外锡惠②带上蔡忠惠《端明集》两函、曾子固《南丰类稿》两函，祈饬纪检存。此二书皆大兴朱笥河③先生旧藏本，较《四库》所收本卷数增多，见少

---

① 李星沅：《李文恭公奏议》卷 19，同治五年（1866）芋香山馆刊本。

② 颜锡惠，山东曲阜人。道光十二年（1832）进士，初授大理寺推官，调钱法厂，后升户部河南司员外郎，终淮安府知府。

③ 即朱筠。朱筠（1729—1781），字美叔，又字竹君，号笥河，顺天大兴人。乾隆十九年（1754）进士，授编修，累迁日讲起居注官、翰林院侍读学士，督安徽学政，后以过降为编修。倡开《四库全书》馆，积极奖掖后学，戴震、章学诚等均得其助。参见孙星衍《笥河先生行状》，《笥河文集》卷首，嘉庆二十年（1815）椒华吟舫刊本，《续修四库全书》第 1440 册，上海古籍出版社 2002 年版，第 110 页。

河山人①跋尾，谨归之邺架。公余检阅，或可少舒心目，亦野人献曝之意也。

普耳目腰脚尚可当差，且文字结习，自幼无一日不亲笔砚。习与性成，安之若素。天恩高厚，不敢更生他想矣。肃颂台安暨阁中膝下万福。

乃普顿首上至堂老棣台年大人阁下。二月廿四日。

按，因河防关系重大，清代自道光十二年（1832）起，在六部、都察院等衙门拣选正途出身、清慎勤敏之京员，发往东、南两河学习。颜锡惠时任户部河南司员外郎，奉咸丰元年（1851）二月初一日上谕发往南河，交杨以增差遣委用。又据杨以增咸丰三年（1553）三月初二日《京员学习期满请留工补用折》称，颜锡惠于咸丰元年（1851）四月十七日到工。据此即可确定此信作于咸丰元年（1851）二月二十四日。

杨以增于道光二十八年（1848）十二月正式上任后，即于道光二十九年、三十年（1850）连遇河湖暴涨。他于道光二十九年七月十六日上《重运漕船渡黄完竣折》云："今岁自春徂夏，江浙雨多水大，以致江河湖海同时并涨，积久不消，为历年所未有。"② 后又于道光三十年（1850）七月初一日上《伏汛安澜折》，上报当年六月水情称："计旬日之间，上游来源共长至三丈八尺，实为罕有之事，以致江境前涨甫消尺许，复又大长……浩瀚异常，上自丰萧，下至安阜，普律出槽漫滩，纷纷报险。"③ 清朝历代皇帝均对漕运非常关注，道光帝更是强调治河即以通漕，要求河督漕船每进一帮，即具奏一次，且明确规定，每年四月十日重船即须抵坝渡河，封冻之前必须全数归南，这些都给杨以增增加了极大的压力。许乃普在朝廷担任高官多年，深悉南河事务难在务保漕运，而又经费不足。因此在此信中称"种种为难之处，公勤筹划，心力交劬，当希随时摄卫"，对杨以增非常关心。

---

① 即朱锡庚，锡更（1762—?），字少白，号少河山人，顺天大兴人，朱筠次子。乾隆五十三年（1788）举人，官山西候补直隶州知州，署潞安府知府。著有《未之思轩杂著》《未之思轩诗草拾遗》《璞存山房初稿》等。参见江藩《国朝汉学师承记》《朱筠传》附录，中华书局1983年标点本，第68页。

② 杨绍和：《先都御史公奏疏》卷9，抄本，山东省图书馆藏。

③ 杨绍和：《先都御史公奏疏》卷13，抄本，山东省图书馆藏。

许乃普深知杨以增有爱书之癖，尤重旧刻旧藏。因颜锡惠将赴南河，故托他代送书籍。其所赠之书，杨以增颇为喜爱，并珍藏于海源阁中。杨绍和《楹书隅录》（初编）卷五著录"宋本莆阳居士蔡公文集三十六卷十六册二函"，并录朱锡庚（即许乃普此信中所称之"少河山人"）跋语及朱筠、朱锡庚父子藏印。[①]同卷著录"宋本元丰类稿五十卷续附一卷二十四册二函"，并录朱锡庚卷首识语及朱筠、朱锡庚等人藏印。据此，则二书均经朱筠、朱锡庚藏，分别有朱锡庚卷末跋语及卷首识语，许乃普此信中均称跋尾，当因未能细查而致误。

　　顷于邸抄中知查廉使奉命来浦，襄办丰工，未识伊何时可到？冬令在迩，水落归槽，人力似易施展，必无误空运。是否可从容办理，以待来春筹划，必有定见，尚祈风便示及，以纾驰仰。
　　谨又启。
　　再，新科举人复试例于二月望日在贡院开考，其未到者准于二月廿五日在殿廷补试。贤郎[②]务于新正抵都，一切较为从容。能在内城作寓，庶可习静，盼切。寒家今科中两胞弟，一民卷（未完）

按，杨绍和中举在咸丰二年（1852）秋，许乃普信中称"冬令在迩"，又建议杨以增让杨绍和于翌年（1853）新正到京，则此信当作于咸丰二年（1852）秋冬之交。唯此信未完，故不能确定具体写作月日。

咸丰元年（1851）八月二十四日，南河丰北三堡堤工漫水决口，杨以增因未能先事预防，于同年闰八月十一日被摘去顶戴，交部议处，遭遇仕宦生涯中第一次重大挫折。因夏秋黄河水势浩大，经筹措款项、堆储物料

---

　　① 杨绍和：《楹书隅录》（初编）卷5，光绪二十年（1894）杨氏海源阁刻本，《清人书目题跋丛刊》第3册，中华书局1887年版，第536页。下引"宋本元丰类稿"条，见同书第538页。杨绍和据朱锡庚所述将《元丰类稿》定为宋刻，《中国版刻图录》考订为大德八年（1304）东平丁思敬刻本，前脱丁序及元大德八年（1304）程文海序。
　　② 即杨以增次子杨绍和。杨绍和（1830—1875），字彦合，号勰卿，山东聊城人，同治四年（1865）进士，授翰林院编修，历任詹事府右春坊、右赞善、右中允，擢翰林院侍读、侍讲学士，充日讲起居注官，光绪元年（1875）升通议大夫，同年卒。著名藏书家、目录学家，海源阁第二代主人。参见张英麟《翰林院侍讲学士杨公墓志铭》，《聊城县志·耆献文征》卷又下，文行出版社宣统二年（1910）版。

后，延至当年十一月二十五日正式兴工堵筑丰北黄河决口。但此次施工并不顺利，未能如期堵合，只得于咸丰二年（1852）三月上折要求延缓堵口，并自请严加治罪。咸丰帝得报非常不满，同年四月初六日将杨以增革职留任。许乃普对杨以增堵筑决口非常关注，在此信中建议杨以增当在冬令到来之际，趁水落归槽、人力易施之时，加紧办理堵口工程。杨以增对第二次堵口不敢有丝毫马虎，于咸丰二年十月二十五日诹吉兴工。经过艰苦努力，终于在三年（1853）正月二十六日成功堵合决口，全黄归正。咸丰帝得报非常欣喜，于二月初二日颁下上谕，称"杨以增经理得宜，不负委任，著加恩开复革职留任处分，给还顶戴，赏加三级"①。此时杨绍和当已遵许乃普之嘱，赴京准备应试，并未在南河襄助。

至堂老弟台年大人阁下：

老懒久未奉书，想劳重盼。新秋暑退，惟钧候胜常为颂。

兰阳下北厅告警，恐直隶大名所属及山东曹、单一带皆不免有被淹处所。堵筑力有不及，抚恤政所必先，否则嗷鸿满目，患有不可胜言者。本年海运到津甚速，而洋盗已渐萌动。倘运河有阻，则海运亦不尽可恃。蒿目时艰，真令人无从筹策也。七舍弟赴湘省办理团防事宜，与各当事颇称相得，尚易措手。惟饷需不给，□恃劝捐抽厘，终非持久之策耳。

秋闱在即，北上者纷纷。近京一带自五月来时雨时旸，大田多稼，大有丰年景象。深盼协卿②来京，当差之暇，仍可下帷研究也。舍亲吴少京兆清鹏③乔梓书院一席，还望推爱嘘植，俾得蝉联，感同身受。草草敬泐，虔颂勋安，并潭署嘉福。

年愚兄普顿首。七月初五日。

再，舍亲吴孝廉安业，前承推爱，为置海州板浦书院一席。伊乔梓书来，极为铭感，还祈始终栽培为幸。舍侄美身、道身现已无须回

① 《清文宗实录》卷84，中华书局1986年影印本，第41册，第70页。

② 即杨以增次子杨绍和。杨绍和字勰卿，又作协卿。

③ 少京兆为清代顺天府尹别称。吴清鹏（1786—?），字程九，一字西谷，号笏庵，浙江钱塘人。清嘉庆二十二年（1817）探花，授编修，历官顺天府丞。诗格出入西江，著有《笏庵诗抄》。

避，恩帡之下岁月方长。敢乞随事随时加之教诲，俾识步趋，举家戴德，载沕惟垂鉴至荷。

　　谨又启。

　　按，咸丰五年（1855）六月二十日，黄河在河南兰阳下北厅铜瓦厢决口①，据"兰阳下北厅告警"等语，可知此信作于七月初五日。

　　黄河此次决口，河水分为三股，从直隶、山东境内入海，濮、范以下，寿张、东阿以上尽遭淹没，沿途百姓流离失所，受灾严重。此时太平天国运动如火如荼，清政府全力镇压，应接不暇。运河漕运不畅，部分漕粮改由海运，但又受洋盗骚扰，许乃普所称"洋盗萌动"，确属实在情形。杨以增身肩办理漕运、保障地方之责，于咸丰四年（1854）九月擒获土匪头目张彦、杜四、李大选，十月于黄河海口擒获洋盗王大老虎、王永等五十余人，十一月擒获洋盗包学玉、吴学孔等三十余人；咸丰五年八月又积极防堵捻军张乐行、苏添福部，奋力支撑危局，可谓身心交瘁。咸丰五年十二月，杨以增"病已笃，乡信鸿哀，闻之心恻。购粟千五百石，交官散放，全活尤众"②，拳拳爱民之心由此即可概见。许乃普建议让杨以增之子杨绍和赴京任职，一面当差，一面认真研究举业，准备进士考试，同时亦请求杨以增在力所能及的范围内对其亲戚加以照拂，足见二人关系之深挚。

长龄函（一通）

至堂大兄大人阁下：

　　前复一函，计邀清览。现闻黄水漫溢，沿河田庐尚无大碍否？此间重刻《洗冤录补注》分惠，尚少讹误，乘差便带呈四部，同官中有能□□□□者，可分惠之。如不敷，当续寄也。步方□君不能捐复，深为惜之。峐此敬请台安。余详前书，不赘。

九月十四日，愚弟长龄③顿首

---

①　《清文宗实录》卷170，中华书局1986年影印本，第42册，第887页。

②　《崇祀乡贤录》，台北"故宫博物院"图书文献馆藏。

③　即贺长龄。贺长龄（1785—1848），字耦耕，号西涯，湖南善化人。嘉庆十三年（1808）进士，选庶吉士，授编修，迁赞善。道光中任江苏、福建、直隶等省布政使、贵州巡抚、云贵总督，重经世致用之学，惠政颇多。参见贵州省文史研究馆整理《贵州通志·宦迹志》五《贺长龄传》，贵州人民出版社2004年版，第85页。

按，此信作于九月十四日，且涉及黄河水势情形。因贺长龄卒于道光二十八年（1848），而杨以增于同年十二月初六日方到任南河。故贺长龄不可能于此年询问杨以增河务事宜。杨以增于道光二十一年（1841）九月服阕授开归陈许道道员，奉委在河南办理祥工。道光二十二年（1842）祥工决口堵合后，他又奉委督办善后工程及各厅另案土工。据此或可判断此信当作于道光二十一年（1831）九月十四日，时杨以增正任河南开归陈许道道员。

贺长龄为道光朝经世派官员，为官贵州时，积极查禁鸦片，整顿吏治，训练营伍，储粮备荒，恤孤抚幼，劝课桑棉，颇有治绩。因《洗冤录》（宋慈《洗冤集录》）对官员审理案件颇有参考价值，为各级地方官案头必备之书。贺长龄素知杨以增有藏书之癖，故将版本较好、错讹较少的《洗冤录补注》赠送给杨以增。

周尔墉函（一通）

前户部郎中周尔墉①再拜谨上东樵节帅世丈大人阁下：

正月杪，肃贺寸笺，由琪丞②处转寄，计蒙伟照。顷阅邸抄，知合龙成功，已于廿九日飞章入告，上慰九重，下安万姓，且当此氛沴鸱张之际，绩奏平成，不独大河永庆安澜，而消反侧于无穷者，其功匪小。天颜有喜，臣子靖献之忱，亦可稍慰。尔墉久客思归，此念本切，近日得邸报，悉江南消息，愤懑之怀，几不能自主。立翁③获谴，安翁④又移堵镇江，金陵情形不堪设想。贼由陆而水，顺流东窜。一到南京后，恐由水而陆。局外私忧以为淮扬之防剿，似更吃重于镇江

---

① 周尔墉（1792—1858），字容斋，浙江嘉善人，道光五年（1825）应顺天乡试，中副榜，官至户部郎中。晚年主讲开封宜山书院，娱情翰墨，尤长于书。

② 即庄瑶。庄瑶字琪园，山东莒州人，嘉庆进士，官工部郎中，著有《声韵易知》《式古编》《小琅玕馆杂体诗草》。

③ 即陆建瀛。建瀛（1792—1853），字立夫，湖北沔阳人，清朝道光二年（1822）进士。历任天津道、直隶布政使、云南巡抚、江苏巡抚，道光二十九年（1849）任两江总督，咸丰三年（1853）二月江宁城破时被杀。参见赵尔巽《清史稿》卷三九七《列传》卷一八四《陆建瀛传》，中华书局，1977，11795。

④ 即杨文定。文定（？—1856），安徽定远人，道光十三年（1833）进士，历任刑部郎中、广东惠潮嘉道、江苏巡抚，咸丰三年（1853）因剿办太平军不力被革职逮治，六年（1856）遣戍新疆，旋卒。

以南之防。况河漕标兵各有专司，例不操演。想全局罗胸者，必有预拨劲旅（未完）

　　按，陆建瀛于咸丰二年（1852）十二月被任命为钦差大臣，负责苏、皖、赣三省防务。后因形势严峻，受命赴九江防堵太平军。咸丰三年（1853）正月，陆建瀛擅自折回江宁省城，因"遇事张皇失措，退缩自全"① 被革职。江苏巡抚杨文定因借词退守，被革职留任，并受命防守镇江。此正可与"立翁获谴，安翁又移堵镇江"相印证。据此，则此信当写于咸丰三年二月。

　　杨以增堵合南河下北厅丰工决口在咸丰三年正月二十六日。此时太平军已深入长江流域，此次顺利堵口确是在"氛渗鸱张之际，绩奏平成"，周尔墉也因此对杨以增颇多赞赏。此信未完，下文当陈述自己对于江南防务的看法，并对杨以增所属河兵战斗力表示担忧。杨以增在堵筑丰工决口完工后，即积极进行江南防御。同年四月六日，与四川总督慧成上《统筹全局择要布置折》，对徐州、扬州一代布防进行了通盘安排。同时积极布防清江一带防务，在四月十八日上《清江西路紧要添兵严防折》，派委千总刘冠文、武举张万春等管带练勇三百名驰赴蒋坝扎营，并赴来安、天长等处分投巡哨。又因滁、凤东北临淮关为进入洪湖要路，随饬山东莱州营参将嵩瑞率领所带官兵驰赴盱眙上游，以资堵截，并飞札沿湖州县将湖船悉数调泊北岸，委员严查，以防偷越。自此直至他于咸丰五年（1855）冬病故，杨以增作为河道总督，在军兴之时竭力筹划布置，设立粮台，安排粮饷，置办火药铅子，调派官兵练勇，时与太平军及捻军周旋，殚精竭虑，不遗余力，颇尽忠臣之责。信中所言，涉及背景如是。

钱仪吉函（一通）

　　六月十日得至堂先生书，知有第三郎之戚，述怀奉慰，率成三章，录请鉴正。

　　经时旱太甚，一昔雨骤凉。风物顿凄警，蟋蟀已在堂。绸缪结遐思，使节怀秦疆。

---

① 《清文宗实录》卷84，第31页。

陆海今何有，苦心抚赢尪。一夫闵失所，忍见童乌殇。厥生况有征，元乌千百翔。

名之曰燕庆，签谓神降祥。髫龄笔五色，早拟文成张。奈何庀且暴，毛羽忽摧藏。

老凤声啾啾，和鸣失归昌。尚烦念俦侣，往事同尽伤。

疾苦人事常，举世无和缓。吁嗟骨肉情，徒自忧心寏。仓卒以药误，追忆知中懑。

家儿乃不然，久斥庸医诞。市中石与陈，冰火互凉暖。虚与之委蛇，不受一丸散。

妻孥不可谏，追恨肠空断。臧谷等亡羊，谁能左右袒。无已归之天，越哉命修短。

堕地已前定，贤愚何足算。

洪钧播万象，一掷无终完。区分益茫昧，并育枭与鸾。桃李忽冬华，秋风败丛兰。

纷纭迭否泰，如环循无端。阴阳所变异，何物足□搏。获麟不得蓄，屠龙敢摧残。

鹪鹩一枝守，亦自遭弋弹。即事审其由，推测良复难。太虚可思虑，任运阅暑寒。

和神以为春，真想每在欢。中年遣哀乐，愿得寝食安。君子道其常，达人垂大观。

□□审所由，所误作其□。

愚弟钱仪吉[①]初属稿

按，据钱仪吉诗中"绸缪结遐思，使节怀秦疆"之句，可判断此诗当作于杨以增担任陕西巡抚期间。杨以增于道光二十七年（1847）三月十六日被任命为陕西巡抚，道光二十八年（1848）九月二十六日交卸陕西巡抚

---

① 钱仪吉（1783—1850），字衍石，号心壶，又号新梧，浙江嘉兴人。嘉庆十三年（1808）进士，散馆授户部主事，擢给事中。道光中游广东，主学海堂。晚客汴，主大梁书院讲席十余年。道光二十二年（1842），杨以增分巡开归陈许道，官于河南开封，钱氏此时亦主讲大梁书院，遂结为至交。钱氏曾为以增高祖母唐氏作《杨节母家传》，为以增父兆煜作《杨公墓志铭》。钱氏刻《经苑》，以增曾出资襄助。

篆务，赴京陛见，同年十二月初六日正式上任。据此，则此信当作于道光二十七年或二十八年六月十日。

龙启瑞《江南河道总督杨公神道碑》称，杨以增长子绍谷，官云南大理府通判；次子绍和，官内阁中书，后升通议大夫。此外尚有女四人。张英麟云："端勤公（杨以增谥端勤）有三子，公（杨绍和）其仲也。"① 则杨以增尚有一子，但姓名无考。钱仪吉诗首章称"髫龄笔五色，早拟文成张"，可知杨以增第三子自幼聪慧，善属文章，颇得杨以增喜爱。因此在此子夭折后，杨以增"老凤声啾啾，和鸣失归昌"，哀痛异常。再据钱诗此章"仓卒以药误，追忆知中懑"，可知杨以增此子当得急病，仓促之中因服药不当去世。钱仪吉在三章中期盼杨以增"和神以为春"，"愿得寝食安"，尽快从丧子之痛中解脱出来，并以"君子道其常，达人垂大观"，来极力劝慰。

彭邦畴函（一通）

至堂年兄：

去岁驺从来京，藉图良晤，快慰渴□，别来倐已年余。伏想政祉绥嘉，循声益著，凫叶颂私。

生耳病如昨，出山之举，不敢作是想。日与笔墨为缘，久之亦觉自适其适。贱躯亦顽健，堪以告慰记怀。兹有恳者，生现服之药须用黑铅。此间所有大率皆经镕炼，乞于黔省代谋生铅一二斤，作速寄来为望。专此布商，即候近佳，欲言不尽。

友人彭邦畴②顿首。十月初五日

按，彭邦畴辞官家居在道光五年（1825），其致杨以增信中称"出山之举，不敢作是想"，又称"久之亦觉自适其适"，则此信当作于道光五年之后较长时间。彭邦畴因所服之药中有黑铅一味，请杨以增在贵州代谋。杨以增自道光二年（1822）至十四年（1834）为官贵州，据此则可判断

① 张英麟：《翰林院侍讲学士杨公墓志铭》，《聊城县志·耆献文征》卷又下，文行出版社宣统二年（1910）版。

② 彭邦畴（1776—1839）字范九，号春农，江西南昌人，嘉庆十年（1805）进士，任编修，历任左赞善、司经局洗马、侍读学士，道光五年（1825）八月任顺天学政，不久辞官，后卒于家。

此信当作于道光十四年之前，但具体时间尚无法确定。

据此信可知，杨以增曾遣人赴京看望彭邦畴，彭邦畴对杨以增之从政印象颇佳，评价很高，亦可为杨以增治绩之旁证。

王拯①函（一通）

敬再启者：

　　赐寄柏枧先生②文集、冀子③丈诗集各五部，均已拜□。嘱送涤翁④各一部，即送去。龙翰臣⑤适已到京，亦将《柏枧山房》如指送交，并达尊意拳拳，翰臣当即有书奉报也。柏枧文为方、姚以来一大宗，陈诗亦嘉、道间绝好家数，大力付梓，功德无量。我辈咸当感□肺腑。拙文为涵通楼⑥谬收，承加奖勉勖，惭感之至。学业未成，但

───────

① 此信题署王拯，为整理者所加。李士钊《杨承训为兴建"海源阁纪念馆"捐献重要图书文物》（《山东出版志资料》第一辑，山东人民出版社 1984 年版）认为此署名"晚"之信札作者为许瀚。拙著《海源阁藏书研究》（商务印书馆 2012 年版）亦误作许瀚，今特予更正。

② 即梅曾亮。曾亮（1786—1856），字伯言，一字柏枧，江苏上元人。道光二年（1822）进士，后入资为郎中。晚年辞官，主讲梅花书院。曾亮为文师从姚鼐，古文成就为人瞩目，为桐城派后期大家，此信中所言"柏枧文为方、姚以来一大宗"即是。杨以增与梅曾亮为同年进士，关系密切，梅曾亮曾为杨以增父兆煜作《杨府君墓志铭》，为杨以业师叶葆作《教思碑》。咸丰五年（1855），杨以增为梅曾亮刊刻《柏枧山房文集》完成后，未及两月即病逝任上。梅曾亮悲痛异常，扶病为杨以增作《杨公家传》，未几亦卒。杨以增二子绍谷、绍和为其续刻《柏枧山房诗集》。参见徐世昌《梅先生曾亮》，《清儒学案》卷 89，中华书局 2008 年版，第 3523 页。

③ 即陈祖望。祖望（1788？—1851？），字冀子，号拜芗，浙江山阴人，游幕为生，足迹遍齐、鲁、淮、汴，著有《史记集评疏证》《清琅玕吟馆词抄》。参见徐世昌《晚晴簃诗汇》卷 124，中华书局 1990 年版，第 5330 页。

④ 即曾国藩。曾国藩（1811—1872），字伯涵，号涤生，湖南湘乡人，官至两江总督、直隶总督、武英殿大学士，封一等毅勇侯，卒谥文正。参见赵尔巽《清史稿》卷 405《曾国藩传》，中华书局 1977 年标点本，第 11907 页。

⑤ 即龙启瑞。启瑞（1814—1858），字辑五，号翰臣，广西临桂人，道光二十一年（1841）恩科状元，授翰林院编修，累迁江西布政使。龙启瑞与杨以增交谊深厚，在杨以增去世后，为作《江南河道总督杨公神道碑》。参见《清史稿》卷 482《龙启瑞传》，第 13291 页。

⑥ 广西临桂唐岳聚书数万卷，其藏书处名曰涵通楼，在广西临桂南之雁山。咸丰四年（1854）唐岳曾于此编刊《涵通楼师友文钞》，其卷首《序》云："然其夙昔所好者弗能忘也，爰取所录存者自梅、吕两先生至定甫凡六人，重加校正，撷其尤者，都为一编，付之剞劂，并附诗词于后，庶所闻于师友者不致散佚云。刊既成，藏于家之涵通楼，因名曰《涵通楼师友文钞》。"《文钞》收梅曾亮《柏枧山房文抄》二卷、吕璜《月沧文抄》一卷、朱琦《来鹤山房文抄》二卷、彭昱尧《致冀堂文抄》一卷、龙启瑞《经德堂文抄》一卷、王拯《龙壁山房文抄》二卷，并附龙启瑞《汉南春柳词抄》一卷、王拯《瘦春词抄》一卷、苏汝谦《雪波词抄》一卷。

深向往，敢不益加策励？天使言老①依然世上，亟当料理所业，以就正有道。乃□□尘土，迄今未及，当徐图之。刻下亦不复致书，其诗集续刊印成，仍望赐寄。想比来所作文必不少，前所寄示两册，日下知交传睹殆遍，传抄甚多，遂已散布人间矣。时方寥落，幸得先生鸿奖，存斯事于一线，望风倾仰，莫馨佩忱。临楮不尽之怀，敬得长句一章，聊写鄙怀，辄□另纸呈教。涤翁已□□□记名，其文集补刊将竟，独有千古，亦为当时硕果蒙泉矣。专肃载颂台祺，不尽百一。

晚又顿首。四日

命觅涵通楼全帙，续有乡人带到，必当寄呈，此板在桂林故也。又及。

按，杨以增道光三十年（1850）刊刻陈祖望《思退堂诗抄》十二卷、《青琅玕吟馆词抄》一卷，咸丰五年（1855）十月刊成梅曾亮《柏枧山房文集》。杨以增卒于同年十二月，则此信当作于咸丰五年冬，而以同年十月可能性较大。

此信未署名，据抬头"敬再启者"及末尾"晚又顿首"，可知此信之前当有一信。上信写完后，尚有余意未尽，故又续作此信。或因此两信同时寄出，故此信未署名。信中称"龙翰臣适已到京，亦将《柏枧山房》如指送交，并达尊意拳拳，翰臣当即有书奉报也"。今检龙启瑞《经德堂文集》卷三《上杨至堂年丈书》云："前月入都，乃于同年少鹤农部所，得见惠大刻《梅伯言先生文集》一部。少鹤并述书中见及语，意思拳拳，感与惭并不可名状。"② 正可与此信内容相印证。龙信中所称少鹤农部为广西马平人王拯，王拯（1815—1876）与龙启瑞均为广西人，同中道光二十一年（1841）恩科进士，龙启瑞并中此科状元。二人既有同乡之好，兼修同年之谊，过从甚密，且均师事梅曾亮，每有所作，辄奉梅曾亮校正，故颇以古文知名，而与吕璜、朱琦、彭昱尧并称"桂岭五大家"。因王拯、龙启瑞均师事梅曾亮，故杨以增在《文集》完成后，专门派人送至京城王拯处，并托王拯转交龙启瑞。龙启瑞对梅曾亮诗文非常关注，其《经德堂文

---

① 梅曾亮字伯言，故称。
② 吕斌：《龙启瑞诗文集校笺》，岳麓书社 2008 年版，第 427 页。

集》卷三《上梅伯言先生书》云："先生文集曾否刻成？便丐以一帙见寄……先生诗集从前未录出，不知能以副本见寄否？"① 因此杨以增寄送《柏枧山房集》于龙启瑞，可谓正惬所怀。梅曾亮与杨以增关系十分密切，多年来询问不断，时相酬答，交谊深厚。梅曾亮晚年受太平天国战乱所扰，颠沛流离，杨以增于咸丰四年（1854）八月将梅曾亮接至江苏清江浦南河总督衙署，两人对案食者逾年，并在南河节署为梅曾亮刊刻诗文集，以贺梅曾亮七十之寿。曾国藩继承桐城派方苞、姚鼐而自立风格，对梅曾亮也非常推崇，故杨以增亦专门托王拯转赠曾国藩一部。

崇恩函（一通）

至堂尊兄中丞大人阁下：

　　前在沔县，曾布一函，专致谢忱，谅登籤掌。兹于月之廿一日获读手书，备承心注。藉知起居万福，勋业千秋，遥企清辉，莫名欣慰。别时承索近作，途中未暇录呈。今小憩成都，谨抄数首奉寄，蜩螗细响，不足言诗，望开示而琢磨之，幸甚感甚！弟此间略整行李，刻日西行。惟日远日疏，时深驰系，尚祈箴砭时贶，起我愚狂，是所切祝。专此即颂台安，诸希心照。

　　　　　　　　　　　　　弟崇恩②顿首。五月廿一日，燕鲁公所

　　按，杨以增道光二十七年（1837）三月十六日擢任陕西巡抚。崇恩时任山东巡抚，同年十一月，因办理捕务不力，辜恩溺职，被革去巡抚之职，受命赴京听候谕旨。道光二十八年（1838）一月，崇恩被任命为驻藏帮办大臣，自京赴任，须经陕西沔县③、四川成都，此后再"刻日西行"。由此亦可判断此信写于道光二十八年五月廿一日。

　　崇恩经行陕西，当颇得杨以增之助，故在到达沔县后"专致谢忱"。

---

① 吕斌：《龙启瑞诗文集校笺》，岳麓书社 2008 年版，第 425 页。

② 觉罗崇恩（1803—？），字仰之，号香南居士，满洲正红旗人，累任山东巡抚、内阁学士，工书法，精鉴赏，收藏碑帖甚富。

③ 沔县为川陕栈道经行之要地，杨以增道光二十七年（1847）二月初六日上《修理栈道动用银数折》称："宁羌州境内栈道自沔县交界金堆铺起，至四川广元县七盘关止，绵长一百七十五里……为川陕往来要路，文报差事络绎不绝。"（杨绍和编《先都御史公奏疏》卷二）则崇恩由陕赴川，必要经由此地。

崇恩为当时著名的书法家、金石学家和诗人，杨以增因此索读近作。咸丰四年（1854），崇恩再次担任山东巡抚，咸丰五年（1855）十二月，因黄河改道，山东聊城一带遭遇水灾，杨以增主动捐谷赈灾，崇恩为此上《南河督臣遣家属捐谷一千五百石请量予鼓励片》，请求对杨以增量予恩施。咸丰五年（1855）十二月，杨以增在清江浦南河节署去世后，崇恩又于咸丰七年（1857）九月上《崇祀乡贤以维风化折》，请将杨以增入祀山东乡贤祠，以楷模士林，褒扬乡贤。

胡开益函（一通）

（前缺）在今岁两接华函，去岁曾有信托李太守奉寄，前日亦有一札托耿司马顺寄。前信想已浮沉，今信或可到也。

昨接文翰并惠寄六十金，足征远地萦怀，古谊可感。生近况如常，现居侍读学士之首，升班渐次可望。惟是长安不易，兼之连岁无差，制时弥甚。今得接济，甚为有裨。至眷口平安，眠食无恙，均足慰远念也。

阁下官声甚好，在京皆知，从此自爱，成就正未可量耳。专此奉复，并候升安。惟□□不具覆。

通家生胡开益①顿首，十二月廿二日

按，胡开益道光二年（1822）已任侍读学士之职，道光八年（1828）三月升任詹事府詹事。据胡开益信中称"现居侍读学士之首，升班渐次可望"之语，此信当写于道光七年（1827）或此前一二年。

杨以增道光二年（1822）考中进士，分发贵州，自道光四年（1824）至七年（1827）一直担任荔波知县一职。其洁己爱民，诚心办事，颇有循吏之声，且于道光四年十月被护理贵州巡抚、布政使吴荣光专折保奏。据胡开益此函，则杨以增在京城已颇有官声，由此亦可见杨以增治绩之突出。

---

① 胡开益：直隶宛平县人，嘉庆七年（1802）进士，嘉庆十三年（1808）任河南乡试副考官，后任詹事府詹事，道光八年（1838）任安徽学政，后任侍读学士，道光十三年（1843）因在翰詹各员考试中名列三等，而降任编修。

许瀚函（一通）

晚生许瀚①顿首顿首谨禀至堂老先生大人阁下：

前者枢谒，渥承钧诲，备荷鸿慈，蠲其宿逋，筹及内顾，感何可名！

拜辞后即日登舟，于是月十一日抵杭，沿途均叨庇平顺。各处年岁丰穰，情形安谧，惟月河潮涌，不便行人，乃皆取道孟河。江面太阔，又值阻风，耽延五日，是以到杭较迟。与子苾先生②接见，久别重会，情谊殷拳。同事十余人，或旧好，或神交，或新识，皆相契洽。主人公暇，辄聚同好诸友，讨论金石文字，意欲有所箸定，尚无章程。兼之揭本重累，在署十无一二。又愁书籍，遇有考订，靡所稽察。此事固非可以白战奏功，聊复萃集众见，留备采择，将来未必能有成书也。瀚到日无多，行止未能即决。知荷厪注，先此略陈大概，禀请钧安，余容续禀。

瀚谨禀

按，吴式芬担任浙江学政在咸丰四年（1854）十月，咸丰五年（1855）十二月因病解任。吴式芬致杨以增函称："正月初间，弟因接丁心斋（丁心存）信，知许印林奉讳肯来杭州。"③ 据《许瀚年谱》"1854 年条"称许瀚父致和卒于是年十月，"1855 年条"称是年八月，许瀚赴吴式芬之邀，赴署校文。同年九月途经苏州④，九月十一日抵达杭州。结合信中"瀚到日无多"等语，可判断此信当作于咸丰五年（1855）九月中下旬。

许瀚精于小学，杨绍和曾有诗赞曰："说文八千字，汝南承家学。穷

① 许瀚（1797—1866），字印林，一字符翰，山东日照人。清道光举人，任滕县训导。四次赴京会试均落第，乃致力于金石方志、文字音韵、校勘目录之研究，其著述及校订之作多至近 70 种。参见袁行云《许瀚年谱》，齐鲁书社 1983 年版。

② 即吴式芬。吴式芬（1796—1856），字子苾，号诵孙，山东海丰人。道光十五年（1835）进士，授翰林院编修，后擢广东右江道，署按察使，任鸿胪寺卿、浙江学政，迁内阁学士兼礼部侍郎，后卒于家。吴式芬精金石考古、训诂音韵之学，精于考订，凡鼎彝、碑碣、汉砖、唐镜之文，皆拓本收录。

③ 骆伟：《〈海源阁珍存尺牍〉萨迎阿、翁同书、陈官俊、吴式芬书札》，《天一阁文丛》2012 年第 10 期。

④ 许瀚此次行程，据《跋邿东朋鼎》（咸丰四年作）云"次年九月，游杭过苏"，可知他于咸丰五年八月起程南下，同年九月途经苏州。

年事丹铅，观书眼卓荦。"杨以增道光二十一年（1841）署河南按察使时即结识许瀚。道光二十二年（1842），杨以增委托许瀚校订刊刻桂馥《说文解字义证》五十卷及许鸿磐《方舆考证》一百二十卷，并相互购赠善本书。从杨以增致许瀚信（详见骆伟《〈海源阁珍存尺牍〉清杨至堂致许印林书八面辑注》）中，即可了解二人就刊刻《说文解字义证》往返商议的过程，同时也足见杨以增对许瀚人品才学的充分信任。杨以增翌年四月即升任甘肃按察使，《义证》未能校订完毕，仅刊刻一册。但此后二人通信不绝，道光二十八年（1848）三月，杨以增在陕西巡抚任上，得知江南有刊刻《义证》之讯，遂致信许瀚详询，并问及桂馥近况。但在此之前，两人并未见过面，直至此次赴杭州，路经清江督署，始首次相见。为解除许瀚路途及赴杭的后顾之忧，杨以增还"蠲其宿逋，筹及内顾"，令许瀚非常感激。许瀚到杭之后，迅即写信告知杨以增其会友、校书近况。

以上十四通尺牍之作者均为当时的要员、文人或学者，且均与杨以增过从甚密。其信或谈学论政，或叙及家事，或言及交往，涉及杨以增交游、从政、刻书、藏书等诸多方面，保留了杨以增生活交往的细致片段，较为直观地反映了晚清文人的思想和心态，对研究晚清历史和文化及杨氏生平，都是难得的第一手材料，具有较高的文献价值。

安丘市出土清代《铭德记功碑》考释[*]

裴一璞^{**}

2013 年，笔者在山东省安丘市留山考察"石墙围子"遗址时，在山顶寻访到碑刻一通，名《铭德记功碑》。碑高 1.87 米，宽 0.76 米，厚 0.25 米，原被埋于地下，近年来始被发现，重立遗址旁。因石碑保存完好，字迹清晰可辨，成为遗址内最为完整的珍贵石刻。遗址荒芜已久，故石碑少为外界所知，至今未有深入研究。今试对碑文重加辑录，并对碑文反映的事件及文献史料价值进行考释，以就正于方家。

一　碑文辑录

《铭德记功碑》刻于清同治四年（1865），主要内容为安丘留山民众在致仕官员（原漕运总督）、本籍士绅李湘棻等人率领下抗击捻军侵扰，依山筑墙，护卫乡里的事迹。碑文上端镌刻"铭德记功"四字，正文分 95 行、17 列，共 591 字，辑录如下：

铭德记功

国家至治蒸上，息养兵革，迄于今二百余年矣。乃辛丑岁杪，英夷犯粤，简帅徂征，云舫李公与其职焉。云翁素有经济，谙兵略，故所往辄奏肤功。一岁三迁，历官漕督。其堂侄尹亭先生，是时主政秋

---

   * 本文原刊于《文献》2014 年第 6 期。

  ** 裴一璞（1982—　），山东安丘人，历史学博士，聊城大学运河学研究院副教授、硕士生导师，主要研究方向为区域历史地理。

曹，精于吏治，声振邦中。壬子，乞养归田，屡征不起。越辛酉春，南捻扰及东境，遭荼毒者吾邑尤甚。适云翁引退家居，爰备器械，固守留山，而邑西幸赖保全。夫居高临深避兵之，称为上策者也。贼退后，云翁乃以倦勤之故，委任尹亭先生，遂相厥地势，鸠工筑垣，蜿蜒十余里，若石城之状。不数旬，工已告竣，御敌之策，靡不周备。延至中秋，贼复来扰。远近邻里，扶老携幼，聚集如此，咸恃以为无恐。而先生规度严肃，与赞襄诸君子，明礼义，讲亲睦，罔不帖然服从。历九月初旬，贼又蜂拥而至。于时，众怀义愤，意欲决战。而先生曰：“嘻！贼可击也，而未可以轻。吾辈祗宜保身家，惜性命，诛贼数百人，不足释吾恨；伤吾一二人，愈以滋吾忧。”其慎重之意，与慈惠之心，蔼蔼溢于言表，虽古名将，何以加焉！嗣是贼屦我境，莫敢仰视，而数万生灵，安全无恙。此固先生之德化所致，亦可见云翁知人善任之深衷矣。未几，云翁遽捐馆舍，先生亦因痪染疾，中年谢世。扰攘之际，靡所适从。乃以先生仲兄虞臣总理诸务，井井有条，众咸悦服；又兼云翁长君小舫，从戎十余年，智勇兼备，更运筹以佐之，殆所谓后先辉映者欤？呜呼！云翁以词部摄戎行，勋业烂如，光昭史册，信足传矣！如先生者，向使命受朝廷，利安社稷，其丰功盛烈，岂不足铭彝鼎而被弦歌？乃遭遇时变，以大材而仅小试，固先生之不幸，而乡邑之受其庇荫者，究何有穷期哉！兹为勒石于山，俾后之览者咸慕尹亭先生之德，而先生之名，亦如兹山而并永矣！故略陈事实，以仿夫岘山遗碑之意云尔。

云舫讳湘菜

尹亭讳莘遇

虞臣印廷遇优廪贡生、江南知县

小舫印麟遇恩监生、直隶即补道

貤封文林郎、四川知县、优廪生朱凤翰撰文

例授修职郎、即选教谕、副贡生孙垣霭书丹

赞襄山务：郑廷翔、马宛超、聂若海、郑中道、李宗德、李咸中、李荀、李华祝、王崇章、李崧遇、曹松龄、李仁镜、朱凤翰、曹芑丰、李纯福、王登元、李华春、李鸿锡、李鸿举、李德澍、李端遇

匠工李明

同治四年岁次乙丑六月十三日立石

二 碑主生平及碑文事件解读

1. 碑主生平及事迹

《铭德记功碑》涉及主要人物有李湘棻、李莘遇、李廷遇、李麟遇四位，四人关系为父子、叔侄、兄弟。关于诸人的生平事迹，因史料记载详略差距较大，以李湘棻最为详尽。据民国《续安丘新志》："李湘棻，字云舫，道光壬辰进士，选庶吉士，改户部主事，迁员外郎。辛丑，随参赞大臣隆文赴粤，襄戎幕，以功奖知府并戴花翎。壬寅，选授宁国府知府。宣庙诏对称旨，擢太常寺少卿。带兵防堵江北，特命署理漕运总督，寻实授。坚明约束，重运速竣，屡擒巨盗，崔符屏迹。丁母忧归，以里误罢职。咸丰庚甲，忠亲王僧格林沁调赴天津，办营务。旋值捻匪东扰，回籍督办团练，质田募勇，乡人倚重之，卒于家。"① 新修《安丘县志》后予增补，入"人物传"："李湘棻（1798—1866），号云舫，夏坡乡夏坡村人。二十岁乡试得副榜，后在辛庄子教义学，边教边学，攻读三年，第二次乡试中举人。1832 年（道光十二年）中进士，钦典翰林院庶吉士，后授户部主事，升员外郎。1841 年（道光二十一年），英国侵略军在广州寻衅扰乱，李湘棻随从参赞大臣隆文赴粤处理有关事宜。因襄赞军机和参战有功，奖以知府衔，并赏戴花翎。授湖北郧阳府知府，旋改为宁国府知府。后升任太常少卿，会同总督麟庆办理淮安、扬州一带防务，亲自带兵防堵江北。1842 年（道光二十二年），代理漕运总督时，为防外国侵犯，先后三次奏陈大江南北的防务部署。道光帝阅其奏折后，一夜三传入宫，甚赞其议，实授漕运总督，兼任都察院右副都御史。1844 年（道光二十四年）春，湘棻回乡料理母丧，被御史袁甲三参奏，以贻误国事被罢职。1853 年（咸丰三年），起用他帮办团练，赏还原漕运总督衔。1854 年（咸丰四年）二月，因防御太平军不力，又因单衔由驿奏事不合章程，清廷再

---

① 民国《续安丘新志》卷 17《事功传·李湘棻传》，台北：成文出版社 1968 年影印本，第212 页。

次予以罢职，遣送边疆服苦役。僧格林沁亲王竭力保奏，准暂留其营，经营日照合山矿务。1858 年（咸丰八年），调赴天津，因增修炮台，加强海防，以御英、法侵略有功，赏四品顶戴，赏还花翎。1866 年（同治四年），湘棻奉命回籍督办团练防御捻军，不久病卒。恩赏二品封典，诰授资政大夫。"①

李莘遇，为李湘棻之侄、兄李湘苣之子："李湘苣……子莘遇，字尹亭，道光丁酉拔贡生，刑部七品小京官迁主事。咸丰辛酉，捻匪肆扰，莘遇在籍，率乡人筑堡于刘山，依以免难者数万人。"② 李麟遇为李湘棻长子："李湘棻……子麟遇，字小舫，恩监生，官晋州知州，调景州，从忠亲王剿贼于连镇，充翼长。又奉调赴楚北军营，迭膺奖擢，免补知府，以道员归，直隶候补并加按察使衔。"③ 李廷遇仅见于《铭德记功碑》，由"乃以先生仲兄虞臣总理诸务，井井有条，众咸悦服"来看，他是李莘遇的二兄。

　　2. 碑文所述事件解读

《铭德记功碑》主要介绍了咸丰十年（1861）安丘西南民众在留山建造"石墙围子"抗击捻军侵扰的过程，故碑文所述内容与捻军在山东的行动相关联。咸丰六年（1856）初，豫、皖两省五州县众捻首领请张乐行赴安徽雉河集（今涡阳县城）会盟，建大汉国。④ 捻军建立后，活动范围主要在淮河以北，以与太平军南北呼应。山东成为捻军活动的重点区域，"顾山东兖、沂、曹为西三府，频年备捻，民渐知兵，堡塞日多，野无庾积；东昌在黄河之北，武定海隅斥卤，非贼所心艳；济、泰二府大军所萃，不能任其蹂躏；惟青、莱、登为东三府，久未被兵，家给人足，户有盖藏，民情朴茂，兵备久弛，贼中知之久矣，奸民每为贼向导，所遣间谍不下数十辈云"⑤。安丘所在的青州府因地方富庶、人不知兵屡次成为捻军侵扰的地方。

　　咸丰十年（1860），捻军尖子黄旗旗主张敏行等自淮北率四万余众开

　① 安丘市地方志编纂委员会编：《安丘县志》，山东人民出版社 1992 年版，第 663 页。
　② 民国《续安丘新志》卷 17《事功传·李莘遇传》，第 207 页。
　③ 民国《续安丘新志》卷 17《事功传·李麟遇传》，第 213 页。
　④ 徐修宜：《捻军运动简史》，中国文史出版社 2003 年版，第 18 页。
　⑤《山东军兴纪略·皖匪十》，转引自江地《捻军史论丛》，人民出版社 1981 年版，第 241 页。

往山东，"绵亘六十里，兵声火绝，数百里皆震"①。消息很快传至安丘，同年"三月，知县陈用衡至，夏五月，谕士民团练，城内外共十余团"②。李湘荣等人大约此时得到兴办团练、集民自卫的命令。次年二月，捻军由戴庙、安山渡过大运河东岸，直插山东腹地。③ 该月捻军行至安丘，攻破县城，官民被杀者众多："春二月，捻匪陷城，时城垣久圮，议修未果，月之二十三日贼至，官民奔避，城遂不守。贼踪遍及四境，焚杀掳掠，越六日乃去。知县陈用衡遇害于雷家沟；把总石万魁拒贼于三山，死之；景芝县丞李辉卸印未去，亦死焉；绅民妇女殉难者各数千人。……三月修城，时遭寇乱，故谋易集，四乡亦各起坞堡御贼。"④ 故碑文所言"越辛酉春，南捻扰及东境，遭荼毒者吾邑尤甚"，亦可知留山团防的建立正在此时。八月捻军途经安丘留山，百姓奔入"石墙围子"避难。捻军在此遇阻，遂避开留山再攻县城，"八月捻匪再至，二十一日辰刻，贼至南登印台下窥城，城上发炮击之，始退。是夜，贼焚南关、西关，次日黎明遂北去"。九月，捻军由潍县再至安丘留山，碑文载"历九月初旬，贼又蜂拥而至"。一年之内，捻军三次侵扰留山，面对捻军的挑衅，李莘遇主张稳固坚守的策略，由碑文可知民众修建"石墙围子"的初衷仅限于自保。在留山民众抗击捻军中，石墙的防御功能得到充分发挥，数万生灵免遭涂炭。由碑文看，大约在捻军撤退后不久，李湘荣、李莘遇叔侄相继去世。因捻军仍在山东境内流动，留山民众遂共同推举李莘遇的二哥廷遇主持山务。李湘荣的长子李麟遇先前曾在忠亲王僧格林沁手下充当翼长，从军十余年，熟悉军务，前来辅佐。在李氏家族的率领下，留山"石墙围子"团防得以坚持下来。

为纪念这段时期安丘民众在李湘荣、李莘遇等人率领下兴办团练、建造石墙、抗击捻军的事迹，同治四年由朱凤翰撰文、孙垣霭书写的《铭德记功碑》在山顶竖立。石碑除了介绍李氏家族的重要贡献外，还列举了二十一位赞襄山务的人员，其中依然不乏李氏家族的成员，如李崧遇、李端遇等人；即使刻碑的匠工也有交代，使后人能够更清晰这段历史。

---

① 郭豫明：《捻军起义》，上海人民出版社 1979 年版，第 42 页。
② 民国《续安丘新志》卷 1《总纪》，第 22 页。
③ 郭豫明：《捻军起义》，第 43 页。
④ 民国《续安丘新志》卷 1《总纪》，第 22 页。

三　碑刻文献史料价值

1. 弥补史书文献记载的不足，并可与相关史料互证

对安丘"石墙围子"的记载，民国《续安丘新志》仅仅提道："旋值捻匪东扰，（李湘棻）回籍督办团练，质田募勇，乡人倚重之。""咸丰辛酉，捻匪肆扰，莘遇在籍，率乡人筑堡于刘山，依以免难者数万人。"而《铭德记功碑》不仅详细介绍了李氏办理团练、兴修石墙的过程；并且对民众凭借石墙抗击捻军侵扰的史实也一并做了介绍。另外，关于李湘棻等人的传记，《铭德记功碑》亦可弥补史书记载的不足。如史书并未提及李廷遇及李麟遇兄弟经办留山防务，相关记载仅见于该碑。对"石墙围子"的建筑格局，人员分工配置，史书也未提及，唯有碑文做了详细介绍。该碑在安丘所修的历届县志中均未提及，也不见于其他书籍记载。因此，它对于了解捻军在安丘的活动及民众抗捻的历史，具有不可替代的史料价值。

此外，《铭德记功碑》还可用来与相关文献互证。如关于李湘棻为官的生涯，"乃辛丑岁杪，英夷犯粤，简帅徂征，云舫李公与其职焉"，可与《续安丘新志》中"辛丑，随参赞大臣隆文赴粤，襄戎幕"相印证。通过互证，可知"简帅"正是指隆文。隆文，"伊尔根觉罗氏，满洲正红旗人。道光中……偕奕山督师广东，意不相合，甫至，病，忧愤而卒，谥端毅"①。可印证文隆确在中英鸦片战争期间赴粤处理防务。此外，在《清史稿》中载有李湘棻的三条记载："（道光）二十二年，十二月辛巳，以李湘棻署漕运总督。……二十三年春正月，壬子，命李湘棻会同耆英筹办江北善后事宜……九月甲午，命李湘棻以三品顶戴署漕运总督。"②《续安丘新志》亦言李氏"特命署理漕运总督，寻实授"。可以确认李湘棻在留山举办团练，是以三品致仕官员的身份召集民众。同时亦可知李湘棻在隆文逝后，又跟随耆英筹办江北防务，"耆英，字介春，隶正蓝旗。……（道

---

① 《清史稿》卷373《隆文传》，中华书局1977年标点本，第11540页。
② 《清史稿》卷19《宣宗纪三》，第689—691页。

光）二十二年正月，粤事急……调耆英广州将军，授钦差大臣，督办浙江洋务。"① 李湘棻以办理江防有功，实授三品漕运总督，碑文中"云翁素有经济，谙兵略，故所往辄奏肤功。一岁三迁，历官漕督"可与互证。对李湘棻的去世，地方志载"卒于家"，碑文言"云翁遽捐馆舍"，印证了方志的正确。对李麟遇的从军及官衔，地方志载"又奉调赴楚北军营，迭膺奖擢，免补知府，以道员归，直隶候补并加按察使衔"，碑文中"云翁长君小舫，从戎十余年，智勇兼备""麟遇，恩监生、直隶即补道"亦可与之互证。

2. 为研究清代山东捻军史提供了重要史料

《铭德记功碑》除文献价值外，还具有重要的史料价值。山东捻军史的研究，是研究全国捻军史最重要的组成部分之一，因为东捻军是在山东遭受重创后（由数万锐减至千余）不久即在扬州覆灭，西捻军则完全是在山东境内被清军歼灭。但目前涉及山东捻军的史料多见于学者编著及地方志书中，如清人张曜的《山东军兴纪略》、民国《续安丘新志》等，而具有文献价值的实物资料则较为少见。《铭德记功碑》是安丘留山民众根据抗捻亲身经历而撰，具有极高的史料价值。它所记载的史实可视作山东甚至全国地方民众应对捻军侵扰的一个缩影。从碑刻记载的民众扶老携幼躲避捻军的情况，可以窥探当时北方民众对捻军的态度。捻军是以获得生活资料为斗争目的结捻而起，没有斗争纲领和明确的政治目标，为获取更多生活资料才组织起来向外地"打粮"，这就决定他们的斗争矛头不是指向封建统治阶级，而是指向当地或外地的富户。② 捻军的斗争目标使他们很难得到北方民众的支持，长期孤军流动作战，最后难免失败。《铭德记功碑》生动记载了安丘西南民众在封建官绅的领导下，对捻军侵扰地方所怀有的敌视和畏惧之情。这种真实写照反映了当时捻军对地方的破坏以及民众的应对，对研究山东捻军史提供了地方舆情的重要参考。

① 《清史稿》卷 370《宗室耆英传》，第 11505 页。
② 《捻军运动简史》，第 404 页。

元明《高唐州重修庙学记》碑文考略[*]

朱年志^{**}

　　庙学是依附于孔庙、以传授儒家经典理论为宗旨的学校。从唐代开始，庙学逐渐成为一种定制，直到清末西学传入中国之前，庙学制度贯穿了中国古代社会中后期的历史。① 元朝初年，山东高唐州学校久废，文庙（孔庙）也损毁严重，几成废墟。至元初年，知州张廷瑞重建庙学。此后，元明二代高唐州庙学历经多次重修扩建。现存元至元年间，明天顺、万历年间的《高唐州重修庙学记》完整记录了高唐州庙学四次修建的详细情况。对于研究高唐历史与高唐教育兴衰具有重要价值，现据碑刻原文、拓片以及方志资料记载做一考略，以就教于方家。

一　元至元年间高唐州两次重修庙学碑考略

（一）至元二十四年《高唐州重修庙学记》碑

　　元至元初年，知州张廷瑞"始辟庙堧故地，为师生授业之所"。至元二十四年（1287），郑德邻任高唐知州，因感于庙学规制狭隘，于是进行了扩大重修。时任翰林学士大中大夫知制诰同修国史高唐人阎复撰文，正奉大夫前参知政事枢密副使商挺书并题额，立碑为记。原碑在高唐州文庙，今已佚失，但高唐民间仍有收藏其拓片者。《高唐州志》记载此次重

---

　　* 本文原刊于《北方文物》2019 年第 4 期。

　　** 朱年志（1977—　），山东曲阜人，历史学博士，聊城大学运河学研究院讲师，主要研究方向为明清经济史、区域社会史。

　　① 胡务：《元代庙学——无法割舍的儒学教育链》，巴蜀书社 2005 年版，第 1 页。

建庙学的碑额为"翰林学士大中大夫知制诰同修国史阎复撰，正奉大夫前参知政事枢密副使商挺书并题额，武略将军高唐州达鲁花赤兼本州诸军奥鲁劝农事干朵忽都，宣武将军高唐州知州兼本州诸军奥鲁劝农事郑德邻，承务郎同知高唐州事阿八赤，敦武校尉高唐州判官姚里囊加大，高唐州都目孙杰、司吏王鼎，至元二十四年秋七月望日建"①。现据碑刻拓片与《高唐州志》等资料记载将正文抄录标点如下：

> 高唐齐之西邑，汉隶平原郡，唐宋为博州属县，国初隶东平府。至元七年始改邑为州，附以夏津、武城，凡三县。民物之繁，茧丝之富，遂为山东名郡。台表弦歌之化，地维礼义之乡；圣贤之遗迹可寻，邹鲁之流风未泯。前代名臣则有华表父子，刘寔昆弟，近世师儒则有状元阎公咏，教授康公晔，御史赵公安世。丧乱以来，虽学校久废，故家遗俗犹有存者。先师庙貌绵历兵烬，像设俨然，视他邑为完。宋大观八行碑、金大定名士任询题名在焉。县既为州，太守张侯廷瑞始辟庙堨故地，为师生授业之所。今郑侯德邻治郡之二年，时和岁丰，民安田里。一日，同监郡武略君周览庙庭，叹其规制狭隘，慨然有更大之志。会江东宣慰从事李敬祖赞襄其事，且求大匠于它县。侯及武略君首出俸银以为倡，郡邑属吏、乡长者、士民翕然助之。于是，琢他山之石以为楹，刻近郊之木以为桷，定方中而即役，火西流而讫功。殿既落成，宏敞壮丽，十倍于前。凡缔构之工，圬镘之饰，侯心计口授，各尽其艺。至于崇鳣墰之堂，广飞翚之庑，作室以祀乡贤，给田以资学产，方以次经理，属侯秩满，当代教授刘恕相率郡人伐石纪德，昭示永久。乃命乡校诸生至书京师，谒文于复。复奉书欣然，谓诸生曰："庙学之兴，吾党礼乐修习之渐也，诸生不闻绵驹之说乎？夫歌曲小技犹能迁革人心，变易国俗，矧吾贤方伯当国家兴学养士之际，辟圣贤之广居，明风化之大本，幸予他日言归故里，思乐新官，观其士行洁修，民俗粹美，家形洙泗之风，人期渊骞之德，相与颂武略君之贤，歌郑侯之遗爱，不亦伟乎！昔盼子有守城之功，威王以为千里之宝。惟吾贤方伯礼教兴行，光明盛大，将照四表，岂直

---

① 道光《高唐州志》卷7《金石录》，哈佛大学图书馆藏，第88页。

千里哉？"诸生再拜，以斯语志诸庙石，于是乎书。

从碑文来看，此碑记主要涉及两个方面的内容：一是高唐州的建制沿革与士风民俗；二是知州郑德邻重修庙学的详细经过与阎复撰著碑文的缘由。"高唐州，唐为县，属博州。宋、金因之。元初隶东平，至元七年升州。"① 自至元七年（1270）高唐改邑为州，以"民物之繁，茧丝之富"为山东名郡，而且"圣贤之遗迹可寻，邹鲁之流风未泯"，可见士风日盛，人才蔚起，出现了多位名臣。然而自宋末元初丧乱以来，学校久废。"张廷瑞，至元七年知州事。课农桑以养民，兴教化以善俗。辟庙学故地为诸生授业之所，识所先务云。"② 到了至元二十四年（1287）郑德邻为知州，"时和岁丰，民安田里"，因见庙学规制狭隘，遂有"更大之志"，于是修建庙学，并捐金为倡，又"作室以祀乡贤，给田以资学产"，其间有监郡武略君、江东宣慰从事李敬祖赞襄其事。事后教授刘恕率郡人伐石纪德，以求昭示永久。高唐人阎复盛赞郑侯与武略君等的德行将会光照四表，并欣然撰文。

此外，撰文者阎复为元初重臣，在翰林院任职期间，深受元世祖忽必烈的重视，"帝屡召至榻前，面谕诏旨，具草以进，帝称善。"③ 他还上疏在京师建宣圣庙学、将曲阜守冢户编入民籍、设置孔林洒扫户、设置祀田，以及加封孔子"大成至圣文宣王"封号等，为元代的文化事业作出了重要贡献。书写碑文者商挺，字孟卿，曹州济阴（今山东菏泽）人，两任参知政事，官至枢密副使，工诗善书，"有诗千余篇，尤善隶书"④，是当时知名的书法家。

（二）至元三十一年《重修庙学记》碑

至元二十七年（1290），尹利用任知州，在知州郑德邻重修庙学的基础上又进行了再次重修。自二十八年（1291）夏四月始事，至三十年（1293）秋九月完工。三十一年（1294），前翰林院侍读学士、郓州东阿

① 《元史》卷58《地理志一》，中华书局1976年标点本，第1369页。
② 嘉靖《高唐州志》卷5《人物传》，国家图书馆出版社2013年影印本，第83页。
③ 《元史》卷160《阎复传》，第3773页。
④ 《元史》卷159《商挺传》，第3741页。

（今山东东阿）人李谦撰《重修庙学记》。《高唐州志》记载此次重建庙学的碑额为"前翰林院侍读学士朝请大夫知制诰同修国史李谦撰并书丹题额，忠武校尉同知高唐州事兼管本州诸军奥鲁劝农事李茂，从事郎高唐州判官兼管本州诸军奥鲁刘良弼，高唐州儒学教授骆文藻，高唐州都目赵元凯，至元三十一年岁次甲午夏四月朔日建"①。原碑在高唐州文庙，今已佚失。现据碑刻拓片与《高唐州志》等资料记载将正文抄录标点如下：

> 郡县之吏，以寅奉诏条敦崇风化为职，苟惟急于功利，微求近效，顾教化为不切，不过为俗吏耳。圣上即位之初，诏谕守臣，宣圣庙国家岁时致祭，诸儒月朔释奠，宜恒令洒扫修洁，违者有禁。圣主遵道劝学，风励天下之意甚深且厚。为吏者不知体详是意，能为识治道本末先后者乎？高唐州庙学，至元二十四年郑尹德邻寔改筑大成殿，余役有所未暇。越二十有七年，奉议大夫、高唐州知州、兼管本州诸军奥鲁劝农事尹利用至，奠谒礼成，叹两庑卑陋未称，且地基狭隘，礼殿之后仅容讲肄，而生徒弦诵之舍无所，谋于监郡武略将军干朵忽都、同知州事张居大、判官马誉，同出俸金，言举斯役。会邻有隙地，厚其值市之。前徐州判官刘守仁义不受值，斥所居之地乐施，遂得增益宽敞。左堮外有地，故隶于官，亦割而归之学。乃新作东西庑，赋功庀役，监尹分董之，治事之暇，躬亲临视，故工徒兢劝，不日底功，轮奂显敞，度越前制远甚。募匠者绘七十子先儒于其壁，栏楯罘罳，莫不完具。又为祭祀之器，率中礼法，撤讲堂徒置稍北，为左右斋亭各五间。县尹东昌董廷翼实董莅之，仅再阅月，厥功告成。盖自二十八年夏四月始事，迨三十年秋九月毕役。属邑有田桑百亩，请于朝为养士永业，招集子弟秀民肄业于学。县有四镇：曰灵城、曰齐城、曰夹滩、曰固河。前县尹刘仁，始于齐城创构一殿。廷翼继至，谓四镇皆民居骈集，富庶不可无教，乃劝民俾知所本。当农事之隙，镇为一庙，以奉先圣先师，又为庠塾，择师以主教导。镇之有庙学，盖自此始。州学教授夏津骆文藻状其事，以记为请。窃惟学校之设，所以明教化育人材，然名实率贵相孚，非直示美观饰游声而已。

_____

① 道光《高唐州志》卷7《金石录》，第89页。

夫人材之生，何世无之，顾上之人教养何如耳。诗云："执柯伐柯，其则不远。"初，高唐为一邑，澹轩康先生晔授馆其中，执经授业，前后非一，不二十年，人物辈出，往往入登台阁、分列州县，一时英彦耸动，缙绅间人人能言之。矧今升邑为州，统县三，生齿之众数倍，曩时风俗渐染，户知读书，蒙赖贤使君教养振励人材。或有愧于前者，吾不信也。昔人谓一夫得情，千室鸣弦。况四贤共治，埙唱篪和，治绩彰著，多可纪述。邑大夫又得廉勤忠敬之吏，一郡其有不治哉？肃政廉访司连章荐举，可谓知人矣。尹利用、张居大、马誉既去，李茂、刘继祖、刘良弼实代之。

从碑文来看，至元二十四年（1287）知州郑德邻重修庙学，改筑大成殿，余役有所未暇，"两庑卑陋未称，且地基狭隘，礼殿之后仅容讲肆，而生徒弦诵之舍无所"。二十七年（1290）尹利用任知州后，会同监郡将军、州同知、判官等，共举斯役，置办房舍，购置学田，历时两年有余，终于完工，召集子弟秀民肄业于学。昔日高唐为一邑时，康晔执经授业，人才辈出，"一时英彦耸动，缙绅间人人能言之"。今已升邑为州，蒙赖地方长官教养振励人才，"一夫得情，千室鸣弦"。

此次重修庙学的撰文者李谦亦为元初名臣，政治家、文学家。年少时，"始就学，日记数千言。为赋有声，与徐世隆、孟祺、阎复齐名，而谦为首"①。他任东平府教授时，学徒从四方汇集而来，累官至万户府经历。后被召入翰林院为应奉翰林文字，"一时制诰，多出其手"，为皇帝治国决策所倚重。历任翰林侍读学士、翰林承旨，官至集贤大学士、荣禄大夫，其"文章醇厚有古风，不尚浮巧，学者宗之"。李谦在山东地区的威望很高，现存元代山东地方儒学的学记里，由他执笔的最多，有《重修高唐庙学记》《重修成武庙学记》《冠州庙学记》《重修济州庙学记》《重修泰安州庙学碑记》等。

（三）元世祖在位期间的尊孔崇儒与重教兴学

从 1206 年蒙古建国到 1260 年元世祖即位，由于忙于战争和对儒学的

---

① 《元史》卷160《李谦传》，第3767页。

漠视，蒙古国在长达半个多世纪的时间里未曾新建一所庙学，原有庙学重新修葺的也只有9所。① 元世祖即位之初，尚有地方庙学被强占干扰的现象。中统二年（1261）六月，元世祖下诏"宣圣庙，国家岁时致祭，诸儒月朔释奠，宜恒令洒扫修洁。今后禁约，诸官员使臣军马，无得于庙宇内安下，或聚集理问词讼及亵渎饮宴，管工匠官不得于其中营造，违背治罪"②。通过宣布宣圣庙为举行国家岁时致祭并诸儒于月朔时进行释奠的场所，禁止外人随意侵犯，以维护庙学的正常运行。元朝之所以重视庙学，是和他们所实行的崇儒重教、以儒治国的文教政策相一致的。元代自觉地在全国范围内推行崇儒重教的措施是从元世祖在位期间开始的。据有关统计，在中统至元年间，共始建庙学77所，重修庙学263所（次）。③ 在元代统治山东约140年的时间中，共新建学校28所，其中建于元世祖至元年间的学校有16所④，说明元代山东兴学的高潮期是在元世祖时期。

忽必烈早年深受儒家学说的影响，即位以后，大力推行"以儒治国"的文治政策，极力争取汉族儒士和文武官员，提高儒士的社会地位，创办国子学和兴建庙学。蒙古上层受到儒家思想的熏陶，也开始正视、尊重并逐步接受以孔子思想为核心的儒家文化。元世祖在位期间，重用汉儒，并在他们的辅佐下，推行"汉化"，尊孔重儒，改革吏治，强化国家管理。他曾几次下过兴学重教的诏书，各级地方政府都建立了相应的儒学。庙学的修建覆盖到各个行政层面，从路府州县到乡村镇所。在高唐州的四镇灵城、齐城、夹滩、固河，"当农事之隙，镇为一庙，以奉先圣先师，又为庠塾，择师以主教导"，"镇之有庙学，盖自此始"。

继元世祖之后，元朝各代君主，遵循元世祖的国策，都是崇尚儒学的。庙学是元代儒学教育的重要形式。元仿宋制，对地方庙学设置学田，作为修缮文庙和学舍，朔望祭祀、学官俸禄、救济贫寒儒生等之用。这种以孔庙为活动中心的具有广泛群众性的教育普及形式，在民间产生了相当大的封建道德和礼法教育的影响，从而促进了社会的相对稳定。⑤

---

① 胡务：《元代庙学——无法割舍的儒学教育链》，第50页。
② 陈高华等点校：《元典章》卷31《礼部卷之四》，中华书局2011年版，第1086页。
③ 胡务：《元代庙学——无法割舍的儒学教育链》，第53页。
④ 李伟、魏永生：《山东教育史》，山东人民出版社2011年版，第208页。
⑤ 欧阳周：《中国元代教育史》，人民出版社1994年版，第60页。

二　明天顺四年《高唐州重修庙学记》碑考略

明代继承并发展了元代的庙学制度。自建国之初，统治者就明确了崇儒兴教的政策。明太祖朱元璋从历史经验教训和亲身实践中深刻认识到儒学的重要性，确立了"治国以教化为先，教化以学校为本"的文教政策。他说："今天下初定，所急者衣食，所重者教化。衣食给而民生遂，教化行而习俗美。足衣食者在于劝农桑，明教化者在于兴学校。"① 并且一直强调以兴学重教作为官员政绩考核的重要标准。"重教化、兴学校"的文教政策贯穿于明朝历史。自明太祖以后继统的诸君皆兴学崇儒有加，体现在地方庙学的实践上虽然各地有所差异，但总体而言，儒学教化与地方孔庙建设相得益彰。

天顺四年《高唐州重修庙学记》碑为明天顺四年（1460）时任高唐知州赵玉在重修庙学后所立。碑高 1.98 米，宽 0.80 米，厚 0.25 米。碑文分 24 列，满行 49 字，共 727 字。该碑为青灰石，石质较好。碑额为篆书，上端为圆首，碑体四周刻浅浮雕云龙。丘濬撰写碑文，徐观书丹，姜广篆额。高唐州旧志将"天顺四年"误记为"天顺元年"。碑身左下角残缺，但碑文保存基本完好，原存于高唐文庙，现存于高唐县博物馆。原碑少量字迹已模糊不清，现据碑文与《高唐州志》等资料记载抄录标点如下：

> 高唐州重修庙学记
> 赐进士出身翰林院编修文林郎琼台丘濬撰
> 赐进士出身刑部郎中奉议大夫羊城徐观书
> 乡贡进士郡人姜广篆
> 皇帝更化之初，厉精治道，惟政惟教，是图是急。于时，内外小大之臣奉承惟谨，亦惟图政与教兢兢不怠。山东东昌府高唐州，地界两京之间，首被王化。守臣赵玉祗承德意，夙夜勤恪，厘其郡之庶

---

① 《明太祖实录》卷 26《吴元年冬十月癸丑》，台北"中研院"历史语言研究所 1962 年校印本，第 387 页。

务，期底成效以称上旨。恒以为国家以六事责成守令，政教具焉。政之目有五，而教惟一。详者似难而实易，简者似缓而实急。于其详者，固各随事以致其力，亦略就绪。顾于简者未得其方，惟兹学校乃教之寓，政之本，为治之首务也。敢不尽心欤？于是留心学事，凡可以变士俗作兴人材者，行之惟恐后。时乃月之吉，诣学宫，释菜先师，率耆老听士子讲读，既毕，周行瞻视，栋宇几堕，庙貌几剥，甚而门有几压者，恻然兴念曰："此非吾长民者之责欤？"按图考志，是学之兴在元之初，张守廷瑞始辟庙垓，郑守德邻继加修建。迨入皇朝，知州杨贵实重开创之。经今几百年，物久而敝。斯理之常，革故而新，实在今日。乃简材鸠工，卜日庀事。于大成殿、明伦堂、两庑三斋及圣贤像设则仍其旧而修理之，于棂星门、戟门则撤其旧而重建之。坏者忽成，堕者忽隆，规制大备，各称其度。过者咸为之易观焉。郡文学卢瑞谋诸判官夏永、吏目高俊、训导郑敬，谓侯兹役不可不书。走书京师，来求予记。予惟三代学校之设，虽以教学为事，而不颛颛在是也。故凡国之政事，若祭祀、若乡射、若劳农、若养老乞言，若取贤敛材、考艺选言之事，若出兵受成、论狱讯囚之故，无不于是行之，是诚为政之本，出治之大端也。世之俗吏类以为非政之急而慢易之，岂知治道者哉。若赵侯者，可谓知务者矣。而卢君又为之图不朽之传，非特为侯也，盖欲以示法于来继侯者，而又使凡天下之为守令者闻之而知所兴起，以广圣天子图维治道之意于无穷焉。是诚不可不书。侯，字子瑛，平滦人，由乡贡进士释褐成均，首拜今官。卢君，字文圭，羊城人，予乡贡进士同年也。

天顺四年龙集庚辰菊月吉旦高唐州知州赵玉 同知李茂 判官施彦英 夏永 吏目高俊

儒学学正卢瑞 训导郑敬 裴蹈矩

从碑文来看，这次对庙学的重修是继明初知州杨贵"因元旧址而修葺之"后的又一次重修。杨贵"洪武二年知州事，创建官署、学宫与坛壝、铺舍。为政知所先务"[①]。英宗"更化之初，厉精治道，惟政惟教，是图是

---

① 嘉靖《高唐州志》卷5《人物传》，第83页。

急"，"内外小大之臣奉承惟谨，亦惟图政与教兢兢不息"。"上有所好，下必从焉"，高唐知州赵玉"祗承德意，夙夜勤恪，厘其郡之庶务，期底成效以称上旨"，而且"学校乃教之寓，政之本，为治之首务也"。这时庙学"栋宇几堕，庙貌几剥，甚而门有几压者"，于是"简材鸠工，卜日庀事"。此次修建"于大成殿、明伦堂、两庑三斋及圣贤像设则仍其旧而修理之，于棂星门、戟门则撤其旧而重建之。坏者忽成，堕者忽隆，规制大备，各称其度"。

此次重修庙学以后，高唐州儒学学正卢瑞与本州判官、吏目、训导等呈请当朝翰林院纂修丘濬为之撰文作记，"以示法于来继侯者，而又使凡天下之为守令者闻之而知所兴起，以广圣天子图维治道之意于无穷焉"，起到宣扬天子圣德、劝诫与警示后人的作用。撰文者丘濬为明代中期的著名文臣、政治家、史学家、思想家，历事景泰、天顺、成化、弘治四朝，官至太子太保、户部尚书兼武英殿大学士。在文学上也有很高的造诣，他的诗文在明朝深受推崇，时人争相索求。羊城（广州的别名）人卢瑞为其乡贡进士同年，特为此次重修庙学撰文。卢瑞任职高唐州学正，教导有方，备受士人推崇。"州久无甲第，瑞择其秀颖者加意教之，三年中得进士二，刘魁为御史，梁镛为给事中，每谓人曰吾辈非卢先生不至此。秩满，士子群送至二三百里，亦有抵京师而后返者。"[1] 羊城人徐观与丘濬同为景泰五年（1454）甲戌科进士，历仕至南京刑部尚书郎，"性旷达，不乐圭组，遂弃官归"[2]。乡贡进士高唐人姜广，曾任山西太原府同知，"读书好古文，图绘染翰及方书杂技，悉有所长"[3]。

三　明万历四十五年《高唐州重修庙学记》碑考略

《高唐州重修庙学记》碑为万历四十五年（1617），时任高唐知州王默重修庙学后所立。碑高 2.20 米，宽 0.87 米，厚 0.28 米。碑文分 22 列，满行 56 字，共 832 字。该碑为青灰石质，质坚色纯正。碑体上端为圆首，

---

① 康熙《香山县志》卷 7《人物》，国家图书馆藏，第 5 页。
② 康熙《香山县志》卷 7《人物》，第 30 页。
③ 康熙《高唐州志》卷 8《人物志上》，国家图书馆藏，第 12 页。

刻浅浮雕双龙，碑体阳面左、右、下之边沿雕饰花卉纹。碑文为高唐人进士杨巨鲸撰，高唐人进士金新祚书丹，高唐州儒学学正平昌郡人庞待旦篆额。金新祚所书楷书宗自"二王"，又保持了魏碑体的风格，通体为王体魏貌，堪称书法中的上乘之作。碑文保存完好，原碑存高唐文庙，现存高唐县博物馆。现据碑文与《高唐州志》等资料记载抄录标点如下：

高唐州重修庙学记

赐进士第文林郎河南汝阳县知县郡人杨巨鲸撰文

赐进士第文林郎陕西西安府推官郡人金新祚书丹

乡贡进士高唐州儒学学正平昌郡人庞待旦篆额

高唐界全齐西偏，地柔而卤，路冲以疲司牧者，每苦振饬之难焉。岁乙卯，全省遭大祲，飞鸿遍野，羣羊载道，一切政治多所缺略未修，有司以状闻。上戚然改容曰："谁为朕恤东隅者？"乃简直指过公往，按其事寻诏铨部。凡遇东省迁除，俾得老成特达其人者而任之，勿贻东顾忧。会高唐前守师公以迁任去，大冢宰乃以保定王公请报曰："可。"捧檄行，甫下车，访诸父老，求民间疾苦，政治缓急，剔蠹厘弊，于安集作兴尤所注意。不数日而次第施为规模，固已宏远矣。乃诣学宫，谒先师。释奠之余，环视庙宇，颓坏倾圮，不堪瞻顾。进诸博士弟子员而叹曰："噫！是尚可以妥神哉？此予有司责也，且人文郁勃于是焉，系曷修之，即以葱佳气可乎？"众唯唯。公矢志兴作，首捐箱金若干，命莲幕叶公董其役事。合郡翕然，争捐赀助之。于是驱历山之石，伐近效之木，鸠工简材，筮吉庀事。始大成殿，继两庑戟门，继明伦堂各祠宇以及周回垣墙。坏者成之，堕者隆之，旧者新之，湫隘者拓大之。工以雕镂，饰以丹垩，仅再逾月，厥工告成。飞翚壮丽，赫然改观。行见文运与世运齐高，泮水偕洙水共长，而人文从此蒸蒸矣。且口天下，人溺竺干，士哗于乡，家惑左道，民淫于野，其不修可胜道哉？公初至，毅然以教化为己任，名节忠义，谆谆为士子讲解，奇衺跳越者有禁。且创立书院，群诸生而馆课之，一时人士靡然向风。漯水民故多骄侈，乃至啬尊亲而崇淫祀。公愕然曰："尔不忆敬父母胜烧香之说乎？"多方开谕，民至感泣，一如父子。公之孤介廉洁，其天性也，一切应入赎锾，悉以荡革，觖觳积猾敢有奸苞苴者，察之严以法，而贪墨息矣。唐郡素称凋敝，一经魃祟，十室有空。公安集有方，抚柔有条。其有力不能供耕耘者，给牛种广播之。至今仳离归集，百室宁止者，公也。噫，是岂足以概公也哉。他如优孤嫠，清肺嘉，罢追胥，汰间架，均赋役，练军实，诸凡宜民宜人之政，巡行之。吏采访之，使必有嘉其绩而实之荐牍，修之国史也者，其又何赘焉？公讳默，别号贵一，由举人来守兹土，家世保定之清苑人。

　　大明万历四十五年岁次丁巳菊月吉日奉训大夫高唐州知州王默

同知王体元　判官杨樾　步景贤　吏目叶孔昭

　　儒学训导阮一凤　米朝庆　袁进第　周儒　督工省祭胡耿光

　　儒学学正袁知非　石匠侯进贤镌

　　从碑文来看，此碑记主要涉及两个方面的内容：一是高唐州的社会状况；二是知州王默重修庙学的经过与治理高唐的政绩。"高唐界全齐西偏，地柔而卤，路冲以疲司牧者，每苦振饬之难焉。"在万历四十三年（1615年、乙卯年）大灾荒之后，"飞鸿遍野，牂羊载道，一切政治多所缺略未修"。后文又称"唐郡素称凋敝，一经魃祟，十室有空"，这都加剧了地方治理的困难，"俾得老成特达其人者而任之"。知州王默到任后，"诣学宫，谒先师。释奠之余，环视庙宇，颓坏倾圮，不堪瞻顾"。于是倡捐重修庙学，合郡人争相捐助之。"驱历山之石，伐近效之木，鸠工简材，筮吉庀事……仅再逾月，厥工告成。"除捐修庙学外，他还旌表节义、创立书院、禁民淫祀、荡革苞苴、安集仳离、给借牛种等。"捐俸买平恩两路二里铺贾化诚地，共一顷，为书役代耕之需，永久免门摊之税，并庐舍税亦蠲免之，又买牛二十只，许民轮用，不用则自行喂养。"其他"罢追胥，练军实，凡以利民保民者，皆谋之若恐不及"[1]。王公安集有方，抚柔有条，政绩卓著，必须"嘉其绩而实之荐牍，修之国史"，使之流芳后世。

　　此次重修庙学的撰文者高唐人杨巨鲸，万历庚戌年（1610）进士，"历宰中州之罗山、汝阳两地"，官至户部福建司、清吏司主事，"于古文，好两司马言；于诗，喜李杜大家。博览无所不通"。书丹者高唐人金新祚，

---

　　① 民国《高唐县志稿》卷9《政治五政迹》，第56页。

万历丙辰年（1616）进士，曾任陕西西安推官，"公居家孝友，间里皆受其赐"①。篆额者儒学学正平昌县（德平县旧称）人庞待旦，岁贡，万历三十九年（1611）任文登县训导，升高唐州学正。

余　论

在元代庙学发展的基础上，明代庙学规制进一步完备。"庙学之建置，在昔时视为首要，而在历史上居最要之位置。"②"高唐自元初改邑为州，屡经兵燹，官廨驿舍陵谷迁移而学宫仍其旧地，溯至元年始辟庙基，迄前明嘉靖，其间修建凡十余次"③，至明末屡遭兵燹。由于元代统治者推行"汉化"，崇儒设教，对地方儒学十分重视，各级地方政府都建立了相应的儒学。元代庙学在前代的基础上逐渐发展起来，"自国都郡县皆建学，学必有庙，以祠先圣先师，而学所以学其学也"④。

明初，统治者大力强化儒学教育。为使儒学教育普及民间，使儒家思想的影响力渗透到社会各阶层，太祖大力兴办各级各类地方学校，全国各府州县皆先后设立儒学。此后各地学校数量不断增加，学制系统更加完备。不同地区的学校规制及规模有所不同，即使是同一地区，因时期不同也会有所变化。有关研究指出"山东在明初至正统年间修建学校的史料记载很少，恰恰相反，天顺以后山东进入了修建学校的高峰期，而且有些地方的建校热情一直持续到崇祯一朝。究其原因，是由于自然和人为等多种因素所造成的"⑤。明代高唐州庙学的修建也反映了这一史实。

庙学将庙与学合而为一，它是中国古代的儒学教育与重视祭祀的传统的有机结合。它在培养人才，净化社会风气，传播儒家思想方面的作用是不言而喻的。"从来文运之昌隆先视学宫之兴举，高唐地接邹鲁之区，家

---

① 康熙《高唐州志》卷8《人物志上》，第19页。
② 民国《高唐县志稿》卷3《地理志三》，第404页。
③ 道光《高唐州志》卷3《学校考》，第30页。
④ 虞集：《道园学古录》卷36《南康路都昌县重修儒学记》，商务印书馆1937年版，第606页。
⑤ 秦海滢：《明代山东教化研究》，辽宁师范大学出版社2011年版，第84页。

诵孔孟之书，是以人材蔚起。"① 庙学建筑趋于完备，不但是统治者崇儒重教的表现，而且更是提供了实践儒学教化、培育人才所需要的空间。这种以孔庙为中心的具有广泛群众性的教育形式，对促进教育的普及化与平民化也是有积极意义的。

---

① 道光《高唐州志》卷3《学校考》，第48页。

新见傅斯年《巴黎燉煌写本集读记》考述*

吕德廷**

  傅斯年（1896—1950），字孟真，山东聊城人，著名历史学家、教育家。目前对傅斯年著述的搜集，以欧阳哲生编《傅斯年全集》最为丰富。2011 年，《傅斯年遗札》增补了大量信件。另外，部分傅斯年的信件、文章也陆续得以公布、整理。① 2017 年，我们有幸通过聊城傅氏后人得见一册尚未公布的傅斯年笔记本。② 其主要内容是 1926 年傅斯年在巴黎阅读敦煌文书的笔记和归国途中所写的日记，总约 1 万字。该笔记有助于我们了解傅斯年归国前后的活动及学术成长轨迹。

一 笔记简介

  该笔记为圆背硬面线装本。封面为布面，上有钢笔题写《巴黎燉煌写本集读记》，在扉页上再次题写"巴黎燉煌写本集读记"，并记有"民国

  * 本文原刊于《敦煌研究》2020 年第 4 期。
  ** 吕德廷（1986— ），山东聊城人，历史学博士，聊城大学运河学研究院讲师，主要从事隋唐史、历史文献学、佛教艺术研究。
  ① 部分书信见《傅斯年致马裕藻等》，载北京鲁迅博物馆编《鲁迅博物馆藏近现代名家手札》第 3 册，福建教育出版社 2002 年版，第 264—270 页；耿来金整理：《傅斯年未刊书札》，《近代史资料》总 92 号，中国社会科学出版社 1997 年版，第 261—269 页；与陈垣往来书信见陈智超编注：《陈垣来往书信集》（增订本），生活·读书·新知三联书店 2010 年版，第 407—417 页。
  ② 此笔记复印件由傅斯年先生之侄傅乐铜先生（聊城）提供。据傅先生介绍，此笔记为傅斯年夫人俞大綵女士惠赠。此次整理研究，征得傅先生同意。2018 年 6 月 22 日，运河学研究院科研人员组织学术沙龙，对本文初稿进行了讨论。之后，宋翔博士提出了具体修改意见。在此，对傅乐铜先生及诸位师友深表感谢！

十六年九月"。因笔记内容为 1926 年之事，故此题签应是 1927 年补记。
笔记内有空白页一张，其他为方格纸张，共 116 张（232 页），幅面规格
为 21.8×17.3 厘米。笔记第 22—47 页为《巴黎燉煌写本集读记》（其中
第 31、43 页空白）；第 49、50 页为《巴黎、罗马、那波里行旅补记》；第
92 页为 1926 年 9 月 28 日、10 月 7 日傅斯年的体重记录以及三位归国同行
者的联系地址；第 93—116 页为《航行日记》。第 213—215 页为购书清
单。笔记其他页面空白。该笔记夹有两页纸，一页为 1926 年 12 月 22 日
"British & Foreign Bible Society CASH SALE"（英国及海外圣经公会现销
单），上列 8 种不同《圣经》与其价格，并有傅斯年在上海的联系方式
"上海福生路俭德会七十三号"；另一份为"借出书"清单。

　　笔记主体部分是傅斯年阅读敦煌文书的记录《巴黎燉煌写本集读记》
及归国途中所写的《航行日记》，《巴黎、罗马、那波里行旅补记》的内
容较少。

　　《巴黎燉煌写本集读记》记录了傅斯年阅读的 16 件敦煌文书。对于篇
幅较小的文书，傅斯年抄录全文；篇幅长的则抄录文书前后数行，并叙述
文书中间部分的主要内容。另外，傅斯年对文书也有初步研究，在笔记中
记有阅读文书的心得。

　　《巴黎、罗马、那波里行旅补记》作于归国途中，"开船后逾五日，自
得一间房子，遂得工作。十月一日补记起"①。该补记仅有两页，记述了他
到法国前几天的波折以及与胡适相见的情况。紧接着傅斯年写道"在巴黎
三星期，可记的事记如下"，但下面仅有一小标题"与适之先生谈"，具体
内容则未记录。

　　《航行日记》是该笔记本的另一主要内容，傅斯年记录了归国途中生
活、读书以及参观的感想。日记内容起于 1926 年 9 月 26 日，至于 10 月
17 日，并非每日记录。不少日记是补记，如 9 月 30 日补记前五天的行程，
10 月 8 日补记 1—8 日的情形。11—15 日下午，仅记"时过后不及补记，
亦稍读书，但究竟不如始所愿者。"17 日、18 日补记 16 日的内容。日记
中记录较详细的是《十六日下船短游小记》，主要内容是傅斯年在科伦坡
参观佛寺的见闻和感想。之后，经香港而抵达上海的行程则未记述。

---

① 引自该笔记，下文无注明出处者，均同。

二 笔记所见傅斯年留学归国前后的活动

《巴黎燉煌写本集读记》反映了傅斯年1926年8月下旬至10月18日的活动。

（一）1926年8月下旬与胡适约定于巴黎相见

《巴黎燉煌写本集读记》的写作源于1926年胡适与傅斯年的巴黎会面。1926年傅斯年担心母亲的身体，准备结束在柏林大学的留学，计划"坐九月末的船回国"。[①] 1926年8月4日，胡适抵达伦敦，之后出席中英庚款委员会以及搜集敦煌文书中的禅宗、俗文学及社会经济类的材料。8月5日，傅斯年给胡适写信，信中提到，他得知胡适将来欧洲，准备去巴黎与胡适会面，"早就听说你先生快到欧洲来，我们都欢喜的了不得。昨天接到信片，知道真来了，皆不及一见，然而或者不久可以见面。……九月中在法国，或者我们可以在那里遇到"[②]。8月18日，傅斯年再次与胡适写信，称其因资金不足，希望能在巴黎与胡适相见。"最盼望是能在巴黎和先生一见，因为这正是一个最不可多得的机会。你先生的工夫不自由，我的钱抄不自由，所以虽然九月里我差不多都是在巴黎，却也甚为难可以去英国一回。至于明年回到中国，见面上更不自由。"[③] 胡适则于8月21日前往巴黎，8月26日开始查阅伯希和劫取的敦煌文书，9月23日回到伦敦。胡适在巴黎共住34天。

（二）1926年9月1—22日于巴黎参阅敦煌写卷、畅谈学术

1926年9月1日，傅斯年到达巴黎，即与胡适相见。对于此次见面，傅斯年和胡适均有较为深刻的印象。傅斯年写给罗家伦的信中提到"其所以到了巴黎，花了不少钱，全是仙槎（何思源）误我。……幸有一赔偿，

---

① 欧阳哲生主编：《傅斯年全集》第7册，湖南教育出版社2003年版，第36页。

② 欧阳哲生编：《傅斯年文集》第7册，中华书局2017年版，第54页。

③ 王汎森、潘光哲、吴政上主编：《傅斯年遗札》第1卷，台北"中央研究院"历史语言研究所2011年版，第43页。

即是和老胡同在巴黎住了三星期，谈了无数有趣味的事"①。胡适在1926年9月1日日记中写道："傅孟真来，我们畅谈。……晚上还是大谈。"② "我们两人同住一个地方，白天在巴黎的国家图书馆看敦煌的卷子，晚上到中国馆子吃饭，夜间每每谈到一两点钟。现在回忆起当时一段生活，实在是很值得纪念的。"③

关于二人当时的交谈内容，胡适晚年回忆傅斯年曾对他说："中国一切文学都是从民间来的，同时每一种文学都经过一种生、老、病、死的状态。从民间起来的时候是'生'，然后像人的一生一样，由壮年而老年而死亡。'"胡适认为"这个观念，影响我个人很大。"④ 另外，傅斯年还谈到"民间文学有四个时期"⑤。

胡适巴黎之行的目的主要在于调查敦煌文书中的禅宗材料，傅斯年《巴黎、罗马、那波里行旅补记》记载他到巴黎的前几天曾与胡适有深入畅谈，"后来他就秩叙的去读书，这谈遂不如从先之专一了"⑥。胡适去法国国家图书馆不到三天即找到 P.3488《菩提达摩南宗定是非论》，过了几天又发现几件与神会相关的文书。

胡适查阅法藏敦煌文书的同时，傅斯年也应在该图书馆抄录敦煌文书并写阅读笔记，即该笔记中的《巴黎燉煌写本集读记》。傅斯年在《巴黎燉煌写本集读记》中提及，"此图书馆，我去三次"。根据胡适日记，9月8日，傅斯年查阅过敦煌文书《碎金》，"傅孟真见一卷子——是此书全本"⑦。据《巴黎燉煌写本集读记》，傅斯年记录的敦煌文书有16件，分别为：P.2643《古文尚书第五》、P.3016《天兴七年于阗回礼使寿昌县令索子全状》等及背面、P.2569《春秋后语》等及背面、P.3077 藏文《普贤行愿王经疏释》及背面、P.2717《字宝碎金残卷》、P.3152《淳化三年

① 罗久芳编著：《文墨风华：罗家伦珍藏师友书简》，北方文艺出版社2014年版，第277页。
② 曹伯言整理：《胡适日记全集》第4册，台北：联经出版公司2004年版，第375页。
③ 胡适：《治学方法》，载《胡适全集》第20卷，安徽教育出版社2003年版，第682页。
④ 胡适：《傅孟真先生的思想》，载《胡适讲演集》第2册，台北：远流出版事业股份有限公司1986年版，第57页。
⑤ 胡适：《中国文学过去与来路》，载《胡适全集》第12卷，安徽教育出版社2003年版，第221页。
⑥ "秩叙"为笔记原文。下文傅斯年日记中的"黄君迫学马雀，一知壶法"，亦是傅氏的写法。
⑦ 曹伯言整理：《胡适日记全集》第4册，第399页。

（992）八月陈守定请陈僧正等为故都押衙七七追念设供疏》①、P.2710
《蒙求》、P.2709《赐张淮深收瓜州敕》、P.2639《老子道德经残卷》、
P.2762《敕河西节度兵部尚书张公德政之碑》（仅抄目录）、P.3078《散
颁刑部格卷》、P.2847《李陵苏武往还书》（抄录内容实为 P.2498《李陵
苏武往还书》）、P.2913v《张淮深墓志铭》等、P.2212、P.2204、P.2225
（此三件为佛教文献）。由上可见，傅斯年查阅的敦煌文书主要集中于四部
书及社会经济类文书，对佛经关注不多。如 P.2212、P.2204、P.2225，
仅在卷号后说明此三件文书为佛卷，而未抄录内容。对于 P.2639，提到正
面《道德经》的起止，对背面则记录"反面为佛教之书，未及细读"。他
除抄录汉文文书外，还抄有 P.3077（P.tib.151）中的藏文题记。

（三）1926 年 9 月 26 日乘船归国

自 9 月 1 日起，傅斯年在巴黎住了 22 天，9 月 22 日晚离开巴黎。② 9
月 26 日于意大利乘船归国，乘船之前游览了罗马等地。傅斯年在与罗家
伦的信中写道："船由意大利开，所以我竟逛了罗马、拿波里与邦贝故
城。③ 船走了三十多天，方到上海。"④ 归国途中经过埃及塞得港（port
said）、斯里兰卡科伦坡等地。傅斯年在船上补写了《巴黎、罗马、那波里
行旅补记》，并写作《航行日记》。

三　从笔记看傅斯年其人

胡适曾用十四个"最"字评价傅斯年，认为他是"人间一个最稀有的
天才。他的记忆力最强，理解力也最强。他能做最细密的绣花针工夫，他
又有最大胆的大刀阔斧本领。他是最能做学问的学人……他的情感是最有
热力，往往带有爆炸性的"⑤。此评价虽带有强烈的感情色彩，也反映出傅

---

① 傅斯年误抄为 3192。
② 曹伯言整理：《胡适日记全集》第 4 册，第 473 页。
③ 拿波里即那不勒斯（Napoli），邦贝即庞贝（Pompeii）。
④ 罗久芳编著：《文墨风华：罗家伦珍藏师友书简》，第 277 页。
⑤ 胡适：《〈傅孟真先生遗著〉序》，载《胡适全集》第 20 卷，第 695 页。

斯年出色的学术能力和率真的性情。该笔记是傅斯年30岁时所写，从这本敦煌文书阅读笔记中，可以看出傅斯年整理文献的方法和敏锐的学术洞察力；其中的日记也是傅斯年感情的直接流露。通过考察笔记内容，可了解傅斯年的学术能力与心路历程。

（一）细密的功夫

在搜集敦煌文书的方式中，摄影可最大限度地保留文书内容，其次才为抄录。因资金有限，傅斯年主要是抄录敦煌文书。其记录方式也不相同，有的是全文抄录或摹写、有的是抄录起止行并叙述中间部分的内容、有的是抄录文书的法文目录、有的仅用简单的文字概述文书内容。其中完整抄录的有 P. 2709、P. 3077v 及 P. 3152，主要因为这三件文书字数较少。对于 P. 2709《赐张淮深收瓜州敕》，采用摹写的方式，与原件相似度较高；对于 P. 3077v，傅斯年抄录了文字部分，并摹写了文书前端残缺的情形，较清晰地记录了文书缺字或残字的情况。

除上述 3 件文书外，傅斯年多抄录文书起止行的文字，或者抄录主要内容。如 P. 2643《古文尚书第五》，傅斯年先记录该文书编号 2643，在数字下注名《古文尚书第×》，旁记"起盘庚上，如下"，即摹写该文书前三行，再记"迄微子之命之末"。

为反映文书原貌，他尽可能详细描述文书状况，如 P. 3016 中出现了印文"寿昌县印"，他记录了印文位置，"方印右至伏维之下，上至大夫二字间，下至子全状之间，左至卷接处。"

因敦煌文书基本为手写本，存在俗体字、异体字以及错别字等情况，从而影响文字释录。根据《巴黎燉煌写本集读记》，可知傅斯年录文准确率非常高，有些释录可为一家之说，如将 P. 3016 中第 7 行"兆𤣥南山"释为"兆狁南山"。对于一些异体字，傅斯年则据实抄录。如 P. 3016《天兴七年（956）十一月于阗回礼使索子全状》第 4 行，"睿泽天波共同"中的"睿"，傅斯年抄为"叡"；第 48 行"索子全"中的"子全"为花押，傅斯年摹写为"全"。

当然，傅斯年虽然有深厚的旧学功底，但其录文也有个别误录及漏写的情况。如 P. 3016《天兴七年（956）十一月于阗回礼使索子全状》第 7 行"帖然皎靖"，他将"皎"误抄为"皓"；第 16 行为"朝之臣节为"，傅斯年抄本"臣"后漏一"节"字。

（二）深刻的理解力

傅斯年阅读的敦煌文书均有残缺，对于残损的文字，则尽量根据上下文或文意补正，如 P. 3077v"大回鹘国主平李氏"中的"主"字残缺，傅斯年在该字下批注"广字"，应根据广平为李氏郡望所补。此文书末行为"右骨仑小失父母兄弟乐在向北回鹘手。"傅斯年在"乐"字左侧批注"落之伪也?"

除文字释读外，傅斯年还对文书性质、顺序及文书反映的历史进行了初步探索。如对于 P. 2709，傅斯年认为"此必当时皇帝手写文也。一查出张淮深为何，一帝时人则知是谁写者"。

P. 2913 背面的《张淮深墓志铭》记录了张淮深祖父及父亲的姓名、张淮深的官职及逝世年代。对于张淮深之死，傅斯年提到"盖诛死也。待考"。他应注意到墓志铭中的"公以大顺元年二月廿二日殒毙于本郡……葬于漠高乡漠高里之南原，礼也。兼夫人颍川郡陈氏，六子：长曰延晖……并连坟一茔。……其铭曰：……政不遇期。竖牛作孽，君主见欺。殒不以道，天胡鉴之?"[1] 目前可知张淮深及其六子死于政变，"张淮鼎取代了堂兄淮深，自立为节度使，他很可能是这场政变的幕后主谋，利用张淮深与其庶子之间的矛盾，怂恿张延思兄弟发动政变"[2]。傅斯年虽未详细考察政变的过程，但已敏锐察觉张淮深死于非命。

（三）强烈的爱国情怀

1942 年 12 月，傅斯年在大病之后，回到李庄史语所，给胡适的信说："病中想来，我之性格，虽有长有短，而实在是一个爱国之人。"[3] 傅斯年的这种爱国之情，在学术上表现为高呼"我们要科学的东方学之正统在中国!"[4] 这种民族感情在该笔记中的《航行日记》中也有体现。回国途中，

---

① 录文参考冯培红《敦煌的归义军时代》，甘肃教育出版社 2013 年版，第 159 页。
② 冯培红：《敦煌的归义军时代》，第 165 页。
③ 欧阳哲生编：《傅斯年文集》第 7 册，中华书局 2017 年版，第 326 页。
④ 傅斯年：《历史语言研究所工作之旨趣》，《"中央研究院"历史语言研究所集刊》第 1 本第 1 分，1928 年，第 10 页。

傅斯年不能忍受西方人谈论中国的不好。"闻丹麦人 Mosoin 对二德国人（我一与之熟、一与之略谈过）大谈印度不成。我已觉不怿，后又闻他谈上海……最不行……行刑……一支烟卷……等等。"傅斯年一定要加入他们的谈话，但大家说话没有间断，傅斯年不能重提他们说的上海之事。第二天，傅斯年找丹麦人聊天，询问上海行刑的情景，并向他解释上海不应有砍头的行刑方式，"如此刑法虽今日以政治紊乱之故，远道容须尚偶然有此，而如上海则甚不能想象其有。盖自民国来，军刑以枪、民刑以绞机也。"并说"外国人关于中国事之宣传，纯带浓色彩"。

归国途中，傅斯年参观了科伦坡的佛寺，由此产生感慨，认为"这个庙太欧化了。……盖欧洲人之商化加上本地人的文化而成。此最可厌物也"。对于中国艺术，傅斯年感慨"中国人在历史上累次证明他是一个伟大的艺术民族。佛教艺术自中央亚细亚入中国后不久即生世界绝大艺术之一'唐艺术'……到了宋朝的艺术更纯粹按照中国人的风趣嗜尚思想、感觉而为之，即在纯粹的佛艺术也。这样一放神思之独立，遂使汉土艺术成世间寥寥几个最大艺术之一个。大哉天汉，永寿斯文"。同时，他又不满于当时的中国艺术，"然而现在的汉土则何有者，一方面则固有之艺术以不能吸收以开生面，而已经死了；一方面则'出新'者无神思力量，犹哥仑布佛寺之为殖民地艺术也"。

（四）对浪费光阴的自责

1926 年 9 月 5 日，胡适在日记中评价傅斯年"这几天与孟真谈，虽感觉愉快，然未免同时感觉失望。孟真颇颓放，远不如颉刚之勤"[①]。傅斯年对罗家伦说起与胡适相处的情形，"他骂我，我也不曾让了他"[②]，或许指胡适批评傅斯年"颓放"。《巴黎燉煌写本集读记》中，傅斯年记述当时阅读敦煌文书的情形，"此图书馆，我去三次，实在所看书时间不及一日半，抄成上写各事。甚愧。此次居巴黎二十二日，未曾利用时光于读燉煌，亦未游览。非谈即懒，何以为容。回国后必设法去读京师图书馆存本，更必设法与颉刚重到欧洲一读之"。可见，傅斯年意识到自己的缺点，

---

①　曹伯言整理：《胡适日记全集》第 4 册，第 383 页。
②　罗久芳编著：《文墨风华：罗家伦珍藏师友书简》，第 277 页。

并颇为自责。

归国途中，傅斯年的生活基本为读书和打牌。他在途中读了不少书，如简·奥斯汀的《艾玛》、詹姆斯·沃森·杰勒德的《我在德国的四年》、丹麦人奥托·叶斯柏森的《语法哲学》等。傅斯年在 9 月 15 日的日记中也提到一位外国船员"惊我读书多，甚觉惭也"。除读书外，下棋、打麻将是他途中的重要娱乐方式。与傅斯年同船的还有三位中国人，他们常一块打麻将。在此之前，傅斯年并不会打麻将，一旦学会后就乐此不疲，这很有可能从而耽误了读书时间，对此产生愧疚感，这种自责常流露于日记之中。如傅斯年于 9 月 26 日上午上船，"十月一日晨零时三刻抵 Port Said。……这几天中未曾利用时光，只下了好些棋，深悔"。10 月 1 日"几乎尽日下棋"。3 日"黄君迫学马雀，一知壶法，乃大好之"。4 日，"是日几乎打了一天牌"。8 日"午饭后又打麻雀至茶时，茶后写日记并略看 Jespersen 数页书。晚上又打麻雀，记过一次"。"十五日晨起稍看了些消遣书，即发愿写一篇制汉语法之提议。不幸午饭过后到茶前又打麻雀牌。"对于博弈类游戏，有研究者认为：这类"游戏本身产生有强烈的刺激性。……参与者沉迷于其周而复始的单调模式之中"①。此次旅途中，面对棋牌的吸引，傅斯年乐于其中，也有所追悔。

四　调查敦煌文书对傅斯年学术的影响

目前可知，早在 1921 年傅斯年就已见到敦煌文书。1920 年，蔡元培赴欧美大学教育及学术机关研究状况，次年 5 月 10 日，曾带领刘半农、傅斯年参观大英博物馆，"访齐勒君（Giles），见示敦煌石室中所得古写本。有切韵四卷，小公主信一纸，唐时历本二叶"②。当时傅斯年的关注点并不是中国文史，而是心理学以及物理学等自然科学。1920 年 8 月 1 日，傅斯年写信给胡适，感叹在北京大学六年"一误于预科乙部，再误于文科

---

① 丛振：《敦煌游艺文化研究》，中国社会科学出版社 2019 年版，第 171 页。
② 中国蔡元培研究会编：《蔡元培全集》第 16 卷《日记（1913—1936）》，浙江教育出版社 1998 年版，第 133 页。

国文门"，并计划"此后当专致力于心理学，以此终身"①。"这种心态留欧期间大概没有大改变。"② 至于这些英藏敦煌文书对傅斯年产生多大影响，我们不得而知。结合《巴黎燉煌写本集读记》以及傅斯年归国后的讲义、制定的历史语言研究所的规划，可以发现 1926 年在巴黎阅读的敦煌文书成为傅斯年归国后的教学资源、影响了历史语言研究所的建制。

（一）敦煌文书是其讲授课程的材料

1926 年 12 月，傅斯年接受朱家骅邀请，赴中山大学任教，任文学院长与国文、历史两系主任，开设《中国古代文学史》《尚书》《陶渊明诗》《心理学》等课程。《中国古代文学史讲义》也多次引用 1926 年查阅的敦煌文书。

傅斯年《论伏生所传书二十八篇之成分》认为解决《尚书》的问题较为困难，"今虽有敦煌写本残卷使我们上溯到隶古定本，又有汉魏石经残字使我们略见今古文原来面目之一勺……然如但顾持此区区可得之材料，以解决《尚书》问题之大部分，颇为不可能之事"③。《巴黎燉煌写本集读记》中第一件敦煌文书即为 P. 2643《古文尚书第五》，傅斯年抄录文书题记之后，接着写到"此卷甚多奇字，远比东汉魏晋以来刻文难认，岂东晋以后之所为谓古文尚书者，如是写以流传耶。待与唐石经一较"。

《五言诗之起源》的第二部分为《论五言诗不起于李陵》，傅斯年认为"李陵故事流传之长久及普遍，至今可以想见，而就这物事为题目的文学出产品，当然不少的（一个民间故事，即是一个民间文学出产品）。即如苏、李往来书，敦煌石室出了好几首，其中有一个苏武是大骂李陵（已是故事的伦理化）。有一条骂他智不如孙权"④。傅斯年在《巴黎燉煌写本集读记》已有感慨"此卷甚有趣，乃李陵劝降苏武答责以六大罪也。陵书有云'将黄石公之略，尽孙权之计'"。

傅斯年在北京大学讲授《史学方法导论》，强调"史料的发见，足以

---

① 王汎森、潘光哲、吴政上主编：《傅斯年遗札》第 1 卷，第 16 页。
② 杜正胜：《无中生有的志业：傅斯无的史学革命与史语所的创立》，《古今论衡》1998 年第 1 期。
③ 傅斯年：《中国古代文学史讲义》，上海三联书店 2017 年版，第 68—69 页。
④ 傅斯年：《中国古代文学史讲义》，第 206—207 页。

促成史学之进步，而史学之进步，最赖史料之增加"①。"近来出土之直接史料，足以凭借着校正或补苴史传者。例如敦煌卷子中之杂件，颇有些是当时的笺帖杂记之类，或地方上的记载，这些真是最好的史料。"②傅斯年所说的笺帖杂记应包括笔记中的 P. 3016《天兴七年于阗回礼使寿昌县令索子全状》、P. 3152《淳化三年（992）八月陈守定请陈僧正等为故都押衙七七追念设供疏》等文书。

（二）重视敦煌文献研究

1928 年 5 月，傅斯年在《历史语言研究所工作之旨趣》一文中已强调敦煌文献的价值，"到了现在，不特不能去扩张材料，去学曹操设'发冢校尉'，求出一部古史于地下遗物，就是'自然'送给我们的出土的物事，以及燉煌石藏、内阁档案，还由他毁坏了好多，剩下的流传海外，京师图书馆所存摩尼经典等良籍，还复任其搁置，一面则谈整理国故者人多如鲫，这样焉能进步？"③可见"作为史语所领导人的傅斯年，在创所之初就提出尽一切办法搜集、扩张材料的立所宗旨，因此，自然而然将作为新材料的敦煌写卷尤其是北图藏卷视为重要研究对象"④。

1928 年夏，"大约八九月间，傅斯年在上海与陈寅恪碰面，商讨史语所筹建事宜，在陈寅恪的建议下，才有'请陈援庵先生在所中组织"敦煌材料研究"一组'事"⑤。至于何人首倡将"敦煌材料研究"单独设为一组尚不明确，但至少可以知傅斯年加强了对敦煌材料的重视。

1928 年 10 月 23 日，中央研究院历史语言研究所正式成立。1929 年 6 月，史语所迁至北京，机构也进行了调整，合并为史学、语言学与考古学三组，第一组从事史学及文籍校订等；第二组从事语言学及民间文艺等研究；第三组从事考古学、人类学、民民族学研究。第一组的主要工作三

① 傅斯年：《史学方法导论》，第 116 页。

② 傅斯年：《史学方法导论》，第 115—116 页。

③ 傅斯年：《历史语言研究所工作之旨趣》，《"中央研究院"历史语言研究所集刊》第 1 本第 1 分，1928 年，第 6 页。

④ 宋翔：《现代敦煌学研究机构的一次尝试——"敦煌材料组"史事钩沉》，刘进宝主编《丝路文明》第 3 辑，上海古籍出版社 2018 年版，第 248 页。

⑤ 宋翔：《现代敦煌学研究机构的一次尝试——"敦煌材料组"史事钩沉》，刘进宝主编《丝路文明》第 3 辑，第 240 页。

项，"一、编定藏文籍、敦煌卷子、金石书等目录。二、整理明清内阁大库档案。三、研究历史上各项问题"①。

史语所第一组"以甲骨文、金文为研究上古史的研究对象；以敦煌材料及其他中央亚细亚近年出现之材料，为研究中古史的对象；以明清档案为研究近代史的对象"②。但敦煌材料分散于英、法等国，大部分未经整理，傅斯年在史语所第十七年度报告中指出"手抄影照者，亦多非系统工作；即就巴黎草目论，误处缺处犹多，其他更去整理就绪远矣"③。因此他把编制敦煌文书目录作为敦煌研究的重要任务。

傅斯年在查阅敦煌文献的过程中参考了伯希和编制的目录。1908 年，伯希和劫取敦煌文书，"返回法国后，即已开始着手进行敦煌文献的编目工作"④。1920 年，曾编制所获部分敦煌写本目录，目录内容为 P. 2001 至 P. 3511。傅斯年所查阅的敦煌文书均在此编号之内，其中整段抄写 P. 2717、P. 2762 的法文目录，对于 P. 2710 亦标明"目录云：此书日本当存"。傅斯年非常认同伯希和编制敦煌文书目录之举。1935 年，傅斯年作《论伯希和教授》一文，力为劫取敦煌文书的伯希和辩护，其中一条为"巴黎所藏，早经伯君编目，公开阅览，学人便之。伦敦及印度所藏，至今不出目录，观览亦复不易"⑤。

1925 年，陈垣先生将北平图书馆所藏敦煌文书目录编为《敦煌劫余录》⑥，但未刊印。1929 年春，史语所邀请陈垣编纂敦煌文书目录，于是陈垣"重理旧稿，删其复出，补其漏载，正其误考"⑦，1930 年春完成。作为历史语言研究所专刊刊行。1931 年 3 月，作为中央研究院历史语言研

① 傅斯年：《国立"中央研究院"历史语言研究所十七年度报告》，载欧阳哲生编《傅斯年文集》第 4 册，中华书局 2017 年版，第 19 页。

② 傅斯年：《国立"中央研究院"历史语言研究所十七年度报告》，载欧阳哲生编《傅斯年文集》第 4 册，第 19 页。

③ 傅斯年：《国立"中央研究院"历史语言研究所十七年度报告》，载欧阳哲生编《傅斯年文集》第 4 册，第 17 页。

④ 郑阿财：《二十世纪敦煌学的回顾与展望——法国篇》，《汉学研究通讯》第 20 卷第 3 期，2001 年，第 53 页。

⑤ 傅斯年：《论伯希和教授》，载欧阳哲生编《傅斯年文集》第 5 册，中华书局 2017 年版，第 500 页。

⑥ 黄晓燕：《敦煌经籍辑存会研究》，《大学图书馆学报》2011 年第 3 期。

⑦ 陈垣：《〈敦煌劫余录〉序》，载黄永武主编《敦煌丛刊初集》第 3 册，新文丰出版公司 1986 年版，第 12 页。

究所专刊第四种出版。"长期以来,《敦煌劫余录》一直是学界了解国图藏敦煌遗书的主要工具。……直到本世纪初,方广锠等新编的'条记目录'陆续随图录《国家图书馆藏敦煌遗书》出版,国图藏卷才有了更为详细的目录。《敦煌劫余录》七十余年行用不衰。"①

余 论

《巴黎燉煌写本集读记》是 1926 年傅斯年归国前夕于法国国家图书馆阅读敦煌文书的笔记。傅斯年查阅敦煌文书源于傅斯年与胡适约定在巴黎相见,1926 年 9 月 1—22 日住于巴黎,与胡适畅谈学术、查阅敦煌写卷。傅斯年共去法国国家图书馆三次,查阅敦煌文书。对于敦煌文书,他采用抄录与摹写的方式,大多未完整抄录文书内容。傅斯年阅读敦煌文书后,多写下阅读心得。这些敦煌文书成为傅斯年归国后讲授课程的材料。傅斯年成立史语所后也极为重视敦煌材料,将敦煌材料及其他中央亚细亚新发现的材料作为研究中国中古史的研究对象。傅斯年认同伯希和编制敦煌文书目录之举,加之敦煌文书收藏分散、未能系统影印,于是将编制敦煌文书目录作为敦煌研究的重要任务。在史语所的推动下,《敦煌劫余录》作为"中央研究院"历史语言研究所专刊第四种出版。

---

① 刘波:《国家图书馆与敦煌学》,博士学位论文,河北师范大学,2013 年,第 47—48 页。

·研究综述·

20 年来的运河学研究[*]

罗衍军[**]

运河学研究主要以隋唐时期的大运河与元明清以来的京杭大运河及其区域社会为研究对象，以运河水利工程、运河区域社会经济变迁、运河文化等为主要研究内容。20 年来，学术界在运河学研究领域从分散到系统、由线到面，发表了一批颇具新意的研究成果。本文以 1990 年以来所刊发的运河学研究论文为主要考察文本，概其要者，主要有以下几个方面。

一 运河沿革与治理

运河沿革与治理，无疑是运河学研究的主体内容，此领域 1990 年以来受到学术界的持续关注。

张强对运河学研究的范围和对象进行了阐述，他认为"运河"称谓的出现下限应在公元 1060 年之前，运河学实际上是一门以运河为基本研究对象的学问，通过研究运河与政治、经济、文化、交通、城市等的关系，从而充分认识运河在历史进程中的价值以及它对中国社会各个层面的影响。具体而言，运河学研究主要包括十个方面。（一）运河在不同历史时

---

[*] 本文原刊于《地方文化研究》2015 年第 6 期。

[**] 罗衍军（1977— ），山东郓城人，历史学博士，聊城大学运河学研究院教授、硕士生导师，主要研究方向为运河区域社会史、乡村社会变迁史。

期、不同地区开挖的历史。（二）运河与古代交通的关系。（三）运河与古代城市的关系。（四）运河与古代政治的关系。（五）运河与漕运的关系。（六）运河与经济、人口的关系。（七）运河与传统文化的关系。（八）运河与中外交流的关系。（九）运河沿岸的物质文化与非物质文化遗产。（十）运河与自然水系、区域地理及环境的关系。他主张将运河河道的演变划分为六个阶段进行研究：第一阶段为中国运河开挖的发生期，上限可上溯到史前传说时代，下限至秦统一六国之前；第二阶段为关中运河、中原运河开挖的展开期，时间集中于两汉；第三阶段为中原、华北运河及江淮运河的开挖期，时间集中在三国、两晋、南北朝；第四阶段为运河形成贯穿全国的水上运输能力的整合期，时间为隋唐；第五阶段为中原运河与江南运河整修期，时间为两宋；第六阶段为京杭大运河期，时间为元明清三代。[①] 从而对运河学研究的范围和对象进行了较为清晰全面的界定。

曾谦对隋唐时期的洛阳漕粮运输进行了考察，并将之与粮仓变易联系起来。[②] 于宝航、田常楠对运河各类航船的通行次序进行了探究，认为在明代运河的一些易拥堵的航段，在制度上和实际上形成了贡舟先行，漕舟次之，官舟再次之，民舟又次之的通航次序。此种根源于封建等级制度的通航次序将民间船只边缘化，使南北方的商品运输依附于带有官方色彩的各类船只[③]，揭示出运河航船通行的官民不平等性。

王元林、孟昭锋对引汶（水）济运措施进行了考察，认为此一措施虽保障了运河航道的畅通，但人为地引起了汶水河道的变迁，影响了汶河沿线的农业生产，增加了汶水下游发生洪涝灾害的可能性，并刺激了汶水等相关水神庙宇的建立。[④]

李德楠对明清时期的黄运治理多有思考，他认为明万历后期开辟的迦河，有效地避开了徐州段黄河、二洪（徐州洪、吕梁洪）之险，有利于漕运的畅通，而且城镇的更替于国家利益无损，无论是徐州的衰落抑或台儿

① 张强：《运河学研究的范围与对象》，《江苏社会科学》2010 年第 5 期。
② 曾谦：《隋唐洛阳运河体系与漕粮运输》，《农业考古》2013 年第 1 期。
③ 于宝航、田常楠：《明代运河的通航次序与钞关税收》，《辽宁师范大学学报》（社会科学版）2013 年第 3 期。
④ 王元林、孟昭锋：《元明清时期引汉济运及其影响》，《人民黄河》2009 年第 4 期。

庄的兴起，不过是运河城镇位置的变动而已；从地方城镇利益的角度而言，河道变迁是其自身发展机遇的重要转折，影响深远。国家大型公共工程建设在取得总体效益的同时，总是伴随着局部利益的得失，工程建设或多或少会牺牲局部地区的利益①，从而对运河治理过程中国家与地方利益的复杂关联进行了新的思考。对于清代的河工物料的采办问题，他指出黄运河工作为国家主导的大型公共工程，政府设立了专门的管理机构，制定了相应的规章制度，严格限定物料采办期限，以不违背植物生长时令及确保河工顺利进行。此外还通过跨区域的行政措施，进行物料的整合调配。这些举措凸显了国家政权在公共工程中的主导地位。但因吏治腐败、自然灾害等原因，物料征办在确保地方社会发展的同时，亦带来了一定的负面影响②，凸显出运河治理积极作用与消极影响的错综交织。这些观点，无疑推动了运河治理研究的深入。

林吉玲对康熙、乾隆时期的南巡进行了考察，认为康熙、乾隆沿运河六巡江南，主要意图是加强清政府对运河以及江南地区的统治。但由于所处时间、政治、经济等状况的不同，二者所进行的南巡在历史上所起的作用也不同，前者南巡促进了东南地区社会的发展和稳定；后者的南巡则加重了封建政风的败坏、激化了阶级矛盾，清朝从此由盛转衰。③ 通过这一考察，彰显出因时代环境的歧义，同一国家举措所产生的迥然相异的后果。

吴欣对明清时期漕运法规的变革进行了考察，认为明清时期漕运法规的严格，既是明清社会政治变革、经济发展的必然结果，亦反映了立法与执法之间的矛盾。④ 王频从多个方面探讨了清代运河衰落的原因，指出有清一代大运河之衰落，既与自身地理环境的严重制约、运河治理的失当密切相关，亦缘于河政之腐败与太平天国运动之危害。⑤

① 李德楠：《国家运道与地方城镇：明代洳河的开凿及其影响》，《东岳论丛》2009 年第12 期。

② 李德楠：《清代河工物料的采办及其社会影响》，《中州学刊》2010 年第5 期。

③ 林吉玲：《康乾南巡及其对运河区域的影响》，《山东师大学报》（社会科学版）2000 年第5 期。

④ 吴欣：《"通漕"与"变漕"——明清漕运法规变革研究》，《山东师范大学学报》（人文社会科学版）2009 年第3 期。

⑤ 王频：《清代运河衰落原因论析》，《淮阴师范学院学报》2008 年第3 期。

可知，20 年来，学者对运河沿革与治理多所阐述，对运河学研究范围和对象、漕粮运输、治运法规、治运措施等均进行了深入的考察，这对于学术界进一步探究运河的沿革与治理，无疑具有重要的借鉴作用。

二 运河与区域社会经济嬗变

京杭运河与区域社会经济的变迁具有密切的关联，在这方面学界多有阐述。

曹家齐将两宋时期国势兴衰与运河运行相联系，指出两宋立国均仰赖于运河。北宋定都无险可守之汴京，与运河漕运之便利有紧密关系，运河对维持"强干弱枝"的立国之势起了重要作用。而运河漕运之阻滞，亦成为北宋亡国的重要原因。南宋之所以将国都定于临安，运河也是重要条件。江南运河对各地财赋之转输、政令布达之通杨，以及沿岸地区之繁荣至关重要，成为南宋政权赖以存在的基础，浙东运河又成为对外贸易获取商税的重要通道。① 孙秋燕以京杭运河给山东东昌府带来的经济繁荣为例，说明京杭运河的贯通对经济发展的巨大带动作用。②

运河的贯通对明清时期区域农业的发展具有重要影响。陈冬生阐述了明代运河南北地区农耕生产技术的发展，认为其集中体现了我国传统农业集约经营、精耕细作的显著特点③，运河地区经济作物的种植发展，促进了社会经济的发展与变化。④ 吴滔从清代时人的笔记入手，从生活、生产、商贸、人际交往等方面阐述了江南地区水运的作用。⑤

为了保证漕船的顺利通行，明清政府采取了严格的保水济运措施，因而与该流域的民田灌溉在对水利资源的利用方面产生冲突。如何认识漕运

---

① 曹家齐：《运河与两宋国计论略》，《徐州师范大学学报》（哲学社会科学版）2001 年第 2 期。

② 孙秋燕：《京杭运河与明代经济》，《菏泽学院学报》2006 年第 1 期。

③ 陈冬生：《明代运河南北地区农耕生产技术发展述论》，《东岳论丛》2003 年第 2 期。

④ 陈冬生：《明清山东运河地区经济作物种植发展述论——以棉花、烟草、果木的经营为例》，《东岳论丛》1998 年第 1 期。

⑤ 吴滔：《清代日记所见江南地区的水运》，《华北水利水电学院学报》（社会科学版）2011 年第 1 期。

与区域水利、农业发展的关系，是运河学研究中一个相当重要的问题。在这方面学术界经过深入探究，提出了颇具新意的看法，吴琦、杨露春认为在清代山东漕河与民田的水利之争中，国家从漕务利益和全局利益出发考虑，当漕河与民田因为争水而产生矛盾时，势必以牺牲地方利益和农业利益为代价。而对于地方来说，民田灌溉关系着区域农业收成和民众的生计，也关系着地方官员的政绩仕途，因此即使在国家明令禁止不准侵害漕运水利的情况下，地方为了保证农业收成而不得不采取一些趋利避害的措施，同漕河争夺华北本即有限的水利资源①。这样，在中央与地方、漕运与农业之间便不时呈现出内在张力。

大运河的贯通及河运的发展，无疑对运河区域城市的发展具有相当影响，一批沿线城镇因河而兴，其经济、文化等地位大为提升，成为"运河城市"。王明德从总体上概述了大运河与沿线城市的双向互助关系，认为一方面，大运河影响城市的兴衰变化，影响城市的规模与等级、性质与结构以及其分布和体系；另一方面，运河城市也影响着大运河和运河体系的发育，影响着运河网络结构的改变和功能的发挥，推动运河开凿技术的提高和运河管理制度的完善。② 王云将关注重心聚焦于山东运河区域，阐明此一区域明清时期社会变迁的历史趋势与特点，剖析运河盛衰与区域社会变迁的内在关联，认为山东运河区域的社会变迁经历了一个从荒僻到繁荣、又渐渐沉寂的类似马鞍形的过程。其特点为社会变迁的动力主要来自交通环境改善与漕运政策等外部因素；以开放的态势吸纳融汇各区域物质文化精华；濒河城镇与运河腹地社会发展的不平衡。③ 邢淑芳以临清为中心，探析运河与区域社会变迁的关系：明代南北大运河贯通后，临清成为运河沿岸最重要的粮食转运枢纽和朝廷最重要的税收来源地之一，一跃成为运河沿岸最繁华的工商业城市之一。临清市民（主要包括手工业者和商人）的思想观念和社会风气亦相应发生巨大变化。④ 郑民德以张秋镇为例，剖析了运河交通对明清时期区域社会发展的带动作用，明清时期山东运河

---

① 吴琦、杨露春：《保水济运与民田灌溉——利益冲突下的清代山东漕河水利之争》，《东岳论丛》2009 年第 2 期。

② 王明德：《大运河与中国古代运河城市的双向互动》，《求索》2009 年第 2 期。

③ 王云：《明清山东运河区域社会变迁的历史趋势及特点》，《东岳论丛》2008 年第 3 期。

④ 邢淑芳：《古代运河与临清经济》，《聊城师范学院学报》（哲学社会科学版）1994 年第 2 期。

区域的生产力发展水平并无实质性的重大突破，促使这一区域发展的原因，主要归结于这一时期山东运河区域城乡市场网络的形成与市场机制的完善。一旦这种地理优势丧失与市场网络遭到破坏，运河城镇便失去了赖以生存与发展的基础与条件，其衰败也就成了历史的必然。① 伴随运河漕运和民间商运的繁荣，服务业成为运河城镇居民职业构成的重要内容，体现着运河城镇行业构成的特色，并成为运河城镇的一项重要产业。服务业与其他行业形成良性互动，其兴衰亦与运河城镇的变迁息息相关。② 孙竞昊将关注重心放在运河衰落后区域社会的转型历程，在 19 世纪下半叶，随着漕运的败落、清朝中央集权的式微和东部沿海以西方因素为导引的工商业的崛起和扩张，济宁同整个北方内陆运河地区一起急剧衰退，并在山东乃至全国经济的层级体系中迅速向边缘位置滑落。然而，与临清和其他内陆运河城市的命运不同的是，济宁作为一个城市个体并没有完全没落，而这正缘于清末济宁所进行的现代转型。清末时期济宁通过现代转型以阻止边缘化的特殊经历以及当地精英的活动，充分展现了当地人士在兴建新式交通运输系统、调整地方经济取向和城市功能的努力。③

学界在考察运河与区域社会经济嬗变时，既注意到对沿线城市发展的带动作用、对区域经济的积极作用，又注意到国家利益与区域社会利益的差异性，关注到运河对农业发展的消极影响，注重从区域社会与运河的互动关系中进行考察。但对于运河对江北江南区域影响的异同性、运河区域城乡的比较研究等方面，还有不少进一步探究的空间。

三　运河区域文化、习俗等嬗变

与社会经济变动相生相随，运河区域的文化、习俗等亦经历了一个长期的嬗变历程。李泉深入考察了运河文化的内涵及其特点，认为运河文化

① 郑民德：《明清京杭运河城镇的历史变迁——基于张秋镇为视角的历史考察》，《中国名城》2012 年第 3 期。

② 杨轶男：《明清时期山东运河城镇的服务业——以临清为中心的考察》，《齐鲁学刊》2010 年第 4 期。

③ 孙竞昊：《清末济宁阻滞边缘化的现代转型》，《清华大学学报》（哲学社会科学版）2010 年第 1 期。

自隋唐以后形成，明清时期进入空前兴盛的阶段。运河河道及其独特的工程设施、城镇网络、河政管理机制、社会结构与产业结构、商业发展等方面的特点及运河区域民众的心理意识、宗教信仰、生活习俗等方面的趋同，是中国运河区域文化的基本表现形态。开放性与凝聚性的统一，流动性与稳定性的统一，多样性与一体性的统一，是运河文化的突出特点。① 研究运河文化的孕育、萌生、形成、兴盛的历史进程，是运河学研究的一个重要课题。② 从而注重对运河文化宏观把握与微观探究的有机统一，从多元视角阐释运河文化的嬗变轨迹。

　　运河区域水神信仰缘河而生，是区域官方与民间信仰的有机组成部分，引起了学者的浓厚兴趣。吴欣深入探究运河区域水神信仰的确立过程，阐释了信仰系统的不断"建构"过程，透视"正祀"与"杂祀"内在差异的生成机理。③ 胡梦飞以明清时期苏北运河沿线区域为中心，认为水神信仰盛行的主要缘由在于黄河水患、繁忙的漕运和频繁的河工，崇祀水神在成为明清国家治理黄运水患的重要手段以及黄运沿岸民众精神慰藉的同时，也使得苏北运河区域民间信仰呈现出多元化的发展趋势。④ 王云通过对明清时期山东运河区域金龙四大王崇拜的探究，阐明民间信仰的互相影响和交融，正是京杭运河贯通为山东运河区域带来的一种前所未有的社会文化现象。⑤ 王元林、褚福楼分析了国家祭祀视野下的金龙四大王信仰，认为国家祭祀中蕴含着等级关系，在传统的"天人感应"观念的影响下，皇帝拥有与神"沟通"的独特优势，而神灵的一再"显圣"也昭示皇帝的"天命"所在。国家以敕建庙宇、颁发匾额、赐予封号等祭祀方式祀神报功，祭祀也成为皇帝向民众施恩的工具。⑥ 吴欣探幽入微，探析了明清运河区域的信仰嬗变轨迹与其内在缘由：伴随着运河交通枢纽地位的丧失，天妃信仰、金龙四大王信仰等与水患相连的信仰也就失去了它存在的

① 李泉：《中国运河文化及其特点》，《聊城大学学报》（社会科学版）2008 年第 4 期。

② 李泉：《中国运河文化的形成及其演进》，《东岳论丛》2008 年第 3 期。

③ 吴欣：《明清山东运河区域"水神"研究》，《社会科学战线》2013 年第 9 期。

④ 胡梦飞：《明清时期苏北地区水神信仰的历史考察——以运河沿线区域为中心》，《江苏社会科学》2013 年第 3 期。

⑤ 王云：《明清时期山东运河区域的金龙四大王崇拜》，《民俗研究》2005 年第 2 期。

⑥ 王元林、褚福楼：《国家祭祀视野下的金龙四大王信仰》，《暨南学报》（哲学社会科学版）2009 年第 2 期。

现实意义，仅有的精神慰藉无法转化成现实生活中的实际需要，因此天妃、城隍信仰也随之失去了以往的地位。①

运河区域音乐、小说等文化的繁盛，与运河交通的联系，成为运河学研究领域的一个重要组成部分。张敏对山东枣庄的运河号子进行了一定考察，认为枣庄运河号子也称"粮米号子"，是明清两代官方漕运粮米使用的御封专用号子。其特点是豪气冲天，高亢有力、节奏明快、衬词衬腔运用巧妙，具有浓郁的地方特色，与当地戏曲——柳琴戏具有密切关系。②董国炎指出明清武侠小说起于运河流域，其决定原因是经济文化基础和社会政治与社会人口构成。③王志华通过对曹州牡丹文化的考察，指出曹州牡丹文化乃是运河文化带上中华传统"花"文化融汇轨迹的典型反映。④明清以来山东运河区域尚武与嗜酒之风的形成与流播的缘由何在？王云认为这很大程度上缘于此一区域日渐恶劣的自然环境、运河两岸众多驻兵与运军的滞留。嗜酒与尚武之风的盛行，反映了京杭运河给区域社会带来的深刻影响。⑤赵树好对近代基督教与运河区域民间信仰的碰撞融汇进行了阐释，指出基督教企图取代运河流经省份的传统习俗，有霸道的一面；但也有倡导抛弃陋俗，主张妇女解放等进步的一面。由于基督教借助强权闯入运河流经省份，并享有不平等条约赋予的种种特权，多数民众不愿接受其主张，因而对基督教改良社会习俗的成效不能估价太高。⑥王云、李泉描述了聊城山陕会馆戏楼墨记的主要内容并分析了其史料价值，指出聊城山陕会馆戏楼后台四壁墨记对于研究清末民初戏剧的发展演变、艺人的物质精神生活、南北戏剧文化交流、山陕商人的文化生活乃至鲁西的经济发展、节日习俗等，都提供了丰富而宝贵的材料。⑦

综上可见，学术界对运河区域文化、习俗的研究呈现出日益深入的趋向，涵括水神信仰、日常生活、音乐、文学、宗教等多个方面，这既反映了

① 吴欣：《正祀与杂祀：明清运河区域的民间信仰研究——以张秋镇为中心的历史人类学考察》，《聊城大学学报》（社会科学版）2009 年第 3 期。

② 张敏：《浅析台儿庄运河号子的艺术特点》，《音乐创作》2013 年第 7 期。

③ 董国炎：《武侠小说起于运河流域说》，《明清小说研究》2004 年第 4 期。

④ 王志华：《曹州牡丹文化特点与运河文化》，《菏泽师专学报》1998 年第 3 期。

⑤ 王云：《明清以来山东运河区域的嗜酒与尚武之风》，《东岳论丛》2009 年第 3 期。

⑥ 赵树好：《基督教与近代运河流经省份习俗变迁》，《东岳论丛》2009 年第 6 期。

⑦ 王云、李泉：《聊城山陕会馆戏楼墨记及其史料价值》，《文献》2004 年第 1 期。

运河文化本身多元共生的特征，又与学者研究视角的日益宽广息息相关。

四　运河区域家族、河工组织与帮会

学者对运河区域家族、河工组织、商会组织、帮会等的研究，关注重心在人类社会与运河的互动关系，这是运河学研究中不可或缺的重要一环。

马亮宽以聊城傅、杨家族为例，将家族史研究置于运河社会的背景之下，剖析明清时期运河与文化族群的互动关系。① 吴欣以明清时期东昌望族"阁老傅（傅以渐）""御史傅（傅光宅）"为考察中心，探讨运河区域社会的地方性特征与宗族社会组织发展、衰落之间的内在关联，揭示出宗族组织的内在发展脉络。② 她并在研究聊城运河区域宗族社会的基础上，将微观考察与宏观阐释相结合，对山东运河区域宗族社会的形成、发展、特点进行了深入考察。③

运河河工组织，无疑是运河水利治理和运河区域社会研究中所应予以关注的，但以往研究中，对相关问题研究的并不多。近年来，吴欣投身于相关领域的研究，她的《明清京杭运河河工组织研究》一文，以闸、浅、泉等河工组织为中心，探讨老人、小甲、闸官等组织管理形式的利与弊、延承与变革，以及形成这些变化的原因，指出这些河工组织形式的产生、变化与被革除，都是以保障漕运为前提的。④ 她对明清时期京杭运河的最基层河工组织——浅铺进行了深入的考察，认为浅铺实际同时具有两种性质，一种是解决运河淤浅问题的水利设置，是一个空间概念；另一种是由浅夫组成的从事挖浅的组织，是一个"群体"概念。空间意义上的浅铺与地方社会关系的建立促进了聚落的形成与发展，而组织层面的浅铺所承载的则是社会变革乃至民众生活的内容。当运河日渐断流之时，那些以疏浚

---

① 马亮宽：《明清聊城运河与文化族群兴衰——以傅、杨两家族为个案》，《聊城大学学报》（社会科学版）2008 年第 4 期。

② 吴欣：《明清京杭运河区域仕宦宗族的社会变迁——以聊城"阁老傅、御史傅"为中心》，《东岳论丛》2009 年第 5 期。

③ 吴欣：《村落与宗族：明清山东运河区域宗族社会研究》，《文史哲》2012 年第 1 期。

④ 吴欣：《明清京杭运河河工组织研究》，《史林》2010 年第 2 期。

挖浅拉纤为生的游民，也就失去了其生活的来源，并进而成为地方社会中
的不安定因素。① 对于治运组织，李德楠亦进行了考察，他认为清代江南
苇荡营是一支专门从事芦苇采割、运输的部队，在提供治河材料方面发挥
了重要作用。由于自然环境变迁特别是黄河变迁的影响，苇荡营的机构、
驻地、荡地面积以及芦苇产量均有所变动。②

　　明清时期的京杭运河不但是一条贯穿南北的水路交通要道，而且是重
要的商业交往通道。对运河区域商人群体的研究成为运河研究的题中应有
之义。会馆是客居外地的同乡人在寄居地创建的一种用于联乡谊、祀鬼神
的特殊社会组织。明清运河区域商人会馆乃是当时商业繁荣的重要标志之
一。王云以聊城山陕会馆为典型案例，对明清时期山东运河区域的商人会
馆分布和文化内涵进行考察，指出明清商人会馆所具有的浓郁的文人气、
厚重的江湖气和世俗的商人气，是封建社会母体中新的社会力量崛起、新
的价值观念产生、新的商业文明显现的具体反映。③ 她对山东运河区域的
徽商亦进行了较为深入的考察，指出徽商在山东运河区域的长期居住经
营，不仅在一定程度上改变了一些城镇的居民结构，而且促进了山东运河
流域的南北物资文化交流，带动了这一区域社会经济的发展，并具体剖析
了明清时期山东运河区域徽商云集的缘由所在。④

　　在运河区域经济、文化等发展演变的同时，民间秘密帮会亦如影随
形，成为运河区域社会演变的重要组成部分，在这方面学术界亦进行了一
定研究。吴琦对漕运水手行帮的形成及其近代变迁进行了探究，认为由于
水手行帮自身难以克服的弱点，在近代社会的急剧变动中沉沦为以流氓无
产者为主体的寄生社会集团。⑤ 吴善中从客民、游勇、盐枭三部分对近代
长江中下游、运河流域秘密会党崛起的原因进行了分析，阐明近代民间秘
密组织的兴起，既有地理环境的因素，又与更宏大的社会运动、经济状况

---

① 吴欣：《明清时期京杭运河浅铺研究》，《安徽史学》2012 年第 3 期。
② 李德楠：《"续涸新涨"：环境变迁与清代江南苇荡营的兴废》，《兰州学刊》2008 年第
1 期。
③ 王云：《明清山东运河区域的商人会馆》，《聊城大学学报》（社会科学版）2008 年第
6 期。
④ 王云：《明清时期山东运河区域的徽商》，《安徽史学》2004 年第 3 期。
⑤ 吴琦：《漕运与民间组织探析》，《华中师范大学学报》（哲学社会科学版）1997 年第
1 期。

密切相关，是多种因素综合作用的结果。①

以是，学术界对运河区域家族、商会、帮会等的研究，既拓展了运河学研究的范围，又从新的视角深化了传统区域社会史研究。

五　运河遗产保护与旅游开发

大运河是一条在历史上发挥了重要作用的人工河道，在长期的发展演变历程中不但带动了沿运区域经济繁荣、文化昌盛、社会融合，而且至今仍是重要的南北水运通道，2014 年 6 月大运河成功入选世界文化遗产名录，成为我国第 46 个世界遗产项目，其河道治理与保护、文化遗产保护、旅游资源开发等日益被学术界和各级政府所关注。

有学者对中国大运河与欧美运河遗产进行了比较研究，认为德国中上游莱茵河河谷更多呈现出文化景观的遗产特征，最终被列入世界遗产名录的类别也为"文化景观"。法国米迪运河和加拿大里多运河是作为"人工水道"而申报并被列入《世界遗产名录》的。中国的大运河遗产呈现出跨越流域广泛、历史信息丰富、沿河遗迹密布、文明形态复杂、使用功能综合、文化样式多元的线性特征，或者说是典型的文化线路、文化廊道。国外现有的运河申遗成功项目的体量、形态、功能、样式上和中国大运河并不具有可比性，甚至完全属于不同的遗产类别。中国大运河申遗就有必要探索自己独特的模式路径。②

有学者通过对大运河现状的调查，提出对其要在保护前提下合理利用。③ 束有春探讨了对运河文化遗产分段保护与旅游开发问题。④ 潘杰探讨了江苏运河水环境及其治理对策。⑤ 李春波、朱强以京杭大运河天津段为

① 吴善中：《客民·游勇·盐枭——近代长江中下游、运河流域会党崛起背景新探》，《扬州大学学报》（人文社会科学版）1999 年第 5 期。

② 顾风、孟瑶、谢青桐：《中国大运河与欧美运河遗产的比较研究》，《中国名城》2008 年第 2 期。

③ 阮仪三、朱晓明、王建波：《运河踏察——大运河江苏、山东段历史城镇遗产调研初探》，《同济大学学报》（社会科学版）2007 年第 1 期。

④ 束有春：《江苏省运河文化遗产保护与展望》，《东南文化》2006 年第 6 期。

⑤ 潘杰：《江苏运河水环境与水文化问题的对策研究》，《河海大学学报》（哲学社会科学版）2008 年第 4 期。

例，对大运河沿线历史文化遗产的分布状况进行了分析，总结了遗产分布
与运河位置相对关系的规律性，即京杭大运河天津段遗产靠近运河分布比
远离运河稍有密集的趋势，且与运河紧密相关的文化遗产此种趋势更加明
显。从遗产保护的高效性原则出发，提出大运河遗产廊道的理想宽度应为
单侧 2—2.5 公里。[①]

　　运河旅游资源的良好开发，对更多海内外民众更好地了解运河魅力、
进一步提升运河知名度，以及促进运河区域经济社会发展都具有重要意
义，学界对此亦进行了一定的思考。吕龙、黄震方以古运河江苏段为例，
展开遗产廊道旅游价值评价体系的构建及应用的研究，提出要从廊道资源
条件、区域社会条件、廊道生境条件和旅游保障条件及发展潜力等方面建
立遗产廊道旅游价值评价指标体系。[②] 柴惠康以无锡为中心对运河旅游开
发滞后的原因进行分析，提出要重振古运河之旅，须从多个方面出发，全
面筹划，增强运河旅游的魅力。[③] 沈山选取江苏扬州至山东济宁段运河为
研究区域，分析其文化资源和旅游发展状况，提出"千年运河，世纪风
情"的运河文化主题，从组织体系、品牌营销、产品体系等方面进行主题
性旅游协作联盟的构建。[④] 吴元芳从发展策略、开发关键和重点、开发布
局等方面对如何进行山东运河区域民俗旅游进行了探索。[⑤] 安国对如何开
发运河城市聊城市的旅游资源，提出了自己的看法。[⑥] 杨建军[⑦]和吴建华[⑧]
分别就杭州的运河地带规划与开发、运河文化旅游开发问题进行了阐述。

---

　　① 李春波、朱强：《基于遗产分布的运河遗产廊道宽度研究——以从天津段运河为例》，《城市问题》2007 年第 9 期。
　　② 吕龙、黄震方：《遗产廊道旅游价值评价体系构建及其应用研究——以古运河江苏段为例》，《中国人口、资源与环境》2007 年第 6 期。
　　③ 柴惠康：《重振古运河之旅的思考》，《旅游学刊》1997 年第 2 期。
　　④ 沈山：《主题性旅游协作联盟及其构建——以运河文化主题协作联盟为例》，《地理研究》2008 年第 6 期。
　　⑤ 吴元芳：《山东省运河区域民俗旅游开发研究》，《经济问题探索》2008 年第 2 期。
　　⑥ 安国：《关于运河城市（聊城市）旅游资源开发的思考》，《聊城师范学院学报》（哲学社会科学版）2001 年第 5 期。
　　⑦ 杨建军：《运河地带在杭州城市空间中的功能和形象规划探索》，《经济地理》2002 年第 2 期。
　　⑧ 吴建华：《杭州开发运河文化旅游的对策研究》，《中共杭州市委党校学报》2009 年第 6 期。

六　运河学研究之展望

　　上文主要以学术研究论文为对象，对 20 年来的运河学研究状况进行述评，难免挂一漏万。20 年来，运河学研究成果丰硕、新见迭出，相关学术研究论文相继刊发，一批高水平的运河研究专著也陆续出版。尤其是由王云、李泉主持编纂的大型运河历史文献丛书《中国大运河历史文献集成》①的出版发行，更将运河学研究推向一个崭新的高度。运河学研究呈现出一片欣欣向荣的景象，发展潜力巨大。

　　当然，运河学研究的发展亦有进一步深化之空间：首先，运河学研究需要拓展研究时段，上伸下延。目前的运河学研究所涉及的主要是明清时期的京杭大运河，对明以前运河及近现代运河的变迁则较少论及，运河的发展演变，是一个长期发展、变动不居的过程，而且至今仍发挥着重要作用，对其水利治理、区域变迁、文化融汇、风俗人情等进行系统性研究无疑有其必要性，这就需要从历史演变大脉络考察运河，将微观研究与整体研究相结合，以呈现运河流变的完整面貌。其次，在研究范围方面，尚需内融外通。目前的运河学研究主要集中于对京杭大运河的研究，对其他运河则极少涉及，具体到京杭大运河，则又聚焦于对运河区域经济、文化等的研究，而对于区域内的组织构成、心态变迁、阶层变动、社会运动等则较少涉猎，这就需要扩大研究范围，将京杭运河研究与黄河、长江、淮河、钱塘江等的研究相结合，同时加强不同运河区域、运河区域与非运河区域的比较研究，从而大大拓展运河学研究的内涵。最后，在研究方法上，要多种研究方法综合运用，做到史源众流。目前的运河学研究，所利用的资料主要是历史文献，时人笔记、地方志、口述调研、碑刻等资料已在一定程度上运用，但主要是作为原有历史文献的辅助资料来用，人类学、社会学等研究方法尚未充分利用。这就需要进一步加强对运河学研究方法的探索，在以历史学研究方法为基础的前提下，将历史学、人类学、民族学、社会学、旅游学、地理学等各学科研究方法融会贯通。如此定能大大推进运河学研究，使之迈向一个新的高度。

---

　　①　王云、李泉主编：《中国大运河历史文献集成》，国家图书馆出版社 2014 年影印本。

聊城大学运河学研究院简介

  聊城大学运河学研究院成立于 2012 年 6 月，其前身是聊城大学运河文化研究中心，是国内首家以运河及其区域社会为研究对象的院级科研实体单位，拥有山东省社科规划重点研究基地"运河文化研究基地"、山东高校"十二五"人文社科研究基地"运河与区域经济社会发展研究中心"和山东省地方史志研究院"山东省地方史志系统运河文化研究基地"，"运河文化学"获评山东省文化艺术科学重点学科。研究院下设"运河史""运河区域社会经济发展""运河文化"三个研究中心和两个编辑部（负责编辑《中国大运河蓝皮书》和《运河学研究》）。截至 2021 年 10 月，研究院共有专职科研人员 18 人，其中教授 5 人、副教授 6 人，拥有博士学位者 16 人，同时聘请朱士光、李孝聪、赵毅、赵世瑜、孙竞昊、吴滔、樊如森、路伟东等运河研究专家为兼职教授。研究领域涵盖历史学、文学、地理学、社会学、人类学、艺术学、图书馆与情报学等多个学科门类，在中国史和文献学两个方向培养硕士研究生人才。

  目前研究院承担或完成"民间文献与京杭运河区域社会研究""京杭运河文献整理与研究""明清运河区域社会变迁""明清山东运河河工、河政与区域社会研究""明清时期京杭运河区域社会组织研究""京杭运河与明清时期区域农业开发""明清黄运地区的河工建设与生态环境变迁研究""全新世以来东平湖变迁与黄河洪水关系及动力机制研究""清代黄运地区河工经费研究""明清山东黄运地区环境史研究""明代江南上供物资转运研究"等运河研究相关专题的国家级课题 13 项（含国家社科重点项目 1 项、一般项目 11 项、国家自然科学基金项目 1 项）、省部级课题 20 余项，同国家民政部地名所合作横向课题"运河地名文化数据库"和"地名·运河丛书"，同江苏凤凰出版集团合作横向课题"中国运河志"（"文献""人物""大事记"三卷五册），同山东省地方史志研究院合作横向课题"京杭大运河山东段志"，同山东省发改委合作编制"山东省大运河国家文化公园建设保护规划"，等等；出版《中国运河历史文献集成》《明清山东运河区域社会变迁》《中国运河文献书目提要》《明清京杭运河沿线漕运仓储系统研究》《明清时期山东运河区域民间信仰研究》《逋赋治理与明代江南财赋管理体制的变迁》等著作30余部，发表学术论文300余篇，获省级以上科研奖项10余项。建有"运河文物文献展览馆"和"运河民间文献整理室"，建成"中国运河文献数据库"和"大运河文化数据平台"。在国内运河研究领域居于领先地位。